잡가(雜歌) 연구

잡가(雜歌)의 의미와 사적(史的) 흐름을 중심으로

서언

이 책에 실린 글들은 필자의 박사학위논문과 국내 유수 학회에 투고한 잡가(雜歌) 관련 논문으로 구분된다. 이 둘을 엮기 위해 필요상 제1부 '잡가의 범주와 계열별 특성에 관한 연구'와 제2부 '잡가의 사적(史的) 흐름'으로 나누어 수록하였다.

필자가 잡가(雜歌)를 연구 주제로 삼은 것은 2004년 충북대학교 대학원 박사과정에 입학하면서부터이다. 석사학위논문으로 '이정보 시조의 연구'를 제출했는데, 당시 지도교수인 고(故) 문산 신용대 선생께서 학계에서 심도 있게 다루지 않은 부문으로 '잡가'를 언급하신 바 있었다.

박사과정 1학기부터 잡가 관련 자료를 수집하고 입력하면서 그 내용을 살폈다. 먼저 '잡가'를 대상으로 논의를 진행했던 여러 선생님들의 글을 읽으면서 잡가의 개념과 범주, 문학사적 의의 등을 알아가기 시작했다. 특히 박사과정 2학기부터 박연호 선생님의 지도에 힘입어 작품 분석 능력과 연행 과정에 대한 이해의 폭이 넓어지기 시작했다.

박사과정을 수료한 후 2008년 중국 산동성에 위치한 연대대학교에서 한국어 교수로 재직한 바 있다. 학생들에게 한국어 및 한국문화를 가르치는 것 이외에 길림성 소재 연변방송국에 소장되어 있는 잡가(민요) 관련 음반을 살피고자 했었는데, 의도대로 진행하지 못하게 되었다.

대신 이전부터 관심을 두고 있던 '장대장타령'에 대한 연구를 시작했고, 그해 가을 한국시가학회에 투고하여 게재되는 성과를 얻게 되었다. 이에 용기를 얻게 되면서 연구대상으로써의 '잡가'에 대해 가능성을 확인하게 되었다.

지금 이 글을 쓰는 필자는 사십대 중반을 넘어섰다. 우둔하기도 하거니와 경제적으로 어려운 환경으로 공부가 늦어졌다. 그만큼 제자로 받아주신 여러 선생님들께 많은 심려를 끼쳐드렸다.

박사학위 청구논문 심사 때, 일천(逸淺)한 필자의 글 하나하나를 살펴주신 충북대학교 김성기, 한국교원대학교 권순회, 연세대학교 박애경, 충북대학교 정충권, 충북대학교 박연호 선생님의 후의(厚意)에 감사드린다.

충북대학교 대학원 국어국문학과에서 고전문학을 가르쳐주셨던 임동철, 한석수, 고(故) 신용대 선생님과 늘 공부하는 자세를 견지하도록 살펴주신 강창석, 이익성, 정효구, 조항범 선생님께도 감사의 인사를 드린다.

또한 청주대학교 인문대학 국어국문학과의 맹택영, 권희돈, 양희철, 정종진, 임승빈, 고(故) 김영진, 고(故) 류재일 선생님께도 감사의 말씀을 드린다.

이 글에 존함을 올리는 것이 누가 될 수도 있겠지만 살아가는 동안 늘 감사의 마음을 가져야 할 분들이기에 감히 적고자 한다.

부족한 글을 흔쾌히 출판해주신 도서출판 한올의 임순재 대표님과 편집진 여러분에게 감사드리며, 시골에서 근근이 살아가시는 부모님, 같이 공부하며 어린 찬휴(贊烋)까지 돌보느라 고생한 아내에게도 고마운 마음을 전한다.

2018년 3월 저자 씀

차 례

제1부_ 잡가의 범주와 계열별 특성에 관한 연구 / 9

제2부_ 잡가(雜歌)의 사적(史的) 흐름 / 203

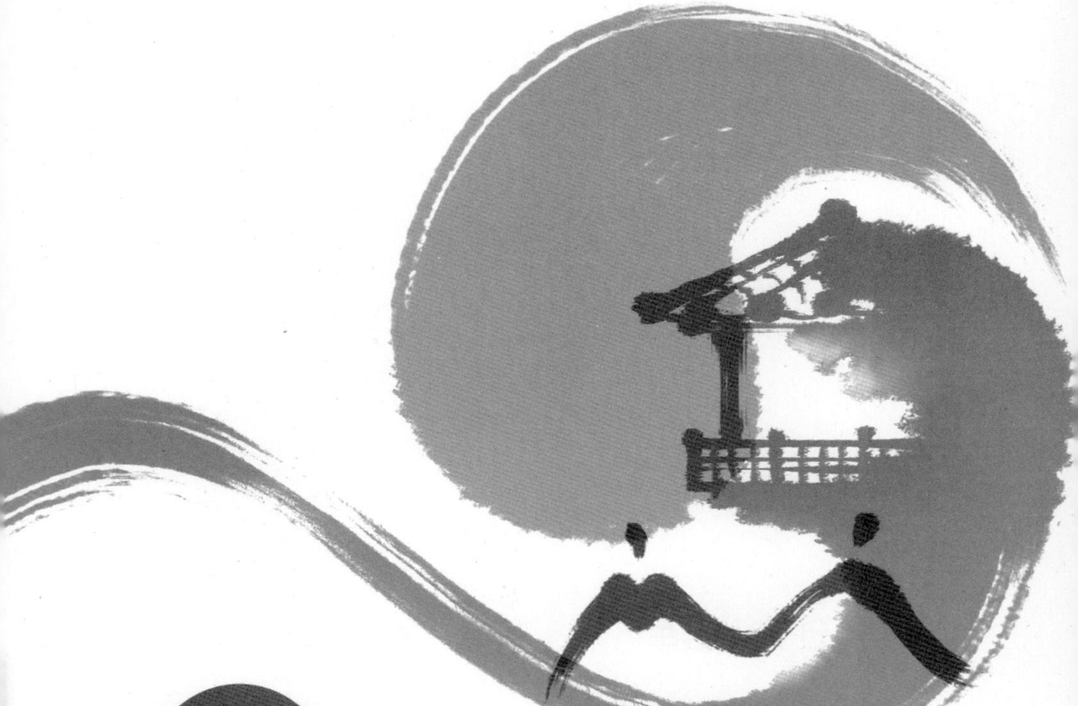

1부

잡가의 범주와 계열별 특성에 관한 연구

Ⅰ. 서론

1 연구사 검토

잡가 연구는 그간 연구대상의 중심 밖에 놓여 있었다. 그 원인은 '雜'과 연결되는 거의 모든 단어들이 천하고 순수하지 못한 것들에 연관되어 있는 것[1]에서 찾을 수 있다. 그러나 통섭과 융합을 중요시하는 21세기 현재의 관점으로 볼 때 잡가는 '다양한 형태의, 모방에 의해 재생산된, 대중적인'이란 긍정적 의미를 부여할 수 있을 것이다

잡가에 대한 초기 연구는 안확의 『조선문학사』에서 소략하게 언급된 이후 대체로 안자산과 같이 겨우 윤곽을 드러내는 내용이 주를 이루었다. 이후 선행 시가장르의 하위범주 또는 현상(유행가)으로 파악하다가 1970년대에 들어서면서 기존의 내용을 포괄하여 잡가를 개별 장르로 확정하고 정체(正體)를 파악하는 작업이 시도되었다. 1980년대에는 잡가 작품 자체의 문학적 분석과 함께 연행층에 중심을 두고 접근한 연구가 주류를 이루었으며, 1990년대 이후에도 이러한 흐름이 지속되면서 잡가에 대한 문화예술사적 위치와 의미를 찾는 작업이 활발하게 진행되고 있다.

1) 정재호, 『한국속가전집』일, 도서출판 다운샘, 2002, p.3.

지금까지 잡가에 대한 연구는 잡가에 대한 인식, 잡가의 장르, 잡가가 갖는 내용적 성격, 그리고 개별 작품에 대한 연구 등으로 대별할 수 있다.

일반적으로 가곡·가사·시조 등은 정악(正樂)이라 하고 그 외 민간에서 잡되게 부르는 노래를 잡가(雜歌, 또는 잡성·속가)라고 한다. 19세기 말~20세기 초 시가사의 표면에 등장한 잡가는 주담당층이 천층(賤層)이며, 노래 또한 민간의 소리가 다수였기에 정악에 비해 상대적으로 저열한 노래로 인식되었다. 그리하여 상층문화의 일익을 담당했던 일패기생의 경우 잡가 곡목의 가창은 절대 금물(禁物)이었다.[2] 그러나 20세기에 들어서면서 극장을 비롯한 유흥공간에서의 잡가 연행이 급속하게 늘어나자 이러한 추세에 따라 잡가 담당층으로 합류하게 된다.[3]

이러한 인식과 세태를 반영하듯 초기 연구는 정악과 잡가를 구분하는 것으로 시작되었다.[4] 잡가는 민간의 소리지만 광대·삼패·사당패 등의 직업적 가수(전문소리꾼)에 의해 가창된다는 점에서 민요와 구별되며,[5] 12가사보다 훨씬 통속적이고 일반 민요보다 선율과 창법이 세련된 것을 특징으로 한다.[6]

초기 잡가는 하층의 노래라는 이유로 일견 폄시의 대상이었다. 하지만 시대가 변하면서 극장 연행물과 사회적 오락품 가운데 없어서는 안 될 것으로 재인식되면서,[7] 잡가의 대중적 흡인력을 '魔力'으로 표현하기에 이른다.[8] 이는 잡가를 당대에 유행한 노래로 인식한 결과이다. 잡가는 한 순간에만 존재했던 것이 아니라 오랜 전통처럼 꾸준히 형성된 국조

---

2) 최남선, 『조선상식문답속편』, 삼성문화문고 17, 삼성미술문화재단, 1981, pp.92~93.

3) 박애경, 「조선후기 유흥공간과 일탈의 문학-기방(妓房)의 구성과 성격을 중심으로」, 『한국여성문학연구』14, 한국여성문학회, 2005.

4) 이병기, 「時調의 發生과 歌曲과의 區分」, 『진단학보』1권, 진단학회, 1934, pp.113~144.
조윤제, 『국문학사』, 동국문화사, 1956, pp.400~409.; 조윤제, 『한국시가사강』, 을유문화사, 1954. pp.415~453.; 조윤제, 『국문학사개설』, 을유문화사, 1993.
리차윤, 『조선음악사』, 도서출판 박이정, 1996.

5) 김사엽, 『조선문학사』, 정음사, 1948, pp.314~316.

6) 김흥규, 『한국문학의 이해』, 민음사, 1992. pp.57~59.

7) 안자산, 『조선문학사』, 을유문화사, 1984, pp.180~187.

8) 고정옥, 『조선민요연구: 원시예술로서의 민요일반과 서민문학으로서의 조선민요』, 수선사, 1949.

양식으로 일컫기도 한다.9) 특히 20세기 초반, 유행가로써의 잡가는 고대 문학과 근대 전환기 문학의 교량적 역할을 충실히 수행하고 있다는 점에서도 의미를 부여할 수 있다.10)

잡가의 대중적 인기는 상업적 이익을 추구하는 근대식 극장·활자판 가집의 출간·유성기 음반과 라디오 방송 등과 접목되면서,11) 잡가를 대중가요의 자생적 근원이자 전통적 대중 정서의 뿌리로 보게 된다.12) 물론 그것은 한 순간에 생성된 것이 아니라 이미 19세기 『남훈태평가』 계열의 대중화·통속화 경향에서 비롯된 것으로 보인다.13)

초기 연구를 통해 잡가에 대한 대강이 다루어지자 잡가의 장르문제 또는 일정 장르의 하위범주로 보려는 연구가 진행된다. 이러한 논의 가운데 잡가를 가사의 하위범주로 다룬 연구가 많은데,14) 이는 12가사를 잡가의 범주에 둔 것에 기인한다. 그런데 잡가는 가사의 하위범주로 볼 수 있는 작품은 물론이고, 민요·판소리·사설시조 등의 영향을 받은 작품도 엄연히 존재한다. 이러한 작품들은 전문적 소리패가 흥행을 목적으로 기존 가창곡의 문학적·음악적 요소를 변형시켜 가다듬은 것들이기 때문에 한 장르의 하위범주로 보기에는 무리가 따른다.15)

---

9) 김동욱, 『개정 국문학개설』, 보성문화사, 1988, p.28.

10) 최동안, 「잡가연구」, 가톨릭대학교 박사학위논문, 2003.

11) 고은지, 「20세기 전반 소통 매체의 다양화와 잡가의 존재 양상-잡가집과 유성기 음반을 중심으로」, 『고전문학연구』제32집, 한국고전문학연구회, 2007, pp.99~138.
박지애, 「유성기음반 소재 잡가의 현황과 레퍼토리의 양상」, 『어문학』제99집, 2008, pp.141~175.;
박지애, 「20세기 전반기 잡가의 라디오 방송 현황과 특징」, 『어문학』제103집, 2009, pp.143~165.;
박지애, 「20세기 전반기 잡가의 향유방식과 변모 연구」, 경북대학교 박사학위논문, 2010.

12) 이노형, 『한국 전통 대중가요의 연구』, 울산대학교 출판부, 1994.
황정선, 「우리나라 대중가요의 자생적 근원에 대한 고찰 : 잡가를 중심으로」, 숙명여자대학교 석사학위논문, 1996.
손태도, 「1910~20년대의 雜歌에 대한 시각」, 『고전문학과 교육』제2집, 태학사, 2000, pp.173~208.

13) 고미숙, 「19세기 시조의 전개 양상과 그 작품 세계 연구-예술사적 흐름과 관련하여-」, 고려대학교 박사학위논문, 1994; 고미숙, 「대중가요의 선구 20세기 초반 잡가연구」, 『역사비평』, 역사문제연구소, 1994, pp.273~287; 고미숙 , 「20세기초 잡가의 양식적 특질과 시대적 의미」, 『창작과 비평』 88, 창작과 비평사, 1995.

14) 구자균·손낙범·전형규, 『국문학개론』, 일성당서점, 1955.
서원섭, 『가사문학연구』, 형설출판사, 1978, pp.176~177.
박성의, 「한국시가문학사 중-시조·가사」, 『한국문화사대계』V, 고대민족문화연구소 출판부, 1978, pp.903~906.

15) 조동일, 『한국문학통사』3, 지식산업사, 1984, pp.311~359.

이러한 이유들로 인해 유보적인 견해가 나오거나 기존의 견해가 수정되기도 한다. 즉 가사의 하위범주이되 가사와는 다른 "歌辭形式에 가장 가까운 變格體"로 보거나,[16] 가사는 낭독하기 위한 노래로, 잡가는 창곡에 맞추어서 노래 부르는 것으로 구분하기도 한다.[17] 또한 잡가를 서정적 양식 가운데 서민들의 主情的 詠歌(평민가사)로 분류했음에도,[18] 다시 "넓은 의미의 民謠에 포함"시키기도 하며,[19] 가사와 민요의 중간적 위치에 처한 가군(歌群)으로 보거나,[20] 아예 민요가 혼용되면서 그 일부가 잡가화된 것으로 파악하기도 한다.[21] 이렇듯 가사와 잡가 형식의 구분이 모호함을 해결하기 위해 가사의 형식을 셋으로 구분한 후, [가사3형]에 민요를 얹은 것을 잡가로 보기도 하는데,[22] 이럴 경우 휘모리잡가로 규정된 작품들이 다시 가사에 포함되는 문제가 발생한다.

한편 잡가가 지니고 있는 잡스러움, 혼효 등의 의미를 긍정적으로 받아들이고 범주를 확장함으로써 기존 시가의 하위범주가 아닌 독립된 장르로 보는 견해가 대두되어 잡가 연구에 활기를 불어넣게 된다. 즉 "잡가는 가사를 비롯한 시조, 민요 등 우리나라 모든 시가의 영향을 받아 이루어진 시가 유형 중의 하나"로 설정하여 독립된 장르로 본 것이다.[23] 이를 계기로 잡가의 연행환경과 담당층 등의 생성기반(시정문화)에 대한 천착이 이어졌다.[24] 그리고 작품 자체를 대상으로 하여 잡가의 노랫말이

---

16) 이태극, 「歌辭 槪念의 再考와 장르攷」, 『국어국문학』27, 국어국문학회 1964, pp.55~81.

17) 박성의, 『국문학통론 · 국문학사』, 반도출판사, 1974, pp.67~74.

18) 장덕순, 『국문학통론』, 신구문화사, 1988, p.182.

19) 장덕순, 『한국문학사』, 박이정, 1995, p.26.

20) 임동권, 『한국민요 연구』국어국문학총서 제2집, 삼우사, 1976, pp.126~127; 임동권, 「한국구비문학사 하 -동요 · 민요 · 속가」, 『한국문화사대계』Ⅴ, 고대민족문화연구소 출판부, 1978, pp.749~753.

21) 전규태, 『한국시가연구』, 고려원, 1986, pp.466~468.

22) 김문기, 『서민가사 연구』, 형설출판사, 1999, pp.22~37.

23) 정재호, 「잡가고」, 『민족문화연구』제6집, 고려대 민족문화연구소, 1972, pp.183~232.
최성수, 「雜歌의 장르 性向과 그 受容樣相」, 성균관대학교 석사학위논문, 1984.
이노형, 「잡가의 유형과 그 담당층에 대한 연구」, 서울대학교 석사학위논문, 1987.
김동욱, 「잡가의 타 장르 수용양상에 관한 연구」, 충북대학교 석사학위논문, 1992.
강등학, 「19세기 이후 대중가요의 동향과 외래양식 이입의 문제」, 『인문과학』31, 성균관대학교 인문과학연구소, 2001, pp.241~264.
김연실, 「잡가의 패러디 연구」, 서강대학교 석사학위논문, 2008.

24) 최명결, 「잡가연구-그 수용현황과 의미」, 고려대학교 석사학위논문, 1986.

실제로 어떤 시가에서 영향(갈래교섭 양상 또는 차용 양상, 패러디 등)[25]을 받았는지에 대해 관심을 기울임으로써 비로소 본격적인 문예미학적 연구에 진입하게 된다.

1920년대 시작된 잡가 연구는 현재까지 많은 성과가 집적되면서 기존 연구 성과와 내용을 정리하는 단계에 이르렀다.[26] 특히 권순회의 논의는 잡가의 사적 전개 문제의 중요성을 인식하여, 잡가의 형성과 전개(19세기 초반), 담당층 문제(초기에는 하층민 위주, 이후 고급가창 집단도 경도), 시가사적 위상 파악의 중요성 등을 제시하였다.

한편 1990년대 이후 잡가의 형성과 변이에 대한 연구 가운데, 가곡이나 시조의 분화와 함께 판소리와 잡가의 분화를 언급한 것이나,[27] 가사(歌詞)와 잡가 비교를 통해 변화 과정을 살핀 예도 있다.[28] 특히 잡가가 지니는 잡스러움・개방성과 함께 잡가사적 유동성(동태성)에 주목한 것은[29] 시사(示唆)하는 바가 매우 크다.

이외에도 잡가의 하위 범주를 대상으로 구체적 분석을 시도한 연구가 있다. 서울의 속가인 긴잡가와 12잡가,[30] 사설시조에서 유래하고 서울에

김학성, 「잡가 사설 특성에 나타난 구비성과 기록성」, 『대동문화연구』제33집, 성균관대 대동문화연구원, 1998, pp.49~72.

25) 최원오, 「잡가의 교섭갈래적 성격과 그 이론화의 가능성 검토 시론」, 『관악어문연구』제19집, 관악어문학회, 1995, pp.181~212.
송여주, 「잡가의 사설 차용 현상에 대한 연구」, 서울대학교 석사학위논문, 1996.
박경수, 「잡가의 패러디적 성격」, 『국어국문학』119, 국어국문학회, 1997, pp.239~270.

26) 이규호, 「잡가의 정체」, 『한국문학사의 쟁점』, 집문당, 1986, pp.401~410.
권순회, 「잡가 연구의 현황과 과제」, 『한국가사문학연구』, 상산정재호박사 화갑기념논총 간행위원회 편, 태학사, 1995, pp.193~210.
손태도, 「근대 초창기 잡가(雜歌)의 정체와 그 시가사적 의의」, 『전통 구비문학과 근대 공연예술』Ⅰ, 서울대학교출판부, 2006.
손태도의 경우 잡가연구자는 그 대상을 첫째, 잡가집에 실린 모든 작품, 둘째, 1910~20년대에 잡가라 규정한 12가사 이하의 작품들, 셋째, 현재 잡가는 경기 잡가인 12잡가와 휘모리잡가 등으로 구분하여 살필 것을 주장했다.

27) 윤기홍, 「잡가의 성격과 민요, 판소리와의 관계」, 『윤기홍전집』2, 글밭, 1992, pp.164~196.

28) 전지영, 「가사(歌詞)와 잡가(雜歌)의 발전과정에 대한 재고찰」, 『한국음악연구』vol. 35, 한국음악학회, 2004.

29) 박애경, 「잡가 연구의 현황과 과제-국문학계의 연구를 중심으로」, 『열상고전연구』vol.17, 열상고전연구회, 2003, pp.209~233; 박애경, 「잡가의 개념과 범주의 문제」, 『한국시가연구』제13집, 한국시가학회, 2003, pp.285~310.

30) 하희정, 「雜歌의 장르적 性格: 十二雜歌를 中心으로」, 이화여자대학교 석사학위논문, 1987.

서 유행한 휘모리잡가,[31] 서도지역의 민요에서 20세기 초 최고의 잡가곡목으로 등장한 <수심가>[32] 등을 다루었다. 그리고 비록 試論의 성격이 강하지만 잡가와 현대 민요시에 나타나는 '님'을 연관 짓기도 했다.[33] 한편 국악학적 관점에서 접근한 연구가 있는데, 한국 음악사의 전반을 아우르면서 소리꾼들의 일화를 두루 다룬 저술로써 의미가 있다.[34] 특히 서울의 속가,[35] 선소리 산타령[36], 엇시조와 사설시조[37]를 설명하는 과정에서 언급한 잡가 담당층에 대한 내용은 매우 중요한 자료로 잡가 연구에 많은 도움이 되고 있다.

김경희, 「잡가의 장르 성격에 대한 연구-경기잡가를 중심으로」, 『국악원논문집』권12집, 국립국악원, 2000.
이노형, 「잡가 〈유산가〉에 대하여-근대 대중가요의 자생적 전통과 관련하여-」, 『한국고전시가작가론2』 백영 정병욱 선생 10주기추모논문집, 집문당, 2000.

31) 성무경, 「『歷代時調全書』 수록 45首의 성격 辨證과 雜歌」, 『도남학보』18, 도남학회, 2000, pp.71~96.
이형대, 「휘모리잡가의 사설 짜임과 웃음 창출 방식」, 『한국시가연구』13, 한국시가학회, 2003, pp.311~336.
이혜경, 「휘모리잡가의 사설 형성 원리와 향유 양상」, 성균관대학교 석사학위논문, 2003.
정충권, 「휘모리잡가와 판소리의 공통 특질」, 『판소리연구』제18집, 판소리학회, 2004, pp.197~220.
전계영, 「장대장타령 攷」, 『한국시가연구』25집, 한국시가학회, 2008; 전계영, 「맹꽁이타령 노랫말의 의미」, 『한국민요학』29집, 한국민요학회, 2010; 전계영, 「휘모리잡가의 지향」, 『우리어문연구』41, 우리어문학회, 2011.

32) 이승복, 「〈愁心歌〉의 存在樣相과 類型別 性格」, 『한국고전시가작품론2』 백영 정병욱 선생 10주기추모논문집, 집문당, 2000.

33) 홍홍구, 「잡가와 1920년대 낭만주의시」, 『어문학』제53집, 한국어문학회, 1992, pp.367~386.

34) 이창배, 『한국가창대계』, 홍인문화사, 1976.
성경린, 『민속학술자료총서 민요지방 11』511, 우리마당터, 2005, pp.1~26.
송방송, 『한국음악통사』, 일조각, 2004.
백대웅, 『국악용어 해설집』, 보고사, 2007, pp.48~52.

35) 성경린, 「서울의 속가」, 『향토서울』2, 1958.

36) 장사훈 · 성경린, 『선소리 산타령』, 문교부, 1966.

37) 장사훈, 「엇시조와 사설시조의 형태론」, 『백성욱박사 송수기념불교학논문집』, 동국대학교, 1959, pp.781~819.

2 연구 목적 및 방향

지금까지 잡가 관련 논문을 살펴보았다. 이에 몇 가지 내용을 정리하여 본고의 논지로 삼고자 한다.

우선 가장 중요한 것은 '잡가(雜歌)'가 갖는 명칭의 의미와 개념을 파악하는 것이다. 다수의 논자가 잡가(雜歌)를 논하기는 했으나, 정작 '잡가란 무엇이다'라는 개념은 아직 명확하게 정의되지 않은 실정이다. 국문학사에서 독립 장르로 당연시하는 '판소리'나 '시조'의 경우에도 그 명칭이 갖는 모호성으로 인해 한바탕의 논쟁을 거친 바 있는데,[38] 오히려 연구 중심에서 도외시되었던 잡가는 그러한 홍역도 거치지 않고 현재에 이르렀다. 이러한 기본적인 의문점이 해결되지 않았기 때문에 음악적・문학적으로 서로 이질적인 곡들이 왜 잡가의 하위범주에 속하는지에 대한 물음에도 해답을 제시하지 못하는 것이다.

다시 말하면 후렴이 있고 지방색이 강한 토리를 지닌 민요계열 잡가와 판소리에서 노랫말을 가져온 12잡가, <유산가>와 같은 가사 계열의 잡가, 사설시조에서 영향을 받은 휘모리잡가, 그리고 오랜 전통이 있는 선소리 산타령 계열의 작품들이 왜 잡가의 하위범주에 들어야 하는가에 대한 설명이 없었다. 따라서 본고는 가장 먼저 잡가가 무엇을 의미하는지에 대해 살펴볼 것이다.

이를 위해 각종 문헌에서 산견되는 '雜歌'의 명칭부터 살필 것이다. 그런데 한 가지 주의할 점은 이 '雜歌'를 기록한 계층이 잡가 담당층이 아니라는 것이다. '雜歌'를 기록한 식자층은 자신들보다 하층의 민속 예술을 천하게 보았을 가능성이 있다. 따라서 보다 객관적인 잡가의 면모를 밝히기 위해 수행해야 할 작업이 잡가 담당층에 대한 고찰이다. 이는 잡가의 범주 설정에 도움이 될 뿐만 아니라 앞서 언급한 잡가의 개념을 파

---

38) 김동욱, 「판소리 발생고 1」, 『논문집』vol 2, 서울대학교, 1955, pp.185~186.
박규홍, 「'時調'란 명칭에 대한 再考察」, 『울산어문논집』제4집, 울산대학교국어국문학과, 1988, pp.77~96.

악하는 데에도 의미 있는 작업이 될 것이다. 잡가는 '잡가'가 지닌 원래의 의미 이외에 계급적으로 비천한 사람들의 노래라는 인식이 깔려 있다. 이는 당연히 연행층과 수용층, 그리고 노래의 격에 의해 결정되는 것으로, 잡가의 개념을 보완하는 단서가 될 것이다. 다만 자료의 부족과 구술 자료의 신빙성 관련 문제 등으로 수준 높은 재구는 기대하기 어려운 형편이다.

잡가의 하위 범주가 정리되면 이들에 대한 문학적 분석을 통해 잡가의 지향을 파악할 것이다. 주지하듯이 잡가의 하위범주인 선소리 산타령, 판소리·가사 관련 12잡가와 서도긴소리, 사설시조 관련 휘모리잡가, 민요계열 잡가 등은 중심 담당층이 다르게 나타난다. 선소리 산타령의 경우 사당패나 선소리패가 중심이며, 12잡가는 사계축과 삼패기생이, 휘모리잡가는 공장이, 20세기 이후 활발하게 가창된 민요계열 잡가는 주로 기생들이 담당하였다. 이들은 모두가 천층에 해당하고 경제적 이익 추구라는 공통의 목적이 있지만, 그 직능(職能)에 따른 성격이 다르기에 노래를 통해 드러내고자 한 지향점도 다르리라 사료된다. 이후 이상의 논의를 토대로 잡가가 갖는 문화사적 의의를 도출하고자 한다.

이상을 정리하여 제시하면 Ⅱ장에서는 잡가의 용례와 개념을 살피고, 이를 토대로 잡가의 범주를 확정하고자 한다. 이는 잡가 작품 분석에 토대로 작용할 것이다. Ⅲ장에서는 담당층과 하위범주별 내용을 살피면서 잡가의 계열별 특성을 논의하고, Ⅳ장에서는 잡가의 지향을 알아보고자 한다. 이러한 내용을 토대로 Ⅴ장에서는 잡가가 시가 문화사에서 차지하는 위상과 의의를 정리할 것이다.

Ⅱ. 잡가의 개념과 범주

잡가는 고전시가 가운데 가장 늦게 형성된 장르이다. 그리하여 잡가의 개념 또한 타 시가에 비해 명확하게 정리되지 않은 실정이다. 잡가 연구 초기 잡가에 대한 인식은 '雜'이 갖는 부정적 의미와 잡가 담당층의 비천함을 함께 관련지음으로써 저열한 민속 성악곡 정도로 보는 것이 일반적이었다.

정재호는 『한국잡가전집』(1984)을 수정・보완한 『한국속가전집』(2002)을 간행하면서 '잡가'에서 '속가'로 명칭을 바꾼다. 이 이유에 대해 "'雜'이라는 말과 연결되는 거의 모든 단어들이 천하고 순수하지 못한 것들에 연관되어 있는데, 스스로의 노래를 '雜歌'라 불렀다는 것은 일제 강점기에 우리 노래에 대한 自虐的이고 自卑的인 생각이 포함되어 있었던 것이 아닌가 하는 생각"과 세계와 어깨를 겨루며 발전하는 오늘날의 여건을 감안하였다고 했다.[39)]

정재호의 의견은 일견 타당하나 그렇지 않은 면도 있다. 우선 '雜'이 갖는 의미가 모두 불순한 것만은 아니라는 점과 '잡가'는 일제강점기 이전부터 존재했고, 이미 그 명칭이 '잡가'로 불렸다는 점, 그리고 대중가요

39) 정재호, 『한국속가전집』, 도서출판 다운샘, 2002, p.3.

의 효시로써 인기 레퍼토리인 잡가를 自虐的·自卑的으로 인식했던 계층이나 부류가 절대적이었나에 대해서는 의문의 여지가 있다.[40]

이러한 의문을 해결하기 위해 본장에서는 문헌에 기재된 잡가의 용례를 찾고, 이를 분석함으로써 잡가의 개념을 도출하는 것을 선행과제로 삼고자 한다.

1 잡가의 용례와 개념

'잡(雜)'은 일반적으로 '섞다', '어수선하다', '번거롭다', '잗달다', '다(모두)'의 의미로 쓰인다. 이는 다시 부정적 의미와 긍정적 의미로 나뉘는데, '섞임, 어수선함, 번거로움, 잗닮' 등은 전자에, '다(모두)'는 후자에 해당될 것이다. 곧 개개의 것들이 섞인 것을 '雜'으로 볼 수도 있고 다양한 것들을 포괄하는 개념으로써의 '雜'으로 볼 수도 있다.[41]

그런데 살아 움직이는 가창물인 '잡가'의 경우 사전적 의미로만 해석하기에는 어려운 점이 있다. 통시적(通時的)인 흐름과 함께 공시적(共時的)인 다양성이 병존하기 때문이다. 이에 본장에서는 잡가의 용례를 유동성·계급성·혼종성으로 분류하여 살피고자 한다.

---

40) 정재호 편저의 『한국속가전집』 서문에 실린 글을 가져온 이유는 잡가를 주제로 공부하는 사람들이 가장 먼저 보는 것이 그가 정리한 자료이기 때문이다. 즉 그의 말과 글은 잡가를 공부하는 초학자들에게 많은 영향을 미칠 수 있는데, 잡가 자료를 보기 이전에 이미 부정적인 인상을 심어주고 있다.

41) 한편 '가(歌)'는 '곡조를 붙이어 부르는 소리. 협의로는 음악이 따르는 것을 「一」, 음악이 없는 것을 「요(謠)」라 함', '한시(漢詩)의 한 체. 악부(樂府)에 연원하며 고시에 속함', '노래할(지을) 가' 등으로 쓰인다. 다시 말하면 기악을 곁들인 노래를 '歌'로, 악기의 연주 없이 소리하는 것을 '謠'로 볼 수 있다. 우리나라, 특히 조선시대의 성악을 대상으로 할 때 기악과 함께 격식을 갖춰 노래하는 '歌'의 대표적인 부문은 '歌曲'을 들 수 있으며, '謠'는 백성의 노래인 '民謠'로 볼 수 있을 것이다. 따라서 '雜歌'를 위에 제시한 의미대로 해석하면 '(음악과 문학이) 섞인 연주를 곁들여 부르는 노래'로 볼 수 있다.

1) 잡가의 용례

(1) 유동성

'雜'은 명칭을 확정하기 어려운 대상이나 일정한 형식에서 벗어나 변화하는 과정을 나타내기도 한다. 이러한 의미를 나타내는 '잡'은 주로 상층문화권에서 향유하는 한문학(漢文學)의 '雜詩'를 통해서도 알 수 있다. 여기서의 '잡'은 특정한 문체나 일정한 제목이 없을 경우에 사용되는 것으로 천하지도 않고 불순하지도 않은 개념이다. 다시 말하면 한가지로 규정하기 어려운 것을 '雜'으로 표현한 것이다.

'잡문(雜文)'이라는 한문 문체도 존재한다. 아래는 유협(劉勰, 465경~522경)의 『문심조룡(文心雕龍)』 '잡문(雜文)' 조(條)의 내용이다.

> 이상에 말한 작품들의 대체적인 특징을 살펴보면 어느 것이나 모두 긍정과 누각에 대한 장광설을 늘어놓았고 사냥에 대하여 웅대하게 설명하며, 진기한 복장이나 음식들 그리고 사람을 미혹시키는 가무(歌舞)와 미녀들에 대해 빠짐없이 나열한다. 감미로운 내용은 사람들의 정신을 요동케 하고 화려한 표현들은 사람들의 영혼을 파고드는데, 비록 음란한 말로 시작되긴 하지만 올바른 이치로 돌아와 끝맺는다.(…인용자)한조 이후의 잡문들을 상세하게 고찰해 보면 그 명칭이 여러 종류가 있다. 어떤 것은 전(典)·고(誥)·서(誓)·문(問)이라 불리우고 또 어떤 것은 남(覽)·약(略)·편(篇)·장(章)이라 불리우며 어떤 것은 곡(曲)·조(操)·농(弄)·인(引)이라 불리우고 또 어떤 것은 음(吟)·풍(諷)·요(謠)·영(詠)이라 불리운다.[42]

이 글에 나타난 잡문의 특징은 장광설, 웅대한(과장된) 설명, 사람을 미혹시키는 내용의 나열, 화려한 표현 등이다. 더욱이 명칭 또한 다양하게 나타나고 있다. 이처럼 형식을 특정할 수 없으면서 내용은 아정하지 않은 글, 그리하여 하나로 규정하지 못하는 글 전체를 잡문(雜文)으로 묶고 있다.

현재 우리가 바라보는 우리의 전통 음악(문학) 또한 하나의 곡목으로 정착되기 이전 그들 간의 예술적 지향, 생존 경쟁, 세력 결속 등의 여하에 따라 변화하였음을 염두에 두어야 한다. 이렇듯 변화의 과정을 거쳐

---

42) 유협 지음, 최동호 역편, 『문심조룡(文心雕龍)』, 민음사, 2002, pp.179~186.

시조와 판소리는 분화되어 하나의 가군(歌群)으로 범주화되는데, 이렇게 독립적인 범주로 분화되기 이전 그들은 '잡가(雜歌)'라는 이름으로 존재했다. 이런 관점에서 잡가를 "확정된 혹은 승인된 장르라기보다는 장르 간의 공존과 경쟁 속에서 끊임없이 자신의 외연을 확산할 수 있는 일종의 '동태적인 장르'[43]로 바라본 것은 시사(示唆)하는 바가 매우 크다

우리나라 음악은 아악(雅樂)과 속악(俗樂)으로 나뉘며, 아악에는 단편시를 부르는 가곡·시조와 장편시를 부르는 가사(歌詞) 등이 포함된다.[44] 이들 아정한 노래는 조선시대 유도(儒道)를 숭상하던 민간의 사대부, 선비, 기생 및 일부 평민지식층의 정서적 욕구 충족과 정서도야를 위하여 부르던 품위 있고 고상한 시가(詩歌)로써 형식과 절차가 복잡하다.

물론 아정한 노래의 조종(祖宗)은 '가곡(歌曲)'이다. 가곡은 여타 악곡의 요인을 흡수하면서 가곡 자체의 변화는 물론, 가곡의 가창방식이나 노랫말을 가져와 다른 형태의 곡으로 변이·분화되면서 가사(歌詞)와 시조(時調)가 나타난다. 그런데 현행 '가사'와 '시조'로 부르는 이름들은 이들 곡류가 나오는 당시에 부여된 명칭이 아니며,[45] 가사(12가사)의 경우 범주나 개념 또한 지금과 같이 확정되어 있지 않았다.

이들은 가곡으로부터 변이·파생되어 하나의 장르로 고정되기까지 2~3백년의 기간 동안 변화의 여정을 수반한다. 이처럼 아직 특정한 갈래로 고정되지 않은 상태에서 변화(유동성)를 유지하며 발전하는 곡류(曲類)를 당시에 '잡가(雜歌)'로 명명했다. 잡가로 명명되던 특정 작품(군)이 유동적인 상태에서 지속적으로 변화를 꾀하며 발전하다가 하나의 범주로 고정되면, '잡가' 대신 새로운 이름을 획득한다. 물론 새로운 이름을 갖기까지 해당 작품(군)은 도태되지 않아야 하며, 자체의 생명력과 지속적인 가창 환경의 존속, 그리고 해당 작품(군)을 대하는 인식의

---

43) 박애경, 「잡가의 개념과 범주의 문제」, 『한국시가연구』제13집, 한국시가학회, 2003, p.299.

44) 김호성, 『한국의 전통음악』, 국악보급진흥회, 1999, p.63.

45) 박규홍, 「'時調'란 명칭에 대한 再考察」, 『울산어문논집』제4집, 울산대학교국어국문학과, 1988, pp.77~96. 박규홍은 문헌에 나타난 '시조(時調)'에 내포된 의미를 "첫째, 古調에 대한 '時用의 調', 즉 당시 유행하는 곡조이며, 둘째, 古樂譜에서 볼 수 있는 時調(時節歌)는 구체적인 시조를 지칭하지만 오늘날 문학계에서 지칭하는 시형은 아니다. 그리하여 時調라는 용어를 우리 '고유의 정형시'의 명칭으로 의심하게 된 것은 시조부흥운동(1920년대) 이후의 일"이라고 강조했다.

변화가 있어야 한다.

① 가곡과 시조

가곡의 원형은 만대엽(慢大葉), 중대엽(中大葉), 삭대엽(數大葉)으로, 조종(祖宗)인 만대엽의 유래는 고려시대로 소급할 수 있다.46) 그런데 이러한 가곡의 빠르기에 대한 선호도가 바뀌면서 주로 연주되는 대엽이 변화한다. 17세기 이전까지 가장 느린 만대엽과 그보다 빠른 중대엽이 가곡의 중심이었다면, 17세기에 이후에는 만대엽과 중대엽이 폐지되거나 쇠퇴하고 대신에 가장 빠른 삭대엽이 중심이 된다. 그리고 삭대엽 또한 지속적으로 변이·파생된다.

> 대저 노래소리와 음악은 모두 우리나라의 속곡조에 지나지 않는다. 진실로 중국의 아악에 더불어 논하는 것은 옳지 않으나 그 가운데로부터 또한 정·변의 다름이 없지 않다. 그 음으로 인하여 살피고 그 풍류를 살펴보면 비록 오나라 이찰(계찰)이 아니더라도 당시 세상의 성쇠를 알 수 있다. 매번 임금의 수레가 출궁함에 임금 수레 앞뒤에서 법악(法樂)을 베풀었으니, 법악은 곧 세종이 지은 여민락이다. 세종 때 경복궁 광화문으로부터 태묘문에 이르기까지 그 소리가 초장만으로도 능히 다함이 없었는데, 지금은 시어소와 창덕궁에서부터 태묘문에 이르기까지 옛 궁궐에 반도 미치지 않고 그 초장을 여러 번 반복한다하니 음악의 촉급함이 이와 같다.47)

인용문에 의하면 15세기에서 19세기 중엽에 이르는 동안 <여민락>의 경우 2배 이상 빨라졌다. 궁중 아악이 이 정도로 빠르기가 변했다면 궁외 연행 공간에서 불린 가곡 또한 그 정도의 변화가 있었을 것이다. 물론 이러한 빠르기의 원인은 가곡 수용자층의 취향과 요구에 의한 것이다. 한 세대를 앞서 살았던 성호(星湖) 이익(李瀷, 1681~1763)은 사람들이 느린 음악을 싫어해서 만대엽과 중대엽이 사라졌다고 증언한다.

---

46) 장사훈·한만영, 『국악개론』, 한국국악학회, 1975, p.118.

47) 홍한주 저/이우성 편, 『지수염필(智水拈筆)』, 아세아문화사, 1984.
抵 歌聲樂音 皆不過東人俗調 固不可與論於中國雅樂 而自其中亦不無政變之異 因其音觀其風則 雖非吳李札亦足以知時世之盛衰也 每 車駕出宮以法樂陳於 御輦前後而法樂乃 世宗所製與民樂也 世宗時 自景福宮 光化門 至太廟門 其聲不能盡初章 今則時御昌德宮至太廟 不及舊闕之半而其章屢遍云 音之向 促如是矣.

우리나라의 풍속가사에 대엽조가 있는데, 형식이 다 같아서 길고 짧은 구별이 없다. 그중에 느린 것 · 중간 것 · 빠른 것 세 가지 조가 있으니, 이 것은 본래 심방곡이라 이름 하였다. 만대엽은 너무 느려서 사람들이 싫증을 내어 폐지된 지가 오래고, 중대엽은 조금 빠르나 또한 좋아하는 사람이 적고, 지금 통용하는 것은 삭대엽이라는 곡조이다.48)

이러한 빠르기의 변화를 통해 궁중음악이나 가곡을 향유하던 양반사대부의 음악관이 바뀌고 있음을 감지할 수 있다. 즉 치민(治民)과 예(禮)를 드러내는 도구로써 사용되던 음악이 점차 유흥(遊興)과 악(樂) 자체를 중심으로 쓰임이 변화한 것이다.

예로부터 중세적인 지배체제를 공고히 하기 위한 방편으로 예(禮)와 악(樂)이 중시되었다. 곧 백성을 다스리기 위해 법과 함께 음악이 쓰인 것이다. 예와 악은 상보적 성격을 갖고 있어 이것이 치우침 없이 하나가 되면 바로 백성을 다스리는 근본이 된다.

악(樂)이라는 것은 호오(好惡)를 떠나 어울려 하나같이 하고, 예(禮)라는 것은 귀천(貴賤)의 다름을 생각하게 한다. (好惡)같으면 곧 서로 친하게 되고, (귀천을 살펴) 달리하면 곧 서로 존경하게 된다. 그러나 악(樂)이 지나치면 방탕하게 하고, 예(禮)가 지나치면 곧 예(禮)를 떨어지게 한다. 만남을 어울려 합하고 몸가짐을 꾸미는 것이 예(禮) · 악(樂)의 일이다. 예의 올바름이 확립되면 곧 귀함과 천함이 걸맞게 매겨지고, 악의 가락이 하나같으면 곧 위와 아래가 서로 어울린다. 좋아함과 싫어함이 드러나면 곧 현명함과 어리석음이 분별되는 것이다. 벌을 주어서 포악함을 막고, 작록을 주어서 현명한 사람을 들어 쓰면 곧 다스리는 일이 골고루 되는 것이다. 어짊으로써 백성을 사랑하고, 올바름으로써 백성을 바로잡는다. 이와 같이 하면 곧 백성을 다스림이 행해지는 것이다.49)

이렇듯 예악을 대하는 치자(治者)들의 관(觀) · 념(念)은 성현의 덕을 베풀어 그 유택이 곳곳에 미침에 이르게 하는데 이용된다. 이러한 관점

---

48) 송방송, 『한국음악통사』, 일조각, 2004 p.416~417. 재인용.
國朝樂章 東俗歌詞 有大葉調四方同 槩無長短別 其中又有慢中數三調 此本號心方曲 慢者極緩人厭廢久 中者差促亦鮮好者 今之所通用 卽大葉數調也.

49) 윤재근, 『樂論』, 나들목, 2007, pp.251~252.

에서 민요에 대한 양반사대부의 관심은 지속되어 왔다.

그런데 중세시대의 정치철학을 반영한 음악관이 바뀌기 시작한다. 즉 백성의 노래로써 풍속(風俗)을 살피고 백성은 노래로써 풍간(諷諫) 하였는데, 조선 후기에 들면서 이러한 가치는 희석되고 예술적·연희적 특성이 강조되기 시작한다. 이러한 변화는 '樂而不淫 哀而不傷'으로 대표되는 조선시대 중용적 미학의 변화도 수반한다.

이처럼 느린 음악을 폐지하고 빠른 음악을 추구하게 되면서, 빠르기의 변화와 함께 가곡 또한 변이·파생된 지엽 수가 늘어나게 된다. 17세기 후반 3부분으로 구성되었던 삭대엽이, 18세기 후기가 되면 '초엽(초수대엽), 이엽(이수대엽), 삼엽(삼수대엽), 농(엽), (우)락, (계)락, 편(수대엽)' 등으로 분화되고, 19세기 후기에 이르면 가곡의 지엽은 '초수대엽, 이수대엽, 중거, 평거, 태평가, 두거, 삼수대엽, 소용이, 우롱, 반엽, 편롱, 언롱, 우락, 환계락, 계락, 편락, 언락, 편수대엽, 언편' 등으로 분화된다.[50]

이처럼 가곡의 변화 속에 지엽이 형성되는데, 이러한 과정에 나타난 곡조 또는 노래를 잡가로 표기하고 있다.

> **이판서댁에서 피리와 노래 소리가 요란했다. 잡가를 부르매 줄은 급히 구르고 소리는 정히 고조된 즈음 한 대감이 들어섰다.(…인용자) 그 자리에는 금객(琴客) 김철석(金哲石), 가객(歌客) 이세춘(李世春), 기생 계섬(桂蟾)·매월(梅月) 등이 함께 있었던 것이다.(…인용자) 대감은 특별히 너그러운 용서를 베풀어 다시 부르도록 했다. 그들은 서로 눈짓을 하고 자리에 나아가서 대뜸 우조(羽調)를 발했다. 잡사(雜詞)를 고창하되 어지러이 부르고 잡스러이 화답하니 도무지 곡조가 아니었다. 대감은 대단히 흥겨워서 부채로 책상을 두드리며 부르짖었다.**[51]

『청구야담(靑邱野談)』에 실린 기생 추월에 대한 이야기이다. 통상 가곡은 거문고·가야고·세피리·대금·해금·장고 등으로 편성되는 관현반주를 갖추어야 하는 전문가의 음악이며, 시조창은 여러 사람이 가사만

50) 송방송, 앞의 책, p.424.

51) 이우성·임형택 역편, 『이조한문단편집』, 일조각, 1990, pp.205~208.
〈回想〉은 원래 『청구야담』 권4에 〈秋妓臨老說故事〉의 제목을 갖고 있다.

바꾸어가며 돌려 부르거나, 즉흥 시조를 지어 서로 화답(和答)할 수 있는 음악이다.[52]

이에 근거해 위 내용을 살펴보면 피리와 가야금을 연주하며 일정한 순서에 의해 노래하는 것으로 볼 때 가곡(歌曲)으로 볼 수 있다. 그리고 후자는 음악을 모르는 대감이 어찌하여 흥취 있는 노래를 하지 않느냐는 성화에 바로 우조의 큰 소리로 높이 부르며 잡스럽게 화답하는 장면으로 이는 가곡의 진행을 어겨 바로 삼삭대엽을 노래한 것이거나, 시기상 이르기는 하지만 우조의 고창을 볼 때 '지름'이 아닐까 추정해 본다.[53] 이와 같은 가곡 또는 시조를 잡가(雜歌)로 명명하고 있다.

한편 위 내용 가운데 이세춘 가단이 기존 가곡의 가창 순서에서 벗어나고 있음을 염두에 두고 신광수의 『관서악부(關西樂府)』(1774) 내용 중 시조는 이세춘으로 부터 나왔다는 내용[54]을 함께 보면, 이세춘의 시조(時調)는[55] 한양 유흥 공간에서의 연행환경의 영향으로, 특히 향유자의 요구에 의해 파생했을 개연성이 있다.

물론 이러한 변화의 기저에는 18세기 초반 간행된 가곡집 『청구영언』(1728)과 새로운 음악을 요구하는 수용층이 있었기 때문에 가능했을 것이다. 곧 18세기 중반 한양의 유흥공간은 삭대엽의 가곡으로는 만족할 수 없는 새로운 방식의 가창 형태를 요구하고 있었던 것이다.

이와 같은 배경에서 발생한 시조는 한양 사람들에게 반향을 일으켰으

---

52) 장사훈 · 한만영, 앞의 책, p.121.

53) 장사훈 · 한만영, 앞의 책, p.147. 지름시조는 가곡의 두거(頭擧)나 삼삭대엽(三數大葉)이 초장 처음부터 높은 소리를 질러내듯이, 지름시조도 초장 처음부터 청태주(淸太簇f〃) · 청황종(淸黃鍾eb〃)의 높은 소리로 부르는 점이 평시조와 다르다.

54) 申光洙, 『石北集』券之十, 〈關西樂府〉 其十五. "初唱聞皆說太眞 至今如恨馬嵬塵 一般時調排長短 來自長安李世春".
한편 『관서악부』가 서도(西道)의 경치 · 명승 · 민요 · 역대 흥망 · 충효 · 사찰 · 누대 · 여자들의 놀이 · 군대 · 뱃사공 등의 일을 들어 지은 것을 감안하면, 한양 이세춘으로부터 온 노래인 시조는 서도지역에 많은 영향을 미쳤거나 당대인들이 문화적 충격으로 받아들였던 것으로 보인다.

55) 장사훈, 『국악대사전』, 세광음악출판사, 1984, p.449.
신광수의 『관서악부』에 나오는 "初唱聞皆說太眞 至今如恨馬嵬塵 一般時調排長短 來自長安李世春" 시와 서유구의 〈유예지(遊藝誌)〉에 전하는 시조 악보를 살핀 결과, 현재 경제(京制)의 평시조에 해당하므로 시조 곡조의 원형은 경제의 평시조라고 할 수 있다. 한편 시조는 가곡의 여러 가지 곡조의 형태를 본받아 여러 가지 곡조가 파생한 것으로 볼 때 시조 원형인 경제 역시 가곡의 영향으로 나타난 것으로 보인다.

며 긍정적 방향으로 발전하였다. 그리하여 이세춘의 시조는 널리 알려지게 되고 그가 소속된 가단은 장안의 인기 있는 노래집단으로 부상하게 되면서, 가인(歌人)에 대한 당대 사람들의 인식에도 변화가 생기게 된다. 이러한 내용이 『청구야담』 소재 <遊浿營風流盛事>에 나타난다.

> 장안의 사람들이 서로 희롱하며 "전별할까? 사냥할까? 사냥하지 전별은 하지 않으리!"라고 말하였으니, 그 흠염(歆艶)함을 가히 알 수 있겠다.(…인용자) 드디어 행장을 꾸려 출발하였는데, 풍악산(楓嶽山)에 간다고 칭탁하고서 자취를 감춰 우회로로 몰래 평양성에 들어간 뒤 외성에 있는 조용하고 외진 곳에 머물렀다.(…인용자) 배 가운데 있는 여러 수령과 손님과 감사의 자제, 사위, 조카들은 모두 한양 사람인지라 한양 기생과 음악을 보고 기뻐하지 않음이 없었다. 또 익히 알았던 사람들이 많아 서로 더불어 악수하고 회포를 풀었다. 그리고 나서 歌妓와 금객들이 평생의 기예를 다 베풀어 종일토록 놀았으니 서경의 가무하는 기녀들이 모두 얼굴 빛을 잃었다.[56)]

위 인용문을 통해 몇 가지를 유추할 수 있다. 첫 번째는 평양감사 전별식과 심용 가단(이세춘, 김철석, 추월·매월·계섬)의 사냥 가는 모습을 비교하는 장면을 통해 심용을 중심으로 형성된 가단이 유행과 멋을 창조하여 세인의 주목을 끄는데, 장안 사람들은 이를 권력보다도 나은 것으로 이야기하고 있다.

두 번째는 평양 구경을 위해 출발하면서 목적지를 속이고 몰래 평양성에 들어가는 장면을 통해, 그들이 평양으로 떠나기 위해 거짓으로 행선지를 말한 것으로 볼 때, 심용 가단의 일거수일투족을 바라보는 수많은 고정적 시선이 있었음을 알 수 있다. 아마도 그들은 새로운 노래를 우호적으로 받아들인 향유층이거나 심용 가단과 경쟁 관계에 있는 또 다른 가단으로 상정할 수 있을 것이다.

세 번째는 대동강상의 연행을 그린 장면을 통해 한양과 평양이라는 공간에 거주하는 기생들의 연행 방식에 차이가 있음을 알 수 있다. 그런데

---

56) 이월영·시귀선 역, 『청구야담』, 한국문화사, 1995, pp.94~100.
"長安諸人 遂相與戲曰 餞乎獵乎 寧獵無餞(…인용자)遂治裝啓行稱以往楓嶽 藏踪跡以迂路潛入箕城(…인용자)盖船中諸宰幕賓及巡相子婿弟姪 俱是洛陽人也 見洛陽之妓樂 莫不歡喜 亦多知面之人 相與握手敍懷 於是 妓歌琴客 盡其平生之技藝 終日遊行 西路之歌舞粉黛 頓無顏色"

관기(官妓)가 연행하는 종목이 한정된 것을 감안하면 이는 고정된 틀에서 벗어난 새로운 음악이었을 가능성이 높다. 물론 새로운 음악이란 신광수(申光洙, 1712~1775)가 언급한 '時調'이다.

그런데 이 시조를 새롭다고 느낀 것은 관서지방(關西地方) 사람들의 인식에 바탕에 둔다. 왜냐하면 본래 한양에서 거주하던 감사를 비롯한 일가들은 한양 기생과 음악을 보고 기뻐하고 있기 때문이다. 다시 말하면 이미 한양에서는 새로운 형식의 노래인 시조가 널리 퍼졌음을 추정할 수 있다. 이렇게 볼 때 '시조(時調)'는 한 시기, 또는 한 곡조를 뜻하는 한정적 용어라기보다는 어느 시기에 이르러 새로운 가풍(歌風)이 진작되어 널리 퍼지면서 불린 노래로 볼 수 있을 것이다. 즉 구조(舊調)에 상대되는 개념으로써의 신조(新調) 또는 당시대의 노래풍인 '시절가조(時節歌調)'로 볼 수 있을 것이다.

『청구야담』 소재 기록을 통해 시조는 18세기 중반 한양에서 널리 알려지고, 가단의 구성원 역시 인기 예인으로 부상한 것을 알 수 있다. 당시 시조는 중인 이상의 계층에서 향유되었지만 가단의 인물들에 대해서는 대중적인 인지도가 형성되기 시작한 것으로 볼 수 있다. 이러한 인지도(또는 유명세)에 따라 기생들, 특히 명희(名姬)[57]로서의 평가와 자신에 대한 인식이 변화했을 가능성도 배제할 수 없다.

즉 기생은 관노비로서 관아의 일을 하지만 생계수단은 자신이 해결해야 했다. 이는 봉족(奉足)의 부족에 기인하는데, 이러한 문제를 해결하는 가장 좋은 방법은 앞서 언급한 양반 사대부와의 인연으로 신분 상승이 이루어지거나 명희(名姬)로 출세하는 것이다. 그런데 명희로서 평가하고 보상해줄 공연무대는 국가차원보다 여항에 더 많이 형성되어 있었다.[58]

이러한 상황을 감안했을 때 시조의 분화로부터 우리나라의 기생이나 가객, 전문소리꾼 집단에 대한 인식 변화가 일어나지 않았나 싶다. 즉 시

---

57) 신경숙, 「19세기 일급예기의 삶과 섹슈얼리티-의녀 옥소선을 중심으로」, 『사회와 역사』65, 한국사회사학회, 2004, p.59.
신경숙은 명기의 의미를 절개와 연관지었고, 명희에 대해서는 안민영의 용어를 근거로 재예와 색태를 고루 갖춘 일급 기생으로 파악하였다. 이렇게 볼 경우 우리가 알고 있는 진주기생 논개나 평야기생 월선이 등은 명기에 해당될 것이다.

58) 신경숙, 앞의 논문, pp.60~61.

조를 통해 상층문화권의 가창물이 하층문화권으로 진입한 것에 대한 관심과 함께, 이러한 인식의 바탕 위에서 가사나 판소리 등 다양한 곡종과 다종의 가창 집단이 점차 활동의 폭을 넓힌 것으로 생각된다. 재예(才藝)를 인정받으면 사회적 신분을 떠나 경제적 부와 명예를 얻을 수 있었기 때문이다.

이렇게 볼 때 18세기 중반의 가창계는 가곡 중심의 고정적 성격에서 벗어나 다양한 방향으로 진입한 시기로 간주할 수 있을 것이다. 그리고 이런 다양한 면모는 고정되지 않고 지속적으로 살아 움직이는 유동성(流動性)으로 연결된다.

이처럼 18세기 중반 이후에 발생한 시조는 지속적인 변화를 거치게 되며, 이러한 과정에서 시조 역시 '잡가'로 명명되고 있다.

> 돌아서니 북춤이요 던져주니 구락이라/서왕모 요지연에 반도를 올리는 듯/헌선도 한 자락을 가볍게 춤을 추고/홍문연 큰 잔치에 항장의 날랜 칼이 /한 고조를 향하는 듯 항장무 춤을 추니/남철릭 붉은 갓에 기생 행색 고이토다/<u>세피리에 긴소리요 단장구에 잡가로다</u>/규방 행실 무엇인지 사귀나니 남자로다[59]

기생들의 자료를 모은 『소수록』의 내용이다. 해주 관변 기생 명선(1845)[60]이 행하는 일련의 예능 과정은 일패기생의 연행 종목이다. 즉 북춤과 포구락, 헌선도, 정재무, 가곡(또는 가사)이 나오며, 곧이어 잡가가 불리는데, 앞서 세피리로 반주를 맞추는 긴소리에 비해 관현반주가 아닌 장구로 박자를 맞추는 것으로 볼 때 시조창으로 해석할 수 있을 것이다.[61]

---

59) 정병설, 『나는 기생이다』, 문학동네, 2007, p.18.

60) 신경숙, 앞의 논문, p.46.
"명선은 1830년 생으로 7~8세경 동기로 노비안에 오르고, 12세라는 이른 나이에 머리를 올려 장기안으로 옮겨지고, 다시 16세에 감사의 막내 아들을 만나, 끝내는 아들 하나를 낳아 안고, 서울로 불러 올려지는 행운을 얻는다. 명선의 삶은 끝없이 기생 삶에서 탈출을 꿈꾸는 것이었다. 그 불가능에 도전해 결국 뜻을 이룬 명선은 서울로 떠나면서 남아 있는 동료들에게 기생으로서의 처신에 대해 조언 격으로 작품을 남겼는데, 이 작품은 당시 해주 감영 기생들 사이에 회자되고 있다."
신경숙은 『금옥총부』의 내용을 재구성하여 기녀들의 삶, 특히 옥소선의 기녀로서의 삶의 여정을 파악한 바 있다. 내용 중에 명선에 대한 내용이 나온다. 그녀의 행적, 즉 기녀로서의 처신에 대한 조언 격으로 작품을 남긴 일례를 보더라도 격이 떨어지는 잡가(현행)를 가창하지는 않았을 것으로 보인다.

61) 장사훈・한만영, 앞의 책, p.121.

② 12가사(十二歌詞)

현행 십이가사는 <수양산가>, <양양가>, <처사가>, <백구사>, <어부사>, <죽지사>, <황계사>, <매화가>, <춘면곡>, <상사별곡>, <길군악>, <권주가> 등으로, 이들 12가사의 범주는 1939년 이후에 형성된 것으로 추정된다.

20세기 초반 조선정악전습소에서 정악을 가르치던 하규일(河圭一, 1867~1937)은 그가 편집한 『가인필휴(歌人必携)』(1931)를 통해 여창가곡・가사・시조 등을 교습했는데, 그 중 가사의 경우 "時調에 있어서 사설시조가 그렇듯이 <수양산가>・<양양가>・<처사가>・<매화타령>을 부르지 않는 것은 그 唱法이 낮기 때문"[62]이라는 이유로 4곡을 제외한 <권주가>, <상사별곡>, <춘면곡>, <황계타령>, <백구사>, <길군악>, <건곤가(죽지사)>, <어부사> 등 8곡만 가르쳤다.[63] 그러다가 1937년 하규일 사후(死後), 1939년 조선정악전습소에 들어온 평민가객 집단[64] 임기준(林基俊, 1868~1940)에 의해 <수양산가>, <양양가>, <처사가>, <매화타령> 등이 교습되는데, 이들을 합해야 12곡이 된다. 따라서 현행 12가사의 명칭과 개념은 불과 7~80년 전에서야 정착되기 시작했다고 볼 수 있다.

물론 이들 12가사가 있기 이전부터 12가사의 범주에 드는 개별 곡목들은 존재했다. 다만 그들을 포괄하던 이름은 12가사가 아닌 '雜歌' 또는 '歌詞'였다. 歌詞는 '歌辭'의 운문적 성격이 창사(唱詞)로 발전한 것으로 파악된다.[65] 이러한 명칭의 변화는 여러 문집에서도 고스란히 드러나고 있다. 이 가운데 <춘면곡(春眠曲)>을 중심 대상으로 하여 변이 과정을 살펴보겠다.

---

62) 성무경, 「『歷代時調全書』 수록 45首의 성격 辨證과 雜歌」, 『조선후기 시가 문학의 문화담론 탐색』, 보고사, 2004, p.313. 재인용(장사훈, 『河圭一 林基俊 傳唱 十二歌詞(서울대출판부)』, 1면).

63) 장사훈, 『국악대사전』, 세광음악출판사, 1984, p.74.

64) 이보형, 「조선후기 정가집단의 유형과 성격-평민정가집단을 중심으로」, 『동양음악』24, 서울대학교 동양음악연구소, 2002, p.60.

65) 이태극, 「歌辭 槪念의 再考와 장르攷」, 『국어국문학』27, 국어국문학회, 1964, pp.55~81.
박성의, 「한국시가문학사 중-시조・가사」, 『한국문화사대계』Ⅴ, 고대민족문화연구소 출판부, 1978. pp.903~906.

<춘면곡>이 문헌에 등장하는 것은 18세기 초이다. 『海東遺謠』(1711)[66]를 보면 12가사와 관련된 '漁父詞, 春眠曲, 相思曲, 相思別曲, 襄陽歌, 相思歌, 漁父辭, 勸酒歌' 등의 8편의 작품이 실려 전한다. 책 제목으로 볼 때 가창물(또는 음영물)로 간주되지만 작품 제목과 내용만 기록되어 있어 성격을 파악하기가 용이하지 않다.

이와 동시대의 자료로써 담헌(湛軒) 이하곤(李夏坤, 1677~1724)의 남도 기행문인 『남유록(南遊錄)』(1722)에도 <춘면곡(春眠曲)>이 나온다. 여기에는 이하곤이 <춘면곡>을 처음 접하는 상황과 기회가 있을 때마다 노래를 부탁하여 듣는 내용, 그리고 <춘면곡>이 이희징(李喜徵)의 곡이라는 호남사람들의 이야기와 그 곡을 '時調別曲'으로 일컬었다는 내용 등이 구체적으로 언급된다.[67]

'시조별곡(時調別曲)'은 '시조'와 '별곡'의 의미가 합친 것으로 해석 가능하다. '時調'의 원의(原意)는 '시절가조(時節歌調)', 즉 당대의 유행가조라는 말이 줄어서 된 말로 볼 때,[68] <춘면곡>은 당대에 유행하는 시조인 삭대엽(가곡창)과는 다른 조(調)로 부른 노래로 해석 가능하다. 또한 <춘면곡>이라는 곡명(曲名)은 있으나 '시조별곡'이라 이름한 것은, 이러한 곡류(曲類)를 포괄하는 상위 개념이 존재하지 않았기 때문으로 볼 수 있다. 앞서 『해동유요』에 실린 <춘면곡>의 경우는 특징을 확정할 수 없지만, 이희징의 <춘면곡>은 확실히 가창물(노래)로 볼 개연성이

---

66) 이혜화, 「해동유요」 소재 가사고」, 『국어국문학』 96, 국어국문학회, 1986. pp.85~104.
『海東遺謠』는 강화도에서 습득하여 이혜화가 소개한 시가집이다. 이혜화는 필사연대를 '長歌 庚寅仲春望前三日始役 海東遺謠'와 수록 작품(병자난리가, 김만중, 임유후 등과 〈병자난리가〉가 상한선)을 살펴 1711년으로 파악하고 있다. 수록 작품은 "漁父詞, 春眠曲, 僧歌, 僧答歌, 自答歌, 雲林處士歌, 牧童歌, 江村歌, 楚漢歌, 四時歌, 關東別曲, 思美人曲, 續美人曲, 星山別曲, 將進酒辭, 相思曲, 相思別曲, 樂貧歌, 襄陽歌, 相思歌, 愁心歌, 誡友辭, 恨別歌, 遊山曲, 花柳歌, 長恨歌, 湖西歌, 湖南歌, 歸去來辭, 七月章, 出師表, 後出師, 秋風辭, 樂志論, 漁父辭, 雜說, 泣送歸時在腹兒, 前赤壁, 後赤壁, 織錦圖詩, 勸酒歌, 歸田歌, 處士歌, 勸學歌, 關西別曲, 春杵歌, 怨婦詞, 富農歌, 丙子亂離歌, 指路歌, 漁父詞序, 漢詩數首, 嶺南歌, 彙永, 漢詩二首" 등이 전한다.

67) 이하곤 저/이상주 편역, 『18세기초 호남기행-『남유록』과 『남행집』-』, 이화문화출판사, 2003. pp.174~176.
이때 병영(兵營)의 진무(鎭撫) 중에 「춘면곡(春眠曲)」을 잘 부르는 사람이 마침 이곳에 왔다. 앉을 자리를 마련해주고 노래를 부르게 했는데, 이것은 강진(康津) 출신의 진사(進士) 이희징(李喜徵)이 지은 것이다. 그 부르는 소리가 너무 구슬퍼 듣는 자가 눈물을 흘렸는데, 호남 사람들이 또 '시조별곡(時調別曲)'이라 일컬었다.

68) 정병욱, 『시조문학사전』, 신구문화사, 1966.

있다. 이를 통해 가사의 운문적 성격이 발전하여 형성된 12가사류는 18세기 초 <춘면곡>을 시작으로 발생하고 있음을 알 수 있다.

이재(頤齋) 황윤석(黃胤錫, 1729~1791)의 문집 『頤齋遺藁』에도 '잡가'가 나타난다. 이재는 면앙정(俛仰亭) 송순(宋純, 1493~1582)을 사모하여 행장을 지었다.

> …그 임금을 사랑하고 나라를 근심하는 정성이 일찍이 조금도 늦춤이 없음이 모든 시편에서 발하고 모든 노래에서 나타났으니 <치사가> 3편, <몽견주상가> 1편, <오륜가> 5편, <면앙정장가> 1편, <단가> 7편, <u><잡가></u> 2편과 소시적 <옥당수사황국가> 1편, <춘당대친경응제 농부가> 1편(…인용자)지금 그 노래말과 곡이 널리 퍼져 사라지지 않으니 송강 정철의 <훈민가> 제1·2장 또한 농부들이 모아서 채록한 것이다. 그 농가 음절은 더욱 들을 만하니 시골에 전하여져 집적 듣고 귀로 알아보고는 "이는 송노인의 소리이다"라고 하였다.69)

위 내용에 나온 작품들은 가사(歌辭), 시조, 잡가, 한시 등으로 볼 수 있다. 그런데 잡가 2편은 어떤 것인지 정확히 알 수가 없다. 다만 사대부인 이재가 다룰 수 있는 잡가는 한문체의 잡가, 즉 범주(제목)를 정하기 어려운 작품이나 가사에서 가창가사로 분화한 '시조별곡'류가 아니었을까 한다. 황윤석이 활동하던 18세기 중후반은 <츤면곡>으로 대표되는 '시조별곡(잡가)'의 곡조가 발생한지 수십 년이 지난 시기이며, 시조의 성장과 더불어 가사(歌詞) 또한 널리 알려졌을 가능성이 있기 때문이다.

'시조별곡(잡가)'으로 불리던 가사류 작품들은 19세기 후반에 오면 '가사(歌詞)'라는 명칭이 부여된다. 『남훈태평가(南薰太平歌)』(1863)의 편목을 보면 "낙시됴, 롱, 편, 소용, 우됴, 후정화, 계면, 만수디엽, 원사쳥, 잡가, 가사" 등으로 구성되어 있는데, 이 가운데 <쇼츈향가>, <미화가>, <빅구사>는 잡가편에, <츈면곡>, <상사별곡>, <쳐사가>, <어부사> 등은 가사편에 각각 포함된 것이다.70)

---

69) 『頤齋遺藁』卷之十九, 〈行狀 資憲大夫議政府右參贊兼知春秋館事企邨先生宋公行狀辛丑〉.
…惟其愛君憂國之誠 曾未少弛 發諸篇什 形諸謳吟 有致仕歌三篇 夢見主上歌一篇 五倫歌五篇 俛仰亭長歌一篇 短歌七篇 雜歌二篇及少時玉堂受賜黃菊歌一篇 春塘臺觀耕應製農歌一篇(…인용자)今其詞曲尙流播未泯 而松江鄭公澈訓民歌第一第二章 亦有引而採者 其農歌音節 尤足聽聞 傳諸故 里農夫口受耳認曰 此宋爺遺聲也

70) 최규수, 『19세기 시조 대중화론』, 보고사, 2005, pp.163~233. 부록 〈남훈태평가〉.

잡가편에 실린 곡들은 19세기 후반 새로운 레퍼토리로 부상한 곡들로 추정되는데, 이들 작품은 앞의 예들과 같이 이들을 포괄할 특정 이름이 미처 만들어지지 않았기에 '잡가'로 명명한 것으로 보인다. 이에 비해 가사편의 곡들은 독서물 내지 음영물이었던 가사(歌辭)에서 가창가사(歌詞)로 변주(變奏)된 작품들로 '시조별곡'에서 출발하여 '잡가'로 명명되고, 상대적으로 오랜 시간에 걸쳐 인지도가 상승하면서 하나의 범주로 고정되는 시점에 이르자 '가사(歌詞)' 명칭이 부여된 것이 아닌가 한다.

물론 『남훈태평가』는 대중의 가창의욕을 충족시키기 위해 노래가사를 중심으로 편찬된 책이므로,[71] 작품 구분이나 명칭 부여의 기준을 시류(時流)에서 가져왔을 가능성이 크다. 즉 당시 가창계의 유행하는 개별적 현상만을 포착하여 일반화시킨 귀납적 오류로 볼 수도 있다. 따라서 가치판단의 유동성은 존재하지만, 그럼에도 불구하고 이러한 분류가 당시 가창계에서 일어나고 있었던 것은 부인할 수 없는 사실이다.

이와 같은 구분을 뒷받침할 수 있는 견해가 동년(同年)에 간행된 홍한주의 『지수염필(智水拈筆)』(1863)에도 보인다. 그는 당시 교방에 전하는 가곡을 이전의 명현제공(賢名諸公)이 지은 곡과 무식한 탕자요음(蕩子妖淫)에서 나온 곡으로 분류한 뒤, 이 가운데 농암 이현보의 <어부사>, 퇴계 이황의 <처사가>, 송강 정철의 <장진주>와 <권주가>, <관동별곡>, <상사별곡>, 교리 나학천의 <춘면곡> 등을 격이 높은 노래로 언급하고, 반면 당시 유행조인 <행로군악가>, <매화가>, <황계가>, <백구가>와 시조잡성(時調襍聲) 등은 윤리가 전무하여 말할 것조차 없는 곡으로 간주한다.[72] 이 가운데 <행로군악가>, <매화가>, <황계가>, <백구가>는 현행 12가사의 범주에 드는 곡들인데도 당시 유행하던 잡스러운 소리와 함께 묶는 것으로 볼 때 가사에 대한 인식이 유동적이었음을 알 수 있다.

---

71) 최규수, 『「남훈틱평가」를 통해 본 19세기 시조의 변모양상』, 이화여자대학교 대학원 석사학위논문, 1989, p.63.

72) 홍한주 저/이우성 편, 앞의 책, pp.284~288. 〈國朝歌曲〉.
"近世敎坊所傳歌曲 亦多前賢名流諸公所作也 故 漁父詞 是嶺南先輩 聾巖李判書賢輔所作 而以此詞書示退溪 故退溪集中有答書其詞 亦在書中 又處士歌 實 退溪先生作 如 將進酒 松江 鄭文淸公作 而後變爲 勸酒歌 又 關東別曲 想思別曲 皆 松江所作(…인용자)又 春眠曲 肅廟時 羅校理學川所作也(…인용자)至如行路軍樂歌 梅花歌 黃鷄歌 白鷗歌 及 時調襍聲 皆出於無識蕩子妖淫而已 全無倫理何足道哉."

『남훈태평가』의 경우 잡가와 가사의 구분을 시간 경과에 따른 인식의 변화에 기초했다면, 홍한주는 유자(儒者)의 입장에서 소작(所作)과 윤리(倫理)를 기준으로 하였다. 비록 두 자료에서의 분류 기준이 다르지만 분류된 곡목은 대체로 일치한다. 다시 말하면 작품을 바라보는 기준은 다르지만 19세기 후반 가창계는 이전부터 가창되던 노래와 당시 새롭게 부상한 노래를 구분하고 있는 것이다. 물론 새롭게 부상한 노래는 잡가이며, 그 담당층은 탕자요음인 것이다.

분류	남훈태평가	분류	지수염필
잡가	소춘향가, 매화가, 백구사	탕자요음	행로군악가, 매화가, 황계가, 백구가
가사	춘면곡, 상사별곡, 처사가, 어부사	명현제공	어부사, 처사가, 장진주, 권주가, 관동별곡, 상사별곡, 춘면곡

* 정철 소작(所作) 장진주 · 권주가 · 관동별곡

그런데 이보다 10년 뒤에 간행된 박원(璞園) 정현석(鄭顯奭, 1817~1899)의 『교방가요(敎坊歌謠)』(1872) 總目을 보면 '羽調, 界面, 雜歌, 時調, 舞'의 순서로 되어 있으며, 이중 '잡가' 항에 "<勸酒歌> 新調 舊調, <春眠曲>, <處士歌>, <襄陽歌>, <相思別曲>, <梅花打令>, <行軍樂>, <關東別曲>" 등의 작품이 수록되어 있다. 『남훈태평가』나 『지수염필』에 비해 잡가로 표기된 가사류의 작품이 대거 늘어난 것은 특기할 만하지만, 『남훈태평가』에서 부여된 '가사(歌詞)' 명칭은 쓰지 않고, '시조별곡'에서 한 단계 변화한 '잡가'로 명명하고 있는 것이다.

이는 두 가지 관점에서 해석할 수 있다. 첫째는 기존의 가사와 당시 유행하는 잡가인 <행군악>과 <매화타령>을 함께 다루었기에 넓은 의미의 잡가로 본 것일 수도 있다. 둘째는 잡가에서 가사로 분화 · 고정되는 시점은 사회적 의견 도출에 따른 합의에 근거하거나 일시에 공포(公布)된 것이 아니므로 대상을 어떻게 인식했는가에 대한 필자(편집자)마다의 시각 편차로 인한 당연한 결과로 볼 수 있다.

이처럼 19세기 후반까지도 잡가와 가사로 혼기(混記)되던 가사류는 20

세기 초까지도 하나의 독립된 장르로 자리 잡지 못한 채 분화와 혼재가 양립되어 존재하고 있다. 1915년 간행된 『신구유행잡가』를 보면 좌창잡가부, 입창단가부, 평양다탕패 입창가부, 좌창시조잡가부로 구분하였는데,[73] 여기에 수록된 곡목은 대체로 현행 ① 12잡가와 휘모리잡가 · 민요계열 잡가, ② 판소리 단가, ③ 선소리 산타령, ④ 시조 · 가곡 · 가사 등으로 나뉜다. 즉 가창 형태와 곡의 특징, 그리고 격에 따라 분류하기는 하였으나 여전히 가사를 '잡가'로 표기하고 있다.

이는 앞서 언급한 하규일의 교습을 통해서도 알 수 있다. 조선정악전습소(1911) 설립 이후 학감으로 근무한 하규일이 기생들을 대상으로 가르친 가사는 8곡에 불과하며, 임기준에 의해 4곡이 보태지면서 1939년 이후에서야 '12가사'의 범주가 정해지고,[74] 이후 명칭이 고정된 것을 볼 때 20세기 중반까지 가사는 잡가라는 유동적인 장르로 인식되었음을 알 수 있다.

결국 가사(歌詞)는 18세기 초에 '시조별곡(時調別曲)'으로 시작되어 점차 향유층이 두터워지면서 18세기 후반에 이르러 잡가(雜歌)로 명명되고 이후 19세기 중후반에 이르면 잡가에서 가사(歌詞)로 분화 조짐이 나타나며, 20세기 초 고정된 가군(歌群)으로는 분류되지만 역시 이들 범주를 지칭하는 명칭은 여전히 잡가(雜歌)로 나타나고 있다. 그러다가 조선정악전습소 학감 하규일과 임기준의 지도에 힘입어 1939년 이후에 가사(또는 12가사)로 고정된 것으로 파악된다.

③ 판소리

주지하듯이 '판소리'라는 명칭은 김동욱에 의해 명명되고 일반화되었다.[75] 이전에는 "打令, 雜歌, 倡歌, 판노름, 廣大소리, 歌曲, 唱劇調, 劇歌, 唱調, 舊劇, 唱詞, 唱劇家, 唱樂" 등 다양한 이름으로 불렸으며, 그 중의 하나가 잡가이다.

송만재(宋晩載, 1788~1851)는 아들이 과거에 올랐음에도 집이 가난하

73) 정재호, 『한국속가전집』이, 도서출판 다운샘, 2002, pp.555~628.
74) 1943년(소화 18) 간행된 『증보 가곡원류』(함화진, 종로인문사)의 '歌詞' 편에 현행 12가사에 해당하는 작품이 모두 수록되어 있다.
75) 김동욱, 「판소리 발생고」, 『논문집』vol 2, 서울대학교, 1955, p.167.

여 광대놀이를 베풀 수 없자, 이에 서울 유가를 회상하여(家兒今春 聞喜 顧甚貧 不能具一場之戱 而聞九街鼓笛之風) <관우희(觀優戱)>(1843)를 지었는데, 이 글 가운데 잡가가 나온다.

> **말이 입술과 이 사이에서 샘처럼 흘러나오니, <영산회상> 제1투조의 장단이요, 타령 <u>잡가</u> 오만가지 별체를 노래하는데, 때로는 앉아서, 혹은 쭈그리고, 또는 서서, 또는 말하고 노래를 부르는가 하면, 북도 쳐가며 혹 웃기도 하고 울기도 하면서, 한 번 길게 뽑으면 한 번은 짧게, 한 번은 맑게, 한 번은 흐리게, 한 번은 올리고, 한 번은 떨어지고, 빠른가 하면 느리게 한다.**[76)]

그런데 위 예문을 보면 타령과 잡가가 같이 나와 혼동을 유발한다. 즉 타령은 판소리로, 잡가는 또다른 곡으로 해석할 수 있기 때문이다. 그러나 윤달선(尹達善)의 『광한루악부(廣寒樓樂府)』(1852) 서문에 쓰인 "凡雜歌十二腔 香娘歌 卽 其一也"[77)]을 보면 판소리 '향랑가(춘향가)'를 처음으로 꼽으면서 판소리 12마당을 '잡가'로 표기하고 있다. 이를 볼 때 판소리를 잡가로 이해해도 무리가 없을 듯하다.

한편 송만재가 원용(援用)한 자료는 서울 유가(遊街)이다. 송만재는 광대 집단의 여러 노름을 본 것이고 판소리는 그 가운데 한 종목이었다. <관우희>에 나타난 광대놀음의 순서는 "첫째, 가곡, 음률, 별곡(영산회상, 관동별곡, 상사별곡, 황계사, 만수사), 둘째, 판소리(춘향가, 화용도, 박타령, 강릉매화가, 가루지기타령, 왈자타령, 심청전, 배비장타령, 옹고집타령, 가짜신선타령, 토끼타령, 장끼타령), 셋째, 줄타기(무동 미색의 줄위 추천희, 재인의 항상 석장무, 벽간 등), 넷째, 땅재주(포요기, 곽삭지보, 살판넘기, 숭어뜀, 용트림, 살판, 상간희), 다섯째, 정재노름, 가면극(포구, 처용무, 가면희, 사자가면희), 여섯째, 배우, 검두(토화, 유자희, 개부관, 황창무), 일곱째, 광대소학지희(해학지사), 여덟째, 무가(제석거리, 덕담), 아홉째, 괴뢰희"로 진행된다.[78)]

---

76) "言泉流於唇齒 靈山會相 第一套調腔 打令雜歌 千百般別體 或坐或踞或立或語 或歌或罵 或笑或泣 一長一短 一淸一濁 一抗一墜 一疾一舒"

77) 이혜구, 「宋萬載의 觀優戱」, 『판소리 연구』1집, 판소리학회, 1989. p.275. 재인용.

78) 김동욱, 「판소리 발생고」2, 『논문집』vol 3, 서울대학교, 1956, pp.242~243.

이처럼 여러 공연 종목 가운데 하나였던 판소리는 광대들의 다양한 창조(唱調) 개발과 오위장 신재효로 대표되는 중인 계층의 후원에 힘입어 단일 공연 종목으로 분화된다. 이렇게 광대 집단에서 여러 종목의 기예와 함께 공연되던 잡가 판소리는 그들만의 공연물로 독립하면서 '잡가' 명칭이 '창가(唱歌)'로 바뀐다. 앞서 언급한 바 있는 『교방가요』(1872)를 보면 일패기생이 배워야 할 연희 종목[79] 다음에 민속(民俗)의 공연물을 언급하는데, 판소리가 잡희(雜戲)로부터 분화되어 개별적으로 연희되는 정황과 함께 명칭 변화가 포착되고 있다.

> 倡歌
> 春香歌 沈淸歌 匏打令 梅花打令 兎打令 華容道
>
> 雜戲 皆無倫脊
> 舍黨 男唱女和 風角 簫笛行乞 焦爛 假面金目 山臺 士與僧美人皆假面 郭禿 設棚 戲木人
> 醉僧 機動蹈舞
>
> 雜謠
> 山打令 遊令놀양 杵打令 花杵打令
> 此乞士舍黨所唱 皆是淫辭陋詞也 今街童厮隷亦解唱此
>
> 短歌
> **(생 략)**倡夫先唱此歌以開喉音[80]

위 내용을 보면 창가, 잡희, 잡요 등 시정에서 펼쳐지는 연희의 명칭과 간략한 특징을 언급하고 있다. 또한 여타 연희물은 잡희 또는 잡요로 명명한 것에 반해, 판소리는 창가(倡歌)로, 판소리 도창(導唱)은 단가로 명명하고 있다.

이를 볼 때 판소리(판소리 관련 단가)는 민속의 소리 중에서도 가장

---

79) 정현석, 『교방가요』, 보고사, 2002, pp.160~223.
鐵絲琴, 吹打, 樂器, 金木石絲竹匏土革, 舞曲, 樂詞, 歌品, 歌節
六花隊, 蓮花臺, 獻仙桃, 鼓舞, 抛毬樂, 劍舞, 船樂, 項莊舞, 義巖別祭歌舞, 牙拍舞, 響鈸舞, 黃昌舞, 處容歌舞, 僧舞

80) 정현석, 앞의 책(영인본), pp.84~85.

빠르게 성장하여 단일 곡종으로 범주화되면서 '창가(唱歌)'라는 명칭으로 불리기도 했다. 다만 '창가'라는 명칭은 판소리를 가리키는 여러 이름 가운데 하나로서 '판소리'라는 명칭으로 확정된 것은 20세기 중반에 이르러서이다. 즉 이전까지의 판소리는 아직 장르적 성격이 확정되지 않은 '잡가'로도 인식된 것이다.

이는 안민영의 『금옥총부(金玉叢部)』(1886)를 통해 확인할 수 있다.

> …**시조 삼장**을 부르고 우계면 한 편을 계속해서 부르고 또 **잡가**를 부르니 모·송 등 명창들의 조격보다 뛰어나 묘함이 뒤지지 않으니 참으로 절세의 명인이라 이를 만하였다.[81]

이천의 오위장 이기풍이 퉁소로 <신방곡>을 잘 부는 김군식과 노래를 잘하는 기생 금향선을 안민영에게 보냈는데, 향선의 외모는 뛰어나지 않으나 노래는 절창이었다고 한다. 특히 잡가 실력이 모흥갑이나 송흥록에 뒤지지 않는다는 말이 나오는데, 그들이 판소리로 일세를 풍미한 소리꾼임을 감안하면 여기에서 언급한 '잡가'는 당연히 판소리를 지칭하는 것이다. 일찍이 안민영은 송흥록의 소리를 듣기 위해 친히 찾은 바 있고,[82] 이후에도 친분이 이어졌음을 상정하면 위 내용은 향선에 대한 지극한 칭찬으로 볼 수 있다.

한편 이 예문을 통해 그간 잡가로 불리던 '시조'가 '時調三章'으로 지칭되었음을 알 수 있다. 19세기 중반까지 단장구 장단에 불린 잡가(시조)가 3~40년의 시간이 경과되면서 세력이 확장되고 수용층이 확대되면서 단일 곡종으로써의 명칭이 생긴 것이다. 당시 음악계의 전문가인 안민영이 언급한 것을 감안하고, '三章' 형식으로 표기한 것을 볼 때 현행 시조와 동류임이 확실하다.

이상의 내용을 보면 판소리 역시 앞서 언급한 가곡이나 시조, 가사와

---

81) 황충기 주석해제, 『금옥총부(부록)』, 푸른사상, 2009, p.484.
唱時調三章後 續唱羽界面一編 又唱**雜歌** 牟宋等名唱調格 莫不透妙 眞可爲絶世名人也

82) 황충기, 앞의 책, pp.468~476.
"다시 창원의 경패의 집에 도착하여 여러 날을 머물면서 지난날의 미진한 정을 풀고 같이 30리나 되는 칠원 송흥록의 집에 도착하니 맹렬도 집에 있다가 나를 보고 흔연했다.(…인용자) 내가 임인(1842)년 가을에 우진원과 호남의 순창에 내려가 주덕기를 데리고 운봉의 송흥록을 방문하니 이때 신만엽 김계철 송계학의 일대 명창들이 마침 집에 있다가 나를 보고 기쁘게 맞이했다."

같이 특정한 장르로 확정되지 않은 잡가로 존재하다가 19세기 중반 이후 '창가(倡歌)'로 명명된다. 그러나 이것도 고정된 명칭은 아니며, 1955년 이후 '판소리'가 일반화될 때까지 가창 공간이나 형태 등의 특징을 딴 수많은 이름으로 존재한다. 그리고 그 흐름 속에서 판소리 또한 '잡가'로 인식되었다.

(2) 계급성

앞서 아악(雅樂)의 한 부문인 가곡과 이 곡의 영향으로 형성된 시조와 가사를 살펴보았다. 아악은 1911년을 기준으로 볼 때, 이전에는 중국에서 비롯된 궁중음악을 뜻하였으나 현재는 한국의 전통적인 궁중음악이나 지식층에서 즐겨 쓰던 우리의 전통적인 음악으로 규정한다.[83]

한편 아악에 상대되는 개념으로 속악(俗樂)이 있다. 속악은 민속의 음악이라는 뜻으로 하층민이 주로 부르는 노래를 포함한다. 이러한 민속의 노래 범주에 민요와 잡가가 있다. 둘 다 민속에서 일반 백성들이 향유하는 노래이지만, 민요는 비전문적이며 생활과 직결된 노동(勞動)이나 의식(儀式), 자신들의 유희(遊戲)와 관련되어 자족적 성격이 강한 반면, 잡가는 전문적인 소리꾼이 유흥공간에서 청자(수요자)를 위해 상업적 목적으로 연행한다는 차이점이 있다. 다만 상층문화권이 아닌 하층에서 주로 불렸기에 둘 다 속악으로 칭하였다.

이처럼 하층민의 노래로 규정되는 잡가는 아악에 상대되는 개념으로 인식되기도 했으며 아정한 노래인 가곡과 구별되는 의미로 인식되기도 하였다. 즉 가곡(歌曲)을 원류(源流)로 보았을 때 이보다 격이 떨어지는 곡들이나 가곡의 주담당층인 중인보다 계급적으로 하층의 사람들이 부르는 잡스런 노래를 지칭하는 것이다. 이렇게 파악할 때 민요와 잡가에 대한 인식의 차이가 존재하게 된다.

민요는 다스림의 대상인 백성들의 노래이기에 그들의 노래를 통해 치세(治世)의 형편을 파악하고 이를 통해 백성을 다스리려는 양반사대부의 치민(治民) 의식이 내포되어 있다. 이러한 의식의 전례가 되는 것이 『詩經』이다.

---

83) 장사훈, 『국악대사전』, 세광음악출판사, 1984, pp.473~475.

先王이 이것으로 夫婦를 다스리고 孝敬을 이루고 人倫을 厚하게 하고 敎化를 아름답게 하고 風俗을 바꾸었다. 그러므로 詩에는 六義가 있으니, 첫째는 風이요 둘째는 賦요 셋째는 比요 넷째는 興이요 다섯째는 雅요 여섯째는 頌이다. 위에서는 風으로써 아랫사람을 교화하고 아래에서는 風으로써 웃사람을 풍자하여, 문장을 위주로 하면서 은근히 간하여 이것을 말한 자는 죄를 받지 않고 이것을 듣는 자는 충분히 경계로 삼을 수 있다. 이 때문에 風이라 한 것이다.84)

『시경』 <관저(關雎)>에 대한 모서(毛序)의 내용이다. 백성들이 부르는 노래를 통해 성인의 가르침과 덕택(德澤)이 옳게 널리 퍼졌는지를 살피고, 이로써 백성의 인륜을 두텁게 하고 교화를 아름답게 하며 아래의 풍(諷)으로써 경계 삼았다.

한편 가곡을 담당하는 가객이나 중인 계층은 전문소리꾼이 부르는 잡가를 저열한 대상으로 간주하였다. 이러한 현상의 원인은 첫째, 중인 가객들이 부르는 가곡이나 시조, 가사 등은 오랜 연원과 전통을 가지고 있으며, 자료의 축적과 함께 이론적인 배경을 지닌다는 점을 꼽을 수 있다. 둘째, 계급적 측면에서 볼 때 잡가 담당층은 인간적인 대우를 받지 못하는 상민(常民)이나 천민(賤民)으로 구성되었다는 점을 생각할 수 있다.

① 민요

다산(茶山) 정약용(丁若鏞, 1762~1836)의 <打麥行>을 보면 보리타작하면서 부르는 노래를 '雜歌'로 적고 있다.

新蒭濁酒如湩白　새로 거른 막걸리 빛 우유처럼 뿌옇고
大碗麥飯高一尺　큰 사발에 보리밥 높이가 한 자로세
飯罷取耞登場立　밥 먹고는 도리깨 들고 타작마당 나가서니
雙肩漆澤翻日赤　검게 탄 두 어깨가 햇볕 아래 번들번들
呼邪作聲擧趾齊　호야호야 소리 내며 발 맞추어 두드리니
須臾麥穗都狼藉　금방사이 보리 이삭 질펀하게 널려 있다
雜歌互答聲轉高　주고 받는 잡가소리 갈수록 높아지고
但見屋角紛飛麥　보이느니 지붕까지 튀어오르는 보리인데….85)

84) 성백효 역주, 『시경집전』, 전통문화연구회, 2002.
"治世之音 安以樂 其政和 亂世之音 怨以怒 其政乖 亡國之音 哀以思 其民困 故 正得失 動天地 感鬼神 莫近於詩 先王 以是經夫婦 成孝敬 厚人倫 美敎化 移風俗 故 詩有六義焉 一曰風 二曰賦 三曰比 四曰興 五曰雅 六曰頌 上以風化下 下以風刺上 主文而譎諫 言之者無罪 聞之者足以戒 故 曰風"

위 시에 나타난 잡가는 보리타작을 하면서 부르는 노동요이다. 여럿이 함께 하는 선후창의 민요로, 앞소리꾼이 소리를 매기면 뒷소리꾼은 여음을 되풀이한다.[86] 서로에게 힘을 북돋기 위해 소리가 높아진다. 재미있는 것은 노래를 부르며 장단을 맞추기 위해 후렴으로 넣는 소리를 '呼邪'로 적고 있는 점이다. 마치 신라 향가인 <풍요(風謠)>의 '來如'를 잇는 민요의 연속성을 보는 듯하다.

청장관(靑莊館) 이덕무(李德懋, 1741~1793)의 『청장관전서(靑莊館全書)』 제31권, <사소절>에 다음과 같은 내용이 나온다.

> **…군리(軍吏)들이 외치고 굽실거리고 하는 의절을 장난삼아 익혀서는 안 되고, 범패(梵唄)·타령(打令)·허야(許邪)·나홍(囉嗊) 등 잡소리도 또한 익혀서는 안 된다.**[87]

인용문은 청장관의 눈에 비친 서울 저자 풍경의 일면을 가져와 어린이들 교육을 위해 경계한 것이다. 위 내용에 보이는 범패(불가)와 타령(판소리)은 노래의 종류를 말하는 것이고 '허야'와 '나홍'은 노래의 여음을 말하는 것이다. 앞의 <타맥행>에도 '呼邪'라는 후렴이 나오는 것으로 보아 인용문의 '허야(許邪)'도 짧은 후렴이 있는 노래의 종류나 명칭으로 사용했음을 알 수 있다. '나홍'은 노래의 가락을 돕는 소리로써, 문맥으로 볼 때 '긴 후렴'인 듯하다. 이들 노래는 전문소리꾼인 사당 또는 걸립승의 노래와 광대의 노래, 민요를 주로 하는 선소리패의 노래가 아닌가 한다.

다만 이 글의 주요 내용은 전문소리꾼의 노래를 평가하는 것이 아니라 아이들을 가르침에 있어 함부로 행동하고 흉내 내는 것을 금해야 한다는 교육적 관점에서 언급하고 있는 것이다.

다음은 『승정원일기』 '고종 원년 갑자(동치 삼) 을사(高宗 元年 甲子 乙巳)' 조의 내용이다.

---

85) 정약용, 『여유당전서(與猶堂全書)』, 〈打麥行〉.
86) 조동일, 『한국민요의 전통과 시가율격』, 지식산업사, 1996, p.196.
87) "軍吏呼喝趍拜之節 不可戱而習之 凡梵唄打令 許邪囉嗊雜聲 亦不可習"

고종 1년 갑자(1864, 동치 3) 11월 8일 을사, 관물헌에서 권강할 때 강관 박규수 등이 입시하여 《소학》을 진강하였다.

…그것이 예가 아닌 줄 안다 하더라도 거기에 마음이 동요되고, 길거리의 잡가(雜歌)나 마을의 상스런 말이 귀에 들리면 비록 그것이 예가 아닌 줄 알더라도 거기에 마음이 동요되니, 이런 것은 모두 외부로부터 오는 것입니다.[88]

강관 박규수(朴珪壽, 1807~1876)가 『소학(小學)』에 대해 강의하면서 특히 예(禮)와 마음의 동요(動搖)에 대해 논하고 있다. 이때 길거리의 잡가(雜歌)를 끌어와 쓰고 있다. 문맥으로 보았을 때 특정 노래를 가리키기보다는 민가의 거리에서 불리는 백성들의 다양한 노래 정도로 해석하면 될 듯하다.

이상에 나타난 잡가(민요)는 백성들의 노래로써 노동 현장의 생동감을 표현하거나 교육적 측면에서 마음의 동요를 일으키는 요인으로 파악하여 경계해야 함을 논하고 있다.

② 잡가

이처럼 치세적 관점에서 바라본 민요의 효용은 중세의 권력구조가 고착화되면서 성현이 지향하는 이치의 원천으로만 긁어지게 된다. 이러한 가치의 고착화는 문화 활동에도 영향을 끼쳐 각 부문에 서열을 정하여서 문학의 정수인 시가를 한시, 시조, 민요로 구분하고 각각 사대부, 위항인, 하층민의 지체에 따라 연행층을 한정한다.[89] 즉 앞서 언급한 예(禮)에 치우친 결과, 예(禮)와 악(樂)이 이루었던 어울림마저 귀(貴)와 천(賤)으로 구분된 것이다.

이와 같은 관념에서 나온 음악에 대한 인식은 중인 이상 지배층이 향유했던 음악(가곡·가사·시조)과 하층민의 음악(잡가·잡요·잡성)을 나누는 결과를 초래했다. 즉 계급적 서열, 특히 반상(班常)의 구분을 엄격히 요구했던 조선의 사회·정치적 환경은 문화의 우열(優劣)을 엄격하

---

88) 국사편찬위원회 편, 『승정원일기』, 탐구당, 1969, p.489.
"…其非禮 而中心爲之動焉 街巷之**雜歌** 閭里之俚語 來到於耳卽迷或知其非禮而中心爲之動焉 此皆自外耳至者也"

89) 조동일, 『한국문학통사』3, 지식산업사, 1984, pp.226~229.

게 구분하고 다시 그 문화를 통해 신분을 규정한 것이다.

특히 상층문화권에서 아정한 음악을 주로 담당했던 중인계층은 자신들의 노래와 곡을 상층부에 동일시함으로써 대리만족을 얻었으며, 하층의 소리와의 차별을 명확히 하였다. 그리고 이러한 규정이 명문화됨으로써 아정한 음악을 공부하는 사람들과 그 담당 계층 사이에는, 잡가에 대해 '비천한 사람들이 부르는 격이 떨어지는 잡스런 노래'라는 인식이 자연스레 형성된다.

물론 잡가 담당층의 대부분은 중인 이하의 계층이었다.[90] 선소리 산타령은 주로 사당패(선소리패)에 의해 가창되었고, 12잡가는 사계축과 삼패기생, 민요계열 잡가는 일패기생, 휘모리잡가는 주로 공장(工匠)이가 중심 연행층이었다.

사당패는 각종 기예(技藝)를 지닌 사람들이 모인 예능단체로써 전국각지, 특히 해시(海市)나 역촌(驛村), 추수 때의 이익을 따라 유행(遊行)하며 생계를 유지한 집단으로 명칭을 사당(社黨·社長·祀堂)이라 하며, 불가(佛家)와 일정 관련이 있다. 천민으로 구성된 이들 사당패는 매기(賣技)는 물론 매창(賣娼)과 그 외의 의혹으로 논란을 일으킴으로써 부정적으로 인식되었다. 이들 사당패의 산타령은 서울 오강 지역의 토박이 선소리패에게 전이되어 도시공간의 대중예술로 발전한다.[91]

사계축은 지역명과 그곳에 사는 사람들이라는 두 가지 의미로 쓰인다. 지역적으로는 현재의 서계동, 청파동 1·2·3가, 원효로 1가까지를 가리키는데, 1751년(영조 27)에 제작된 '都城 三軍門·分界 總錄'에 의하면 청파 1契(서계동과 청파동 1가 일부), 청파 2계(청파동 1가 일부), 청파 3계와 4계(청파동 2·3가 일부), 청파 4계(원효로 1가) 등, 청파가 모두 4契로 구성되었기 때문에 사계축이라고 불렀다.[92] 이 지역은 서울에서 필요

90) 구자균, 「평민문학사」, 『한국평민문학사』, 민족문화사, 1982. pp.193~256.
구자균은 상민(常民)과 천민(賤民)에 위항인(중인·서얼·서리)을 합쳐 평민으로 규정한 바 있다. 그러나 본고에서 다루는 잡가 담당층에는 위항인이 포함되지 않으며, 다만 정원(政院)과 금부(禁府)의 하례(下隷) 등 격이 낮은 중인계층 정도를 탑앙모리(삼패)와 관련지을 수 있다.

91) 이형대, 「선소리 산타령을 통해 본 잡가의 텍스트 변이와 미적 특질」, 『한국시가연구』19집, 한국시가학회, 2005. pp.209~329.

92) 손태도, 「경기명창 박춘재 論」, 『한국음반학』Vol.- No.7, 한국고음반연구회, 1997. p.137.

로 하는 여러 물건을 만들어 팔거나 농산물을 공급해 주던 곳이었다. 그리고 이곳에 거주하며 12잡가는 물론 시조와 가사 등 다양한 종류의 노래를 담당했던 부류를 사계축 소리꾼이라고 불렀다. 또한 격이 떨어지는 삼패기생도 이 지역에 거주하면서 잡가의 하위범주인 12잡가를 담당하였다.

서민을 상대하는 삼패기생과 달리 상류층이 향유하는 유흥문화 공간에서 가객(歌客) 또는 금객(琴客)이라 불리는 전문 음악인들과 함께 정재(呈才)와 가곡(歌曲) 등을 연행하는 격이 높은 관변기녀를 일패기생이라고 한다. 이들은 주로 가곡과 가사·시조창 등을 불렀는데, 1908년 기생제도 철폐와 조합(권번)이 결성되면서 잡가 담당층으로 새롭게 부상하였다. 비록 일패기생으로 높이 올려주었지만 이들 신분은 궁(宮)이나 관(官)에 소속된 노비이다.

한편 사설시조에서 영향을 받아 형성된 휘모리잡가의 담당층은 하층계급 가운데에서도 물건을 만들고 파는 것을 업으로 삼던 공장(工匠)이 들이었다. 이들은 조선 중기까지만 해도 관청에 소속된 관영수공업자였는데, 조선 후기에 가까울수록 사영수공업이 성장하여 온전한 사영수공업자인 사장(私匠)도 등장한다. 이들은 양반들의 사치품을 주문받아 생산하기도 하였지만, 주로 일반인들이 사용하는 놋그릇(鍮器)·갓·가죽신 따위의 생활필수품을 생산하여 시장에 팔았다.

이처럼 대부분의 잡가 당당층은 하층민이었기에 그 자체로 멸시의 대상이 되었고, 그들의 음악 역시 열등하게 여기게 된 것이다. 그러한 비판의 근거는 '정음(正音)'이 아니라는 점에 기인했다.

> **근일 녹록한 모리배들이 부지런히 서로 쫓아 훈연히 비루한 습속에 동화되고 혹은 한가한 틈을 타 놀이를 즐기는 자는 뿌리 없는 잡요와 농지거리의 해괴한 짓으로, 귀천 할 것 없이 다투어 전두를 주고 이를 배우고 숭상하는데, 어찌 옛 현인군자로서 정음의 여파를 하는 자가 있겠는가?**[93]

93) 박효관·안민영, 『가곡원류(歌曲源流)』, 〈朴孝寬 跋〉
"挽近俗末碌碌謀利之輩 孜孜相趨薰然共化於鄙吝之習 或偸閑爲戱者 以無根之 雜謠譃浪之骸擧 貴賤爭與纏頭習尙 奚有古者 賢人君子爲正音之餘派者"

물론 가곡 담당층이 이와 같이 규정한 것에 근거가 없지는 않다. 앞서 언급한 『청장관전서』나 『승정원일기』의 내용에도 나타나듯이, 잡가로 인해 백성들이 예(禮)를 잃고 가벼이 행동하며 풍속을 어지럽힌다고 보았기 때문이다.

이처럼 예(禮)를 잃고 풍속을 어지럽히는 노래들이 『교방가요(국립본)』(1872)에 구체적으로 제시되어 있다. 자료 마지막 부분을 보면 관기인 일패기생으로서 배워야 할 이론과 실기 분야를 정리하면서 당시 일반에서 연행된 전문연희패의 종목도 소개하고 있다. 이 가운데 걸사사당패의 내용이 <雜謠> 항에 나온다.

> **雜謠**
> **山打令 遊令놀양**
> **杵打令 花杵打令**
> **此乞士舍黨所唱 皆是淫辭陋詞也 今街童厮隷亦解唱此**[94]

즉 <잡요>에는 "산타령, 놀양, 방아타령, 화초타령이 있는데, 이는 걸사나 사당이 부르는 노래로 대개 노랫말이 음탕하고 비루하다. 지금 거리의 아이들과 관청의 종들도 이 노래를 잘 부른다."라고 하여 '잡요'라는 명칭과 곡목, 유행 정도를 기록하고 있다. 특히 노랫말에 대해 '음탕하고 비루'하다고 지적하고 있는데, 당대의 이러한 인식은 가곡을 담당하는 계층에게 자신들의 곡과 항간(巷間)의 노래를 구분하는 잣대로 작용했을 것이다.

그런데 우리가 현재 잡가로 보고 있는 노래에 대해 위 문헌에서 기록하고 있는 실제 어휘는 '잡요(雜謠)'이며, 『지수염필』(1863)에서는 아정한 가곡에 미치지 못하는 저열한 노래를 '잡성(襍聲)'으로 표기하고 있다.[95]

앞에서도 언급했듯이 '가(歌)'는 음악이 따르는 것이고, '요(謠)'는 음악이 따르지 않는다고 했다. 다시 말하면 '가(歌)'는 가야금이나 세피리 등의 반주가 있는 것이고,[96] '요(謠)'는 악기의 반주가 없는 것으로 보아 무

---

94) 정현석 편저/성무경 역주, 『교방가요(敎坊歌謠)』(영인본), 보고사, 2002. p.84.
95) 홍한주, 앞의 책, "至如行路軍樂歌 梅花歌 黃鷄歌 白鷗歌 及 <u>時調襍聲</u> 皆出於無識蕩子妖淫而已 全無倫理 何足道哉."

방하다. 또한 예로부터 "시조, 가곡, 가사 등 양반이 부르는 시가를 노래라 하고 상민이 부르는 노래는 소리"라고 했다는 증언을 볼 때,97) 노래와 소리는 구분해야 하며, 이럴 경우 대체로 민속의 소리는 요(謠)에 해당될 것이다. 그렇다면 19세기 중후반 잡요(잡성)으로 불렸던 잡가 명칭이, 20세기 들어오면서 한 단계 격이 높아진 잡가(雜歌)로 불리게 된 이유에 대해서도 해명이 있어야 할 듯하다. 이는 다음 항에서 살피기로 하겠다.

(3) 혼종성

잡가는 시가사의 전 시기를 관통하는 주요 개념인 유동성과 19세기 이후 발생한 '잡가'의 범주 규정을 위해 설정한 계급성을 특성으로 지닌다.

20세기 초에 편찬된 잡가집에는 오늘날의 시각에서 볼 때 잡가의 범위에 속하지 않는 작품들도 다수 있다. 이는 잡가집이 상업적인 목적으로 편찬되었기 때문에 당시의 인기 있는 노래들을 함께 수록하는 과정에서 초래된 결과이다. 이것을 20세기 초에 편찬된 잡가집 수록 작품의 혼종성이라 할 수 있다. 따라서 혼종성은 20세기 초에 편찬된 잡가집의 특성일 뿐 잡가 자체의 장르적 특성은 아니다.

20세기 초가 되면서 근대적 극장 공연, 상업적 목적의 가집 발간, 관기제 철폐에 이은 기생조합(권번)의 활성화, 유성기음반과 라디오 방송 등을 겪으면서 음악계의 판도는 시류에 따라 요동치게 된다. 물론 이러한 변화 기저에는 이미 19세기부터 활발하게 진행된 신분체제의 변화, 경제적·상업적 이익 추구, 국내·외적 우환(憂患)을 통한 자각과 현실 인식 등이 결부될 것이다.98)

이러한 과정 속에서 상층문화권의 고급 음악은 시조를 통해 하층문화권으로 유입되고, 하층문화권의 판소리는 예술성을 획득하면서 상층문화권으로 진입하게 되는데, 이러한 교류의 접점에서 주목을 요하는 것으로

96) 『靑丘永言』 序 "옛날의 노래는 반드시 시를 사용하였다. 노래를 문자로 적은 것이 시이고 시를 관현에 올린 것이 노래이니 노래와 시는 본래 한 길이다(古之歌者必用詩 歌而文之者爲詩 詩而被之管絃者爲歌 歌與詩 固一道也)"를 볼 때 시를 관현에 올린 것도 노래이다.

97) 김호성, 앞의 책, p.139.

98) 이기백, 『한국사신론』, 일조각, 1997.

잡가(雜歌)를 꼽을 수 있다.

중세 계급사회에서의 예술은 상층문화를 향유하는 자들의 특권과 같은 것이었다. 그런데 이러한 계급제도와 신분체제가 변화되기 시작하면서 저류에서 머물던 예술분야, 특히 잡가가 시가사의 표면으로 부상하여 널리 유행하게 되면서, 활판본 잡가집이 다량 출간된다.

그런데 20세기 초에 편찬된 잡가집 소재 작품들을 오늘날의 시각에서 볼 때 잡가가 아닌 작품들도 있다. 상업적 목적에 의해 편집되었기 때문이다. 이러한 경향은 20세기 초에 발간된 잡가집의 명칭과 수록 작품을 통해서도 쉽게 이해될 수 있을 것이다.

『한국속가전집』 등재 가집명

명칭	가집명	권수
잡가	신구잡가, 신구시행잡가, 정정증보신구잡가, 증보신구잡가, 고금잡가편, 무쌍신구잡가, 신구유행잡가, 신찬고금잡가, 특별대증보신구잡가, 증보신구시행잡가, 조선잡가집, 현행일선잡가, 시행증보해동잡가, 신구현행잡가, 조선신구잡가(조선속가), 신정증보신구잡가, 일선잡가, 대증보무쌍유행신구잡가(Ⅰ), 대증보무쌍유행신구잡가(Ⅱ)	19
가곡	정선조선가곡, 가곡보감	2
창가	남녀병창유행창가, 신구유행창가	2
속곡	조선속곡집	1
가요	정선조선가요집	1
가사	조선고전가사집	1

총 26권의 가집 가운데 '잡가'를 서명으로 쓴 책이 19권으로 주종을 이룬다. 주지하다시피 이들 잡가집에는 가곡·가사·시조로 대표되는 아정한 음악을 비롯하여 판소리와 단가류, 휘모리잡가류, 12잡가류, 선소리산타령류, 세련되게 변화한 경·서·남도의 민요계열 잡가류, 노랫가락, 무가류, 불가류, 신민요, 번안곡류 등이 망라되어 있다.

기존에 가(歌)와 성(聲, 또는 謠)의 구분은 노래의 격이나 연행환경, 그리고 계층(신분)을 기준으로 구분하였는데, 20세기에 들어서면 신분체제의 변화(철폐)에 따라 다양한 계층에서 문화・예술물을 향유하게 되었다. 노래를 따지는 기준도 격(格)보다는 유흥적 성격에 경도됨으로써 노래와 소리의 구분이 무의미해진 것으로 여겨진다. 물론 20세기 초에도 가곡과 가사, 시조는 활발하게 가창되고 있었다.

이처럼 다종다양한 곡목을 하나로 묶어 잡가집으로 출간한 것은 출판사의 상업적 이익 추구가 우선할 것이다. 잡가를 하위범주로 나눌 경우 가곡을 제외하면 그 곡이 많아야 수십 곡에 불과하기 때문에 홍보나 판매, 출간, 그리고 소비자 입장에서 볼 때도 경제성이 떨어지기 때문이다. 또 하나의 이유는 당시 협률사로 시작된 근대식 극장에서 연행되는 인기곡들을 다양하게 실을수록 소비자의 관심을 유도할 수 있기 때문이다.

20세기 초 상업적 이익을 목적으로 간행한 잡가집을 보면, 수록된 모든 곡들을 동일한 시선으로 보고 있지 않음을 알 수 있다. 즉 '잡가'라는 명칭으로 묶었지만 곡목이나 곡종에 따라 구분을 하고 있다. 특히 노래의 격(格)과 관련하여서는 『조선정선가곡』(1914)이나 『가곡보감』(1928)에서 '가곡'이라는 장르로 인식하면서도 '잡가집'에 수록하고 있는 데서 알 수 있다. 이와 반대로 잡가로 인식되는 작품이 '가곡'류와 함께 수록되는 예도 있다. 이는 잡가의 범주 항에서 다루기로 하겠다.

2) 잡가의 개념

이상에서 언급한 잡가의 용례를 정리하는 것으로써 잡가의 개념을 삼고자 한다.

잡가의 유동성이란, 가곡(삭대엽)을 비롯하여 18세기 초엽 가곡과는 다른 곡조를 뜻하는 시조별곡(가사), 18세기 중엽 가곡 중심의 고정적 가창환경에서 벗어나 새로운 가창곡으로 발돋움한 시조, 그리고 하층민의 노래로 출발한 후 예술성을 인정받아 상층문화권으로 진입한 판소리 등이 생성, 발전, 변이과정을 거치면서 확정되지 않은 상태에서 일시적으로 '잡가'로 명명되는 것을 가리킨다. 예로 든 가곡, 가사, 시조, 판소리 이외에도 산타령, 12잡가, 경서남도 민요 등 새롭게 파생된 대부분의 곡들이 이러한 과정을 거친다. 즉 잡가가 갖는 유동성은 그 자체로 음악의 생성과 발전, 변이, 분화, 그리고 하나의 장르로 확정되기까지의 여정을 드러낸다. 대체적으로 근대학문이 정립되는 20세기 중반까지 잡가의 유동성은 유지되었다.

잡가의 계급성이란, 아악에 상대되는 속악을 지칭하거나 아정한 음악에 비해 격이 떨어지는 소리를 '잡가'로 명명한 것을 가리킨다. 이는 가곡이 갖는 아정함과 이를 담당하는 중인 계층의 신분체제에 대한 인식에서 비롯된 것으로 볼 수 있다. 이러한 계급성에 대한 인식은 잡가가 성행하기 시작하는 19세기 후반에 가장 극성이었으며 계급제도가 철폐된 후 20세기 초에 이르러서야 조금씩 퇴색하기 시작한다. 이 시기에 오면 음악이 상층문화권의 소유물에서 대중문화로 확산되기 때문이다. 계급성은 오늘날의 시각에서 바라본 장르로써의 '잡가' 범주를 설정하기 위한 기준 중 하나이다.

2 잡가의 범주

장르론의 근본적인 목적이 "개별작품 내지 작품군을 단순히 분류하는 데 있는 것이 아니라 특정 역사적 장르 전체, 나아가 개별 작품을 보다 근본적인 차원에서 이해하고 해석할 수 있는 기반을 마련하는 데 있다"[99] 고 볼 때 잡가의 범주(작품군) 확정은 잡가 연구를 위해 매우 중요하다.

이에 잡가의 범주와 관련된 기왕의 자료를 검토하여 참조하고, 앞서 제시한 잡가의 개념을 적용하여 범주를 설정하고자 한다. 단 본고에서 다룰 잡가의 범주는 20세기 초 발간된 잡가집을 대상으로 하되 당대의 기대지평을 반영하여 잡가로 인정되는 작품만을 범주로 삼고자 한다.

국문학과 국악학의 잡가 관련 논문에 나타난 잡가의 범주를 표로 정리하면 다음과 같다.

---

99) 박연호, 『가사문학 장르론』, 다운샘, 2003, pp.15~16.

〈표 1〉 기존 연구물에 나타난 잡가의 범주

필자(연도)	12 잡가	휘모리	산타령	서도창	판소리계	민요	12 가사	비고
안자산(1922)	0	0	0	0	0	0		속요
이병기(1928)	0		0	0		0		속요, 광대소리, 인도소리, 노래가락 포함
이병기(1961)	0	0	0	0	0	0		잡가(민요 총칭), 극가 제외
정노식(1940)	0	0	0	0		0		일패・삼패・무녀 구분
최남선(1947)	0		0	0		0		휘모리 생략
김사엽(1948)	0	0	0	0	0	0	0	속요(잡가)/전문적 민요, 시창
조윤제(1949)	0	0	0	0	0	0	0	속가
고정옥(1949)	0	0	0	0	0	0		유행가, 민심을 지배하는 마력
우리어문학회(1949)							0	*평민가사의 하위범주
장덕순(1960)	0		0			0		서정적 양식에 잡가 설정
장덕순(1975)	0		0			0		전문적이지만 넓은 의미의 민요에 포함
임동권(1964)	0						0	속가, 가사와 민요의 중간(단가 포함)
이태극(1964)		0		0		0		*가사의 하위 범주(단가 포함)
박성의(1978)	0	0	0	0	0	0		*가사의 운문적 성격→창사로 발전
정재호(1972)	0	0	0	0	0	0	0	양양가, 어부사, 한시 제외, 신민요 포함
서원섭(1978)	0			0			0	*평민가사(단가 포함)
김동욱(1982)	0	0	0	0	0	0	0	잡가, 당시의 유행가
최성수(1984)	0	0	0	0	0	0	0	단가 포함
조동일(1984)	0	0	0	0		0		직업적 소리패의 흥행종목
김흥규(1986)	0	0	0			0		직업・반직업소리꾼, 12가사보다 통속적임
전규태(1986)								저속한 탓에 널리 알려지지 않음
최명걸(1986)	0	0	0	0	0	0	0	20세기 이후 유행
이노형(1987)	0	0	0	0	0	0	0	잡가수 108곡 선정
윤기홍(1992)								시가현상에서 갈래 개념으로 고정
김동욱(1992)	0	0	0	0	0	0	0	기존 시가 제외 방식, 104곡
고미숙(1995)	0	0	0	0	0	0		대중가요사의 자생적 뿌리
최원오(1995)	0	0			0	0		교섭갈래 규칙 및 양상 검토
리차윤(1996)	0	0	0	0	0	0		正歌의 대칭, 무속・불가계통도 포함
박경수(1997)	0	0	0	0	0	0		카니발적 성격(창조성, 역동성, 유흥적)
김문기(1999)							0(6곡)	* 서민가사(잡가=가사1형+전문소리꾼)
손태도(2006)	0	0	0	0	0	0	0	1910년대~1920년대
	0	0						현재 기준
최동안(2003)	0	0	0	0	0	0	0	시가 현상으로 파악
박애경(2003)	0	0						19세기, 정악의 타자로 긴노래로 발전
	0	0	0	0	0	0	0	20세기, 잡가집 수록작품 전반
박지애(2010)	0	0	0	0	0	0	0	잡가집, 유성기음반, 라디오 자료 분석
성경린(1957)	0		0	0				일반음악의 전업소릿군
성경린(1958)	0		0					휘모리 생략, 12잡가와 입창
장사훈(1958)	0	0	0	0		0		잡가와 가사, 잡가와 민요 구분(창법)
이창배(1971)	0	0						악곡별
송방송(2004)	0	0	0	0	0	0		잡가 연행층의 계보 정리
백대웅(2007)	0	0	0	0	0	0		잡가 생성 후 맨 나중 판소리 생성

위 표에서 국문학계와 국악학계의 잡가 범주와 관련된 가장 큰 차이는 12가사의 포함 여부이다. 국악학계에서는 12가사를 하나의 고정된 장르, 특히 상층의 가창문화로 인식하여 잡가에서 제외하고 있는 반면, 국문학계는 19세기 후반에 간행된 문헌에 '잡가'로 기록되어 있는 것에 근거하여 잡가에 포함시키고 있다. 이에 대해서 앞서 정리한 잡가의 개념을 가져와 정리할 수 있다.

첫째, 유동성과 관련하여 잡가는 생성(분화) 이후 20세기 초까지 잡가(또는 잡요, 잡성) 이외에 명칭이 명명되지 않은 가군(歌群)이다. 따라서 이미 명칭이 부여되어 하나의 장르로 정착했거나 명칭이 부여된 적이 있는 곡종(가곡, 시조, 가사, 판소리, 단가 등)은 제외한다.

둘째, 계급성과 관련하여 아정한 음악에 상대되는 가군이 잡가이므로, 아정한 음악과 같이 인식되는 작품(송서, 시창, 불가류와 무가류, 교회 성가 등)은 제외한다. 이는 20세기 초 발간된 활판본 잡가집에 나타난 당대인의 기대지평을 살펴 정하고자 한다.

셋째, 20세기 초에 들어 상업적 이익을 목적으로 활판본 잡가집이 출간되는데, 여러 가지 이유에서 곡의 특성이나 변별적 자질을 무시한 채 한 권의 책으로 묶고 잡가집이라 명명하였다. 그런데 이는 모든 것이 섞여 있다는 의미의 잡가이지 우리가 연구의 대상으로 삼는 잡가는 아니다. 이에 앞서 제시한 유동성과 계급성이 음악의 역사에 사회문화적 인식이 투영된 결과이자 오랜 시간에 걸쳐 형성된 것들임을 감안할 때 20세기 이후 생성된 곡(신민요)이나 우리나라의 역사·사회·문화에 근원을 두지 않은 번안곡, 일본의 영향을 받은 곡 등은 제외한다.

일반적으로 국악계의 경우 국문학계와는 달리 잡가의 범주가 대체적으로 동일함을 알 수 있다. 이는 성악이 갖는 음악적 특성에 기인한다. 즉 성조(聲調, 토리)가 지역에 따라 수심가조·육자배기조·메나리조 등으로 구분되며, 성악곡의 하위 범주도 정착되어 가곡, 시조, 12가사, 판소리, 판소리단가, 12잡가, 휘몰이잡가, 선소리, 경기·서도·남도 민요, 범패, 무가 등으로 구분 가능하기 때문이다.

그런데 한 가지 염두에 두어야 할 것은 이러한 성조별, 하위범주별, 지역별 구분이 시작된 것은 20세기 중반 이후에 가능해졌다는 점이다. 20세기 이전의 경우, 일반 하층의 서민들이 도(道) 단위를 넘는 지역 간 이동이 많지 않아 예술 교류가 활발하지 않았으며, 그나마 물산과 재화를 따라 생계를 유지하던 사당패 또는 산대극을 통해서야 당시 인기 있는 연희물을 보거나 소리꾼의 노래를 향유할 수 있었다.

그러다가 1907년 광무대 공연 이후 활판본 잡가집의 출간, 유성기 음반과 라디오 방송이 활성화되면서 잡가에 대한 일반인의 안목과 식견이 높아지게 되었다. 특히 『조선미인보감(1918)』이 출간되면서 당시 기생들의 장기인 노래를 지역별로 분류했는데,[100] 이것의 영향인지 1923년 출간되는 잡가집 『가곡보감』에는 가곡과 가사, 시조를 먼저 수록한 후 서도잡가, 남도잡가, 경성잡가 등의 지역을 기준으로 잡가를 구분하고 있다.

이러한 사정을 감안할 때 국문학계에서 바라보는 잡가의 범주는 폭이 넓고, 국악학계에서 바라보는 잡가의 범주는 협소하여 당시 잡가의 문화도상을 읽기에는 적합하지 않다. 이에 잡가의 범주 설정을 위해 몇 단계에 걸친 작업을 수행할 것이다.

우선 국문학 분야에서 언급한 잡가 범주를 참조하여 보완하고, 둘째, 국악학의 성악 분류법에 의거하여 곡목을 분류한 후 이를 토대로 20세기 초 잡가집에 수록된 노래를 재분류할 것이다. 이후 비교를 통해 공통점을 추출하고 예외 사항을 정리하여 최종적으로 잡가의 범주를 설정할 것이다.

① 국문학계의 잡가 범주

실증적 고찰을 통해 잡가 범주를 설정한 대표적인 연구자로 정재호를 들 수 있다. 그는 『한국잡가전집』(1984)에 수록된 15종의 가집[101]에 수

100) 조선연구회, 『조선미인보감』, 민속원, 2007.

101) 정재호, 『한국속가전집』6, 도서출판 다운샘, 2002, p.126.
정정증보신구잡가(1915), 신구시행잡가(1914), 무쌍신구잡가(1915), 신구유행잡가(1915), 고금잡가편(1915), 증보신구잡가(1915), 신찬고금잡가(1916), 특별대증보신구잡가(1916), 일선잡가전(1924), 시행증보해동잡가, 신구현행잡가(박춘지소리, 1918), 신구현행잡가(박춘재구술), 조선속가(1921), 신정증보신구잡가(1922), 가곡보감(1928) 등.

록된 작품 201편을 조사하여 '가사 42편, 시조 57편, 한시 3편, 기타 창가 7편 등'[102]을 제외한 92편을 잡가로 보았다. 이해에 도움을 주고자 그 곡명을 열거하면 다음과 같다(가나다 순).

■ 잡가(92)

① 가진방물가, ② 간지타령, ③ 강원도아리랑타령, ⑤ 개성난봉가, ⑥ 개타령, ⑧ 경발님, ⑨ 경복궁타령, ㉓ 곰보타령, ㉔ 공명가, ㉗ 구사리원난봉가, ㉘ 권주가, ㉛ 긴난봉가, ㉜ 긴방아타령, ㉝ 긴산타령, ㉞ 긴수심가, ㊱ 길군락, ㊲ 난봉가, ㊳ 날개타령, ㊷ 놀량, ㊺ 단가, ㊻ 단가별곡, ㊽ 담바귀타령, ㊾ 도라지타령, 53 뒷산타령, 56 맹꽁이타령, 58 매화가, 59 몽금포타령, 61 바위타령, 63 밤엿타령, 65 배따라기, 66 백구사, 68 별수심가, 69 병신난봉가, 70 봉황곡, 71 사거리, 72 사랑가, 74 사설난봉가, 78 사친가, 79 산염불, 86 새타령, 88 서울홍타령, 90 선유가, 91 성주풀이, 93 소상팔경, 94 소춘향가, 97 수심가, 98 수양산가, 99 숙천난봉가, 101 신난봉가, 102 신방아타령, 103 신제농부가, 104 신제도화타령, 105 신제산염불, 106 신제이팔청춘가, 108 십장가, 109 아리랑타령, 112 앞산타령, 113 양류가, 114 양산도, 121 엮금수심가, 123 영변가, 124 영산가, 125 오호타령, 135 유산가, 139 육자동고리, 140 육자배기,

102) 가사(42): ④ 강호별곡, ⑦ 거사가, ㉑ 고상사곡, ㉒ 고상사별곡, ㉕ 과부가, ㉙ 규수상사곡, ㉚ 규원탄, ㊶ 노처녀가, ㊹ 농부가, ㊼ 단장사, 60 몽유가, 63 밤엿타령(62 박명탄의 誤記), 67 별단가, 73 사미인곡, 77 사시풍경가, 83 상사별곡, 84 상사진정몽가, 85 상사회답가, 87 서상추사, 89 석춘사, 92 소군탄, 107 신춘사, 110 악양루가, 111 안빈낙도가, 126 옥인상사곡, 133 운가, 134 원부사, 143 자운가, 161 진정부, 162 진정편, 165 창랑곡, 166 처사가, 168 청루별곡, 169 청루원별곡, 170 청춘과부가, 175 추풍감별곡, 176 춘면곡, 177 춘몽가, 178 탄금가, 191 향산록, 192 향화곡, 199 회심곡

시조(57): ⑩ 계락, ⑪ 계롱, ⑫ 계면, ⑬ 계면드는것, ⑭ 계면들머리, ⑮ 계면세재치, ⑯ 계면쉬는 것, ⑰ 계면조, ⑱ 계면초중대엽, ⑲ 계조, ⑳ 계평조, ㉟ 긴우조, ㊵ 노래가락, ㊸ 농, ㊿ 뒤집는농, 51 뒤집는우락, 52 뒤집는우조, 54 드난우조, 75 사설시조, 76 사설지름, 80 삼뢰, 81 삼수수엽, 82 삼중대엽, 95 쇠는가, 96 쇠수대엽, 100 시조, 117 얼락, 118 얼롱, 119 얼편, 120 엮금, 122 엮금시조, 127 우락, 128 우롱, 129 우조, 130 우조들머리, 131 우조세재치, 132 우평조, 137 이수수엽, 138 이중대엽, 150 장수대엽(우평조 장대수엽의 誤記-필자), 151 장진주, 154 정찰회답가, 159 중수대엽, 163 질림시조, 171 초수대엽, 172 초중대엽, 174 축수대엽, 179 태평가, 181 파연곡, 183 편, 184 편대, 185 편락, 186 편수엽, 187 평시조, 189 평우락, 190 평지름, 198 혹소용

한 시(3): ㉖ 관산융마, 115 양양가, 116 어부사

기타 창가 등(7): ㊴ 넋두리, 55 라팔절, 57 맹인덕담가, 64 방아타령, 136 이별가, 152 장한몽가, 167 청년경계가

⑭ 이팔청춘가, ⑭ 임의동동생각, ⑭ 자진난봉가, ⑭ 자진방아타령, ⑭ 자진배따라기, ⑭ 자진산타령, ⑭ 자진중머리, ⑭ 짝타령, ⑮ 적벽가, ⑮ 제비가, ⑮ 제전, ⑮ 죽지사, ⑮ 중거리, ⑯ 진양조, ⑯ 집장가, ⑰ 초한가, ⑱ 토끼화상, ⑱ 판염불, ⑱ 평양수심가, ⑲ 형장가, ⑲ 화류가, ⑲ 화류사, ⑲ 화포타령, ⑲ 황계사, ⑳ 회심곡관악산조, ⑳ 홍타령

그런데 위의 범주에는 장르간 혼동이 이는 작품과 곡명만 다를 뿐 사설 내용이 대동소이한 작품이 있어 범주를 수정할 여지가 있다.[103] 이러한 문제점이 나타나는 근본적인 이유는 기존 시가장르를 제외한 그 나머지를 범주로 설정했기 때문이다. 잡가는 일정한 형식으로 구분하기 어려운 다양한 시가의 혼효체(混淆體)이기 때문에 형식만으로는 구별하기 어려운 것이 사실이다. 예를 들어 <적벽가>의 경우 연행에서 판소리 단가로 불렸는데, 이 작품은 가사에 포함시키거나 긴잡가인 <적벽가>, 또는 서도창 <적벽가>로 볼 수 있는 여지가 있다. 또한 <관산융마>는 시창(詩唱)으로, <추풍감별곡>은 송서(誦書)로 가창되었음에도 한시나 가사로 분류하고 있다. 더구나 기타 창가 등 7곡을 제외하고도 신민요를 잡가에 포함시키고 있다. 비록 잡가와 신민요가 도시의 유흥적 성격을 지향하고 대중적 유행성을 공유하기는 하지만 잡가가 자생적 성장을 바탕으로 형성되고 점차적으로 퍼진 것에 비해 타율적 식민정책과 기업적 수준의 대규모적이고 조직적인 상업성을 지향하는,[104] 더구나 그 내용에 있어 계몽, 개화 등을 강조하는 신민요와 동일시하는 것은 타당하지 않다고 본다.

② 성악 분류와 곡목

성악 분류는 장사훈(『증보 한국음악사』), 송방송(『한국음악통사』), 이창배(『한국가창대계』), 김호성(『한국의 전통음악』), 황용주(『한국 경서도창악대계』) 등의 자료를 이용했다. 그리하여 가곡, 시조, 가사, 12가사, 경기좌창, 휘모리잡가, 서도창, 입창, 불가·무가, 단가, 민요, 시창, 노래가

103) 이노형, 「잡가의 유형과 그 담당층에 대한 연구」, 서울대학교 석사학위논문, 1987, pp.14~15.
104) 이노형, 『한국 전통 대중가요의 연구』, 울산대학교 출판부, 1994, p.109.

락, 신민요 등으로 구분한 후 참고사항을 괄호에 기입했다.

- 가곡과 시조: 가집의 분류 현황 이외에 종장의 형태로 구분 (권주가, 장진주, 파연곡 등 변화 *수잡가 <푸른 산중하에 조총대>·<창내고저>)
- 가사: 고상사별곡, 고상사곡, 노처녀가, 화류가, 원부사, 사미인곡, 안빈낙도가, 악양루가, 강호별곡, 상사회답가, 처사가, 호접몽, 자운가, 진정부, 서민가사 포함(단가와 구별 어려움)
- 12가사 : 수양산가, 양양가, 처사가, 백구사(탈춤; 상좌승-백구타령?), 어부사, 죽지사, 황계사, 매화타령, 춘면곡, 상사별곡, 길군악, 매화가, 권주가
- 경기좌창(십이잡가, 긴잡가, 좌창) : 유산가, 적벽가, 제비가, 소춘향가, 집장가, 형장가, 평양가, 선유가, 출인가, 십장가, 방물가, 달거리 등
- 휘모리잡가-만학천봉, 곰보타령, 병정타령, 기생타령, 육칠월, 생매잡아, 바위타령, 맹꽁이타령, 한잔부어라, 비단타령, 사립쓰고(이보형) 등
- 서도창(긴소리)-적벽부, 공명가, 관동팔경, 사설공명가, 초한가(남도단가 노랫말 동일), 별조공명가, 배따라기, 잦은배따라기, 잦은뱃노래, 영변가 등
- 입창(산타령)-놀량, 앞산타령, 뒷산타령, 잦은산타령(도라지타령, 후대에 산타령에 합류)/경발림(경사거리), 화초사거리(김호성), 개고리타령(황용주)
  (선소리를 한바탕 마치고 잇대어 개고리타령, 잦은방아타령, 경복궁타령, 양산도 등의 민요)
- 사당패-판염불, 회심가(송방송 불교 화청/걸립승 고사염불)
- 단가(병창, 판소리계)-(판소리 여섯마당 기본)/갈처사십보가(신재효), 강상풍월, 고고천변, 광대가(신재효), 궁장가, 권유가(신재효), 금화사가(신재효 정리), 단잡가(신재효), 달거리(신재효 정리), 담경가, 대관강산, 도리화가(신재효), 만고강산, 명당축원(신재효, 성조풀이), 몽유가, 방아타령(신재효 작, 제자 진채선 대원군 앞에서 부름), 백수한, 북정가, 불수빈, 사시풍경가, 사철가, 사친가(시조 포함/팔을 베고 누

웠으니*내방가사 <사친가>와 민요 <사친가>와 다름), 새타령(적벽가-죽은 군사의 넋, 육자배기), 성조가(신재효 작, 제자 진채선 대원군 앞에서 부름), 소상팔경, 숭유가, 어부사(신재효 작), 역대가, 역려가, 영산가, 오섬가(신재효), 운담풍경, 월령가, 장부한, 적벽가, 조어환주, 죽장망혜, 진국명산, 짝타령, *초한가(서도창과 노랫말 같음, 성조만 다름), 치산가(신재효), 태평가, 토끼화상, 편시춘(임방울), 풍월강산, 허두가(신재효), 호남가(신재효), 홍문연가, 화초타령, 효도가 등

■ 민요

- 경기, 충청-개고리타령(산타령 후/장사로 나간다), 개성난봉가(박연폭포, 황용주-별조), 개타령(서도민요/영남민요-광무대 소리로 서울잡가화 됨, 신구유행잡가)건드렁타령(처녀장사), 경복궁타령(산타령 후/경복궁 중건에 대한 민중 불만), 군밤타령, 긴방아타령, 긴아리랑, 는실타령(동물울음, 후렴 '는실'의 영향), 닐늬리야, 등타령, 매화타령(12잡가 달거리 끝부분), 방아타령, 뱃노래(동해안 어부-박춘재-전국), 베틀가, 사발가, 사설방아타령, 서울흥타령, 아리랑타령, 양류가, 양산도(산타령 후), 오돌독(1890년경 제주 발생, 이후 서울에서 유행), 오봉산타령, 오호타령(소춘향 간략화), 이별가(배따라기 노랫말), 잦은방아타령(산타령 후), 창부타령(김호성, 무가가 속화), 청춘가, 총각타령, 풍년가, 한강수타령, 흥타령(천안삼거리)
- 서도민요-간지타령, 개성난봉가(박연폭포), 개타령, 사설난봉가(개타령에서 변조), 궁초댕기(신고산타령 파생, 이창배), 긴난봉가, 난봉가, 넋두리, 밤엿타령, 별수심가, 병신난봉가, 산염불, 산유화가(메나리조), 수심가, 신고산타령(어랑타령), 안주애원성(푸념하듯), 약산동대, 애원성, 엮음수심가(수심가 뒤에 붙음), 잦은난봉가, *긴아리(김매는 소리, 노동요), 물레타령(작업요), 둥개타령(연정), 서도뱃노래(김주호가 남도뱃도래 개작), 몽금포타령(장산곶타령), 배치기(풍어제), 싸름타령, 나니가타령(달구지 몰 때), 연평도난봉가(부녀자 조개잡이)
- 남도(영남+호남)-골패타령, 궁초댕기(김호성), 담바귀타령, 밀양아리랑, 뱃노래, 성주풀이, 아리랑류, 어랑타령, 옹헤야, 쾌지나칭칭, 통영

개타령, 튀전타령(골패타령에 이어), 강강술래, 개고리타령(날개타령 계열, 사랑가+이별가+심청가흥보가 조금씩), 까투리타령, 농부가, 둥가타령(까투리 다음/사랑타령), 날개타령(천자뒤풀이+강상풍월+건드렁타령), 물레타령, 보렴(순한문 불가어, 사당들의 첫노래), 새타령(새들의 울음소리, 육자배기), 육자동고리(새타령/군사), 육자배기(대표곡), 잦은육자배기(육자배기 다음), 잦은농부가, 진도아리랑, 화초사거리(놀량과 비슷), 흥타령(무정방초/우지마라 저 두견아)

- 시창, 송서-관산융마, 추풍감별곡, 삼설기(이문원, 덧없는 인생사), 장한몽(송서), 맹인덕담경(무경조), 파경(무경조)
- 노랫가락-무가+시(고종 년간에 발생, 이병기/장사훈), 현재는 경기민요에 포함됨(김호성 등)
- 신민요(신, 사랑가(끝부분 사요나라), 신제산염불, 신제도화타령, 신제농부가, 신체청춘가, 노들강변, 아리랑(아리랑타령-전기차), 오호타령, 이팔청춘가, 풍년가, 태평가), 개화가사, 창가, 번안곡, 각설이타령(6권)

③ 20세기초 발간 잡가집 수록곡 현황

〈표 2〉『한국속가전집』 수록 곡목의 하위범주 현황[105)]

	곡목의 종류														비고
	가곡	시조	가사	십이가사	십이잡가	휘모리	경기민요	산타령	서도창	서도민요	남도민요	판소리계	송서시창	신민요기타	
①		28	17	2			4	6	1	2	3	3	1		평양
②			7	1	9	3	1	4	2	3	3	6	1	2	박춘재소리
③	362	15	10	7				1					1		박춘재 구술, 산타령(회심곡)
④		18	17	2	1		4	7	4	4	6	3	1	2	*적벽가(12잡가)

105) ① 신구잡가(1914), ② 신구시행잡가(1914), ③ 정선조선가곡(1914), ④ 정정증보신구잡가(1914), ⑤ 증보신구잡가(1915), ⑥ 고금잡가편(1915), ⑦ 무쌍신구잡가(1915), ⑧ 신구유행잡가(1915), ⑨ 신찬고금잡가부가사(1916), ⑩ 특별대증보신구잡가(1916), ⑪ 증보신구시행잡가(1916), ⑫ 조선잡가집(1916), ⑬ 현행일선잡가(1916), ⑭ 시행증보해동잡가(1917), ⑮신구현행잡가(1918), ⑯ 조선신구잡가(조선속가)(1921), ⑰ 신정증보신구잡가(1922), ⑱ 남녀병창유행창가(1923), ⑲ 신구유행창가(1924), ⑳ 일선잡가(1924), ㉑ 대증보무쌍유행신구잡가부가곡선(1925), ㉒ 가곡보감(1928), ㉓ 조선속곡집(1929), ㉔ 정선조선가요집(1931), ㉕ 조선고전가사집(1941), ㉖ 대증보무쌍유행신구잡가부가곡선(1958)

	곡목의 종류														비고
	가곡	시조	가사	십이가사	십이잡가	휘모리	경기민요	산타령	서도창	서도민요	남도민요	판소리계	송서시창	신민요기타	
⑤	115	7	12	7	9	3	4	6	2	4	5	8	1		*가진방물가(12잡가 노랫말 동일)
⑥	64	54	23	3	3		5	6	3	4	3	6	1	2	소춘향곡=소춘향가 동일
⑦	166	12	23	10	10	3	5	5	1	7	6	7	3	4	광무대소리 별조 12잡가/단가
⑧	7	12		2	9	3	4	4		6	5	9	1	1	홍도강진구술, 개타령, 좌창부 초한가-단가로봄
⑨			6	8	9	2	4	4	3	6	4	7	3	2	신민요-청춘가류 * 附歌詞
⑩	89	34	21	3	8	1	5	4	2	6	5	9	2	2	*시조 다음에 권주가파연곡 나옴
⑪			8	1	9	3	1	4	3	3	4	5	3	5	*아리랑(신) 아리랑타령(잡)
⑫				2	4		7	3	2	9	4	4	1	9	범례 머리의말 * 신곡 12곡
⑬	202	7	7	9	4	3	2		2	7	6	4	4	3	일본노래 32 12 중복 제외
⑭			20	7	9	3	1	5	2	4	4	8	3	4	초한가 단가 포함(범주)
⑮		15	12	4	6	2	3	7	3	4	3	3	3	1	
⑯				2	4		8	3	2	9	8	6	1	10	
⑰		16	17	2			5	6	4	4	6	4	1	2	회심곡관악산조 (산타령에)
⑱			3	1	8	3			2	1	2	2	1	15	유행창가 1편 신민요
⑲					1							1	1	21	24곡 가운데 기존곡 3곡 유산가공명가적벽가추풍
⑳		-	-	-	-	-	-	-	-	-	-	-	-	-	일본노래
㉑	162	15	19	9	9	3	8	10	4	15	8	16	3	11	조선일류명창 구술 권주가파연곡장진*
㉒	123	40	1	11	3		4	6	4	8	3	3	1	1	권주가장진주 가사 파연곡시조 평양기성권번
㉓							2	2		4	2			7	머리의 말
㉔			3	10	7				3		3	30	1	1	서 범례, 가수사진
㉕	120	181		9	3							14	1		조선아악발전사 창작단가 수록
㉖															신민요 등 26곡 추가

위의 표는 현재의 성악 분류 방법을 적용하여 『한국속가전집』에 수록된 곡을 분류한 결과이다. 이에 잡가의 기대지평이 드러난 몇 가지 중요한 내용만을 간추리면 다음과 같다.

'③'은 『정선조선가곡』으로 제목에서도 보이듯이 상층의 가곡 가운데 노래를 골라서 수록한 것이다. 그리하여 가곡, 시조, 가사가 주를 이루는데, 그 중 시창(詩唱)으로 불리는 <등악양루탄관산융마>와 불가조의 <회심곡>이 보인다. <관산융마(關山戎馬)>는 석북 신광수의 한시로 당나라 두보(杜甫)가 풍진(風塵)을 만나 표박(飄泊)하는 생활을 하면서 누(樓)에 올라 읊은 일을 서술한 칠언절구의 한시에다 토를 달아 부른 노래이다.[106] 한시를 노래로 읊은 것이기에 가곡에 비해 격이 떨어지지 않는 반면, <회심곡>은 주로 걸립승 또는 화주가 부르던 불가류이다. 그런데 이 곡이 가곡에 포함되어 있는 것이다. 이는 '㉑' 『대증보무쌍유행신구잡가Ⅰ』에서도 나타난다. 이 가집의 편제는 <장구장단독습법>·<좌입창잡가부>·<가사부 부가곡선>·<시조편 지름, 사설시조>로 구성되어 있는데, 이 가운데 <가사부 부가곡선>에 <회심곡>이 포함되어 있다.

이런 현상이 일어나는 것은 조선시대의 숭유억불(崇儒抑佛)의 기조가 개화와 일제강점기 지배를 통해 사라지면서 동시에 종교성이 회복되어 일반 잡가의 범주에서 격상시킨 것으로 판단된다. 이에 시창(송서)과 회심곡을 포함한 불가류, 무가류는 잡가에서 제외하도록 하겠다.

'⑦' 『무쌍신구잡가』는 기존의 가곡편을 '시조편'으로 적고 있으며, '⑩' 『특별대증보신구잡가』는 가곡 마지막에 자리하던 <권주가>와 <파연곡>을 시조창편에 수록한다. 곡명 또는 곡에 대한 인식이 바뀌고 있다.

'⑧' 『신구유행잡가』는 곡목의 구분을 좌창잡가부, 입창단가부, 평양다탕패 입창가부, 좌창시조잡가부 등 연행시 창자의 형태에 따라 구분하고 있다. 이후 1923년 간행되는 『가곡보감』은 가곡과 가사, 시조를 먼저 수록한 후 서도잡가, 남도잡가, 경성잡가 등 지역을 기준으로 잡가를 구분하였다. 또한 『정선조선가요집』은 가사시편·지역별·작품별·유행곡

106) 이능화, 『조선해어화사』, 동문선, 1992, p.320.

등으로 나누었다. 가창 형태에 따른 분류는 1915년에 이미 있었으나 지역별 분류는 1920년 이후에 생긴 것으로 보아, 이는 아마도 『조선미인보감』의 영향으로 보인다.

이상의 내용을 정리하여 잡가의 범주를 정하고자 한다. 우선 가곡의 영향을 받은 가사와 시조를 제외하고 신민요, 시창(詩唱)과 송서(誦書), 불가조(佛歌調)인 회심곡류와 사당패의 노래였던 보렴 등도 잡가에서 제외하고자 한다. 이를 다시 정재호가 정리한 잡가 범주에 적용하면 12가사(가사)류인 '㉘ 권주가, ㊱ 길군락, ㊳ 매화가, ㊻ 백구사, ⑱ 수양산가, ⑮ 죽지사, ⑭ 화류가, ⑮ 화류사, ⑰ 황계사', 판소리 단가류인 '㊺ 단가, ㊻ 단가별곡, ⑰ 봉황곡, ⑫ 사랑가, ㊸ 소상팔경, ⑭ 영산가, ⑱ 자진중머리, ⑯ 진양조, ⑱ 토끼화상, ⑭ 화류가, ⑮ 화류사', 불가조의 노래인 '⑳ 회심곡관악산조', 신민요인 '⑩ 신난봉가, ⑫ 신방아타령, ⑬ 신제농부가, ⑭ 신제도화타령, ⑮ 신제산염불, ⑯ 신제이팔청춘가, ⑲ 아리랑타령'을 제외하면 잡가는 65곡이 된다. 여기에 여타의 자료를 통해 잡가로 간주되는 작품을 '누락된 곡목' 항에 기입했다.

한편 시조로 분류한 '㊵ 노래가락'은 잡가에 포함시키고자 한다. 비록 노랫말을 시조에서 가져왔지만,[107] 창법이 무가조 또는 경기민요조로써 시조창과는 전혀 다른 곡조임을 감안할 때 시조에서 새롭게 파생된 잡가로 볼 수 있기 때문이다.

이상의 내용을 정리하여 잡가의 하위범주와 곡목을 정리하면 다음과 같다.

107) 이병기, 「時調의 發生과 歌曲과의 區分」, 『진단학보』1권, 진단학회, 1934, pp.113~144.; 장사훈, 「時調와 巫女時調와의 關係」, 『아세아연구』9, 고려대학교 아세아문제연구소, 1966. pp.65~96.
이병기는 "무가의 한토막에다가 內容이 高尙한 時調詩를 얹어 부른 것이 노래가락"이라고 한 반면, 장사훈은 "巫堂들이 시조곡을 模倣하여 唱했으리라고 反對로 解釋"하였다.

〈표 3〉 잡가집 수록 잡가의 하위 범주

범주	지역	곡목	누락된 곡목
산타령	서도	⑧ 경발님(경사거리), ㉝ 긴산타령(앞산타령), (71) 사거리(앞산타령), (158) 중거리(뒷산타령), (182) 판염불	❶ 날개타령(개고리타령)
	경기	㊷ 놀량, (53) 뒷산타령, (112) 앞산타령, (147) 자진산타령	
	남도	(91) 성주풀이, ㊳ 날개타령(개고리타령)	❷ 화초사거리
민요	서도	② 간지타령, ⑤ 개성난봉가, ㉗ 구사리원난봉가, ㉛ 긴난봉가, ㉞ 긴수심가, ㊲ 난봉가, (59) 몽금포타령, (63) 밤엿타령, (65) 배따라기, (68) 별수심가, (69) 병신난봉가, (74) 사설난봉가(개타령), (79) 산염불, (97) 수심가, (99) 숙천난봉가, (121) 엮금수심가, (123) 영변가(약산동대), (144) 자진난봉가, (145) 자진방아타령, (146) 자진배따라기, (149) 짝타령, (188) 평양수심가	❸ 넋두리, ❹ 안주애원성
		㉔ 공명가, (156) 제전, (173) 초한가	❺ 별조공명가, ❻ 사설공명가
	경기	③ 강원도아리랑타령, ⑨ 경복궁타령, ㉜ 긴방아타령, ㊵ 노래가락, ㊾ 도라지타령, (113) 양류가, (114) 양산도, (125) 오호타령, (139) 육자동고리, (141) 이팔청춘가, (142) 임의동동생각, (201) 홍타령(서울홍타령), (196) 화포타령	❼ 개골이타령(건드렁타령), ❽ 매화타령(달거리 끝부분), ❾ 방아타령
	남도	㊽ 담바귀타령, (86) 새타령, (140) 육자배기	❿ 농부가 ⓫ 골패타령, ⓬ 퉈전타령(골패다음에)
12잡가		① 가진방물가, (90) 선유가, (94) 소춘향가, (108) 십장가, (135) 유산가, (153) 적벽가, (155) 제비가, (164) 집장가, (193) 형장가	⓭ 달거리, ⓮ 평양가, ⓯출인가
휘모리		㉓ 곰보타령, (56) 맹꽁이타령, (61) 바위타령	⓰만학천봉, ⓱생매잡아, ⓲ 육칠월, ⓳ 한잔부어라, ⓴ 비단타령, (21) 병정타령, (22) 기생타령
곡목수		64곡	22곡

Ⅲ. 잡가의 계열별 특성

잡가는 여타 시가와 문학적 · 음악적 수수(授受) 관계를 유지하면서 생성된 장르이다. 따라서 문학적 내용과 형식을 고려할 때, 잡가의 유형을 가사 · 민요 · 장형시조 · 판소리 계열로 분류할 수 있다.108)

그러나 이러한 분류법은 국악계의 악곡에 의한 분류방법과 상당한 차이를 보인다. 왜냐하면 국악학은 성조(토리) · 가창방식, 소리의 전승 관계 등 음악적 관점에서 접근하고 있기 때문이다. 또한 그 대상에 있어서도 국문학의 경우는 20세기 초 발간된 잡가집 소재 작품을 주요 대상으로 하였다면, 국악학은 20세기 초를 거쳐 현재에 이르는 동안 곡의 변화와 분화까지를 수용하여 정리하였기 때문이다.

일례로 12잡가의 경우, 국악학에서는 <유산가>, <적벽가>, <제비가>, <소춘향가>, <집장가>, <형장가>, <평양가>, <선유가>, <출인가>, <십장가>, <방물가>, <달거리> 등 12곡목을 같은 범주로 파악하고 있는 반면, 국문학에서는 사설의 친연성(내용적 측면)을 근거로 하여 판소리 계열(<적벽가>, <제비가>, <소춘향가>, <집장가>, <형장가>, <선유가>, <출인가>, <십장가>, <방물가>)로 분류하거나, 후렴과 분연의 유무(형식적 측면)를 기준으로 하여 <선유가>를 민요 계열로 분류하고 있으며, 4음보격 1행 연첩이라는 형식적 측면과 내용적 측면-양반가사(강호한

108) 이노형, 『잡가의 유형과 그 담당층에 대한 연구』, 서울대학교 석사학위논문, 1987, pp.36~54.

정) · 서민가사(자유로운 감정세계)-을 함께 고려하여 <유산가>를 가사 계열로 분류하고 있다.109)

이와 같은 유형분류에 타당성이 없는 것은 아니지만, 결과적으로 잡가가 기존 여타 시가의 노랫말을 가져와 형성된 장르라는 인식 이외에 다른 의미를 부여할 수 없게 만든다. 그런데 우리나라의 시가, 특히 18세기 이후에 성행한 대부분의 가창곡들은 당시 성창되던 기존 곡의 노랫말을 가져와 새로운 곡조에 얹어 부르는 경우가 많았다. 즉 잡가만이 타 시가의 노랫말이나 형식을 가져와 형성된 장르가 아니라는 점이다. 오히려 이와 같은 '가사바꾸기 작업'110)은 우리나라의 가창사(歌唱史)를 볼 때 보편적 관례로 여기는 편이 타당할 듯하다.

그리고 이와 같은 관례와 함께 18 · 19세기 예술사의 특징인 서울을 비롯한 상업도시의 발달과 여항예술의 성장, 그 주역인 여항인의 활동, 그리고 그들이 추구하는 도시 대중의 유흥문화적 통속성의 지향111) 등에 영향을 받아 잡가가 형성 · 발전된 것이다.

본고는 II장에서 언급한 유동성 · 계급성 · 혼종성 등 잡가가 갖는 지속과 변화를 바탕으로 하고, 가창사의 보편적 관례인 사설 차용과 20세기 초 당대인이 잡가를 대하는 기대지평 및 잡가 담당층을 고려하여 잡가 계열을 선소리 산타령, 민요계열 잡가(서도긴소리 포함), 12잡가, 휘모리잡가 등으로 분류하고자 한다.

---

109) 이노형, 앞의 논문, pp.40~41.

110) 최필선, 초기 한국 카톨릭 교회음악에 대한 연구, 동아대학교 석사학위논문, 1990, p.31.
"초기 한국카톨릭 교회 음악은 민족교회음악으로 토착화할 수 있었다. 그것은 그리스도교 사상을 전통 가사체라는 우리 민족의 언어로 표현된 천주가사를 통해 읊어지거나 민속풍의 가락에 '가사바꾸기 작업'(contrafacture) 형태로 나타났다."
'가사바꾸기 작업'은 새로운 곡조의 가창곡을 만드는 방법으로 적용됨은 물론 종교단체의 포교의 방편으로도 이용되었다. 최필선이 언급한 천주가사가 그렇고 불교 포교의 경우에도 〈회심곡〉을 이용한 '가사바꾸기'가 실재하였다. 당시 종교계에서 이러한 방법을 이용한 이유는, 글을 읽지 못하는 일반 서민들이 종교 교리와 말씀을 알게 하는 데는 노래로 외우게 하는 방법이 효과적이었기 때문이다.

111) 김학성, 「18 · 19세기 예술사의 구도와 시가의 미학적 전환-여항-시정문화와의 관련양상을 중심으로-」, 『한국시가연구』11집, 한국시가학회, 2002, pp.6~9.
김학성은 위 특징이 갖는 문제점을 보완하기 위해 여항인(시정인)은 신분계층을 초월하여 도시라는 사회문화공간 속에서 도시적 삶과 미적 취향을 갖고 살아가는 집단 전체로 보았으며, 도시의 유흥문화에 대해서는 시차적 차별화를 요구했다. 또한 작자와 화자와의 관계, 여러 가창문화공간의 영향관계를 고려해야 함을 언급했다.

주요 잡가 담당층은 사당패(선소리패), 사계축과 삼패기생, 일패기생, 공장(工匠)이로 구분 가능하다. 잡가 담당층은 명칭에도 보이듯이 중인 이하 계층으로 구성되었다.112)

1 선소리 산타령

1) 담당층

잡가의 하위 범주에 선소리 산타령이 있다. 선소리는 앉아서 부르는 좌창에 상대되는 개념으로써 서서 부르는 가창 형태에 입각하여 붙인 이름이며, 산타령은 노랫말 속에 여러 산의 이름이 나온 것에 기인하여 명명된 것이다.113)

선소리 산타령은 장구를 멘 한 사람이 소리를 메기면, 소고(小鼓)를 쥔 4, 5인이 일렬로 늘어서서 전진과 후퇴를 반복하는 발림춤을 추면서 제창(齊唱)으로 소리를 받는다. 산타령에는 경기산타령과 서도산타령이 있다.114) 또한 경서도 산타령의 영향으로 파생된 남도소리인 <화초사거리>·<성주풀이>·<개고리타령> 등도 산타령 계열에 속한다.

〈경기산타령과 서도산타령 곡목〉

경기산타령	서도산타령
놀량	놀량(사거리)
앞산타령	앞산타령
뒷산타령	뒷산타령
자진산타령(일명 도라지타령)	경발림(일명 경사거리)

112) 구자균, 「평민문학사」, 『한국평민문학사』, 민족문화사, 1982, pp.193~256.
구자균은 상민(常民)과 천민(賤民)에 위항인(중인·서얼·서리)을 합쳐 평민으로 규정한 바 있다. 그러나 본고에서 다루는 잡가 담당층에는 위항인이 포함되지 않으며, 굳이 설정한다면 정원(政院)과 금부(禁府)의 하례(下隷) 정도를 탑앙모리(삼패)와 관련지을 수 있다.
113) 장사훈·성경린, 『선소리 산타령』, 문교부, 1966, pp.61~76.
114) 장사훈·한만영, 『국악개론』, 한국국악학회, 1975, p.206.

선소리 산타령은 유랑예인집단인 사당패에서 시작되었으며, 이 노래가 서울 오강 지역의 토박이 선소리패에게로 전이되어 도시공간의 대중예술로 발전한다.115) 선소리 산타령의 대중예술화에는 서도 지역의 선소리 산타령과 함께 서도소리를 서울에 전파한 평양 날탕패의 역할도 컸다.116) 이들 사당패(선소리패)의 산타령은 19세기 중반부터 20세기 초반에 걸쳐 서울을 중심으로 활발하게 연행되어 서민들에게 듣고 보는 즐거움을 제공했다.

사당패가 먼저 형성된 후 선소리패가 나온 점을 감안해 사당패를 먼저 살펴보기로 하겠다.

사당패는 각종 기예(技藝)를 지닌 사람들이 모인 예능단체로서 전국 각지-특히 해시(海市)나 역촌(驛村)-를 추수 때의 이익을 좇아 유행(遊行)하며 생계를 유지한 집단이다. 그 명칭을 '社黨·社長·祀堂, 寺黨'이라 하였으며, 불가(佛家)와도 일정한 관련을 맺고 있다.

그들은 표면적으로 가면극·속요·무용·곡예 등의 공연과 기예로 생계를 유지한 것처럼 보이나 실제는 연행과 함께 머슴계급을 상대로 하는 매춘(남자는 계간)도 중요한 생계수단이었다. 사당패는 남사당과 여사당이 있는데, 모두 모갑(某甲)이의 인솔 아래 움직였다. 여사당을 업고 다니는 자를 거사(居士)라고 하였는데, 거사는 평시에는 사당과 부부관계를 맺고 있었다. 그러다가 매춘을 시킬 경우에 그 수입은 거사가 수령하여 사당의 유분대(油粉代)를 지출하고 남은 돈은 거사의 소득이 되었다.117)

> **사당패의 남자를 남사당이라 말하거나 혹 거사라 하고, 여자는 여사당이라 말한다. 그리고 그 우두머리를 모갑이라 하니 하나의 모갑이 영솔 아래 남자 8, 9인과 여자 1, 2인이 있으니, 모두 젊은 여자이다. 남자가 그 여자를 업고 각지로 놀고 다니면서 기예를 파는데, 기예에는 가곡과 손발 재주가 있고, 몸도 파**

---

115) 이형대, 「선소리 산타령을 통해 본 잡가의 텍스트 변이와 미적 특질」, 『한국시가연구』19집, 한국시가학회, 2005. pp.209~329.

116) 박애경, 「조선후기 서울지역의 문학과 도시문화사: 서도소리의 서울 유입과 도시문화로의 전환」, 『고전문학연구』35, 한국고전문학회, 2009, pp.33~63.

117) 심우성, 『남사당패 연구』, 동문선, 1989, pp.29~31. 재인용. (송석하 저, 전승음악과 광대, 『한국민속고』).

는데 그것으로써 업으로 한다.

그 흥행에 남자가 소고를 잡고 무대에 벌려 서면 여자는 마주서서 먼저 노래 첫머리가 나오면 시속잡가이다. 남자들이 같이 소리로 이어 노래하며 다음엔 앞에, 그 다음 뒤에 하며 또한 북을 치며 다음 노래를 하는데 그 묘처가 지극하여 청중이 갈채하며 상으로 돈을 던진다. 혹 동전을 입에 물고 있으면서 소리로 돈을 말하는 자는 곧 여사당이 와서 입으로써 그것을 받는데 입을 접하는 방법은 묘기라 이를 만하다. 이를 매개로 하여 밤에 곧 잠을 자니 보통 화채를 얻는다. 이것이 곧 사당패가 행하는 업이다.118)

이렇듯 천민으로 구성된 사당패는 매기(賣技)는 물론 매창(賣娼)과 그 외의 의혹이 논란을 일으킴으로써 부정적 대상으로 인식되었다.

① 세조 11년 8월 13일 무자(1465)119)

사장(社長)이 원각사(圓覺寺)의 연화(緣化)를 사칭(詐稱)하여 본사(本寺)의 조성 제조(造成提調)의 명문(明文)과 인신(印信)을 만들어 보시(布施)를 거짓 꾸며 대고, 납부하는 것의 많고 적음에 따라 공사천구(公私賤口)는 양인(良人)이 되게 하여 주고 사거인(徙居人)은 놓아 보내며, 혹 햇수를 한정하여 복호(復戶)한다고 하면서 촌락(村落)을 함부로 다니며 재물과 뇌물을 수렴(收斂)하는 자가 있다 하니, 은밀히 여러 고을의 수령(守令)에게 유시하여 승려[僧]와 속인(俗人)을 논하지 말고 잡아 가두어서 아뢰게 하라.

② 예종 원년 5월 9일 임진(1469)

앞서 승도(僧徒)들의 횡포가 심하여, 탑묘(塔廟)를 짓는 데 백성의 전원(田園)을 탈취함으로써 소재(所在)한 곳마다 송사(訟事)가 일어났고, 또 우민(愚民)을 속이고 꾀어 모두 집을 버리고 귀의(歸依)해서 생업을 잃고 몰려들어 남녀가 서로 반반씩 되니, 이름하기를 사장(社長)이라 해서 밤낮으로 함께 거처하여 간음(奸淫)을 행하며, 심한 자는 아내를 거느리고 자식을 키우면서 여리

---

118) 장사훈 · 한만영, 『선소리 산타령』, 문교부, 1966, pp.9~10. 재인용.
男曰男社堂 或云居士오 女曰女社堂이오 而爲首者曰某甲이니 一某甲 領率之下에 有男八九人과 女一二人 ᄒᆞ니 皆妙齡女子也라 男負其女ᄒᆞ고 遊行各地 ᄒᆞ야 賣技 技有歌曲及手足藝 賣娼ᄒᆞ야 以爲其業이라 其興行也에 男指小鼓ᄒᆞ야 列立舞場ᄒᆞ고 女子對立ᄒᆞ야 先出歌頭ᄒᆞ면 時俗雜歌 衆男이 齊聲繼唱ᄒᆞ야 且前且後ᄒᆞ며 且擊且唱ᄒᆞ야 至其妙處ᄒᆞ야 聽衆이 喝采ᄒᆞ야 投錢賞之ᄒᆞ며 或有口銜銅錢ᄒᆞ고 聲言錢也者 則女社堂이 來以口受之ᄒᆞ야 接吻之法은 可謂奇妙러라 是爲媒介ᄒᆞ야 夜則薦枕ᄒᆞ야 博得花債ᄒᆞ니 此則社堂牌之行業也(이능화, 『조선해어화사』, 동양서원, 1927, p.141.)

119) 이능화, 앞의 책, p.445.
'세조 11년 을유 8월 정해'로 기록되어 있는 것을 '무자'로 바로잡는다.

(閭里)에 섞여 살아도 죄책(罪責)이 미치지 못하였다. 이로 말미암아 향리(鄕吏)·일수(日守)·정병(正兵)·선군(船軍)·공사 천례(公私賤隷)들의 귀의함이 저자[市]와 같았다.

③ 성종 2년 5월 15일 정해(1471)

정선방(貞善坊)에 있는 사장(社長) 등이 공동으로 한 집을 지어 불사(佛事)를 일삼고, 승니(僧尼)와 부녀(婦女)가 혼잡(混雜)하여서 거처하니 심히 옳지 못합니다. 전일에 도성(都城)의 사사(寺社)를 허물도록 명하였으니, 이것도 또한 불우(佛宇)인데 청컨대 허물도록 하소서. 승려로서 여염(閭閻)에 출입하는 자도 명하여 양종(兩宗)에서 금(禁)하게 하되, 국가의 금령(禁令)을 승도(僧徒)에게 위임할 수 있겠습니까? 청컨대 사헌부(司憲府)로 하여금 규찰하게 하소서

④ 중종 8년 1월 3일 정유(1513)

본도(本道)의 폐풍(弊風)을 보건대, 거사(居士)라는 남자들과 회사(回寺)[절을 돌아다니며 붙어 사는 여인을 방언으로 회사라 한다]라는 여인들은 모두가 농업에 종사하지 아니하고 마음대로 음탕한 짓을 하며 횡행하여 풍속을 그르치니, 법으로 금해야 합니다. 그 중에도 더욱 심한 것으로는 양중(兩中)[속칭 화랑(花郞)인데 남자 무당을 말하는 것이다]보다 더한 것이 없습니다. 무릇 백성의 집에서 귀신에게 제사지낼 때에, 여자 무당이 많이 있는데도 반드시 양중이 주석(主席)이 되게 하여, 주인집과 거기 모인 사람들이 공손하게 맞이하여 위로하고, 밤낮으로 노래하고 춤추어 귀신을 즐겁게 하고, 남녀가 서로 섞여 정욕(情慾) 이야기와 외설(猥褻)한 짓을 무엇이고 다하여, 사람들이 듣기에 놀라와 손뼉 치며 웃게 하여 이것을 쾌락으로 여깁니다. 간혹 수염이 없는 젊은 자가 있으면, 여자의 옷으로 변장하고 분을 발라 화장을 하고 남의 집에 드나들며 밤에 여자 무당과 함께 방에 섞여 앉아서 틈을 엿보아 남의 부녀를 간음하나, 형적이 은밀하여 적발하기 어렵습니다. 혹 사족(士族)의 집에서도 이렇게 된다면 상서롭지 못함이 이보다 더할 수 없습니다.

⑤ 선조 39년 6월 4일 신축(1606)120)

근래 인심이 요망스러워 괴이한 것을 좋아하는 것이 날로 극심합니다. 경외(京外)의 남녀들이 요역(徭役)을 피하기 위하여 사장(社長)이라 칭하기도 하고 거사(居士)라 칭하기도 하면서 사방을 두루 돌아다니며 일세의 사람들을 미혹시키고 있습니다. 하는 일없이 놀면서 먹고 백성의 재물을 축내는 그것만도 가

120) 이능화, 앞의 책, p.448.
'선조 병오 39년 여름 5월 신축'으로 기록되어 있는 것을 '6월'로 바로잡는다.

증스러운 것인데 붕류(朋類)들을 불러 모아 늘상 모임을 갖는 바 이것이 점점 만연되어가고 있습니다. 외방에 이르러서는 도량(道場)을 설치할 적에 반드시 먼저 나무를 깎아 희게 하고 거기에다 글씨를 써놓는데 그렇게 하면 원근에서 노유(老幼)를 막론하고 풍문을 듣고 구름처럼 모여들어 번번이 만 명으로 헤아릴 정도입니다. 만약 특별히 과조(科條)를 세워 통렬히 금단하지 않으면 반드시 도모하기 어려운 폐단이 있게 될 것이니 해조(該曹)로 하여금 엄하게 사목(事目)을 만들게 하소서.

⑥ 선조 40년 5월 4일 병인(1607)

10여 년 전부터 인심이 흐려지고 사설(邪說)이 횡행해도 금하여 검칙하지 못하니, 어리석은 백성들이 미혹되어 남자는 거사(居士)가 되고 여자는 사당(社堂)이라 칭하며 본분의 일을 일삼지 않고 승복을 걸치고 걸식하며 서로를 유인하여 그 무리들이 번성하고 있습니다. 그런데도 주현에서 금단하지 않으므로 평민의 절반이 떠돌아다녀 도로에 줄을 잇고 산골짜기에 가득 차며 혹 자기들끼리 모이면 천백(千百)의 무리를 이루니 보기에 놀랍습니다.

실록에 언급된 사당패 관련 기록이다. 사당패는 문서를 위조하고 백성을 속여 재산을 빼앗거나 귀의(歸依)를 조장하여 백성들의 생업을 버리게 한 후 함께 몰려다니며 음탕한 짓으로 풍속을 그르치며 번성한다. 이에 조정 대신들은 불가(佛家)를 빙자(憑藉)하여 혹세무민(惑世誣民)을 일삼고 있는 사당을 색출하여 처벌해야 함을 역설하고 있다.

위 인용문에도 보이듯이 15세기~17세기 초의 사당패는 불교를 빙자하여 백성을 호도하였다. 그만큼 종교적 색채가 강했음을 알 수 있다. 이러한 경향은 18·19세기에도 지속된다. 사당패들은 관계를 맺고 있는 일정 사찰의 부적을 팔아 수입의 일부를 사찰에 바쳐 불사(佛事)를 도왔다. 이로 인해 걸립패와 혼동하는 경우도 있었는데,[121] 대개는 사당패의 모

121) 심우성, 앞의 책, pp.25~27.
걸립패(비나리패·乞粒牌·建立牌)는 우두머리격인 화주를 정점으로 비나리[告祀꾼], 보살, 잽이(풍물잽이), 산이(技藝의 演戲者), 탁발(托鉢) 등 15명 내외로 한 패거리를 이루어 활동하는데, 걸립패는 반드시 관계를 맺고 있는 사찰의 신표(文書라 한다)를 제시하고 집걷이(터굿·성주굿·조왕굿·샘굿 등)할 것을 청하여 허락이 떨어지면 처음 풍물놀이로 시작하여 몇 가지 기예를 보여주고 터굿·샘굿·조왕굿 등을 마치고 마지막에 성주굿을 하는데 이때 곡식과 금품을 상 위에 받아놓고 비나리[告祀文書]를 윈 다음 받아놓은 곡식과 금품을 그들의 수입으로 하는 것이다. 걸립패가 한창 성했을 때에는 이밖에 탈놀이도 있었다 하나 현재 남아 있는 사행중(四패거리-金福燮 行衆·宋淳甲 行中·池秀文 行衆·崔殷昌 行衆)에서는 볼 수 없다. 오늘날까지도 그들은 절과 동업관계를 맺고 있음을 본다. 이를 볼 때 회심가와 성조풀이는 걸립패에서 나온 것으로 추정 가능하다.

갑이와 거사가 걸립패의 화주(化主) 출신인 것도 그 이유 중 하나이다. 이런 연유에서 "현행 놀령 예전에는 판염불이라 하였고, 지금과 달리 佛家語로 시작되고, 현행 산타령에도 염불조가 발견된다. 또한 가사 중 안성 청룡이란 말이 나오는 것으로 볼 때 현행 산타령은 안성 청룡사를 본원지로 하는 사당패의 소리와 관계가 있다"라고 언급하는 것이다.[122)]

이처럼 정치적·종교적 폐단의 대상으로 여겨지던 사당패는 18세기 말에 이르면서 예인집단으로 인식되기 시작한다. 이러한 내용이 이옥(李鈺, 1760~1812)의 <사당(社黨)>에 나온다.

> **서울 이남에 무당 같으면서 무당이 아니고, 광대 같으면서 광대가 아니고, 비렁뱅이 같으면서 비렁뱅이 아닌 자들이 있어, 떼 지어 다니면서 음란한 짓을 행하고 있다. 손에 부채 하나를 가지고 장터를 만나면 연희를 하고, 집집 문전을 따라 다니며 노래를 불러 남의 옷과 음식을 도모하는데, 방언에 이를 일컬어 '사당(社黨)'이라고 하며, 그 우두머리를 일컬어 '거사(居士)'라고 한다. 거사는 단지 소고(小鼓)를 두드리며 염불만을 하고, 사당은 오로지 가무(歌舞)만을 행하지 않고, 남자를 잘 농락하는 것으로 그 재능을 삼는다.**[123)]

위의 인용문을 보면 종교성과 관련된 것은 거사의 염불소리만이 해당된다. 이 당시의 사당패는 장터와 집 등을 찾아 연행을 함으로써 생계를 유지했다. 현재의 경기 선소리패의 연행과 비교할 때, 소고(小鼓)를 사용한 것은 같으나 사당이 아닌 거사가 사용했다는 점에서는 차이가 있다.

당시 사당패는 전국에 걸쳐 분포하였는데, 이는 이들이 이익을 좇아 움직인 결과로 볼 수 있다. 사당패가 종교성을 내세워 혹세무민하던 흔적은 사라진 듯하지만, 매기매창(賣技賣娼)으로 인해 경계와 금지의 대상이었음은 여전했다.

> **세미를 수납하기 위하여 倉村을 열려고 할 때에는 미리 榜을 내걸어서 雜流들을 엄금하여야 한다. 창촌에서 출입을 금해야 할 자들은 첫째, 優婆(우리말로 사당), 둘째 娼妓(늙은 退妓도 금한다), 셋째 酒婆(소주·약주 따위를 앉아서 파**

122) 장사훈·성경린, 앞의 책, pp.6~8.
123) 이옥 지음/실시학사 고전문학연구회 옮기고 엮음, 『완역 이옥전집』1, 휴머니스트, 2009, pp.74~77.

는 여자), 넷째, 花郎(무당의 남편을 가리키며, 우리말로 광대), 다섯째 樂工(가야금 타고 피리 부는 자와 가객들), 여섯째, 倡子(우리말로 초라니), 일곱째 馬弔(투간), 여덟째, 屠肆(소 · 돼지를 잡는 자들)이다. 이 여덟가지 잡된 무리들은 聲色과 酒肉으로 온갖 유혹을 하여 창촌의 관리가 이에 빠지고 뱃사람들도 이에 빠지곤 한다. 씀씀이가 과람하고 탐욕이 더욱 깊어지면 함부로 부정하게 거두어 들여서 그 모자람을 배우려고 할 것이니 이것들은 마땅히 엄금하여야 한다.[124]

다산의 『여유당전서』 제오집의 '戶典六條 稅法下 戶典第二條' 가운데 <將開倉 榜諭倉村 嚴禁雜流>[125]이다. 인용문을 보면 창촌(倉村)을 여는 데 있어, 사당, 창기, 주파, 광대, 악공, 초라니, 노름꾼, 백정 등의 출입을 엄격하게 금지할 것을 제안하고 있다. 그런데 흥미로운 것은 이들 가운데 '마조'와 '도사'를 뺀 나머지 무리는 민속의 예악을 담당했던 사람들의 명칭이라는 점이다. 이를 통해 19세기 초반에는 전문성을 띤 예악인들이 장시나 창촌을 중심으로 널리 분포하였으며, 각각의 특장이 일정 공간에서 연행되었음을 알 수 있다.

이러한 현상은 18세기 후반 산대(山臺)가 폐지되면서 나례도감에서 보수를 받던 많은 예악인들이 민속으로 돌아왔기 때문으로 보인다. 이들은 음악과 기예, 탈춤, 재담 등의 전문 예기인을 모아 보다 큰 조직을 만들어서 활동하기도 하였는데, 이처럼 대집단을 조직한 이유는 무엇보다도 많은 볼거리를 제공하여 관객을 유치하는 것에 목적을 두었을 것이다.

사당패 또한 대집단으로 조직되기도 하였다. 특히 남사당패의 경우 사당놀이를 할 때면, 꼭두쇠를 정점으로 하고 각 연희분야의 선임자인 '뜬쇠' 14인으로 패를 구성하였다. 곧 꽹과리의 '상공운님', 징수의 '징수님', 장고잽이의 '고장수님', 북수의 '북수님', 날나리와 땡각의 '회적수님', 벅구잽이 '벅구님', 버나잽이의 '버나쇠', 요술쟁이의 '얼른쇠', 땅재주꾼의

---

124) 김흥규, 「조선후기의 유랑예능인들」, 『고대문화』20, 1981, pp.36~37. 재인용.

125) "倉村該禁者 一優婆 方言曰舍堂 二娼妓 老妓退者亦禁之 三酒婆 燒酒藥酒坐賣者 四花郎 卽巫夫 方言曰廣大 五樂工 琴笛歌客等 六樞子 方言焦蘭伊 七馬弔 卽頭錢 八屠肆 殺牛殺豬等 凡此雜種 以聲色酒肉 誘惑萬端 倉吏溺焉 船人溺焉 厥費旣濫 貪慾轉深 虐斂橫收 以塡其欠 此必宜嚴禁者也 榜曰 八船雜流人 一夜住接者 笞三十 罰徵米三斗 以防流亡之稅 一飯供餽者 笞一十 罰徵米一斗 官吏犯令 與之游狎者 笞五十 罰徵米一石 船人犯令與之游狎者 笒三十 都艄工笞二十 艄之華音 與沙之東音相近 故俗稱沙工 其八般雜人 竝解送入縣 決罰如律 如牙山可興聖堂浦 法聖浦 羣山浦 滐山浦 馬山倉 駕山倉 三浪倉等 漕倉都會之地 其禁宜如雷如霜 又沿海諸灣 例有停留數日 候風改纜之處 此等處 亦須嚴禁"

'살판쇠', 줄꾼의 '어름산이', 탈놀음의 '덧뵈기쇠', 꼭두각시놀음의 '덜미쇠', 그리고 선소리 중의 앞소리꾼인 '회덕님' 등이 그들이다.126) 선소리를 부른 회덕님의 존재로 볼 때 남사당패의 세력이 클 때는 선소리꾼 또는 사당패(여사당패)가 포함되었음을 알 수 있다.

우리가 논하는 사당패는 보통 선소리 산타령을 연행하는 예인들의 단체를 말한다. 그러나 사당패의 세력이 약화되거나 연행 환경, 특히 경제적인 여건이 열악할 경우, 다른 조직에 흡수되거나 잠시 동안 함께 연행했을 가능성을 배제할 수 없다. 실제로 20세기 이후에도 사당패와 걸립패, 남사당패가 혼성체를 만들어 활동하기도 했기 때문이다.127) 이러한 이유로 사당패와 걸립패, 남사당패의 연행종목이라든가 특성 구분이 모호하게 나타나는 것으로 여겨진다.

한편 성경린은 선소리 시조(始祖)에 대해 "서울의 선소리는 의택이와 종대로 살았으면 모두 백여 세가 훨씬 넘는다."라고 언급한 바 있다.128) 즉 『선소리 산타령』이 출간된 1966년을 기준으로 계산하면 선소리의 시작은 1866년 정도까지 소급할 수 있다. 그러나 의택이가 이때 태어나고 청년 시절 이후 전문적인 소리꾼으로 인정받으면서 산타령으로 명성을 얻었을 것을 감안하면, 선소리 산타령의 시작은 19세기 말에 해당할 것이나 문헌 기록에 나타나는 산타령은 이전부터 있었다.129)

앞서 언급한 『敎坊歌謠』(1872)의 내용을 보더라도 당시 아이들까지 노래를 알 정도로 널리 퍼졌으며, 이러한 인기를 고려하여 신재효(1812~1884)는 판소리 <박흥보가> 사설에 선소리 산타령 가운데 <놀량>의 노랫말 일부를 가져오기도 한다.

---

126) 심우성, 앞의 책, pp.25~27.

127) 심우성, 앞의 책, p.27.
1930년쯤 사당패, 걸립패, 남사당패가 없어져 갈 즈음 일시 혼성체를 만든 적이 있었다고 남사당패 출신 鄭一波 옹이 증언이 있다. 이를 볼 때 이전에도 혼성체의 결성 가능성을 점쳐 볼 수 있다.

128) 장사훈 · 성경린, 앞의 책, p.65.

129) 박애경, 「조선후기 서울지역의 문학과 도시문화사」, 『고전문학연구』35, 한국고전문학회, 2009, p.65.
박애경은 20세기 초 선소리 명창에 서도출신이 많은 점과 경기명창 박춘재와 유개동이 서도명창 문영수에게 소리를 배운 점, 그리고 1910년대 잡가집에 서도놀량이 먼저 실린 점을 들어 문제 제기하였다.

"나오든 中上이로다. 너의덜 장기ᄃᆡ로 念佛이나 잘 하여라." 사당 거ᄉᆞ 죠와라고 거ᄉᆞ들언 小鼓치고 ᄉᆞ당의 졔ᄎᆞᄃᆡ로 연게 ᄉᆞ당 몬져 나셔 발님을 곱게 ᄒᆞ고, "山川草木이 다 成林ᄒᆞᆫᄃᆡ 求景가기 길겁도다. 어야여 長松은 落落 기럭이 훨훨 落落長松 다 ᄶᅥ러진다. 셩황당 어리궁 벅궁ᄉᆡ야 이 山으로 가며 어리궁 벅궁 져 山으로 가며 어리궁 벅궁" "이아 잘 논다 너 일흠이 무엇이냐." "初月이오."

ᄯᅩ ᄒᆞᆫ 년 나셔면셔 "綠楊芳草 다 져문날에 ᄒᆡ는 엇디 더듸 가며 梧桐夜雨 셩긋비에 밤은 엇디 질어난고 얼ᄉᆞ절ᄉᆞ 말 드러 보와라 海棠花 그늘 속에 비 마진 졔비갓치 이리로 흔들 져리로 흔들 흔들흔들 놈노난다 이리로 보와도 一色이오 져리 보아도 一色이라(…인용자)."130)

또한 이옥(李鈺, 1760~1812)이 언급한 <사당가>131)가 산타령 계열의 노래라면 선소리 산타령이 널리 불린 시기는 18세기 말이나 19세기 초까지도 소급이 가능하다. 결국 의택이를 선소리 산타령의 시조로 보기보다는 그에 의해서 더욱 유명세를 탄 것으로 이해하는 것이 옳을 듯하다. 그의 활동 이전에 이미 선소리 산타령은 널리 연행되고 있었기 때문이다.

19세기 후반에 간행된『敎坊歌謠』(1872)를 보면 사당패의 노래인 <산타령(山打令)>, <놀양(遊令)>, <저타령(杵打令)>, <화저타령(花杵打令)> 등이 나온다. 노랫말이 음란하고 비루하며 지금 거리의 아이들과 종 녀석들까지 잘 따라 부른다고 했다.132) 이 자료를 보면 19세기 중반 이전에 이미 사당패의 노래가 널리 알려졌음을 알 수 있다.

다만 현행 산타령과 비교했을 때 구체적으로 언급된 곡목이 <놀량>과 <화초사거리>에 한정된 것을 볼 때, 산타령의 레퍼토리는 강한 생명력을 지니고 생성·성장·발전하였던 것으로 보인다. 그리하여 현행과 같은 산타령 곡목이 모두 포함된 기록은 1914년 출간된『신구잡가』를 통해 볼 수 있다.133) 따라서 산타령은 19세기 후반에 왕성하게 연행되면서 세

130) 신재효,『흥부전 변강쇠가』, 고대민족문화연구소, 1995, p.214.
한편 이 노래는 20세기 초 판소리 명창인 김창환에게 이어진다. 김창환 소리는 〈놀량〉은 첫 구절만 나타나며 두 번째 곡은 대동소이하다(김진영·최동현,『판소리 자료총서2 흥보가』, 박이정, 2000 pp.212~214. 〈興甫歌〉(일명 박타령), 故 金昌煥 校本歌辭. 丁珖秀 校註).

131) 이옥, 앞의 책, pp.435~437. 이옥이 지은 〈탕조(宕調)〉에 '사당가'를 불렀다는 기록이 나오는데, 노랫말이 없어 어떤 곡인지는 확실하지 않다.

132) 정현석, 앞의 책(영인본), p.84.
山打令 遊令놀양 杵打令 花杵打令 此乞士舍黨所唱 皆是淫辭陋詞也 今街童廝隸亦解唱此

133) 정재호,『한국속가전집』일, 도서출판 다운샘, 2002, pp.172~187.
이 자료에 수록된『신구잡가』는 대정3년(1914)에 평양에서 간행되었으며, 〈롤낭이라〉, 〈ᄉᆞ거리

력을 확장한 것으로 추정할 수 있다.

이처럼 잡가의 하위범주 가운데 상대적으로 연원이 오래된 산타령 계열의 노래는 20세기 초가 되면 모르는 이가 드물 정도로 홍행한다. 이러한 홍행의 주체는 사당패의 뒤를 이은 선소리패들과 서도소리와 산타령을 주로 부른 평양 날탕패를 꼽을 수 있다.

19세기 말~20세기 초가 되면 선소리 산타령은 사당패라는 이름보다 '선소리패'로 명성을 날리기 시작한다. 1900년경이 되면서 유랑예인의 사당패는 소멸하고 대신 사당패로부터 소리를 전수받았던 오강 유역의 선소리패가 산타령을 계승했기 때문이다.134)

이들 선소리패는 지역별로 결성되어 지금까지 명성이 전해지는데, 고(故) 김태운(金泰運)이 조사한 것을 보면 "1. 뚝섬牌(黃琪運과 李東植·李東運 형제), 2. 漢江牌, 3. 쇠붕구(西氷庫)牌, 4. 龍山 삼개(麻浦)牌, 5. 東幕牌(權景春), 6. 靑牌, 7. 城北洞牌, 8. 往十里牌(河順一), 9. 진고개 戶曹다리牌(일명 진고개 月仙이牌-月仙이/金應烈/金炳奎), 10. 배오개 마전다리牌(朴三釗), 11. 果川 방아다리牌(蘇完俊/韓仁澤)" 등이 대표적이다.135)

이들이 주로 오강(五江)을 중심으로 활동하던 서울·경기 지역의 노래패인데 반해, '진고개패'는 서도 선소리패로 추정된다. 앞서 언급했듯이 <歌者傳 孫元達>을 보면 개성 소리를 잘하는 손원달이 한양 진고개를 중심으로 활동하며 소년들의 인기를 모았고, 그로 인하여 '진고개패'라는 이름을 얻은 것으로 되어있다.

여기에다가 20세기 초 서도 지역 기생들의 활발한 활동을 통해 그들이 자랑으로 내세운 '월선(月仙)'이라는 이름이 서도소리(기생)의 대표성을 띤다는 점을 고려한다면, 비록 추정이지만 진고개패를 물려받으면서 여타의 선소리패와의 변별을 위해 이름 역시 '월선'이라 칭한 것으로 보인다. 물론 이보다 앞선 시대에 상청(上淸)으로 유명했던 금옥(錦玉)이가 의택이와 활동했고, 서강 밀양(密陽)이는 종대와 활동했다. 하지만 그들

라〉, 〈즁거리라〉, 〈경발님이라〉 등의 노래가 실려 있다. 곡명과 출판 지역을 볼 때 서도선소리로 보인다.

134) 이형대, 「선소리 산타령을 통해 본 잡가의 텍스트 변이와 미적 특질」, 『한국시가연구』19집, 한국시가학회, 2005, p.306.

135) 장사훈·성경린, 앞의 책, pp.11~58.

의 이름이 전면에 나서지 않은 반면, 월선이는 진고개패의 중심인물이었다. 이는 서도 지역 여성들의 주체적 기질[136]도 작용한 것으로 보인다.

한편 사당패로부터 시작된 선소리 산타령이 이렇게 대중의 사랑을 받게 된 이유 중 하나는 사당패 시절의 매음이 사라진 것에서도 찾을 수 있다. 유랑하며 생계를 유지하던 때보다 경제적·상업적 기반이 확충되면서 가창 환경이 호전되었기 때문이다. 특히 선소리패가 선소리 산타령을 담당하면서 산타령패를 바라보는 인식전환이 이루어진 것으로 보인다.[137]

이처럼 <산타령> 계열의 노래는 사당패, 걸립패, 남사당패 등 여러 패에서 연행되었으나 19세기 후반 이후 20세기 초반에 이르면 선소리패가 중심 담당층이 된다. 더욱이 평양 날탕패는 극장 공연과 기생들의 소리 교육, 그리고 활판본 잡가집에 그들의 노래가 특정하여 실릴 만큼 높은 인기를 구가하였다.[138] 특히 문영수와 이정화는 박춘재와 더불어 유명하였으며, 이들 날탕패는 선소리 산타령과 수심가조의 서도민요는 물론 <개타령> 등으로 주고받고 재담을 섞어 병신 흉내를 내 가며 관중을 웃기곤 하였다.[139] 선소리 산타령은 지속적으로 홍행하여 1930년대가 되면 도시문화 속에 '서도소리'가 확고하게 자리 잡게 되었다. 이러한 배경에는 평양 날탕패의 견인차 역할과 함께 이를 적극 수용하고 연행했던 서도 출신 기생들의 역할이 있었다.[140]

---

136) 김영희, 『개화기 대중예술의 꽃, 기생』, 민속원, 2006, p.275.
「예단일백인(藝檀一百人)」에 두 번째로 등장하는 기생 주산월은 평양출신으로 19세에 경성에 올라와 유부기들의 사나이가 눈에 거슬린다고 공언하며 무부기조합을 창설한다.

137) 이창배, 앞의 책, p.319. "그런데 이 서울의 산타령이 남사당(男寺黨)에서 불리어졌다고 하는 학자가 있으나, 이것은 전혀 틀린 말이다. 남사당이 부르는 〈판염불〉은 산타령과는 아무런 관계도 없을뿐더러 그 사람들은 〈산타령〉을 알지도 못한다. 남사당의 예능 보유자인 남 운룡(南雲龍)에게 필자가 물었더니 「우리 남사당은 전혀 모른다」고 하며 자기네들은 〈판염불〉만 부른다고 분명히 말했다. 이런 계제에 잘못 알았던 유래를 바로잡는다."라고 하여 선소리패 출신 이창배는 선소리와 사당패의 관련성을 부인한다. 이러한 기저에는 기존 사당패가 갖고 있는 매음(賣淫)을 비롯한 부정적 인식에서 비롯된 것으로 추정된다.

138) 정재호, 『한국속가전집』이, 도서출판 다운샘, 2002, pp.607~613. 『新舊流行雜歌』(1915)의 편목을 보면 '坐唱雜歌部', '立唱短歌部', '平壤茶湯牌立唱歌部', '坐唱詩調雜歌部'로 구분되어 있으며, '판념불, 압산타령, 뒤산타령, 자진산타령, 방아타령(긴방아타령), 즈진난봉가' 등이 실려 있다.

139) 이창배, 앞의 책, pp.272~273.

140) 박애경, 앞의 논문, pp.54~55
협률사 재개 광고(대한매일신보 1907. 12. 24)와 광교기생조합 기생들의 서도소리 배우기(매일신보 1915. 2. 26)를 통해 평양 날탕패의 인지도와 인기를 가늠할 수 있다.

그러나 이렇게 전성기를 구가하던 <산타령> 역시 시류를 이기지 못하고 쇠퇴하여 해방 후에는 삼개 출신인 김태운(金泰運)과 왕십리 출신인 이명길(李命先(吉)), 이명산(李命山), 탁복만(卓複(福)万)[141]에 의해 겨우 유지되다가 1968년 중요무형문화재로 지정된 이후 지금까지 전승되고 있다.

2) 예술적 특성

선소리 산타령은 사당패의 생성과 활동을 근거할 때, 본래 불가(佛歌)의 영향에서 출발하였으나 점차로 불가적 내용은 사라지고, 사당패의 답교놀이 과정에 흥을 돋우는 유희요를 거쳐 기생들의 가창 레퍼토리인 비기능요로 정착한 노래로 볼 수 있다.

선소리 산타령은 지역에 따라 경기 지방의 산타령과 서도 지방의 산타령, 전라도 지방의 <화초사거리>로 구분된다. 서울경기 산타령의 <놀량>은 '구놀량'이고 서도의 <놀량>은 '신놀량'이다. 이렇게 보는 이유는 산타령이 서울에서 서도로 흘러간 것으로 보기 때문이다.

> **스승 의택이와 弟子 종대가 물색좋은 평양엘 갔다. 구경차로 갔던 소리를 자랑하러 갔던 단壯丹峰이고 大同江 기슭에 한調 소리가 없을 것이다. 놀령을 비롯해서 西道의 중거리 京사거리는 모두 이때 들은 曲調를 이름을 고치고 목을 달리해서 그 許덕선 金방울 등이 본떠 만든 것이다. 許덕선 金방울은 모두 평양 출신이었다.**[142]

인용문을 보면 서울 소리꾼인 의택이와 종대의 소리를 들은 평양 소리꾼 허덕선과 김방울이 곡조를 달리해 부른 것으로 나타난다.

한편 『교방가요』(1872)에 남도 산타령 계열의 노래인 <화초사거리[花杵打令]>가 나오는 것으로 볼 때, 경기 산타령은 19세기 중엽 이전부터 유행하기 시작하여 서도와 남도에 영향을 준 것으로 보인다.

---

141) 청주대학교 소장, 『선소리 산타령』은 운초 장사훈이 기증한 자료이다. 운초가 연필로 교정한 흔적이 엿보인다. 이에 이를 따라 괄호에 바른 글자를 넣었다.

142) 장사훈 · 성경린, 앞의 책, p.65.

① 경기 산타령

경기 산타령은 <놀량>, <앞산타령>, <뒷산타령>, <잦은산타령(일명 도라지타령)>으로 구성되어 있다. 각 지방에 분포되어 있는 선소리 중에 가장 오랜 전통을 지니고 있으며, 어느 쪽의 음악에서도 모방된 점이 없이 따로 독립된 곡으로 독창적인 면을 가지고 있다.[143]

<놀량>은 사설 대부분이 입타령이어서 노래를 익히기가 매우 어렵고, 소리의 높고 낮음이 심하여 뛰어난 목을 가진 사람이 아니면 부르기 어렵다.[144] 이른 시기부터 불린 전문소리꾼의 노래이고 동작을 곁들이는 노래였기에 여음이 발달한 것으로 보인다.

㉮ **<놀량>**[145]

초목…이…다…셩림ᄒᆞᄒᆞᄒᆞᄒᆞᆫᄃᆡ、…나…헤…헤、에헤이히구후후경…가、…헤…헤、기히이히도…호、제에가 즐겁어헙도호오호오호다하, 마ᄒᆞ리이힐네에에에에야、…에…야아아、 아야라하、씨여어라、에헤흘、네헤가、네로구나하하、마ᄒᆞᄒᆞᄒᆞ리…、에…헤、에헤루지이…히、이히이이히、아헤흘네로구나하、에헤루지이히이이히、에헤루지이히이이히…히、이히이이히、이에…어허야、어허에흘네로구나、에라지여…、어허야、어허에흘네로구나、록양에벗은길노、북향산썩드러간다、에에헤에히에…、어허야、어허에흘네로구나、츈슈ᄂᆞᆫ、락락、기력이ᄂᆞᆫ、훨훨…훨、락락장송이、와ᄌᆞ직근、다부러졋다、ᄀᆞ른가지ᄂᆞᆷ아지와、ᄌᆞᄌᆞ죠흘시구나、지와ᄌᆞᄌᆞ、죠흘시구나、얼시구나 죳…타、말드러를보와라、인간을하직ᄒᆞ고、청산드러를간다、에에헤에히에…어허야、어허에흘네로구나、황혼은、거리검쳐잡고、션황당에、궁벅궁ᄉᆡ、ᄒᆞᆫ마리ᄂᆞᆫ남게안고 또ᄒᆞᆫ마리당에안ᄌᆞ、네어ᄃᆡ로、가ᄌᆞ너냐、네어ᄃᆡ로、가ᄌᆞ너냐、그산넘어가도거리궁벅궁ᄉᆡ야、져산넘어가도거리궁벅궁ᄉᆡ야、에…헤、어린량ᄌᆞ、고흔티도、눈에암암ᄒᆞ고、귀에징징、비ᄂᆞ헤…헤、니히이다、비ᄂᆞ니다、님싱겨、달나고、비히ᄂᆞ니다…하아하、삼월이라、육부암도、대ᄉᆞ몽구리、얼시구나、졀시구나、담불담불이、싸인

---

143) 황용주 편저, 『한국 경 · 서도 창악대계』(국악교재 상 · 하권), 선소리 산타령 보존회, 1993, p.168.

144) 서울특별시, 『서울의 무형문화재』, 서울특별시, 1976, p.90.

145) 정재호, 앞의 책, 『신구잡가Ⅰ-172』·『정정증보신구잡가Ⅰ-579』·『증보신구잡가Ⅱ-185』·『고금잡가편Ⅱ-368』·『조선잡가집Ⅲ-379』(죠션에셔 데일오ᄅᆡ고 쳐음된노ᄅᆡ라)·『조선신구잡가(조선속가)Ⅳ-187』·『신정증보신구잡가Ⅳ-385』·『대중보무쌍유행신구잡가(Ⅰ)Ⅴ-97』·『조선속곡집Ⅴ-359』·『대중보무쌍유행신구잡가Ⅵ(Ⅱ)-101』·〈놀량(기이)〉 『대중보무쌍유행신구잡가Ⅵ(Ⅱ)-120』.

도스랑、스랑스랑…、스랑스랑…、남창북창에、열고나、보…니、담불담불이、싸인도스랑、층암고셕에、기여나、올나홰홰츤츤이、감긴도스랑、스랑초、다방초、굿은초、난초 너출너출이、호박에、박너출이로다、에이에…네로구나

<놀량>은 작중 화자가 길을 떠나 구경을 다니다가 일순간 불가(佛家)에 귀의하려는 마음이 들었으나 임 바라는 마음이 간절하여 생각을 바꾼다는 내용을 노래하고 있다. <놀량>에서는 불가와 직접적으로 연관 지을 수 있는 부문이 없다. 다만 "인간을하직ᄒ고、청산드러를간다"라는 구절과 바로 이어 부르는 <앞산타령>에 나오는 노승(老僧)을 염두에 두면 불가와의 개연성은 확보할 수 있다.

화자는 두 가지 문제를 놓고 갈등한다. 첫째는 미천한 신분(신세)에 관한 것이고, 둘째는 승속(僧俗)의 선택에 관한 것이다. 이러한 갈등은 시간과 공간 설정을 통해 효과적으로 드러나고 있다. 밝음에서 어둠으로 변하는 시점인 황혼과 촌락(속세)에서 교외(郊外)를 지나 숲으로 향하는 언저리에 있는 '션황당'을 설정함으로써 시공간적 경계에서의 고뇌를 드러내고 있다. 특히 당(堂)에 앉은 뻐꾹새와 나무에 앉은 뻐꾹새가 나누는 대화 "그산넘어가도거리궁벅궁식야、져산넘어가도거리궁벅궁식야"를 통해 피차간 공간의 차이가 있으나 그 근본은 '거리궁벅궁식'임을 언급한다. 이는 길 떠나는 나그네가 승(僧)이 되든지 사당패가 되든지 모두 신분체제의 굴레에서 벗어날 수 없음을 암시하는 대목이다.

그런데 이렇게 화자가 걷는 구경길은 고난을 수반하는 여행길로 바뀌면서, 불가로의 귀의(歸依)와 변심(變心), 그리고 임을 얻기 위한 삶의 여정으로 변화한다. 이에 임 생겨 달라는 기원과 함께 남창북창을 열고 바라보니 처처에 사랑이요 곳곳이 모두 임의 얼굴이다. 꽃으로 비유된 임의 모습을 처음에는 '스랑초、다방초、굿은초、난초' 등의 개개의 이름으로 부르다가, '너출너출이、호박에、박너출이로다'에서 보이듯이 호박의 넝쿨에 핀 무더기의 꽃 모두를 임으로 표현하고 있다.

이 노래를 화자의 체험적 서정을 직조해 낸 것[146]으로 보면, 구경을

146) 이형대, 「선소리 산타령을 통해 본 잡가의 텍스트 변이와 미적 특질」, 『한국시가연구』19집, 한국시가학회, 2005. p.308.

떠나 소요(逍遙)하던 중 불가에 귀의하려 했으나, ‘어린량ᄌᆞ、고흔티도’를 잊지 못해 세상으로 통하는 ‘남창북창’을 열게 되고, 그 결과 수많은 임이 존재한다는 사실을 알게 되었다는 내용으로 읽힌다. 물론 수많은 임의 존재는 유랑을 업으로 삼는 사당패이기에 가능한 상황 설정이다.

처음 길을 떠났을 때와 비교할 때 심경의 변화가 많았음을 읽을 수 있으며, 동시에 모종의 긍정적 결심이 형성된 것으로 보인다.

㉯ <앞산타령(사거리)>147)

나…네……헤、니나노호、너허……허、에히난노호、나헤에헤에헤루、산하지로구나、쳔관악산염불암염쥬된데 도봉불샹삼마기로 에둘넛다、에헤……헤、에에루지이……히、지로구나말일네야아하아하、에헤에헤에헤루、산아지로구나。져돌아 보너냐 님계신데 명긔를 빌네라 나도즘간보ᄌᆞ。활냥노릇을 마ᄌᆞᄒᆞ고셔 가리각신ᄆᆞ음을 먹엇더니 만새쟝고쟝단치는ᄃᆡ로 발님춤만 나간다。츄야공산 날져문ᄃᆡ 모난황국이 다 붉엇다。경샹도라 태ᄇᆡᆨ산은 샹쥬락동강이 더두마잇고 젼라도 지리산은 히동 뒷쳐잡바라진 강이에둘넛다。동방붉은 돌영창에 빗최는ᄃᆡ강호에 쌔진돌이 분명ᄒᆞ다 동원은 지쳑이오 샷도님은 거쳐 계신곳인ᄃᆡ 울음이란 말이 웬말이냐。ᄇᆡᆨ마는 가ᄌᆞ고 네굽을 쌍쌍치는ᄃᆡ 님은 손을 뷔여잡고 락루만ᄒᆞᆫ다。우지를 말아 우지를 말아 네가진졍코 우지를 말아라 넘어나 울어도 졍만업서진다。ᄇᆡᆨ구는편편 대동강샹비ᄒᆞ고 챵송은락락청류벽샹취라。쟝셩일면 용용슈요 대야동두는 뎜뎜산인데 릉나ᄇᆡᆨ은탄으로 놀녀나가세。삼쳡울릉도 우리죠션 슈구막이 셩황인데 열두제셤으로 에둘넛다。탑ᄌᆞ안헤 늙은로쟝승이 팔ᄃᆡ쟝삼을 썰쳐닙고 굽으럭굽셕거려 염불만ᄒᆞᆫ다

<앞산타령>은 서울을 앞에 두고 있는 여러 산을 노래한 것이다. 그리고 그 뒤에 둘러 있는 여러 산을 부른 것이 <뒷산타령>이다.148) 그러나 이렇게 볼 경우 <잦은산타령>의 의미가 이러한 기준에서 벗어난다. 따라서 가창 순서상 먼저 불렀기 때문에 <앞산타령>이라고 칭한 것으로 해석하는 것도 가능하다.149) 실제로 산에 대한 내용은 관악산과 도봉산

147) 정재호, 앞의 책, 『신구잡가Ⅰ-174』·『정정증보신구잡가Ⅰ-580』·『고금잡가편Ⅱ-365』·『신구현행잡가Ⅳ-149』·『신정증보신구잡가Ⅳ-386』·『대중보무쌍유행신구잡가(Ⅰ)Ⅴ-98』·『가곡보감Ⅴ-236』·『대중보무쌍유행신구잡가Ⅵ(Ⅱ)-102』.

148) 이창배, 앞의 책, p.331.

149) 백대웅, 『국악용어 해설집』, 보고사, 2007, pp.48~52.

두 곳에 불과하다.

<앞산타령>을 <놀량>에서 언급한 구경의 연장선상으로 볼 때, 서울 지역의 명산을 구경하는 것으로 볼 수도 있으며, “활냥노릇을 마즈ᄒᆞ고셔 가리각신ᄆᆞ옴을 먹엇더니 만새쟝고장단치ᄂᆞᆫᄃᆡ로 발님춤만 나간다”라는 구절을 보면 앞서 언급한 사당패와 관련성이 있다고 볼 수 있다. 봄에 구경을 떠나 가을에 이르도록 경유한 곳은 경상도 태백산의 상주 낙동강과 전라도 지리산 섬진강 등이다. 이러한 유랑생활에서 임을 만났으나 다시 길을 떠나야 하는 사당패의 특성상 이별을 하게 된다. 이후 이들이 놀기 위해 찾아간 곳은 평양 대동강 능라도이다. 이 부분은 『청구영언』 소재 <만횡청류>를 가져와 노래하고 있다.150)

이 노래의 끝부분은 노승의 염불로 마무리 된다. 아마도 <놀량>에서 언급한 갈등과 선택을 상기할 때, 승(僧)을 버리고 속(俗)을 택한 자신의 결정이 옳았음을 강조한 것이 아닌가 한다.

㉰ <뒷산타령>151)

난니나 산아지로구ᄂᆞ 어뒤여ᄂᆞ에ᄂᆞᄂᆞ지루에산아지로구ᄂᆞ 즁연지변방이오 일수는 요람ᄒᆞᆫᄃᆡ 삼산박락쳥텬외오 이수즁분능라도라 오슈산십일봉에 은ᄌᆞ봉이 둘너잇고 도령쳥ᄅᆡ거ᄌᆞ봉은 옥계수ᄀᆞ돌너잇다 수락ᄉᆞᆫᄀᆞ는길에 ᄀᆡ운ᄉᆞ 즁을만ᄂᆞ 즁다려 뭇는말이 네절인픔이 엇덧터냐 수양산갓다마는 ᄇᆡᆨ이슉제업는고로 슈양산이나니로다 수락산포포수요 등구재만리재라 약잠재누에머리 용산삼ᄀᆡ가둘너잇다 동소문을ᄂᆡ다ᄅᆞ 문외미얼는지ᄂᆡ 다락원서돌쳐보니 도봉망월리쳔츅ᄉᆞ라 동불음 서진관 남삼막 북승ᄀᆡ요 도봉망우리분명ᄒᆞ다 우연이잠두에올나 ᄒᆞᆫ양셩ᄂᆡ구버보니 인왕삼각은 호거룡반세로 북극을고여잇고 ᄒᆞᆫ강종남은 여텬디무궁이라

<뒷산타령>은 한강을 기준으로 볼 때 주로 북쪽에 위치한 여러 명승

150) 정병욱, 『시조문학사전』, 신구문화사, 1966, p.212.
가번 869 白鷗ᄂᆞᆫ 片片 大同江上飛오 長松은 落落 靑流壁上翠라 大野東頭點點山에 夕陽은 빗견ᄂᆞᆫᄃᆡ 長城一面溶溶水에 一葉漁艇 흘리저어 大醉코 載妓隨波ᄒᆞ여 錦繡綾羅로 任去來를 ᄒᆞ리라

151) 정재호, 앞의 책, 『신구시행잡가Ⅰ-288』·『증보신구잡가Ⅱ-162』·『무쌍신구잡가Ⅱ-523』※(…얼시구나엉동이바롬이졀노는다)·『신구유행잡가Ⅱ-610』·『특별대증보신구잡가Ⅲ-176』·『증보신구시행잡가Ⅲ-307』·『시행증보해동잡가Ⅳ-65』·『신구현행잡가Ⅳ-156』·『대중보무쌍유행신구잡가(Ⅰ)Ⅴ-76』·『대중보무쌍유행신구잡가Ⅵ(Ⅱ)-80』.

을 소개하고 있다. <앞산타령>의 경우 산 이름이 두 곳에 지나지 않아 <산타령>이라는 이름이 무색했는데, <뒷산타령>은 명(名)과 실(實)이 상부한다.

<놀량>과 <앞산타령>이 개인적 정서를 드러냈다면, <뒷산타령>은 산타령패의 가창 레퍼토리가 고정되는 과정 속에서, 그들 소리패의 공통의 정서, 즉 유흥을 목적으로 한 노랫말을 만들어 가락에 얹은 것으로 보인다. 선소리 산타령의 수용층인 서울 사람이면 누구나 알 수 있는 서울 내의 명산과 지명을 가져옴으로써 그들로 하여금 낯익음을 유발시켜 쉽게 유흥 공간에 몰입할 수 있도록 만든 장치로 볼 수 있다. 이럴 경우 <뒷산타령>의 노랫말은 19세기 말이나 20세기 초에 오강을 근거로 활동하던 선소리패에 의해 만들어진 것이 아닌가 한다. 왜냐하면 산타령패에서 선소리패로 소리가 전이되어 오강에서 활발하게 활동한 것이 20세기 초에 해당하기 때문이다. <뒷산타령>은 앞서 부른 <놀량>이나 <앞산타령>과는 달리 연정이나 이별 등의 내용이 빠짐으로써 비애의 정서가 형성되는 것을 막고 있다.

한편 "둥구재만리재라 약잠재누에머리 용산삼ᄀᆡ가둘너잇다 동소문을 ᄂᆡ다ᄅᆞ 문외미얼는지ᄂᆡ 다락원서돌쳐보니"와 같은 표현법은 휘모리잡가 <맹꽁이타령>의 '홍인지문 썩 내달아 칠패팔패배다리…'와 유사한데, 이처럼 일정 지역을 나열하면서 'ᄂᆡ다ᄅᆞ'와 '썩 내달아' 등의 어휘를 사용하는 것 또한 역동적이며 흥겨운 분위기를 만드는 데 일조하고 있다.

㉣ <자진산타령(도라지타령)>[152]

바람이 불냐는지 나무중동은 거드러거리고 옥수쟈마 지랴는지 과천관악산에 거든구름일고 오간수에 구렁ᄂᆡ날제 쟝구ᄋᆡ비 못버러지 등물이 두러처 봇짐싼다 ᄒᆞᆫ수정후관운쟝이 조죠를 잡으랴고 군령쟝에 맛다짐두고 화용도에 진을칠제 동에 청룡긔 서에 ᄇᆡᆨ호긔 남에 쥬작긔 북에 현무긔 중앙에 황신긔 세우고 원앙진치고 조죠잡을계교 ᄉᆡᆼ각ᄒᆞ는고나 심봉ᄉᆞ 거동보와라 굴관제복 졍이ᄒᆞ고 어린심

152) 정재호, 앞의 책, 『신구시행잡가 I-290』·『증보신구잡가 II-163』·『무쌍신구잡가 II-523』·『신구유행잡가 II-610』·『신찬고금잡가 III-84』·『특별대증보신구잡가 III-174』·『증보신구시행잡가 III-307』·『시행증보해동잡가 IV-65』·『신구현행잡가 IV-157』·『대중보무쌍유행신구잡가(I)V-74』·『대중보무쌍유행신구잡가VI(II)-78』.

청 품에품고 자탄가 ᄒᆞ는말이 북망산쳔이 요다지 야쇽ᄒᆞ냐 심쳥이 를 ᄇᆡ에실고 이물고물 ᄉᆞ공들이 다릐넝쿨 북치를 좌우손에 갈나쥐고 북을등등 울니는쇼리에 심쳥이가 두손곳쳐 비는말이 일월셩신은 구버살피쇼셔 쳥산에 쵸부셩은 너는어이 누엇느냐 써거져셔 누엇노라 남병산 샹샹봉에 칠셩ᄃᆡ를 모고 동남풍을 빈연후에 단하로 ᄃᆞ려오니 기다리난 쟝ᄉᆞ가 됴ᄌᆞ룡인가 ᄌᆞ룡이 그말듯고 쳘궁에 왜젼을 먹여 짝지손 눌너씌니 번ᄀᆡ갓치 ᄲᆞ른살이 슈로로 쳔리 표로록 건너가더니 졍봉에 닷는ᄇᆡ 빗고ᄌᆞ탁마ᄌᆞ 중등이 직근부러져 강상에 둥둥 써오는것 자룡이 집어 쏫고 와룡션싱 모시고 션쥬뵈려ᄒᆞ고 하구로평안니 거긔도라간다

<자진산타령>은 <뒷산타령>의 마지막 부분의 노랫말이 연결되어 있다. <뒷산타령>은 "…청산의 저 노송은 너이 어이 누웠느냐 풍설을 못이겨서 꺾어져 누웠느냐"로 끝나는데, 이 중 '꺾어져' 부분이 빠르게 변하면서 <자진산타령>이 시작되는 것이다. 물론 '바람이 불냐는지'를 본격적으로 소리로 본다. 예전에는 '꺾어져서'가 아닌 "도라지 병풍 여닫이 속에 잠든 큰 애기 날 살려라" 다음에 <잦은산타령>이 이어졌기에 일명 <도라지타령>이라고 부르기도 한다.153) <뒷산타령>이 비애의 정조가 많이 섞여 있다면 <잦은산타령>은 전체를 마감하는 부문이라 소리꾼 전체가 흥겹고 멋스럽게 노래한다.

<자진산타령>은 세 가지 내용의 노랫말로 구성되어 있다. 첫 번째는 청계천을 근거로 살아가는 여러 등물들의 세태(世態)에 관한 내용이다. 아래대를 흐르는 청계천은 동대문과 광희문 사이의 이간수문과 오간수문을 통해 빠져나가 왕십리에 이른다.154)

인용문의 표면적 의미는 바람과 장마를 피해 이주하는 장구애비나 못버러지 등물(等物)에 관한 것이지만, '바람'과 '거믄구름'을 앞으로 닥쳐올 환란(患亂)을 암시하는 단어로 읽을 경우 청계천 주변에서 사는 사람들의 어려운 삶의 모습으로 해석할 수 있다. 어려움을 견디다 못한 이들은 '구렁닉'로 인해 서둘러 이주한다. 삶의 근거지인 청계천 물이 썩고 있기 때문이다.

선소리 산타령이 활발하게 연행되던 20세기 초기의 청계천은, 그 지역

153) 이창배, 앞의 책, pp.341~342.
154) 이경재, 『청계천은 살아있다』, 가람기획, 2002, p.116.

에 거주하는 서민들이 빨래를 하거나 물놀이를 즐기는 생활공간이었다. 그런데 이곳이 더 이상 사람이 살수 없는 곳으로 변질된 것이다. 특정할 수는 없지만 임오군란(1882년) 당시 왕십리와 이태원 일대에서 170여 명이 살상당한 사건이나,[155] 1907년 대한제국 군대의 해산에 불복한 구군인들 가운데 사상자를 광희문 밖에 버리고 가족들로 하여금 찾게 한 사건[156] 등이 이 일대에서 일어났음을 볼 때, 이러한 부정적 인식이 짧게나마 노래에 투영된 것이 아닌가 한다. 고난을 함께한 공통의 정서를 끌어냄으로써 노래에 대한 관심을 유발할 수 있기 때문이다.

두 번째는 판소리 <적벽가>의 일부분이다. 노랫말의 내용은 관우가 조조를 잡기 위해 화용도에서 기다리는 대목과 제갈량이 동남풍을 비는 대목, 제갈량이 조자룡을 만나 적벽을 떠나는 장면 등이다. 이들은 판소리나 판소리 단가, 서도긴소리로도 불린 인기 있는 부문으로 선소리패가 이들 노랫말을 가져와 선소리 산타령에 얹어 새롭게 만든 레퍼토리로 보인다.

세 번째는 판소리 <심청가>의 일부분인 곽씨 부인을 장사지내는 대목과 심청이 인당수에 빠지는 대목을 가져와 산타령 가락에 얹어 불렀다. 이것은 당시 유행하는 판소리의 노랫말을 가져와 소리를 구성함으로써 수요층의 낯익음을 유도한 것으로 볼 수 있다.

② 서도 산타령

서도 산타령은 서울의 선소리 산타령에서 변형된 것으로 서울의 선소리보다 조금 빠르고 경쾌하다. 또한 관서지방의 특이한 창법인 수심가조와 발림조 등의 목을 많이 써서 서도소리의 한 창조를 이루고 있다.[157]

서도 산타령은 <놀량(또는 사거리)>, <앞산타령>, <뒷산타령(또는 중거리)>, <경발림(경받침, 경사거리)>으로 구성되어 있으나, 이전에는 <놀량> 대신 <판염불>을 불렀다. 이에 1915년『신구유행잡가』에 평양 날탕패의 곡으로 실린 <판염불>을 대신 살피고자 한다.

---

155) 손명숙, 「임오군란의 성격에 관한 연구」, 상명여자대학교 석사학위논문, 1989.
156) 이경재, 앞의 책, p.60.
157) 황용주 편저, 『한국 경·서도 창악대계』(국악교재 상·하권), 선소리 산타령 보존회, 1993, p.169.

㉮ <판염불>158)

진군명산 만장봉에 청텬삭출 금부용 음도로 음도로 시법이라 ᄂᆞ무어살ᄇᆡ에 동ᄂᆡ라 안산이라 쥬산니라 좌우라도 정용 ᄂᆞ무살바 ᄂᆞ무라도살바 ᄂᆞ무살바 충청도라 ᄂᆡ포산에 두루두루 한량님ᄂᆡ 와계신ᄃᆡ 막걸니 여돗동위 걸넛스니 자시거ᄂᆞ 말거ᄂᆞ ᄂᆞ무라도 살바 ᄂᆞ무살바 일셰동방에 졀도령 이셰남방에 득청룡 삼셰서방에 부정토 ᄉᆞ셰북방에 영안강 도령청정에 무활예 삼보쳘영에 강차지 아금지송에 묘진언 ᄂᆞ무라셔살바 ᄂᆞ무살바 산쳔초목이여 셩님어 ᄂᆞ에 구경ᄀᆡ기에 좃쿠나 에에헤씌여네루구ᄂᆞ 나에에에헤야 에헤씌여네헤에야 어어듸이이 이이얼네로구ᄂᆞ 말은네에야 어 이놈 말드러봐라 노낭버든 길로 평양감영 쑥드러간다 에에에헤이어네로구ᄂᆞ 아모려도 네에로구ᄂᆞ 낙낙장송 느러진 ᄀᆞ지 다써러져 즐거리만 나머지와 자조흘시구 어 이놈말드러봐라 청산긔영에 올ᄂᆞ 황운을 검쳐잡고 에에이얼 네로구ᄂᆞ 어린양ᄌᆞ 고은소ᄅᆡ 눈에음음 귀에쟁징 비ᄂᆞ니다 하ᄂᆞ님젼에 님싱겨달나지이다고 비ᄂᆞ니다 락락장송 느러진 ᄀᆞ지 ᄒᆞᆫ마리ᄂᆞᆫ 남게안ᄭᅩ 또ᄒᆞᆫ마리 들에안져 쳬어다보며 우름을울고 ᄂᆡ리구버보며 우름을 운다 ᄒᆡ당화 그늘속에 비만마진 졔비싁기 졸졸흐늘거려 거드러거려 노는ᄉᆞ랑 어화둥둥 ᄂᆡᄉᆞ랑이야 어화둥둥 ᄂᆡ간간이로구나

평양날탕패의 <판염불>은 '초목이 성림하여' 앞에 불가조의 'ᄂᆞ무살바'와 <회심곡>에 나오는 "일셰동방에 졀도령 이셰남방에 득청룡 삼셰서방에 부정토 ᄉᆞ셰북방에~" 등의 노랫말이 나오는데, 이는 두 가지 관점에서 해석이 가능하다. 첫째는 사당패(걸립패 · 남사당패)가 불가(佛家)의 영향을 받았음을 방증하는 것이고, 둘째는 이미 흥행에 성공한 서울 · 경기 산타령과 경쟁하기 위해 서울 지역에 들어온 평양날탕패가 자신들의 노래를 변별하고자 당시 유행하던 <회심곡>의 노랫말을 차용한 것으로 볼 수 있다. 이미 경기소리와 서도소리의 차이는 있었던 만큼 상이(相異)한 노랫말로 자신들의 입지를 굳혔던 것으로 보인다. 또한 "루두루 한량님ᄂᆡ 와계신ᄃᆡ 막걸니 여돗동위 걸넛스니 자시거ᄂᆞ 말거ᄂᆞ"라는 구절을 통해 <판염불>은 불가(佛家) 성격이 탈색되는 지점에서 생성된 것이며, 화주와 공연자로서의 역할이 함께 반영된 노래로 볼 수 있다.159) 불가의

158) 정재호, 앞의 책, 『신구시행잡가Ⅰ-284』·『증보신구잡가Ⅱ-158』·『무쌍신구잡가Ⅱ-520』·『신구유행잡가Ⅱ-608』※(평양날탕픠션소리부)·『신찬고금잡가Ⅲ-80』·『증보신구시행잡가Ⅲ-304』·『시행증보해동잡가Ⅳ-63』·『대중보무쌍유행신구잡가(Ⅰ)Ⅴ-77』·『대중보무쌍유행신구잡가Ⅵ(Ⅱ)-81』.

159) 이형대(2005), 앞의 논문, p.309.

전언 성격을 띤 노랫말 다음에 오는 "산쳔초목이여 셩님어 ᄂᆞ에 구경기기에 좃쿠나" 이하는 앞서 살핀 <놀량>의 노랫말과 대동소이하다.

④ <뒷산타령(중거리)>[160]

ᄂᆞ니나……산이로구나에……찌여나아에……어야지로구 산이로구나。 일원산이강경이오 삼포쥬 ᄉᆞ법셩이여-산포로만 에둘넛다。 에……에에헤에에에헤에에에헤에……어야지로구 산이로구나。 여초목이 동남풍에 거리슴벅우ᄂᆞᆫ 소ᄅᆡ쟝-부얼네촌간쟝이 다록아난다。 에……나무닙만 뚝뚝 뚝ᄯᅥ러져도 한병인가 의심ᄒᆞ고 ᄉᆡ만 ᄶᅡᆯ으럭 날아드러 도ᄌᆞ룡의 삼지창만 녁여 의심만 ᄒᆞᆫ다。 바람이 불나ᄂᆞᆫ지 나무즁동 반춤추고 악슈쟝마 지랴ᄂᆞᆫ지 만-수ᄇᆡᆨ수무산에 구름펑퍼졋다。 에……엄지쟝가락은 다물어 ᄲᅡ지고 ᄉᆡ기손가락은 삼동이 낫네 에……어머니 알면 ᄆᆡ맛갓네 ᄌᆡ젼 깁흔졍을 ᄉᆡᆼ각ᄒᆞ면 죽으면 죽엇지 못놋캇네。 영천슈라 ᄆᆞᆰ은물에 귀를싯노라고 안ᄌᆞ스니 련닙흔 숙어지고 방초ᄂᆞᆫ 욱엇ᄂᆞᆫᄃᆡ 졔비-만 ᄶᅡᆯ으럭 날아든다。 에……아하 져거시 ᄆᆡᆼ랑ᄒᆞ구나 아하 져거시 ᄆᆡᆼ랑ᄒᆞ구나 여ᄇᆞ라ᄋᆞ야 네 내말드러라 너는 엇던년의 계집ᄋᆡ관ᄃᆡ 쟝부 쟝ᄶᅡᆫ지를 새쟝고통만 녁여 와싹바싹 다 록이고 너ᄂᆞᆫ 엇던년의 귀동ᄌᆞ완ᄃᆡ 사름년의 간쟝을 다 록여내나。 갈가부다 말가부다 님을ᄶᅡ라 갈가부다 ᄌᆞ룡이 월강ᄒᆞ든 청총마 칩ᄃᆡᄐᆞ고 이-날일시라도 한양을 갈가나。 에……일락셔산은 ᄒᆡᄯᅥ러지고 워츌동뎡 ᄇᆡᆨ운속으로 둘 뭉게뭉게 소사온다。 열녀거든 열녀무나 말녀거든 말녀무나 ᄂᆞᆷ의 ᄯᆞᆯ이 너ᄲᅮᆫ이며 ᄂᆞᆷ의-집긔동ᄌᆞ가 나ᄲᅮᆫ이랴。 에……널노ᄒᆞ여셔 엇은병은 무슴약을 다쓰잔말가 형방ᄑᆡ독산도 져ᄇᆞ리고 곽향졍긔산도 져ᄇᆞ리고 살틀ᄒᆞᆫ님의 말슴으로 날살녀내게。 동슈문밧 썩나세셔 문엄이를 얼픗넘어 달악원 돌쳐드니 도-봉 망월이 쳔츅슬세。 에……아하져거시 무어시냐 아하져거시 두어시냐 금이냐 옥이냐 옥이냐 금이냐 금ᄉᆡᆼ려슈가 아니여든 금이란 말도 당치안코 옥츌곤강이 아니여든 옥이란말도 당치안소。 강원도 금강산 유졈ᄉᆞ 법당뒤에 느러진 고목나무 ᄇᆡᆨ숑거리 ᄉᆡ기쳐 그 ᄉᆡ기 질잘드려두-ᄆᆡ곡산으로 ᄲᆡᆼ산양가세。 경샹도라 ᄒᆡ동문거리 경긔안셩이청룡인ᄃᆡ 황ᄒᆡ도 문화구월-산셩지불당에 거ᄉᆞᄉᆡ당녕이 만히모혀 밤이나 나지나 나지나 밤이나 쇼고쟝단에 롤낭춤ᄇᆡ화 오-강칠포ᄃᆡ로 판노름가세

160) 정재호, 앞의 책, 『신구잡가 I -175』·『정정증보신구잡가 I -581』·『증보신구잡가 II -179』·『고금잡가편 II -366』·『신구현행잡가IV-150』·『신정증보신구잡가IV-387』·『대중보무쌍유행신구잡가(I)V-92』·『가곡보감V-238』·『대중보무쌍유행신구잡가VI(II)-96』.

서도지방의 선소리 <앞산타령>[161]은 앞서 제시한 서울·경기 지방의 <앞산타령>과 내용이 유사하여 분석을 생략한다.

서울지방의 <뒷산타령>은 주로 서울에 위치한 명산과 지역을 노래하였는데, 서도지방의 <뒷산타령>은 서도의 산을 노래한 것이 아니라 당시 유행하던 가창곡의 노랫말을 가져와 산타령에 얹어 부른 노래이다. 비유기적 노랫말로 구성되어 전체 내용은 통일되지 않지만 유흥공간에서 이러한 유명한 노래들의 혼효가 흥을 극대화하는 데 유효했으리라 생각된다. 물론 이러한 비유기적 노랫말은 각기의 내용을 통합시키는 후렴의 기능에 의해 하나의 노래로 인식하게 한다.

노래 초입에 나오는 "일원산 이강경이오 삼포쥬 ᄉ법셩이여-산포로만 에둘넛다"라는 노랫말은 이름난 해시(海市)를 열거한 것으로, 여행길이나 지명을 나타낼 때 상투적으로 쓰던 표현이다.[162] 간결한 어구만으로도 다양한 지역을 유랑하는 사당패의 모습을 여실하게 드러내고 있다. 이와 같은 상투구는 판소리 <흥부가>에서 흥부가 놀부에게 쫓겨난 후 살기 위해 방랑하는 부분, <변강쇠가>에서 개성 청석관에서 만난 옥녀와 변강쇠가 살길을 마련하기 위해 도회지로 나가는 경로 등에서 나타난다.

이러한 상투적 지명을 노래한 이후에는 당시 유행하던 가창곡의 노랫말을 차용하여 작품을 구성하고 있다. 노랫말을 살펴보면, 판소리 <적벽가> 중 적벽대전에서 패한 조조가 도망하는 장면, <춘향가> 가운데 사랑타령의 일부분, 황해도의 대표적인 민요인 <난봉가>, 민요 <새타령>과 경기산타령의 <자진산타령>의 첫부분과 <뒷산타령>의 한 부분을 가져왔다. 마지막엔 "경상도라 ᄒᆡ동문거리 경긔안셩이청룡인ᄃᆡ 황ᄒᆡ도 문화구월-산셩지불당에 거ᄉ식당녕이 만히모혀 밤이나 나지나 나지나 밤이나 쇼고장단에 롤낭춤비화오-강필포ᄃᆡ로 판노름가세"라고 하여 사당패의 근거지인 안성 청룡사와 황해도 문화·구월을 언급하고 자신들의 연행을 노래한 후 선소리패의 주요 연행무대인 오강(五江)으로 판놀

---

161) 정재호, 앞의 책, 『신구시행잡가Ⅰ-286』·『증보신구잡가Ⅱ-159』·『무쌍신구잡가Ⅱ-521』·『신구유행잡가Ⅱ-608』·『신찬고금잡가Ⅲ-81』·『특별대증보신구잡가Ⅲ-175』·『증보신구시행잡가Ⅲ-305』·『시행증보해동잡가Ⅳ-64』·『신구현행잡가Ⅳ-155』·『대증보무쌍유행신구잡가(Ⅰ)Ⅴ-75』·『대증보무쌍유행신구잡가Ⅵ(Ⅱ)-79』.

162) 정병헌, 「판소리 형성과 변화」, 『판소리연구』제1집, 판소리학회, 1989, pp.98~99.

음을 가자는 것으로 마무리하고 있다.

다양한 가창곡의 노랫말을 가져와 한 편의 노래를 만든 것을 볼 때, 서도지방의 <뒷산타령>은 서울의 <뒷산타령>에 비해 후대에 형성된 노래로 볼 수 있다.

㉰ <경발림(경발님이라)>163)

천지변방이오 이슈ᄂᆞᆫ 요란ᄒᆞᆫᄃᆡ 삼산은 반락모란봉이오 이 ─ 슈중분릉나도로다 에…어ᄃᆡ로 가ᄌᆞ고 날만졸나 어ᄃᆡ로 가ᄌᆞ고 지그렁직신 일ᄒᆞ기 실코 낫ᄌᆞᆷᄌᆞ기 죠흐면 날만졸졸 조리조리 ᄶᅡ라 안산에 청룡가세 슈락산 폭포슈며 즁구직 만리직며 약잠직 누에머리 룡─산 삼기로 에돌넛다 에…여산에 김덕션이 슈원에 북문지여 나라에 공신되여 슈셩옥이와루 감투눌너쓰고 어쥬삼ᄇᆡ 마신후에 압헤ᄂᆞᆫ 모흥갑이 뒤에ᄂᆞᆫ 권삼덕이 쇼동옥이 십만여 겁에 쌍화동 세우고 어젼풍악 꽝꽝치면셔 안대로샹으로 가즌실닉만 청ᄒᆞᆫ다

바람이 불나ᄂᆞᆫ지 나무즁동 반춤추며 악슈쟝마지랴ᄂᆞᆫ지 만─수빅수무산에 구름이 소ᄉᆞ온다 에…관동팔경 구경가ᄌᆞ 강릉에 경포ᄃᆡ 양양에 락산ᄉᆞ 울진에 망양뎡 삼쳡에 듁셔루 고셩에 삼일포 통천에 총셕뎡 평ᄒᆡ에 월셩뎡 간셩에 청간뎡이란다 놀기좃키ᄂᆞᆫ 남원에 광한루로다 강원도 금강산 유졈ᄉᆞ 법당뒤에 유름나무 가지마다 셔쳔셔역국셔 나오신 불ᄉᆞ 오─십삼불이 분명ᄒᆞ다 에……셔도팔경 구경가ᄌᆞ 삼등에 황학루 셩천에 강션루 기천에 무진ᄃᆡ 령변에 약산ᄃᆡ 강계에 인풍루 의쥬에 통군뎡 안쥬에 빅샹루 평양에 련광뎡이란다 놀기죠키ᄂᆞᆫ 부벽루 대동강이란다

<경발림>은 당시 흥행하던 다른 노래의 노랫말을 가져와 작품을 구성했다. 다만 <경발림>은 노랫말을 통해 사당패의 존재를 적극적으로 드러낸다는 점에서 여타의 산타령과 차이가 있다. 위 인용문에도 나타나듯이 일하기 싫은 사람들에게 가자고 하는 곳이 사당패의 본산인 안산 청룡사이며 관동팔경과 서도팔경을 들어 자신들의 유랑을 소개하고, 이에서 더 나아가 승경(勝景)보다 좋은 것은 놀기라며 남원 광한루와 평양의 부벽루・대동강을 언급한 것이 그 예이다. 물론 이곳에서의 놀이문화를 이끄는 연행주체를 사당패로 볼 수도 있다.

163) 정재호, 앞의 책, 『신구잡가Ⅰ-178』・『정정증보신구잡가Ⅰ-583』・『고금잡가편Ⅱ-364』・『신구현행잡가Ⅳ-151』・『신정증보신구잡가Ⅳ-388』・『대중보무쌍유형신구잡가(Ⅰ)Ⅴ-99』・『대중보무쌍유행신구잡가Ⅵ(Ⅱ)-103』.

'경발림'이라는 제목에서 '발림'에 대한 인식의 재고가 필요하다고 본다. 즉 판소리 광대가 행하는 여러 가지 표정과 동작을 나타내는 어휘인 '발림'이 있듯이, 가창법에서의 '발림'이 존재하는 것이다. 서도선소리꾼인 황용주 역시 '발림조'에 대해 언급한 바 있다.[164] 다만 본고의 주제와 다르기에 이는 차후 논하기로 한다.

③ 전라도 지방 산타령

전라도 지방의 산타령은 <화초사거리>, <보렴>, <성조풀이>로 구성되어 있었으나,[165] 현재 선소리타령의 흔적이 남은 것은 <화초사거리>와 <성주풀이>, 그리고 이들 노래에 붙여 부른 <개고리타령>이다.

㉮ <화초사거리>[166]

산천초목(山川草木)이 속잎은 다한데 구경에 어허야 어야 어기얼싸 어무리 하여 어기얼싸 네헤로구나. 야아 헤야 에헤야 헤어 허야 야 어허리여 어기얼싸 아무리 하여 어기얼싸 네로구나.

디야 에헤에 어기얼싸 네로구나 네로구나 이어 어기얼싸 네로구나 어기얼싸 에헤야 어야라 어허기얼싸 어기이히 얼씨구나 절씨구나 말 들어 보아라.

어허이히 어허이 어허이야 어허야 어어야라 어기얼싸 네로구나 군마 봐라. 어기얼싸 솔바지로다 얼씨구나 절씨구나 말 들어 보아라. 녹양 굽은 길로 다 저물어지는 날이로다. 이렁성 저렁성 수이로 가면 이놈의 노릇을 어찌 어찌 하더란 말이냐.

이렁성 저렁성 함부로 덤부로 살아 보세. 일수야 어허이 어허허야 아기야 아 어허어 어기얼싸 네로구나 어허란다 얼끔버끔 서가지로다. 이 산으로 가도 어리굼벙새야 저 산으로 가도 어리굼벙새야 어기얼싸. 헤 어기얼싸 에헤야 아여 어 어어어 어기얼싸 네로구나. 고산에 심도허 모란도 구부러져 워리렁 출렁 뒤 둥그러졌네.

춘수(春水)나니 낙락(落落) 기러기 새끼는 훨훨 낙락장송이 와자지끈 후드락 뚝딱 부러져 이 골물 저 골물 세 골물 한데를 합수(合水)쳐 얼씨구나 야아 지화자 좋네 얼씨구나 지화자 좋네 어기얼싸 네로구나.

---

164) 황용주, 『한국경서도창악대계』, 선소리 산타령보존회, 1993, p.170.
이 선소리는 관서지방의 특이한 창법으로 난봉가·수심가, 엮음수심가, 발림조 등의 목을 많이 써서 명실공이 서도창의 한큰 창조를 이루고 있다.

165) 본고는 이 가운데 종교색이 짙은 〈보렴〉은 잡가의 범주에서 제외하였다.

166) 이창배, 앞의 책, pp.893~894.

야아 집안 아야 말 들어라. 아야 총각 아야 말 들어 보아라 너의 누님이 날마다고 머리 깎고 송낙 쓰고 금강산(金剛山)으로 중노릇 간단다.

이창 저창 사모장창(蛇矛長槍) 날로 당기려 부러진 장창(長槍) 어기얼싸 네로구나 어어이 어어어 어어이 어어어 어기얼싸 네로구나.

여보시오 한량(閑良)님네 오셨다 섭섭하니 막걸리 한 사발 들어 마시거나말거나.

한송정(寒松亭) 솔을 베어라 무슨 술을 빚었느냐 명천(明川) 두견주(杜鵑酒) 한산(寒山)의 소곡주로다. 에헤어이 어기야 청천천 인가마귀 떠 두 다리 좋아 가감실 떠 평양(平壤) 대동강상(大同江上)에 돛대선(船)이 떠 나라님 거동시에 휘양산(揮陽傘)이 떠 양산(陽傘) 밑에는 일사산(日斜傘)이 떠 희었다.

일사산 밑에는 권마성(勸馬聲)이 떴다 만경창파(萬頃蒼波) 만장오리 이리 떴다. 아주 설설 높이 떴구나 에로구나 에로구나 노나 에헤허 산아지로구나.

가자 가자 구경을 가잤어라 금강산으로 화류구경(花遊求景)을 가잤어라. 한라산(漢拏山)도 백두산(白頭山)도 어디주춤 들어가니 초당삼간(草堂三間)을 다 지었더라. 온갖 화초를 다 심었더라.

맨드라미 봉선화(鳳仙花)며 왜철쭉 진달화며 넌출넌출치 같은 파초(芭蕉)잎은 여기도 넌출 심었네 저기도 넌출 심었구나.

남도산타령인 <화초사거리>의 노랫말은 경기산타령인 <놀량>과 유사하다. <화초사거리>는 19세기 양반 명창인 신방초(申芳草)가 작곡한 것으로 알려졌다.167)

<화초사거리>는 전라도 지방 산타령의 하나로 『교방가요』에 실린 <저타령(杵打令)>, <화저타령(花杵打令)>의 이름이 변한 것으로 추정하기도 한다. 그런데 '저타령'을 우리말로 바꾸면 '방아타령'이 되고, '화저타령'은 '꽃방아타령' 정도로 이해되는데, <방아타령>이 <화초타령>으로 불리는 것은 이전 노래에 '방아로구나' 정도의 후렴의 삽입 여부와 노래 마지막을 장식하는 '온갖 화초를 다 심었더라' 이하 부분과 관련된 명명이 아닌가 한다. 다만 현재 전하는 노래는 이창배의 『한국가창대계』 자료에 한정된 관계로 비교가 어려운 상황이다.

한편 이 노래는 1915년경에는 <판염불>이라고 하였는데,168) 앞서 살펴본 <판염불>과 비교하면 불가의 진언이 사라진 것이 눈에 띈다. 20세

167) 백대웅, 앞의 책, pp.51~52.
168) 장사훈, 앞의 책, p.844.

기 초까지 염불조의 노래가 섞여 불렸다면 그 이후 점차 종교성이 사라지게 되고, 20세기 중후반 이창배에 의해 기록될 당시에는 종교적 성향이 완전히 사라진 것으로 추정된다.

㉯ <날개타령(개고리타령)>169)

에헤에헤나하에…야° 흰빅ᄌᆞ 붉은홍ᄌᆞ 고물고물 이단청 에헤에헤나하에…야° 츈향아 술 부어라 넘쳐간다 기울칙 에헤에헤나하에…야° 양류천만ᄉᆞ인들 가는 츈풍을 잡아ᄆᆡ 에헤에헤나하에…야° 록엽이 락화된들 어ᄂᆡ 나뷔가 도라와 에헤에헤나하에…야° 바람아 텽텽 부지말아 송풍락업이 ᄯᅥ러져 에헤에헤나하에…야° 왜쳘쥭 진달화 민두ᄅᆡ미 봉션화 에헤에헤나하에…야° 십리쟝강 벽파샹에 왕ᄅᆡᄒᆞ든 거룻ᄇᆡ 에헤에헤나하에…야° 리빅이 긔경 비샹쳔 풍월 실너 가는 ᄇᆡ 에헤에헤나하에…야° 동강 칠리탄 엄ᄌᆞ릉의 낙싯ᄇᆡ 에헤에헤나하에…야° 슈양버들 심엇더니 ᄭᅬᄭᅩ리 집을 지엿네 에헤에헤나하에…야° 뒷동산 고목남게 법국이 집을지엿네 에헤에헤나하에…야° 푸릿푸릿 봄비ᄎᆡ는 찬이슬 오기만 기ᄃᆞᆯ녀 에헤에헤나하에…야° 남원옥즁 츈향이는 리도령 오기를 기ᄃᆞᆯ녀 에헤에헤나하에…야° 관공 쟝비 뉴현덕은 ᄌᆞ룡 오기를 기ᄃᆞᆯ녀 에헤에헤나하에…야° 팔만진즁의 장ᄉᆞ는 승젼ᄒᆞ기를 기ᄃᆞᆯ녀 에헤에헤나하에…야° 젼라도즁 복송아는 주줄주줄이 열녓네 에헤에헤나하에…야° 츙쳥도 당대추는 방긋방긋시 밋쳣네 에헤에헤나하에…야° 함경도 큰ᄋᆞ긔들은 명태잡이루 나간다 에헤에헤나하에…야° 명태동태ᄯᅦ를 무워 젼라도 샹고션이 그만이라 에헤에헤나하에…야° 왕십이 큰ᄋᆞ긔들은 미나리 쟝ᄉᆞ로 나간다 에헤에헤나하에…야° 곱이 고ᄉᆞ리 두룹나물은 룡문산ᄎᆡ가 그만이라 에헤에헤나하에…야° 아야고ᄀᆡ 큰ᄋᆞ긔들은 망근ᄯᅳ기루 나간다 에헤에헤나하에…야° 인모압살젼쥬ᄶᅡᆼ에 공단뒤막이 그만이라 에헤에헤나하에…야° 활량즁 못알기는 고창에 신오쟝 날ᄀᆡ라 에헤에헤나하에…야° ᄉᆞ당즁 못알기는 ᄋᆡᆼ무비취가 날ᄀᆡ라 에헤에헤나하에…야° 불호박 풍잠에 못알기는 흥쥬북쳥이 날ᄀᆡ라

<날개타령>은 선소리 산타령과 함께 부르지만 산타령 계열의 노래라기보다는 산타령이 끝난 이후에도 흥을 지속시켜주는 민요의 일종이다. <춘향가>, <적벽가> 등의 판소리 한 대목과 이백이나 엄자릉의 고사(故事), 각 지역의 대표적인 특산을 노래하다가 <건드렁 타령>의 처녀 장사

169) 정재호, 앞의 책, 『신구잡가 I -187』·『정정증보신구잡가 I -591』·『무쌍신구잡가 II -472』·『신정증보신구잡가IV-395』·『대중보무쌍유행신구잡가(I)V-93』·『대중보무쌍유행신구잡가VI(II)-97』.

나가는 대목 등 잡가 수용층에게 이미 널리 알려진 유명한 구절을 가져와 민요 가락에 얹어 부르고 있다. 이어 한량 가운에 멋 알기는 오위장 신재효를, 사당 가운데 멋 알기는 앵무비취 등을 지명하며 '날기'로 이름한다. 날개는 '양명(揚名)'의 뜻으로 '이름을 드날리다'이거나 그 분야의 '최고' 정도로 해석 가능하다.

㉰ <개고리 打令>

① 도련님을 업고 보니 좋을 호(好)자 절로 난다. 부용(芙蓉) 모란화(牧丹花) 탐화봉접(探花蜂蝶)에 좋을 호(好) 소상동정(瀟湘洞庭) 칠백리(七百里) 일생(一生) 보아도 좋을 호자로구나. 등둥둥둥 어허 둥둥 내 사랑.
※ 아 아아 어어……어허야.

② 여보소 마누라 여보소 마누라 자네가 이것이 웬일이냐, 마누라가 이리 섧게 울면 도네 사람 남이 부끄럽소 이리 오라면 이리 와요.

③ 양반(兩班)의 자세(自勢)하고 몇 사람 신세 구치랴오. 마오 마오 그리 마오, 양류천만사(楊柳千萬絲)로 가는 춘풍(春風) 잡아매어 낙화낙엽(落花落葉)이 된들 어느 나비 돌아와, 내 딸 옥(玉) 같은 화용(花容) 부득청춘(不得靑春) 절로 늙어, 홍안(紅顔)이 백발되면 다시 젊지 못하나니.

④ 여보 도련님 여보 도련님 참으로 가오, 내 목을 뎅그렁 베어 한강수(漢江水) 깊은 물 풍덩실 들이쳐 이별인가 어디메냐, 놀던 저 봉황(鳳凰) 저 두견 짝을 잃고 우노매라. 춘풍에 놀랜 봉접 깨닫도록 들쳐나니 데려 가려면 데려가.

⑤ 네 소식 들었나. 아니, 못 들어. 춘향이가 매를 맞고 거의 죽게 되었단다. 아이고 이것이 웬일이냐, 어서 가자 어서 가자 삼문(三門) 밖으로 어서 가.

⑥ 유월 유두(六月有頭) 얽힌 나무 유수(流水)같이 자라리라. 북풍에 청한공시(淸寒空時) 기러기 넋이 되어 평사낙안(平沙落雁) 기러기 저 제비 거동 보소, 보은포(報恩匏) 박씨를 입에다 물고 이리저리 노닐 제, 박 흥보(朴興甫)가 좋아라고, 얼씨구나 저 제비야 이리 오소 이리 와 내 집으로만 날아오소.

⑦ 심 봉사가 그 말 듣고 떴다 공중(空中)에 떨어져, 네 이놈, 선인(船人)들아 장사도 좋거니와 내 딸 어진 심 청을 유인(誘引)하여 데려다가 쌀을 준다 돈을 준다 꼬염꼬염 꼬여 내어 수중(水中)에 제사를 하면 너희 놈들이 잘될소냐. 동내방내(洞內房內) 사람들, 저런 놈을 그저 두오.

⑧ 여보소 마누라, 마누라가 이게 웬일이냐, 이리될 줄 알았으면 藥局에도 아니 가고 마누라 곁에 앉아 극락세계로 가라고 염불이나 하였을걸. 약국에 갔다 오니 그예 죽었네. 약그릇을 번쩍 들어 방바닥에 부딪치며, 약능활인(藥能活人)이라더니 약이 도리어 원수로다.

남도 지방의 <개고리타령>은 노랫말 모두를 판소리 사설에서 가져왔다. 이를 볼 때 19세기 후반 20세기 초에 완성된 노래로 보인다. <춘향가> 가운데 사랑가와 이별가, 옥중의 춘향을 찾아가는 대목, <심청가> 가운데 심봉사가 남경상인을 원망하는 대목과 심청의 모친인 곽씨부인이 죽는 대목, <흥보가> 중 가난 설움 타령과 제비가 돌아오는 대목 등 판소리에서 가장 중요하고 재미있게 여기는 '눈대목'을 가져와 민요로 구성했다. 따라서 이 노래는 산타령과는 의미상 관련이 없고 산타령의 흥을 지속하기 위한 장치로 불렸던 것으로 보인다.

2 경 · 서 · 남도 민요

1) 담당층

기생(관변 기녀)은 양반사대부로 대표되는 상류층이 향유하는 유흥문화 공간에서 가객(歌客) 또는 금객(琴客)이라 불리는 전문 음악인들과 함께 정재(呈才)와 가곡(歌曲) 등을 연행하였다. 기생들이 부르는 노래는 가곡이었고, 시대가 흐르면서 가사 · 시조창으로 확대되었다. 이들의 풍류현장은 연행예술의 장으로써 여기에는 좌상객이 참여하여 연행물을 감상 · 소비하고, 때로 일정한 경제적 지원도 해 주었다.[170]

기생은 지역별로 특기가 있어 영남의 기생은 광대의 단가(短歌)를 잘 불렀고, 평양기생은 <관산융마(關山戎馬)>를 잘했으며, 선천(宣川) 기생은 <항장무(項莊舞)>를 잘 추었다.[171] 또한 안동기(安東妓)의 송대학지도(誦大學之道), 관동기(關東妓)의 창관동별곡(唱關東別曲), 함흥기(咸興妓)의 송출사표(誦出師表), 의주기(義州妓)의 치마무검(馳馬舞劍), 제주기(濟州妓)의 주마지기(走馬之技), 영흥기(永興妓)의 창용비어천가(唱龍飛御天歌) 등이 유명했다.[172]

170) 신경숙, 「안민영 예인집단의 좌상객 연구」, 『한국시가연구』 제10집, 한국시가학회, 2001, p.232.
171) 이능화, 앞의 책, pp.312~320.

이들은 상층문화권의 양반 사대부를 대상으로 연행하였기에, 19세기 말까지도 일패기생이라는 자부심에 잡가를 부르지 않았다. 이들은 관노비로서 관아 일을 맡아 했지만 부족한 봉족(奉足)으로 인해 자신의 생계를 스스로 해결해야 했다. 이를 해결할 수 있는 가장 좋은 방법은 재색을 겸비한 명희(名姬)로 인정받아 경제적 부와 명예를 얻는 방법과 해주 기생 명선과 같이 양반사대부와의 인연으로 면천하는 것이었다.

그러나 둘 다 어려운 일이었다. 다만 명희로 인정받는 것은 재색을 겸비하면 가능한 일이었는데, 이를 도와 줄 수 있는 것이 안민영으로 대표되는 가단의 여악 매니저였다.[173]

한양에서의 가단 활동은 지리적 여건을 감안할 때 대부분 경기(京妓)에게 유리했을 것으로 보인다. 다만 향기(鄕妓)는 진연(進宴) 의식 때 선상되어 한양에 머물 동안 가단에서 활동할 수 있었다.[174]

경기와 향기는 국가 진연 의식 참여에도 입장차가 달랐다. 경기 가운데 이름 있는 자는 기악(妓樂)에 선발되는 경우가 많았는데, 이들이 생각하는 국가 의식은 역(役)의 수행일 뿐이고 더구나 명희로 인정받은 자는 두어 달의 연습 기간으로 인해 경제적 손실이 막대하였다. 그리하여 기악 선발에서 제외해 달라는 청탁이 빈번하게 나타나기도 했다.

> 대원군이 만류하면서 "그런 것이 아닐세. 방금 국가에 進宴하는 儀式이 있어 妓樂을 선발하는 중이라 선발에 들 만한 자가 온갖 계책으로 모면하려 하여 청촉이 몰려드는데, 송근수는 성품이 나약하여 그들의 청촉을 능히 물리치지 못할 것이나 공같이 강직하면 이런 염려는 단연코 없겠기로 宋과 서로 바꿔서 혜민서 제조로 삼은 것일세[175]

향기는 경기와 반대의 입장에 서 있었다. 향기들은 자신의 재예를 인정받아 부와 명예를 얻기 위한 첫 관문이 진연 의식의 선상기로서 한양에 입성하는 것이었다.

---

172) 이창배, 앞의 책, p.163.
173) 신경숙, 앞의 논문, pp.61~62.
174) 『금옥총부』에 나오는 옥소선이 대표적 인물이다.
175) 신경숙, 앞의 논문, p.61. 재인용.

고종 말년에 국가 경사가 거듭 있어서 잔치를 하는데 뽑혀온 상기(上妓) 중 평양 기생이 가장 많았고, 진주·대구·해주가 그 다음이었다. 한번 잔치를 치르고 나면 상품을 후하게 주었다. 그 때문에 기녀들은 기일(期日)에 앞서 서울에 도착하여 입선되기를 다투어가며 청하였다. 잔치를 여러 번 경험한 기녀들은 2, 3품 관리의 봉급에 하사품을 받아서 금옥권자(金玉圈子)와 비녀가 머리 위애 휘황하였다.176)

위 예문에 보이듯이 향기들은 진연 의식을 적극 활용하였다. 그런데 여기에도 문제가 발생하는데, 향기는 한양에 적을 두지 않았다는 점과 최소 2개월이 넘는 체류기간의 경비를 자비로 해결해야 한다는 점이었다. 따라서 표면상으로는 영광일지 모르나 그 고통이 많았다. 그리하여 부득이 액예(掖隷)·별감(別監) 등에게 의탁하여 의식주를 해결하도록 하였다.177) 기생을 도와주는 부류를 사처소 오입쟁이라고 하는데, 이들은 대체로 기생을 관리하는 왈짜와도 관련이 깊다.178)

한편 진연에 참가한 후 정재가 끝나면 고향으로 내려가는 기녀도 있었지만 그대로 한양에 머물면서 기업(妓業)을 차리는 경우가 더 많았다. 그런데 선상되는 기생의 출신지를 보면 평양기생이 제일 많은 것으로 나와 있다. 이러한 현상은 20세기 초 한양에서 서도소리가 흥행한 것과 관련이 있다.

20세기 초까지 가곡과 정재를 주로 담당했던 기생은 1910년 무렵부터 가시적인 잡가 담당층으로 합류한다. 이러한 변화는 첫째, 가단 활동의 쇠퇴, 둘째, 예조소속 장악원의 대폭적인 인원 감축,179) 셋째, 기생제도의 철폐(1908) 등을 들 수 있다.

결국, 자신들의 업무와 연행 영역에서 벗어난 기생들은 상업적 목적으

176) 이능화, 앞의 책, p.105.

177) 일기자, 「京城의 花柳界」, 『개벽』6월호, 경성 개벽사, 1924, pp.95~97.

178) 이윤석, 『남원고사원전비평』, 보고사, 2009, pp.249~250.
한 왈짜 내달으며 하는 말이 "여보아라 사또 말고 오또가 염문(廉問) 말고 소금문을 하면 누구를 날로 발기느냐? 기생이 囚禁하면 우리네가 출입이 웅당이지 네 걱정이 웬 일이니?" 한 왈짜 하는 말이 "아서라, 그 말 마라. 우리네가 제 소일(消日)하여 주려다가 제게 해롭게 하는 것은 의(義)가 아니다."
기생 일에 당연히 간섭해야함을 주장하는 것으로 볼 때 왈짜와 기생과의 밀접성이 드러난다.

179) 송방송, 「한성기생조합소의 예술사회사적 조명-대한제국 말기를 중심으로-」, 『한국근대음악사 연구』, 민속원, 2003, pp.76~78.

로 설립된 조합(권번)으로 재조직되고, 이들은 이곳에서 자신의 특장인 가곡과 정재무는 물론 당시 유행되던 잡가를 가창하였다.

이들은 삼패 중심의 한성유녀조합(1909)이나 평양기생 중심의 다동기생조합(1912) 등의 조합이 생기면서 조합 내에서의 활동은 물론 극장무대에서의 공연과 음반 제작 등 다방면에 걸쳐 활동하였다. 특히 조선 말 서도 지역에서 선상되어 올라온 기생들은 수심가류와 난봉가류를 불러 잡가의 대중화에 일조하였다. 이러한 기생들의 모습은 『매일신보』(1914. 1. 28~1914. 6. 11)「예단일백인(藝檀一百人)」란을 통해 소개되기도 하였다.

> 춘도-거문고, 양금보, 평양부내에서 일등으로 굴시하고 노래 가사 시조와 기타 잡가들은 무불명창이로다 … 배우지 않아도 자연히 명창되는 평양수심가는 주순호치로 실마리갈이 플려 나오는데 한 곡조에 하였으되 "오동추야 밝은 달밤에 안나는 심정 저절로 나길래 동벽은 지고 서벽을 차니 그 벽이 변하여 님될 배 아니로다" 하는 것은 기생노릇으로 여러 해 경력한 춘도 회포를 발표함이로다. 『매일신보』 1914. 2. 10[180]

이러한 시류의 흐름 속에서 예전의 기생은 예의를 숭상하고 염치가 있었는데, 금일의 기생은 금전을 숭상하면서 노래는 팔아도 몸은 팔지 않는다[賣唱不賣淫]는 의식이 사라졌음을 아쉬워하기도 한다.

> 純然히 商品化되얏다 鄙劣한 愁心歌難逢歌는 잘할지언정 高尙한 時調歌詞는 알지못하고 長鼓통 쐥가리채는잘만질지언정 검은고 伽倻琴은 줄도 고를줄아는 者가 적다. 鴨綠江부시 이소부시 等의 반벙어리 日本노래는 드를수 잇서도 昔日成川의 芙蓉 開城의 黃眞 平壤의 蘆花와 가튼이의 詩를 볼 수 업다 康明花李花蓮은 戀愛를 爲하야 泉臺의 不歸魂이되고 姜香蘭丁琴竹은 一時的好奇心으로 斷髮美人의 稱號를 어덧지만은 國家를 爲하고 民族을 爲하야 身을 犧牲에 供하던 晋州의 論介와 平壤의 桂月(俗稱月仙)가튼 女丈夫를 다시볼수업다. 南原의 春香 春川의 桂心이가튼 貞節도 볼수업다.[181]

---

180) 김영희, 『개화기 대중예술의 꽃, 기생』, 민속원, 2006. 자료「예단일백인(藝檀一百人)」, p.284.

181) 일기자, 앞의 책, p.99. 이 내용을 역으로 생각하면 1920년대에 잡가 〈수심가〉, 〈난봉가〉가 극성이었다는 사실과 일본노래도 빠르게 확산되고 있음을 알 수 있다.

한편 『조선미인보감』(1918)을 보면 서울에 거주하는 기생은 물론 전국의 기생을 대상으로 하여 소리의 성조를 지역별로 구분하고 있다. 다만 지역별·권번별 서술방식과 기예의 명칭이 다르게 나타나는데[182] 이는 당시 발행가이자 경성신문사 사장이던 아오야나기 고타로(靑柳綱太郎)가 『매일신보』나 『경성일보』의 일선 기자들을 통해 권번과 지방 조합의 예기에 관한 정보를 수집하고 정리하였기 때문으로 보인다.[183]

1914년 <예단일백인>에도 나타났던 서도잡가의 흥행이 이 시기까지도 이어지고 있음과 지방의 기생들이 남도잡가를 선호한 반면 서울과 경기 지방의 기생들은 대체로 경서잡가를 부르고 있다는 점이다.

〈표 4〉『조선미인보감』에 나타난 조합별·지역별 가창곡 분포

	한성	대정	한남	경화	대구	김천	동래	창원	광주	평양	진남포	수원	개성	인천	안성	연기
경기잡가							×									
경남잡가																
경남잡가												1			1	
경사거리		2														4
경서잡가	12	31		4												2
경서잡가		2	1	13									1	1		
경서남리곡												1				
경서남리요																
경서남잡가				2								2		4	4	
경성리곡												1				
경성리요																
경성속요												1				
경성요곡				1												
경성잡가	2											22				
경성행가	1															
남도리곡	1	2														
남도리요	3		2													
남도리창	3	1	1									3				

182) 예를 들어 대정권번의 서술방식은 한문 부분에서는 4언으로 원적·나이·용모·기예 등을 서술하고 그 이름과 특징적인 면모를 마지막에 7언 2구로 함축하여 표현하였으며, 한글 부분은 8·5조의 가사체로 되어 있는 반면 경화권번은 6언 12구의 한문과 8·8조의 가사로 되어 있다.

183) 이에 대해서는 이미 여러 논의가 있었다. 유재순 역(가와무라 마나토 저), 『기생』(서울, 소담출판사, 2002), 168~170쪽에서는 아오야나기 고타로가 경성신문사의 사장으로 각 권번이나 지방 신문사의 협력 없이는 정보 수집이 어려웠을 것이라 분석하고 있다.

	한성	대정	한남	경화	대구	김천	동래	창원	광주	평양	진남포	수원	개성	인천	안성	연기
남도행가																
남도잡가	2	5							4							
남리요																
남방리곡	3															
남방리요	5															
남방리요가																
남방리창	3															
남방속요	1															
남서리요			1													
남서잡가	2	1														
남,서잡가		1														
남중리가			1													
남중리요	2		47													
남중리창			1													
남잡가		1														
남중잡가	11	6			2	3		2								
리요			2													
서가			2													
서관잡가	27											3				
서관리요	1											19				
서관리곡	1															
서남경잡가				1												
서남잡가	6	4											1			
서남리요	1		2													
서남잡가		6														1
서남리잡가																
서도리가	4															
서도리곡	23	3		1												
서도리요	15	2														
서도리창	4															
서도잡가	37	110	1	4						7	3					
서도행가	6		7	1												
서방리요			5													
서방속요	1															
입창																
잡가	1	2		3	4											
좌창																
서도/잡가		2														

한편 이러한 기생과 직접적인 관련을 맺고 있는 부류가 둘이 있다. 첫째는 앞서 언급한 사처소 오입쟁이라 불리는 중인계층의 하리(下吏)이고,[184] 둘째는 조선후기 잡가와 대(對)가 되는 고급문화로서의 성악곡인 가곡과 가사, 시조를 창작하고 향유했던 김천택 · 김수장 · 박효관 · 안민영 등으로 대표되는 중인 가객이다.

사처소 오입쟁이는 각전 별감, 포도군관, 궁가 겸인, 무사들로서 선상기로 올라온 기녀들의 기본적인 생활을 지원하면서 매니저 겸 서방 노릇을 했다. 흥미로운 것은 기생들의 주 고객이었던 일명 '왈자(曰子)'패와 사처소 오입쟁이의 직업과 활동 공간이 대부분 일치한다는 점이다. 다시 말하면 이들은 조직적으로 기생을 관리하고 품평하며 기생을 필요로 하는 수요자에게 예술(기생)을 공급하는 역할을 했던 것이다. 그리고 이들의 유무에 따라 기생들을 유부기(有夫妓)와 무부기(無夫妓)로 나누었다. 기생의 입장에서 볼 때 안정적인 의식주 생활과 영업 보장을 위한 이 방편은 기생제도 철폐 이후 인신매매와 착취, 강압 등의 부작용이 빈번하게 발생하였다. 그래서 비록 천업이지만 호의(好誼) 또는 쟁송(爭訟)을 통해 무부기(無夫妓)로 전향하기도 하였다.

이들 왈자들의 신분은 판소리 <무숙이타령>을 가사화한 <게우사>에 잘 나타난다.

> **…취흥니 도도ᄒᆞ냐 손길을 마조 ᄌᆞᆸ고 억기 미름 게트름의 답가踏歌 일셩一聲 힝유行休ᄒᆞ고, 청누고당 노푼 집의 어식비식 올ᄂᆞ간니, 좌반의 안진 왈ᄌᆞ 승좌上座의 당하堂下 천총千總 ᄂᆡ금위ᄌᆞᆼ內禁衛將 쇼년츌신少年出身 션젼관宣傳官 비별낭備邊郞의 도총都摠 경역經歷 안ᄌᆞ 익고, 그 지차其次 바라본니 각영문各營門 교젼관의 셰도勢道ᄒᆞ는 즁방中房니며 각ᄉᆞ 셔리各司胥吏 북경 역관北京譯官 좌우포쳥左右捕廳 니힝군관 ᄃᆡ젼별감大殿別監 불긋불긋 당당홍의 쇡쇡니라. ᄯᅩ 한편 바라본니 ᄂᆞ장羅將니 증원ᄉᆞ령政院使令 무녀별감武藝別監 셕겨 익고, 각젼 시정各廛市井 남촌 활양南村閑良 노릐 명충 황ᄉᆞ진니 가ᄉᆞ 명충 ᄇᆡᆨ운학니 니야기 일슈 무릅吳物音니 거진말 일슈 어지순니 거문고의 어진충니 일금 일슈 중**

184) 이능화, 앞의 책, pp.438~439.
각 전(殿)의 별감 · 포도군관 · 궁가의 청지기 및 무사(武士)는 항간(巷間)에서 이르는 바 사처소(四處所)의 외입장(外入匠, 외입장을 외엽장外獵匠이라고도 하니, 즉 집 밖에서 여색(女色)을 사냥함을 말하는 것이다.

게랑니 퉁쇼 일슈 셔게슈며 장고 일슈 김충옥니 젓딕 일슈 박보안니 피레 일… 오랑니 힉금 일슈 홍일등니 션쇼릐의 송흥녹宋興祿니 모흥갑牟興甲니가 다 가 익고ᄂᆞ.[185]

왈짜의 부류는 '技術職 中人의 일부(북경 譯官), 京商前層(각사 서리, 각집 傔從), 掖隷(大殿 別監, 武藝 別監), 軍校(軍營 將校, 捕校), 官署 下隷(承政院 使令, 羅將-특히 義禁府 羅將), 市廛 商人(이른바 廛市井) 등이다.[186]

그런데 홍선대원군이 정권을 잡게 되자 비로소 제도를 만들어서 사처소(四處所) 외입장(外入匠)은 상방과 약방기생 및 관기의 서방이 되게 하고, 정원(政院)과 금부(禁府)의 하례(下隷)는 삼패인 탑앙모리의 서방이 되는 것만을 허락했다.[187] 금부와 정원의 사령은 출신성분이 중간계층 중에서도 낮기 때문에 관기의 기부는 될 수 없고 다만 창부의 기부만 될 수 있었다.[188] 즉 같은 중인계층이지만 상대적으로 급이 낮은 금부와 정원의 사령은 삼패와 관계를 유지했고, 이들 삼패가 부른 노래가 바로 12잡가이다.

일반적으로 왈짜들은 아정한 음악을 주로 향유한 것으로 나오는데,[189] 『남원고사』에서는 선소리를 불렀다는 내용이 나온다.[190] 왈짜가 부른 노래는 <경복궁타령(방아타령)>으로, 이 노래는 사당패의 대표적인 레퍼토리였다.[191] 따라서 이를 통해 중인 계층의 선소리 산타령과의 관련성

---

185) 김종철, 「자료소개; 〈게우사〉」, 『한국학보』65, 일지사, 1991, pp.214~215.

186) 강명관, 「조선후기 서울의 중간계층과 유흥의 발달」, 『조선시대 문학 예술의 생성 공간』, 소명, 2002, p.176.

187) 이능화, 앞의 책, p.439.

188) 강명관, 앞의 논문, pp.176~183.

189) 김진영 · 최동현, 〈燕의 脚(심정순 구술)〉, 『판소리 자료총서2 흥보가』, 박이정, 2000, pp.326~327.
"실근실근 타 노으니 그 통에셔는 강남왈ᄌᆞ가 나온다 노릐명창 시조명창 탄금일슈 틔씬일슈 밍셰일슈 유식ᄒᆞᆫ 쟈 무식ᄒᆞᆫ 쟈 말 잘ᄒᆞ고 구변 존 쟈 긔운 셰고 우악ᄒᆞᆫ쟈 능증ᄒᆞ고 손 것친 쟈 대쟈 소쟈 우쟈 결쟈 션쟈 악쟈 근쟈 근쟈 부쟈 빈쟈 약쟈 강쟈 ᄉᆔ역ᄉᆔ역 나온다".

190) 이윤석, 『남원고사 원전비평』, 보고사, 2009, p.235.
이렇듯이 다투면서 여러 한량 왈짜들이 칼머리를 받아들고 구름같이 옹위하여 옥중으로 내려갈 제, 칼 멘 왈짜 선소리 한다. "얼널네화, 남문 열고 파루 쳤다. 계명성이 돋아오네. 선후촉이 꺼져가니 발등거리 불 밝혀라. 얼널네화, 얼널네화. 요령은 쟁쟁 서소문이요 만장은 표표 모화관을 치마바위 돌아갈 제 담제꾼이 발 부르트고 행자 곡비 목이 멘다. 얼널네화 얼널네화 한 왈짜 내달으며 빰따귀를 딱 붙이거늘 에구 이것이 웬일이니 에구라니 요 방정의 아들놈아 산 사람 메고 가며 상두꾼의 소리는 웬일이니"
사설 내용을 보면 이는 선소리 산타령이 아니라 민요 〈경복궁타령〉임을 알 수 있다.

을 제기할 수 있다. 그러나 이러한 추정에 앞서 『남원고사』에 나타난 문맥을 정확히 짚어야 한다.

『남원고사』의 해당 내용을 보면 선소리라는 언급은 있어도 사당패와 관련된 이야기는 나오지 않는다. 선소리는 서서 노래하는 모습을 기준으로 붙인 이름이다. 또한 사당패의 주요 레퍼토리인 <놀량>, <앞산타령>, <뒷산타령>, <자진산타령> 등은 전혀 보이지 않는다. 여기서 언급한 선소리는 경복궁 중건을 기점으로 창작된 민요를 언급한 것으로 보는 것이 타당할 듯하다. 그런데 민요로써의 <경복궁타령>은 노래를 시작한다는 의미만 지닐 뿐, 노래의 중심을 이끄는 것은 상여소리이다. 즉 "얼널네화, 남문 열고 파루 쳤다. 계명성이 돋아오네"로 시작하여 춘향에게 옥중에서 벗어나는 희망을 주는 듯 하더니, 곧이어 죽은 사람을 장사지내는 상여소리를 부름으로써 작중 흐름과 상반되는 상황을 조성하고, 이와 같은 엉뚱한 장면을 통해 독자의 웃음을 유발시키고 있는 것이다. 더욱이 이들 왈짜들은 선소리가 끝나자 바로 <공산작야우에 도사 만나>와 <사마천의 명만고문장>, <푸른 산중 백발옹이> 등의 사설시조를 노래하고, 이어서 <춘면곡>, <처사가>, <어부사> 등의 가사를 부른다. 이들 작품의 노랫말은 전체가 기록되어 있다.

이상의 내용을 볼 때 『남원고사』에 나온 선소리는 민요를 가리키는 것으로 볼 수 있다. 그럼에도 불구하고 왈짜와의 상관성을 유지한다면 앞서 언급한 삼패와 관련된 금부나 정원사령으로 한정해서 해석할 수 있다. 같은 왈짜이지만 급이 높은 왈짜는 일패기생과 함께 가곡·가사·시조 등 상층문화권의 노래를 담당했고, 급이 낮아 삼패의 기부만 될 수 있는 금부와 정원의 사령은 삼패기생이 담당했던 잡가나 서민이 부르는 민요와 관련 있는 것이다. 그렇지만 다수의 왈짜와 일패기생과의 관련성을 감안하면 잡가 관련 왈짜는 소수에 불과할 것이며, 역시 20세기 이전 잡가 담당층은 삼패기생에 한정하는 것이 옳을 듯하다.

앞 통계 가운데 무직(無職)이 23%로 전국 평균 1.1%에 비해 20배 이상 높게 나타난다. 추정컨대 이 부류에는 사처소 오입쟁이가 포함되는

191) 손인애, 「사당패의 방아타령 연구」, 『한국민요학』, 15집, 한국민요학회, 2004, p.178.

것으로 보인다. 이들은 일제강점기가 되면서 일패나 삼패에 기생(寄生)하여 살아갔는데, 1910년대 중반 이후 특정한 직업 없이 화류계나 연예계에 모여 사치와 유흥, 낭비에 가까운 소비를 취미로 하였으며, 당시 신문에서는 맥락에 따라 '淫婦蕩子', '無頼男女', '青年蕩子', '浮浪子弟' 등으로 규정되어 자주 언급되었다.192)

한편 일패기생과 관련 있는 또다른 부류로 중인 가객을 꼽을 수 있다. 그들은 조선후기 가단을 결성하여 문화상층부와의 교류와 연행을 주도하였고, 음률에 밝아 다양한 가인의 노래를 품평하고 지도하였으며, 현존하는 대표적 가곡집인 『청구영언』, 『해동가요』, 『가곡원류』 등의 편찬까지 담당하였다.

중인 계층은 신분적으로 양반의 아래에 처하면서 양민(良民)의 상위에 있고, 비생산계층으로써 직접적인 생산계층인 농민 수공업자의 생산을 수탈하는 데 경제적 토대를 두었다.193)

본고에서 굳이 이들을 언급한 것은 다음 내용의 문맥을 해석하기 위함이다.

> 옛날에 긴 노래 가운데서 가려낸 一部를 歌詞라고 일러서 다른 것보다도 이것을 조촐하게 대접하고 그 以外의 純民謠的으로 流行하는 모든 노래를 잡소리, 또는 雜歌라고 부르니 妓生은 時調 外에 席間의 助興으로 겨우 歌詞까지를 부르지마는 혹시 잡소리를 입에 올린 것을 남에게 알릴 지경이면 同輩의 懲罰과 一般의 排斥을 받기에 이르며 잡소리는 이른바 삼패 · 더벙머리 · 사당패 乃至 소리꾼이라는 職業者들이 함부로 부르고 놀던 것입니다.194)

> 만일에 기생으로서 잡가나 창극조를 입 밖에 내인다면 기생의 신분은 아주 파멸이다. 사처소 오입쟁이 입에서 한 번 그년이라는 말이 나오게 되면, 이것은 곧 파문이다. 그리하여 조선에서 창극조가 발생한 이래 수백 년간 여류계의 극창가는 싹터 본 일이 없었다. 그러더니 지금으로부터 90여 년 전 조선조 순조 때에 전라북도 고창군 추생으로 극창의 대가인 채선彩仙이라는 기생이 나서 한

---

192) 정인숙, 「19세기~20세기 초 가사에 나타난 근대 도시 공간의 소비와 유흥」, 『한국시가연구』제27집, 한국시가학회, 2009, pp.293.

193) 강명관, 「조선후기 서울의 중간계층과 유흥의 발달」, 『민족문학사연구』제2호, 1992, p.204.

194) 최남선, 앞의 책, pp.92~93.

시대를 울렸다.(…인용자) 갑오 이후에 시대의 변천에 따라 기생으로서도 전일의 조(操)라는 것만을 교수膠守함을 허락하지 아니하게 되어….[195]

일패는 삼패와 달리 잡가 가창이 불가함을 언급하고 있다. 첫 번째 문단의 내용을 살피면 일패는 '가사(歌詞)'까지만 부를 수 있고 잡가는 금지하고 있다. 대체로 19세기 중후반까지 '歌詞'류의 작품을 보통 '雜歌(『雜歌(1821)』, 『教坊歌謠(1863)』)'로 표기한 것을 감안하면 대체로 그 이후의 상황을 이야기 한 것으로 보인다. 두 번째 문단은 갑오경장 이전까지는 기생으로서 판소리 부르는 것을 금기로 여기다가 이후 인식이 바뀐 상황을 이야기 한다. 비록 판소리에 한정했지만 이는 잡가에도 적용할 수 있다고 본다. 즉 20세기 초를 기준으로 이전에는 일패가 잡가를 부르는 것을 금기시하다가 이후 잡가의 주담당층으로 등장하게 된다.

따라서 일패기생과 삼패의 잡가 가창의 가(可)·불가(不可)는 잡가사를 통해 볼 때 어떤 시기였느냐를 밝히는 것보다는 어떤 상황이었느냐가 중요한 문제로 보인다. 즉 일패 기생이라도 연행 당시의 추세를 거스를 수 없는 경우 잡가를 불렀던 것이다.[196]

다시 말해 위 내용대로라면 일패기생들은 자의가 아니라 타의에 의해서 잡가를 부르지 못했을 가능성이 크다. '동배의 징벌'과 '일반의 배척'을 논하고 있지만 동배 역시 약자인 기생이요, '일반'으로 지칭되는 대상은 상대적이기 때문이다. 따라서 실제로 그들 기생들이 잡가를 부르지 못하게 억압했던 것은 앞서 언급한 바, 가단을 형성하고 그들을 선도하며 예술에 있어 정신적 측면을 지원하는 중인계층과 그들과 수수관계 또는 상하관계에 있는 사처소 오입쟁이인 기생서방으로 볼 수 있다. 19세기까지는 자신들의 가곡과 가사, 시조가 타 시가에 비해 상대적 우위를 굳건히 지키고 있었는데, 20세기가 들면서 그런 관행적 선점 요인이 사라졌기 때문이다. 이들은 자신들 계급의 이중적 측면에 대한 고뇌를 자신들의 예술로 인정받으려는 보상심리의 발동과 자신들의 특장을 통해 위치를 견고히 하는 포석으로 이용한 것으로 판단된다.

---

195) 정로식, 앞의 책, p.237.
196) 박애경(2005), 앞의 논문, pp.53~54.

2) 예술적 특성

잡가는 민요에서 출발했을 가능성이 크다. 그러나 민요의 일반적인 특성을 놓고 볼 때,[197] 구비전승 되었다는 점만 같고(물론 20세기 이후 가집이나 음반을 통한 문헌 전승도 이루어진다), 그 외 전문적인 소리꾼에 의해 다듬어지고 연행된 점, 담당층이 지역성을 탈피하여 대중화된 점,[198] 자족적 성향의 가창이 아닌 유흥(연행) 공간과 민간의 수용층을 위한 노래라는 점 등에서 차이가 난다.

그럼에도 널리 불리기 때문에 넓은 의미의 민요에 포함시키기도 한다.[199] 그러나 널리 불리는 것은 기능요에서 영향을 받아 형성된 민요(좌창)나 오랜 전통을 지닌 산타령의 후렴 정도가 해당될지는 모르나,[200] 12잡가, 휘모리잡가, 서도긴소리 등은 실제로 단기간에 배워서 멋들어지게 노래할 수 있는 성질의 곡목이 아니다. 따라서 잡가는 직업소리꾼이 부른 전문적인 노래로 보는 것이 타당할 듯하다.

20세기 이전에는 민요 관련 잡가가 흔치 않은 것으로 보인다. 실제로 기록에 전하는 곡을 보더라도 선소리 계열의 노래인 <산타령>, <놀량>, <저타령>, <화저타령>과 12잡가류에 속하는 <소춘향가>, <유산가>, <평양가>, <집장가>, <제비가>에 한정된다. 1893년 '의암별제(義岩別祭)'에서 시조를 남도소리인 육자배기에 올려 부르게 한 일화가 전하고 있을 따름이다. 민요 관련 잡가는 19세기 말이 지나서야 잡가로 정착한

---

197) 장덕순 외, 『구비문학개설』, 일조각, 2002, pp.75~76.
저서의 내용으로 볼 때 민요의 특징을 "口碑傳承, 非專門的인 民衆의 노래, 민중적 성격, 기능성, 창자 자신에게 충실한 노래" 등으로 요약할 수 있다.

198) 이노형, 앞의 책, pp.17~24.
이노형은 '민중'을 전통적 농촌 사회를 배경으로 한 절대 다수의 하층 집단(농촌 농민)으로, '대중'은 자본주의적 도시 사회의 절대 다수 하층민(도시민)으로 파악했다. 그리고 대중의 특성으로 "첫째, 철저히 물질적 가치에 의한 행동 양식을 보여주며, 둘째, 의식은 한결 자유분방하고 발랄하고 수다스러우며, 셋째, 계층적 측면과 생활의 분야가 다양하게 분화되었고, 넷째, 스스로 축적한 경제력을 바탕으로 하여 신분 상승이나 독자적 문화 운동을 일으키면서 어느 정도 반봉건적 성향"을 지니고 있다고 보았다. 본고는 잡가가 흥행한 지역이 가장 먼저 도시화가 진행된 서울이며 향유층 대부분이 서울에 거주하는 점을 들어 대중적이라는 표현을 썼다.

199) 장덕순 외, 앞의 책, p.75.

200) 민요의 경우 이미 각 지역별로 불렸었던 노래라는 점과 전문소리꾼에 의해 세련화 되고 일정 부문 바뀐 것도 있겠지만, 다른 곡종에 비해 훨씬 익숙했을 것으로 보인다. 또한 사당패의 산타령은 오랜 연원으로 인지도가 형성되어 있었기에 홍겨운 후렴구 정도는 구경나온 사람들이 쉬 익힐 수 있었을 것으로 보인다.

것으로 추정된다. 즉 기존 기능요로서의 민요가 잡가 가창권에 수용되면서 원래의 기능은 사라지고, 전문소리꾼의 세련된 기교와 노랫말이 첨삭되면서 유흥공간에서 부를 수 있는 노래로 변형된 것이다. 결국 가창공간의 변동에 따라 기능이 상실되거나 의도적인 기능 제거로 비기능요인 민요 관련 잡가가 생산된 것이다.

> 비기능요는 기능요보다 후대의 것일 뿐만 아니라, 비기능요가 대량 생겨나거나 유행하기 시작한 시기는 특히 개화기 이후가 아닌가 한다. 그 전에는 전문적인 또는 반전문적인 가객들의 소위 잡가라는 것은 여러 가지 있어도, 일반민중이 널리 부르는 비기능요들은 드물지 않았을까 한다. 개화기 이후 문화의 일반화로 잡가가 개방되고, 지방간의 문화교류로 기능요가 비기능요로 대량 전파되고, 생활방식이 달라지면서 또한 기능요는 차츰 기반을 잃고 비기능요로 바뀌었으리라고 생각한다.[201]

이러한 민요 관련 잡가는 토리에 따라 경기민요 · 서도민요 · 남도민요로 구분된다.

① 경기민요

㉮ <경복궁타령>[202]

> 에……에에에에헤야에헤에헤루 방애로구나。에……을축삼월초삼일날경복궁새대궐짓는듸 회방애짓는소릴다、에……에에에에헤야에헤에헤루방애로구나。도편슈란 놈의 거동을 보아라먹통을들고갈팡질팡흔다、에……에에에에헤야에헤에헤루 방애로구나。남문 열고 발아를 치니 계명산천이 다 붉아온다(…인용자)남산흐고 십이봉에 오작이 쌍쌍 날아든다、에……에에에에헤야에헤에헤루방애로구나

<경복궁타령>은 서울 지방의 민요로 1865년 경복궁을 중수할 무렵부터 불리기 시작한 노래다. 경복궁 중건과 관련된 노래는 가사(歌辭) <경복궁영건가>와 신재효의 판소리 단가 <방애타령>, 민요 <경복궁타령>

---

201) 장덕순 외, 앞의 책, p.88.

202) 정재호, 앞의 책, 『신구잡가 I -186』·『정정증보신구잡가 I -591』·『무쌍신구잡가 II -471』·『신찬고금잡가III-71』·『신정증보신구잡가IV-394』·『대중보무쌍유행신구잡가(I) V-83』·『가곡보감V-258』·『대중보무쌍유행신구잡가VI(II)-87』.

등이 전한다. 앞의 두 노래는 경복궁 중건을 찬양하는 노래이고, 민요 <경복궁타령>의 경우 대원군의 경복궁 재건의 일은 당시 실정에 비추어 볼 때 정치의 본말을 어긴 것이라는 점을 풍자한 것으로 보기도 한다.203)

<경복궁영건가>는 조두순(趙斗淳, 1796~1870)이 지은 것으로 1865년 경복궁 중건 사업에 참가한 부역군들의 노동과 유흥 모습, 왕과 나라에 대한 송축 등의 내용이 담겨 있다.204) 또한 부역군들의 노고를 치하하기 위해 무동패・광대패・거사패・각처 악공을 불러 연행을 하는데, 그치지 않고 계속하는 이유를 국은(國恩)을 갚기 위해서라고 하였다.

> **쇼ᄅᆡ호며화답ᄒᆞᆫ니 원근이요란호다 잠시를쉬지안코 웃지그리호자호며 잠간도 놋치지안코 엇지그리지셩이냐 장악원조흔풍뉴 여민낙ᄒᆞ여보쇼 구경군ᄀᆞ득호니 졔졀노지시나며 군ᄉᆞ의 충심잇셔 졔졀오한ᄉᆞ호니 국은을 못갑허셔 네그리개속 ᄒᆞᆫ다**205)

인용문에도 보이듯이 조두순은 군사의 충심과 국은을 염두에 둔 연행으로 해석하고 있다. 한편 오위장 신재효는 <방애타령>에서 조선의 경복궁이 "하날 우의 백옥루(白玉樓) 달 가운ᄃᆡ 광한전(廣寒殿) 순 임금의 남훈전(南薰殿) 주문왕의 영대(靈臺)이며 노나릐 영광전(靈光殿) 한나라의 미앙궁(未央宮)"보다 더 뛰어나다고 노래하고 있다.206)

그러나 부역에 동원된 백성들은 고된 노역에 불만이 많았음이 <한양오백년가>에 고스란히 드러나고 있다.

> **경복궁 지을적에 원납령이 오작할가 대원군의 하온말슴 원납원자 원랍이오 백성들이 하난말은 원망원자 원납이라 백석하면 천냥이오 천석하면 만냥일세 만석하면 십만냥이 우리조선 편답한들 만석군이 흔하던가 기사짓난 이사람도 탕패하야 가던살림 부명에 걸녓거늘 농우팔아 원납하니 그해농사 페농했소 경복궁에 원납한돈 모아노아 볼갈으면 삼각산과 비등하지 허명무실 잡힌부자 어느날 죽을런지 귀신도 모른도다**207)

---

203) 장사훈, 앞의 책, p.99. 장사훈은 특히 '갑자을축'을 '을축갑자'라고 순서를 바꿔 표기한 것은 정치의 본말을 어긴 것이라는 점을 풍자한 것으로 보았다.

204) 고순희, 「<경복궁영건가> 연구」, 『고전문학연구』제34집, 한국고전문학회, 2008, pp.107~135.

205) 김동욱 임기중 공편, 『교합 아악부가집』, 서울태학사, 1982, pp.462~463.

206) 장사훈, 앞의 책, p.99.

『매천야록(梅泉野錄)』에서는 강제로 기부하는 '원납전(願納錢)'에 대해 원성을 납부하는 원납(怨納)이라고 표현하고 있다.[208] 따라서 <경복궁타령>은 작품에 따라서 그 내용을 긍정적인 시각과 부정적인 시각으로 해석할 수 있다.

㉯ <건드렁타령>[209]

※ 건드렁 건드렁 건드렁거리고 놀아 보자.
① 왕십리 처녀는 풋나물 장수로 나간다지. 고비 고사리 두릅나물 용문산채를 사시래요
② 누각골 처녀는 쌈지 장수로 나간다지. 쥘쌈지 찰쌈지 유지비빔을 사시래요
③ 모화관 처녀는 갈매 장수로 나간다지. 갈매 천익 남전대 띠에 춘방 사령이 제격이래요
④ 애오개 처녀는 망건 장수로 나간다지. 인모망건 경조망건 곱쌀망건 사시래요
⑤ 광주분원 처녀는 사기 장수로 나간다지. 사발 대접 탕기 종지 용천병을 사시래요
⑥ 경기 안성 처녀는 유기 장수로 나간다지. 주발 대접 방짜대야 놋요강을 사시래요
⑦ 마장리 처녀는 미나리 장수로 나간다지. 봄미나리 가을미나리 애미나리를 사시래요
⑧ 양삿골 처녀는 나막신 장수로 나간다지. 홀태나막신 코매기며 통나막신을 사시래요
⑨ 구리개 처녀는 한약 장수로 나간다지. 당귀 천궁 차전 연실 창출 백출을 사리래요
⑩ 자하문 밖 처녀는 과일 장수로 나간다지. 능금 자도 앵도 살구 복숭아를 사시래요

위의 노래는 서울의 각 지역의 특산물과 특기를 가지고 장사를 나가는 처녀들을 노래하고 있다. 노래 제목은 후렴에서 연유했다. 처녀들이 돈벌이를 나가는 노래는 경남 함양, 강원도 춘천 등 각처에서 찾을 수 있다.[210] 지역적 특색과 처녀들을 소개하는 노랫말이 재미있어 산타령 이

207) 〈한양오백년가(漢陽五百年歌)〉(세창서관 본, 1935), pp.508~510.
208) 황현 지음/임형택 외 옮김, 『역주 매천야록』상, 문학과지성사, 2005, p.39.
209) 이창배, 앞의 책, pp.819~820.

후 붙여 부르는 <날개타령(개고리타령)>에도 노랫말이 나타나고 있다. 선소리 산타령이 주로 지명 나열을 통해 잡가 수용층의 호기심을 자극했다면, 민요 <건드렁타령>은 지명에 따른 특산물과 해당 지역 처녀들을 연계함으로써 노래를 듣는 수용층에게 흥미를 제공했을 것으로 보인다.

㉰ **<흥타령>**[211]

아이고ᄃᆡ고흥흥흥송화가낫고나흥。 쳔안삼거리릉수버들은제머세짓쳐셔휘느러졋고나, 아이고ᄃᆡ고 흥흥흥 송화가낫고나 흥。 은하교가 꽉 문허져스니 건너갈 길이 망연ᄒᆞ고나, 아이고ᄃᆡ고흥흥흥송화가낫고나흥。 신졍이미흡쳔쟝여ᄒᆞ니깅파나삼문후괴라、 아이고ᄃᆡ고흥흥흥송화가낫고나흥。 남양초당에늣게든즘창외ᄒᆞ니일지지라,아이고ᄃᆡ고흥흥흥송화가낫고나흥。 우리님동창에져ᄃᆞᆯ이빗최면샹ᄉᆞ불견에ᄌᆞᆷ못ᄌᆞ리라、 아이고ᄃᆡ고흥흥흥송화가낫고나흥。 져ᄃᆞᆯ아보너냐보는ᄃᆡ로닐너라ᄉᆞ싱결단을님다려홀난다、 아이고ᄃᆡ고흥흥흥송화가낫고나흥。 셰우동풍이바람인줄알앗더니님의수심에한숨이로구나、 아이고ᄃᆡ고흥흥흥송화가낫고나흥。 셕양셩로로알틀ᄒᆞᆫ님보내고오장이쓴허졋나못살갓구나、 아이고ᄃᆡ고흥흥흥송화가낫고나흥。

옥구옥화가졍든님일코수심쟝탄에ᄌᆞᆷ못ᄌᆞ리라、 아이고ᄃᆡ고흥흥흥송화가낫고나흥。 네집가픔이얼마나죠흐면머리짝고송낙을쓰고발랑을졋나、 아이고ᄃᆡ고흥흥흥송화가낫고나흥。 흥타령을뉘가닌노옥구괴싱에옥화의소작이로구나、 아이고ᄃᆡ고흥흥흥송화가낫고나흥。

<흥타령>은 '천안삼거리'로 시작하여 충청도 민요에 속한다고는 하지만, 곡조나 성창하는 율(律)로 볼 때 서울민요로 분류하는 것이 옳다. 이 노래는 갑오경장 이후로 많이 퍼져 소리로 이름난 기생인 보패(寶貝)·진주(晋州)·강진(康津) 등이 많이 불렀다. <흥타령>에는 구조(舊調)가 있고, 양악(洋樂)으로 흔히 부르는 곡이 있으며, 남도민요 <홍타령>이 있다.[212] 남도민요 <흥타령>은 "무정방초는 연년이 오는데 청춘은 한번

---

210) 장사훈, 앞의 책, p.94.

211) 정재호, 앞의 책, 『신구잡가Ⅰ-184』·『정정증보신구잡가Ⅰ-589』·『증보신구잡가Ⅱ-181』·『고금잡가편Ⅱ-385』·『무쌍신구잡가Ⅱ-471』·『신구유행잡가Ⅱ-576』·『신찬고금잡가Ⅲ-85』·『특별대증보신구잡가Ⅲ-128』·『조선잡가집Ⅲ-388』·『현행일선잡가Ⅲ-548』·『조선신구잡가(조선속가)Ⅳ-195』·『신정증보신구잡가Ⅳ-393』·『대중보무쌍유행신구잡가(Ⅰ)Ⅴ-55』·『대중보무쌍유행신구잡가Ⅵ(Ⅱ)-59』.

212) 이창배, 앞의 책, p.823.

가면 다시 올줄 모르는고"로 시작하며, 특히 늦은 중몰이 장단에 맞추는 노래이다.[213]

위에 인용한 노랫말의 내용을 보면 상사(相思)와 연정(戀情)이 나타나는데, 기다림의 고통을 노골적으로 드러내면서, 만약 일이 제대로 이루어지지 않을 경우 임을 데려다 사생결단을 한다는 표현까지 쓰고 있다. 20세기 이전까지 일패기생에게 잡가 가창이 금지되었던 것을 감안한다면 당시 기생들의 인식과 대중들의 노래에 대한 요구가 많이 바뀌었음을 알 수 있다. 한편 마지막 노랫말을 통해 이 노래의 지은 이를 '옥구 긔싱에 옥화'라고 소개하고 있다.

② 서도민요

서도민요는 황해도와 평안도 지방의 민요로 <산염불>, <잦은 염불>, <몽금포타령>, <난봉가> 등 황해도 지방의 민요와 <영변가>, <긴아리>, <수심가>, <엮음수심가> 등 평안도 민요를 통틀어 가리킨다.[214] 서도소리는 일반적으로 남도소리에 비하여 청이 높고 중간 음에서 격렬하게 떨며 하강하는 창법이 탄식하는 듯한 느낌을 준다. 최남선은 '서도소리는 촉박하고 哀楚傷心 아닌 것이 없다'고 말했다.[215]

즉 서도민요는 빠르게 부르면서도 슬픈 가락의 노래들이 대부분이다. 그런데 이러한 서도민요가 20세기 초 한양에서 선풍적 인기를 끌어 기생조합은 물론 유성기 음반 등으로 제작되기에 이른다. 특히 1910년대 후반에 이르면 민요 관련 잡가의 대부분은 서도민요를 가장 많이 선호했고, 남도민요가 그 다음으로 나타난다.

㉮ **<난봉가>**[216]

슬슬동풍에 구즌비오고요 시화느 년풍에 님셧겨 노잔다 아이에에헤야 어루

---

213) 장사훈, 앞의 책, p.858.

214) 장사훈, 앞의 책, p.389.

215) 장사훈, 앞의 책, p.435. 재인용.

216) 정재호, 앞의 책, 『신구시행잡가Ⅰ-283』·『증보신구잡가Ⅱ-156』·『무쌍신구잡가Ⅱ-520』·『신구유행잡가Ⅱ-575』·『신찬고금잡가Ⅲ-79』·『특별대증보신구잡가Ⅲ-124』·『증보신구시행잡가Ⅲ-303』·『현행일선잡가Ⅲ-570』·『시행증보해동잡가Ⅳ-62』·『신구현행잡가Ⅳ-162』·『대중보무쌍유행신구잡가(Ⅰ)Ⅴ-50』·『대중보무쌍유행신구잡가Ⅵ(Ⅱ)-54』.

ᄂᆞ 둥둥 ᄂᆡᄉᆞ랑이로구ᄂᆞ 장산곡말누에 복소리둥둥ᄂᆞ더니 금일에 상봉에님맛ᄂᆞ 보리라 아아에에혜야 어루ᄂᆞ 둥둥ᄂᆡᄉᆞ랑이로구ᄂᆞ 난봉이낫ᄂᆡ 난봉이낫ᄂᆡ 남의 집외아들이실난봉이낫구ᄂᆞ 에에헤야 어루마 둥둥 ᄂᆡᄉᆞ랑이로구ᄂᆞ 나는좃테 나는좃테 ᄉᆞ면십리ᄀᆞᄂᆞ는좃톄 아에에에헤야 어루마 둥둥 ᄂᆡᄉᆞ랑이로구ᄂᆞ 쥬린ᄇᆡᆨ셩을ᄇᆡ에다실ᄉᆞ고 건너를간다풍쳔이로구ᄂᆞ 에에에 에헤야 어루마 둥둥 ᄂᆡᄉᆞ랑이로구ᄂᆞ 압강에ᄯᅳᆫᄇᆡ는님시른ᄇᆡ요 뒤강에ᄯᅳᆫᄇᆡ는낙시질ᄇᆡ라 에에에헤요 어루마 둥둥 ᄂᆡ ᄉᆞ랑이로구ᄂᆞ 슈야모야다모인곳에 졍ᄀᆞ는곳은ᄒᆞᆫ곳이로구ᄂᆞ 에에에에 헤야 어루ᄂᆞ 둥둥 ᄂᆡᄉᆞ랑이로구ᄂᆞ ᄂᆞ리돗친학이ᄂᆞ되면 훨훨수루루ᄀᆞ렷마는 아에에에헤야 어루마 둥둥 ᄂᆡᄉᆞ랑이로구ᄂᆞ 길ᄂᆞ리비훨훨다ᄂᆞ라ᄀᆞ고 쥬렴쥬렴 ᄂᆡᄉᆞ랑아 에에에 에헤야 어루마 둥둥 ᄂᆡᄉᆞ랑이로구ᄂᆞ

<난봉가>는 임을 그리워하는 일반의 보편적 정서를 자연스럽게 노래하고 있다. 작중 화자에게는 정 가는 임이 있어 그 임에게로 가고 싶지만, 상사의 마음을 표출하지 못하고 안타까움만 노래하고 있다.

이처럼 임에 대한 그리움의 정서에 한정해서 노래하던 <난봉가>는 'ᄀᆡ야ᄀᆡ야ᄀᆡ야 감뎡알낙에 숫ᄏᆡ야'로 시작하는 <사설난봉가(일명 개타령)>에 이르면 사설 내용은 물론 정서 전달에도 많은 의미 변화가 일어난다.

㉯ <사설난봉가(개타령)>[217]

ᄀᆡ야ᄀᆡ야ᄀᆡ야 감뎡알낙에 숫ᄏᆡ야 두귀가 축쳐졋다 엘화청삽ᄉᆞ리냐 에헤히에헤아에헤히에헤야 ㉠밤사ᄅᆞᆷ보고 즛지를 말아 이가이 앙앙 밤사ᄅᆞᆷ보고 함부루 즛다는 방화를 푹덥고 토장국에다 고탕을 ᄒᆞ리라 두둥둥 둥ᄀᆡ야 내ᄉᆞ령아(…인용자) 정월이라 초하른날 ᄀᆡ탁문복을 ᄒᆞ니 쉬슈앗골노 길괘수만나루나 에헤히에헤야에헤히에헤야 ㉡콩짝지 포단에 숫ᄃᆡ닙 니불에 찡쫑찡쫑 놀아질제 ᄋᆞ희가 들던지 령감이 들던지 지그렁직신 눌너만다고 아이고 졀여이ᄋᆡ왜소곰에다 졀엿는지 니마가 졀카닥버서졋다 두둥둥 둥ᄀᆡ야 내ᄉᆞ령아 ㉢장진문소리가 더리나더덜컥 나더니 큰ᄋᆡ기 숨소리 결결이 놉하가누나 에헤히에헤야에헤히에헤야 원양금침은 둥소슴ᄒᆞ고 아청니불은 쌉뎡츔츌제 량다리 짬에셔 호란이 니럿다 호병ᄃᆡ 불너다 복쵸를 세우고 발뒤축에다 흰당기디리고 반고수머리에다 파망을 세우고 맛샹제 불너다 발샹을 식허라 아이고 아이고 너는 왜 우네나는 설겨셔 울

217) 정재호, 앞의 책, 『정정증보신구잡가Ⅰ-613』·『조선잡가집Ⅲ-396』·『고금잡가편Ⅱ-354』·『특별대증보신구잡가Ⅲ-126』·『신정증보신구잡가Ⅳ-410』·『대중보무쌍유행신구잡가(Ⅰ)Ⅴ-88』·『가곡보감Ⅴ-254』·『대중보무쌍유행신구잡가Ⅵ(Ⅱ)-92』.

거니와 너ᄂᆞᆫ 엇지히셔 우네 나ᄂᆞᆫ 부조로 운다 올타 그럿치 두둥둥 둥ᄀᆡ야 내ᄉᆞ령아 ㉣서웃돌이라 금음날 싀집장가를 가더니 정월이라 초하룻날 밍간이 ᄒᆞᆫ쥭을 나앗구나 에헤히에헤야에헤히에헤야 이ᄋᆡ 되야지ᄉᆡ기와ᄀᆞᆺ치 ᄒᆞᆫ쥭낫단말은 짠말이로다 요로ᄏᆡ 후닷즈을타 그럿치 두둥둥 둥ᄀᆡ야 내ᄉᆞ령아(…인용자) ㉤칫문밧게 ᄇᆡᆨ지ᄒᆞᆫ쟝 결닌것 총각의 랑군의 엘화 ᄒᆞᆫᄇᆡᆨ상이로다 에헤히에헤야에헤히에헤야 열놈는 식구가 다굴머 죽어도 ᄒᆞᆫᄇᆡᆨ상은 ᄶᅩᆨ집을 터쳐라 두둥둥 둥ᄀᆡ야 내ᄉᆞ령아 ㉥싀집ᄉᆞ리ᄂᆞᆫ 엘화 틀녀가누나 싀아밤 다리고 술추렴이나 가ᄌᆞᆫ다 에헤히에헤야에헤히에헤야 집안은 잘되엿다 싀아밤 먹구 며누리 먹구 지지구복구구 먹ᄌᆞᄯᅩᆯ우루 두둥둥 둥ᄀᆡ야 내ᄉᆞ령아(…인용자) ㉦싀아비 잡놈 번ᄃᆡ머리 식칼두ᄌᆞ루만 엘화쾌괭쾡 드려라 에헤히에헤야에헤히에헤야 앗ᄎᆞ 헛찌엿구나 코집을 칵찌여 감홍로나왓다 두둥둥 둥ᄀᆡ야 내ᄉᆞ령아(…인용자) ㉧령감의 잡놈을 보면은 싱골이 절카닥 올나도 총각의 아ᄌᆡ를 보면은 앙뎅춤만 나간다 에헤히에헤야에헤히에헤야 령감년셕의 짠질ᄂᆞᆫ 무이밧ᄃᆡ로 두워두워 두총각의 아ᄌᆡ 짠질ᄂᆞᆫ 셰슉슈루갈녀셔 망에다 바악박 갈아라 두둥둥 둥ᄀᆡ야 내ᄉᆞ령아

<사설난봉가>는 사당패 계승집단 출신 창자들이 20세기 초 극장 무대의 흥행을 위해 새로운 레퍼토리를 확보하는 과정에서 형성된 것이다.[218] <사설난봉가>는 비유기적 사설짜임과 대중적 취향에 따른 가변적이고 유동적인 노랫말을 지니고 있다. 또한 그 노랫말은 주로 남녀 사이의 노골적인 성애나 가부장적 가족 규율을 넘어서는 일탈적 욕망을 그리고 있다.[219]

㉠은 화자가 바라보는 집 지키는 개에 대한 고민을 다루고 있다. 집을 지키는 개는 자기의 역할을 하느라 밤사람(도둑)이 오면 짖어댄다. 그러나 또 다른 밤사람(임)을 기다리는 화자에게는 그런 삽사리가 원망의 대상이 된다. 그리하여 자신을 찾는 밤사람을 구분하지 못하고 짖는다면 잡아먹겠다고 을러댄다. 그러나 이는 협박이라기보다는 그리운 임을 보고 싶어하는 간절한 마음을 해학적으로 표현한 것으로 볼 수 있다.

㉡, ㉢, ㉣ 등의 노랫말에는 노골적인 성애가 나타난다. 물론 자유연애의 소산이거나 야합(野合)일 가능성이 높다. '㉡'의 처음 노랫말은 사랑하

218) 손인애, 「서도민요 사설난봉가 연구」, 『한국민요학』16집, 한국민요학회, 2005, p.181.

219) 이형대, 「근대 대중가요의 형성과 통속민요의 변주-〈난봉가〉류의 텍스트 변이를 중심으로」, 『고시가연구』제25집, 한국고시가문학회, 2010, pp.241~268.

는 임과 함께라면 어떤 열악한 환경이라도 무방하다는 <만전춘별사(滿殿春別詞)>의 "어름우희 댓닙자리 보아 님과 나와 어러주글망뎡…"과 유사하나 의태어로 쓰인 '찡꿍찡꿍'이나 "ᄋᆞ히가 들던지 령감이 들던지 지그렁직신 눌너만다고"라는 구애를 위한 직설적 화법으로 볼 때, 순수한 사랑을 노래한 것에서 벗어난 음담패설에 가깝다. 'ⓒ' 역시 남녀 간의 성적인 결합을 숨소리와 이불의 들썩임, 그리고 '량다리 짬에셔 호란'이 일어났다는 과장법을 통해 노골적으로 표현하고 있다. 'ⓔ'은 섣달에 시집장가를 갔는데, 바로 정월 초하루에 아이를 낳았다는 노랫말로 혼사와 출산의 시기가 맞지 않음을 풍자하고 있다.

ⓜ, ⓑ, ⓢ, ⓞ 등은 가부장적 가족 규율에서 일탈하는 내용을 노래하고 있다. ⓜ의 경우 집안의 열 식구가 가난으로 다 굶어죽게 되었는데도, 이를 돌보기는커녕 자신이 사랑하던 총각이 혼백(魂魄) 상례(喪禮)에 참여하기 위해 재물(곡식)을 아끼지 않음을 노래하고 있으며, ⓑ과 ⓢ은 시아버지와 며느리 간의 예의를 벗어난 행태를 보여주고 있다. 그리하여 시아버지와 며느리가 함께 술을 사러가서 나누어 마시는 것이라든가 시아버지에게 칼부림을 하는 장면 등 유교적 관점에서는 도저히 용납될 수 없는 일들이 유흥의 소재로 사용되고 있다. ⓞ은 자신의 남편보다 이웃의 총각에게 호감이 있음을 노래하고 있다.

다른 유형의 <사설난봉가>[220]도 있다. 이 노래는 <장대장타령>[221] 복원 시 삽입되기도 하였다. 이 노래는 "왜생겼나 왜생겼나 요다지곱게 왜생겼나 왜생겼나 요다지 곱게도 왜생겼나"와 "놀아난다 놀아난다 산골쳐녀가 놀아난다 놀아난다 놀아난다 산골쳐녀가 놀아난다" 등 동일 어휘로 여음구를 만들면서 활기찬 분위기를 이끌어내고 있다. 이 외에도 '시아비 잡놈 · 시어미 잡년 · 시뉘잡년 · 총각을 다리고 뺑손이를 할가 · 나

---

220) 정재호, 앞의 책, 『조선속곡집Ⅴ-367』·『대중보무쌍유행신구잡가Ⅵ(Ⅱ)-139』.
"에-왜생겼나 왜생겼나 요다지곱게 왜생겼나 왜생겼나 요다지 곱게도 왜생겼나 나무쇠풍구 돈풍구 사람의 간장을 다녹여내누나 에-헤야 어라디여 내사랑아에…놀아난다 놀아난다 산골쳐녀가 놀아난다 놀아난다 놀아난다 산골쳐녀가 놀아난다 시아비 잡놈은 장에를가고 시어미 잡년은 굿 구경가고 시뉘잡년은 김매려가고 노랑수대구리 쥐물어가면 동내서방이 내서방이로다 에-헤야 어라디여 내사랑아에…(…인용자)고초모 하나를 못내는 계집년 이마털 뽑기로 해세월한다 앗따 서방님 그말씀말고 대머리진년을디려다 사시오 에-헤야 어라 디여 내사랑아"

221) 졸고, 「장대장타령고」, 『한국시가연구』제25집, 한국시가학회, 2008, p.249.

많은 잡년' 등의 비속어가 빈번하게 사용되고 있다. 이러한 여음구와 비속어의 사용 역시 유흥 공간에서의 흥을 극대화시키는 장치로 보아야 할 것이다.

㉰ <수심가>222)

놉세다놉세다 졀머만놉세다, 나이만 하ᄇᆡᆨ슈가지면 못놀니라 인ᄉᆡᆼᄒᆞᆫ번 도라가면 만슈쟝림에 운무로다 청츈홍안을 앗기지말고 ᄆᆞᄋᆞᆷ대로놉세다 이몸이 변루ᄒᆞ여 셜샹가샹에 ᄆᆡ화ᄭᅩᆺ이오 무릉도원에 범나뷔로구나 건건ᄉᆞᄉᆞ로 님그려못살갓네(…인용자) 님이가실제 오마구ᄒᆞ더니 가구나 영졀에 무쇼식이로구나 츰아진졍나죽갓구나 밤즁마다 님의ᄉᆡᆼ각날적에 어ᄂᆡ다졍ᄒᆞᆫ 친고님전에다 셜분셜한을 ᄒᆞ존말인가 남산을 ᄇᆞ라보니 진달화초ᄂᆞᆫ 다 만발ᄒᆞ엿ᄂᆞᆫᄃᆡ 웃동달고 아래아래동 팡파짐ᄒᆞᆫ ᄋᆞ희야 날 살녀라 태산이 가로막힌거슨 텬디간 조작이오 님의쇼식가로막힌거슨 인간조작이로구나 츰아진졍 나못살갓네(…인용자) 유젼이면 금슈강산이오 무젼이면 젹막강산이로구나 츰아진졍나못살갓네 돈풍년질적에 님ᄉᆞ틔나더니 돈ᄯᅥ러지ᄌᆞ 님죵ᄌᆞ발나셔 나엇지살잔말이가 츰아진졍 나못살갓네(…인용자) 유정이면은 불가망이오 무졍이면은 불샹ᄉᆞ로다 샹ᄉᆞ불견ᄒᆞ든님이 간곳이업구나 바람불어셔 누은남기 악슈빌 맛난된들제 니러셀이란말가 님으로ᄒᆞ여 엇은병은 ᄇᆡᆨ약이무효라 공산야월에 우ᄂᆞᆫ법곡ᄉᆡ야 너ᄂᆞᆫ 무슴 회포이서셔 슯히우ᄂᆞ냐 나도엇그ᄌᆡ 님을일코셔 슯허ᄒᆞ노라 청초우거진 곳에 누엇ᄂᆞ냐 잠드럿ᄂᆞ냐 향혼은 어ᄃᆡ가고 ᄇᆡᆨ골만 ᄂᆞᆷ앗다만은야 잔들고 권ᄒᆞ리업스니 슯허ᄒᆞ노라 ᄌᆞ구야 울지말아 울나거든 너혼자 울지 랑군의 즘들날 ᄭᆡ우니 원슈로구나

<수심가>는 서도 민요를 대표한다. <수심가>로 대표되는 수심가토리의 특징은 '촉박하고 애초상심(哀楚傷心)'한 창법에 있다. 이 노래는 초반에 인생이 다하기 전에 젊어서 놀자는 내용으로 시작한다. 그런데 다음 노랫말부터 살면서 겪는 어려움을 토로하면서 '~못살갓네'라는 후렴을 붙이고 있다. 삶의 어려움은 신세한탄(~셜샹가샹에 ᄆᆡ화ᄭᅩᆺ이오), 님과의 소식 돈절, 그리움, 정둔님 두고 다른 사람과 살아야 하는 아픔(~노랑ᄃᆡ가리 쥐무러가라고 긔도만ᄒᆞ누나), 그러한 이별의 원인은 인간에 의해 조작된 점(~님의쇼식가로막힌거슨 인간조작이로구나), 배금사상(유젼이

222) 정재호, 앞의 책, 『정정증보신구잡가Ⅰ-556』·『신구잡가Ⅰ-167』·『고금잡가편Ⅱ-332』·『신구유행잡가Ⅱ-567』·『특별대증보신구잡가Ⅲ-158』·『신정증보신구잡가Ⅳ-368』·『대중보무쌍유행신구잡가(Ⅰ)Ⅴ-27』·『가곡보감Ⅴ-269』·『대중보무쌍유행신구잡가Ⅵ(Ⅱ)-31』.

면 금슈강산이오 무젼이면 젹막강산이로구나), 산자로서의 고뇌(유정이면은 불가망이오 무졍이면은 불샹ᄉᆞ로다) 등으로 나타난다.

결국 <수심가>는 노랫말과 가창이 모두 애조를 띠고 있어 더욱 슬프게 들린다. <수심가>는 <수심가별조>,[223] <긴수심가>,[224] <수심가엮음>[225] 등 다양하게 분화되는데, 그만큼 20세기 초에 인기 있는 곡이었다는 뜻이 될 것이다.

이러한 노래가 20세기 초 서울에서 크게 성행했다는 점은 시사(示唆)하는 바가 크다. 이창배가 지적했듯이 예전 관서 지방 사람들에게 강요되었던 정치적 제약으로 인해 <수심가>가 만들어지고, 20세기 초 일제에 의해 조국을 빼앗긴 원망스러운 푸념이 청승스럽고 애련한 가락을 통해 원망(怨望)으로 표출된 것일지도 모른다.[226]

③ 남도민요

㉮ <육자백이(륙ᄌᆞᄇᆡᆨ이라)>[227]

산하지로구나° 져건너갈미봉에비가묻어서드러온다우장을허리에두루고지심을밀게나° 쳔년을살겟나만년을사르란말이냐죽음에 러서로쇼잇나살아ᄉᆡᆼ젼에ᄆᆞ음ᄃᆡ로노세° 벽ᄉᆞ창이얼넌커늘님이온가나세보니님은졍령아니오고하늘에셔봉황이ᄂᆡ려와서춤만춘다° 져건너련당압헤ᄇᆡᆨ년언약초를심엇더니ᄇᆡᆨ년언약초는아니나고금년리별화초가피여만발ᄒᆞ엿네° 황혼으로긔약두고오경잔등이다진토록ᄃᆡ월셔샹하창열치고ᄇᆞ라보니아마도불장화영이날속인다° 화향습의츈풍열과엽락오동츄야월에소소ᄒᆞᆫ바람소ᄅᆡ쳡쳡무궁ᄒᆞᆫ이내ᄆᆞ음부질업슨흥을ᄌᆞ아내니즘ᄒᆞᆫ즘일울긔망이젼혀업네° 무릉에홍도화는세우동풍에눈물을머금고동졍호빗치운월ᄉᆡᆨ금음이되면무광이라내심즁깁고깁흔수회를뉘가알리° 만리쟝공에흑운은흣쳐지고월ᄉᆡᆨ은만뎡

223) 정재호, 앞의 책, 『무쌍신구잡가Ⅱ-481』.

224) 정재호, 앞의 책, 『조선잡가집Ⅲ-354』.

225) 정재호, 앞의 책, 『신구유행잡가Ⅱ-568』·『가곡보감Ⅴ-273』·『대중보무쌍유행신구잡가Ⅵ(Ⅱ) -147』

226) 이창배, 앞의 책, p.271.

227) 정재호, 앞의 책, 『신구잡가Ⅰ-179』·『신구시행잡가Ⅰ-276』·『정정증보신구잡가Ⅰ-585』·『증보신구잡가Ⅱ-148』·『고금잡가편Ⅱ-363』·『무쌍신구잡가Ⅱ-514』·『신구유행잡가Ⅱ-571』·『신찬고금잡가Ⅲ-74』·『특별대증보신구잡가Ⅲ-130』·『증보신구시행잡가Ⅲ-298』·『조선잡가집Ⅲ-384』·『현행일선잡가Ⅲ-565』·『시행증보해동잡가Ⅳ-59』·『신구현행잡가Ⅳ-152』·『조선신구잡가(조선속가)Ⅳ-192』·『신정증보신구잡가Ⅳ-389』·『대중보무쌍유행신구잡가(Ⅰ)Ⅴ-31』·『가곡보감Ⅴ-286』·『조선속곡집Ⅴ-364』·『정선조선가요집Ⅴ-494』·『대중보무쌍유행신구잡가Ⅵ(Ⅱ)-35』·『대중보무쌍유행신구잡가Ⅵ(Ⅱ)-127』.

ᄒᆞᆫ듸님이져리다졍ᄒᆞ면리별ᄒᆞᆫ다고니즐소냐리별마ᄌᆞ고지은뮝세태산ᄀᆞᆺ치밋고밋엇더니태산이허망이문허질줄뉘가알겟나° 셩셩데혈염화지에ᄋᆡ를끈코우는져두견아허다공산다ᄇᆞ리고내창젼에와왜우너냐엇그ᄌᆡ나도님을일코수심무궁이라° 진북명산만장봉이바람이분다스러지며숑쥭ᄀᆞᆺ치굿은졀ᄀᆡᄆᆡ만히맛는다고훼졀을ᄒᆞᆯ가

<육자배기>는 보통 <긴육자배기>와 <잦은육자배기>를 짝지어 말한다. <긴육자배기>는 느린 진양조(긴조), <잦은육자배기>는 빠른 세마치 장단에 맞추는 노래이다. 고박(古朴)한 사설로서 서도의 대표적인 민요가 <수심가>라면 전라도의 민요 가운데서는 <육자배기>를 꼽는다.[228]

<육자배기>는 6박의 진양조 장단으로 되어 있으며, 흔히 '육자백이토리'라 불리는 음계와 선법으로 되어 있어서 음악적 특징 또한 남도민요를 대표할 만한 것이라 인정된다. 특히 향토민요였던 <육자배기>는 가창력을 돋보이게 하는 곡이기에 전문예술인들에 의해 좀 더 일찍 잡가적 특성을 갖추었을 가능성도 있다.[229]

한편 가람 이병기는 남도잡가를 설명하면서 그 대표적인 것을 전라도 <육자배기>와 경상도 <메나리>로 꼽고, 이에 더하여 <육자배기>와 <메나리>를 동조이명(同調異名)으로 보았으며 판소리도 이에서 파생·발달한 것으로 보았다.[230]

노랫말의 내용은 비구름이 오는 것을 대비하여 우장을 두르고 농사를 짓는 것으로 시작하여, 임과의 이별, 부질없는 마음, 깊은 근심, 약속을 저버림, 두견새의 울음 등을 통해 자신의 삶의 고난을 이야기하다가 마지막에 가서 "송죽같이 굳은 절개 매를 많이 맞는다고 훼절하겠는가?"라며 자신의 굳은 의지를 표명하고 있다. 앞서 언급했던 각 지역의 잡가가 대체로 퇴폐주의적 성향을 띠고 있는 것에 반해, 이 <육자배기>의 절개를 지키고자 하는 화자의 의지를 노래하고 있다.

228) 장사훈, 앞의 책, p.574.

229) 김혜정, 「육자백이의 잡가화 과정과 음악적 구조의 변화」, 『한국음반학』제7호, 한국고전음반연구회, 1997, pp.195~202.

230) 이병기, 『국문학개론』, 일지사, 1985, pp.97~99.

④ 서도긴소리

서도소리(서도창)라고 하면 보통 황해도와 평안도를 아우르는 관서지방의 민요와 잡가 등을 말한다. 서도소리의 가장 큰 특징은 높은 음에서 하향 진행이 된다는 점과 중간 음에서 떠는 음과 비성(鼻聲)이 들어가며, 하성에서 누르는 음이나 곧게 뻗은 음으로 특이한 선율진행을 보인다는 것이다.[231] 이 가운데 서도긴소리는 <초한가(楚漢歌)>, <공명가(孔明歌)>, <제전(祭奠)>, <배따라기>를 들 수 있다.[232]

서도긴소리 가운데 본고에서 생략한 <적벽가>의 경우, 원래는 남도창 단가(短歌)로 부르던 것을 이창배가 서도창으로 곡을 붙여 불렀다고 한다.[233] 이를 단서로 추정하면 판소리나 판소리 도창인 단가의 사설을 가져와 수심가조에 곡을 얹음으로써 서도긴소리가 생긴 것이 아닐까 한다. 특히 <초한가>와 <공명가>는 사설의 유사성에서 개연성이 더욱 크다.

그런데 김동욱은 이보다 앞선 시기, 광대집단의 사습(肆習)을 통한 남북 간의 문화예술 교류를 언급한 바 있다.

당시 광대는 무가 계통이 많았는데, 이들은 계를 조직하여 활동하였다.

> 이 巫契의 全國的組織 가운데서 南北廣大의 技術的 交流가 可能하였을 것이다. 南北廣大의 交流는 서울에 山臺劇을 하기 爲하여 모여 있을 때 他地方에서 온 사람끼리 一堂에 모여 肆習하게 되므로 人的 交流가 아니라 技術的 相互交流를 이룩하였을 것이니 여기에 北方系統의 배뱅이굿이 南方으로 나려와 판소리 生長에 도움이 됐을 것이다. 또 歌謠 詞章의 交流는 李朝民謠의 傳播圈을 적어도 慶尙道로부터 平安道까지 넓혔으니 판소리, 短歌, 노랫가락, 六字백이, 山念佛, 愁心歌等의 交流關係가 이런 곳에서 이루어졌을 것이다. 그러한 民謠의 가락은 다르지만 그 歌詞는 類型性을 지니고 있으므로 共同된 胚種 즉 儺禮演藝文化와 敎坊演藝文化가 낳은 派生兒인 것이다.[234]

231) 황용주, 『한국경 · 서도창악대계』, 선소리 산타령보존회, 1993, p.450.
232) 이창배, 앞의 책, pp.277~309.
〈적벽부〉는 이창배 자신이 남도창 단가 적벽부를 서도창으로 바꿔 부른 것이라고 했으며, 〈관동팔경〉은 박헌봉(朴憲鳳, 1907~1977)이 작사하고 이창배가 곡을 붙인 노래라 하였다. 또한 〈장한몽〉은 일제 강점기 소개된 금색야차』를 모방하여 만든 곡이므로 본고에서 제외하고자 한다.
233) 이창배, 앞의 책, p.278.
234) 김동욱, 「판소리 발생고 1」, 『논문집』vol 2, 서울대학교, 1955, pp.185~186.

무계(巫契)에 속한 예인들의 조직은 관료와 조직이 흡사하다. 경기·충청·전라 삼도의 장(長)을 대방(大房)이라 하고 그 밑에 좌우도산주(左右都山主) 2인이 있으며, 그 밑에 집강(執綱) 4인, 공원(公員) 4인, 장무(掌務) 2인이 있다. 이 조직에서 나례(儺禮)에 참가할 인원을 결정하며, 칙령(勅令)이 있을 때는 산대극을 거행하였다고 한다. 이러한 행사를 거행하기 위하여 전국에서 선발된 예인들은 한 곳에 모여 사습(肄習)을 하는데, 바로 이 과정에서 남북, 동서간의 문화 교류가 가능하였다고 할 수 있다.235)

또한 18~19세기만 하더라도 판소리 역시 현재와 같은 다양한 제(制)나 조(調)가 완성된 형태가 아니었다. 개개의 광대들은 판소리 사설 가운데 자신만의 더늠을 만들거나 새로운 장단을 만들어 특장으로 삼았다. 영조(英祖)~헌종(憲宗) 때 판소리 명창인 권삼득(權三得, 1631~1771)은 설렁제를, 정조(正祖)~철종(哲宗) 때 송흥록(宋興祿)은 진양장단과 우조(羽調)를, 염계달(廉季達, 19세기)은 京드름과 추천목을, 모흥갑(牟興甲)은 강산제를, 김제철(金齊哲)과 신만엽(申萬葉)은 석화제를, 純祖~高宗 때 문석준(文錫俊)은 휘모리를 처음으로 판소리化하였다는 견해가 있다.236) 따라서 판소리의 내용과 형식을 가져오는 것은 현재보다 수월했을 것으로 판단된다.

그러나 이를 적극 수용하더라도 판소리와 유사한 작품은 <배뱅이굿>에 한정되는데, 판소리와는 사설에서 많은 차이를 드러내고 있다. 판소리는 전성시대를 거치면서 유가적 영향이 미친 작품임에 반해,237) 서도소

---

235) 정병헌, 앞의 논문, p.104.

236) 이보형, 「창우집단의 광대소리 연구」, 『한국전통음악논구』, 고대민족문화연구소 출판부, 1990, p.103. 이보형의 언급은 정노식의 『조선창극사』의 내용을 토대로 작성한 것이다. 실제로 정노식의 저서 가운데 〈광대의 略傳 및 그 藝術〉 편을 보면 송흥록의 경우 "우조羽調·계면界面 기타 모든 것이 신역神域에 들어섰다. 진양조 완성에 관한 한 삽화가 있는데(p.47)"라든가 모흥갑의 '강산제', 김제철의 '석화제'를 직접 거론하기도 했으나, 나머리 소리꾼들의 특장인 '京드름과 추천목', '설렁제'나 '휘모리' 등의 어휘는 나오지 않는다. 다만 권삼득 조를 보면 "후인의 평으로는 곡조가 단순하고 그 제작이 그리 출중한 것이 없으나, 세마치 장단으로 一毫差着이 없이(p.45)"라든가 문석준의 경우 "몇 번을 중복하는 것인데 다른 광대들과 달리할 뿐 아니라, 병아리 새끼같이 중첩하기 쉽고 말씨의 발음하기 난삽한 것을 분명하고 유창하게 몇 번이든지 중복하여 장단의 차착差着이 없이 하는 것(p.78)" 등을 통해 가늠한 것으로 판단된다. 이에 전문가로서 이보형의 견해를 받아들여 인용한다.

237) 정현석, 앞의 책, pp.224~226. 정현석은 『교방가요』 서문을 쓴 다음 해(1873년) 신재효에게 〈증

리는 이러한 유가적 인식이 개입되지 않았으며, 노래 사설에 있어서도 유가(儒家)보다는 불가(佛家)의 영향이 자주 나타난다. 판소리 작품 가운데서 불가와 연관이 있는 것은 <심청가>에 한정되는데, <배뱅이굿>은 중을 사모하여 죽은 배뱅이 혼령을 빙자하여 재물을 뜯어내는 거짓 무당의 행태를 노래한 것으로서 승(僧)과 배뱅이(亡者), 무당이 작품의 중심에 있다.

<배뱅이굿>은 판소리와 같이 플롯을 가지고는 있지만 판소리와는 다른 장르이다. 또한 판소리와 같은 시기에 생성된 작품이 아니고 판소리의 흥행에 자극을 받아 창작된 것으로 볼 수 있다. 특히 <배뱅이굿>의 창시자로 알려진 김관준(金寬俊, 생몰년 미상)[238]이 한말에서 민족 항일기에 활동했다는 기록에 근거하면 더욱 그러하다.

다만 판소리와의 관련성을 언급하는 이유는 현존하는 서도긴소리 가운데 <초한가>와 <공명가>는 판소리의 직접적인 영향을 받은 작품으로 보이나, <제전>과 <배따라기> 등의 작품은 서사민요나 가사, 그리고 판소리의 영향으로 창작된 작품으로도 볼 수 있기 때문이다. 다시 말하면 서도 지역의 긴소리 가운데 일부 작품은 기존의 판소리와는 다른 부문에서 모티브를 가져왔거나 아예 구전으로 전해지던 설화나 당시 흥행한 판소리나 소설의 내용에서 탈피하여 자신들의 삶의 모습을 그대로 투영하여 노래를 만들어간 것이 아닌가 한다.

<배따라기>의 경우 민요로 볼 수 있는 근거는 후렴 '지화즈 됴타'를 들 수 있다. 그런데 이 노래는 여음의 역할과 기능이 활발하지 못하다. 아예 생략하더라도 곡의 흐름에 문제가 생기지 않는다. 그렇기 때문에 잡가로 편입되기 전 서사를 지닌 여음이 없는 긴노래(독창)였을 가능성도 배제할 수 없다. 또한 여음이 삽입되지 않는 긴노래와 유사한 시가로 가사를 꼽을 수 있다.[239] <제전>이 이에 해당한다. 4음보격 1연 중첩 형

동리신군서(贈桐里申君序)〉를 쓰는데, 그 내용에는 〈춘향가〉, 〈심청가〉, 〈홍부가〉의 권선징악(勸善懲惡)을 논하면서, 그 나머지는 들을 만한 것이 없다고 했다. 이에 폐단을 고치려면 비속하고 이치에 맞지 않는 노랫말을 다듬어야 하며, 둘째 수려하고 목청 좋은 광대를 뽑아 가르쳐야 한다고 했다.

238) 한국정신문화연구원, 『한국인물대사전』(ㄱ~ㅅ), 중앙일보 출판법인 중앙M&B, 1999, p.207.

239) 조동일, 『한국민요의 전통과 시가율격』, 지식산업사, 1996, pp.195~196.

식에 서민가사의 내용을 지니고 있기 때문이다. 다만 이를 증명할 자료가 없기에 확정은 유보하고자 한다.

㉮ <초한가(楚漢歌)>[240]

원문에 월흑ᄒᆞ니 수운니 젹막ᄒᆞ다 초픽왕은 초를쟝ᄎᆞ 일탄말가 력발산도 쓸ᄃᆡ업고 긔기셰도 홀릴업다 칼집고 이러나니 사면이 초가로다(…인용자)빅ᄃᆡ영웅 호걸들아 초한승부 드러보소 졀인지용부질업고 슌민심이 웃듬이라 한픽공의 백만대병 구리산 십년매복 진을치고 초픽왕을 잡으랄졔 병마장군도원슈는 걸식표모한신이라(…인용자)쟝ᄌᆞ방은 계명산츄야월에 옥통쇼를 슬피부러 팔쳔졔자 흣틀젹에 그노ᄅᆡ에하얏스되 구츄깁흔밤에 하날놉고둘붉은ᄃᆡ 쳥텬에울고가는 져기력이 긱의슈심 도도는고(…인용자)초진중장졸들아 어희엇지 됴흔졍을 팔년풍진사디중에 져ᄃᆡ록 이졋나냐 텬명귀어한왕이라 가련ᄒᆞ다 초패왕은 어ᄃᆡ로 가단말가 팔년풍진ᄃᆡ공업이 쇽졀업시 되리로다

<초한가>는 판소리 단가와 서도 긴소리로 불린다. 한패공(漢沛公)이 표모걸식(漂母乞食)하던 한신(韓信)에게 진(陣)을 치게 하는 내용과 장자방(張子房)이 퉁소를 불자 사면초가(四面楚歌)에 처하여 사기를 잃는 초나라 군사의 모습, 고향에서 기다리는 가족을 생각하라는 노래와 초패왕의 대업이 공(空)으로 돌아가는 내용을 노래하고 있다. 대개 글자 수에 따라 박자가 변하며, 4구절을 반복하여 부르다가 노래를 끝마칠 때는 수심가조(愁心歌調)로 부르는데, 이것이 서도 긴소리의 일반적인 특징이다.[241]

20세기 이후의 단가는 도창(導唱)의 역할보다는 독자적 창곡(唱曲) 성격이 증대되는데,[242] 이러한 단가의 흥행에 영향을 받아 사설을 가져와 수심가조에 얹은 것으로 보인다. 특히 <초한가>의 경우 여러 번 음반으로 발행된 것으로 보아, 당시 대중들에게 상당한 인기를 끌었던 곡으로 판단된다.[243] 단가와 서도잡가의 선후관계는 알 수 없으나 상층에서 애

240) 정재호, 앞의 책, 『신구잡가Ⅰ-123』·『신구시행잡가Ⅰ-255』·『정정증보신구잡가Ⅰ-513』·『증보신구잡가Ⅱ-120』·『고금잡가편Ⅱ-273』·『무쌍신구잡가Ⅱ-504』·『특별대증보신구잡가Ⅲ-200』·『신구유행잡가Ⅱ-594』·『신찬고금잡가Ⅲ-22』·『증보신구시행잡가Ⅲ-284』·『시행증보해동잡가Ⅳ-49』·『신구현행잡가Ⅳ-121』·『신정증보신구잡가Ⅳ-285』·『대중보무쌍유행신구잡가(Ⅰ)Ⅴ-64』·『정선조선가요집Ⅴ-464』·『조선고전가사집Ⅴ-627』·『대중보무쌍유행신구잡가Ⅵ(Ⅱ)-68』.

241) 장사훈, 앞의 책, pp.738~739.

242) 권순회, 「단가의 형성과 변모 양상」, 『한국민속학』25집, 한국민속학회, 1993, p.93.

호하던 단가가 하층이 선호하는 잡가에 영향을 준 것으로 보인다.[244] 물론 사설 차용은 보다 이른 시기로 소급할 수 있을 것이다.

㉯ <공명가(孔明歌)>[245]

공명이 갈건야복으로 남병산의 올나가 단 놉히 모고 동남풍 빌제(…인용자) 자룡이 엿자오되 소장하나 잇사오니 무삼염여가 잇사오릿가 즉시 ᄇᆡ를타고 하구로 갈제(…인용자)쥬유간담 놀ᄂᆡ여(…인용자)셔셩졍봉 양장을 불너 분부하되 공명은 쳔신갓흔 모사니 져런모사를 두엇다가는 일후 후환이 밋칠듯하니 너의 두 장슈는 불문곡직하고 남병산 올나가 공명의 머리를 버혀오라(…인용자)압ᄒᆡ 가는 ᄇᆡ 공명션ᄉᆡᆼ 타셧거든 잠간 닷쥬고 닷노코 머무루소셔 우리 도독게옵셔 신신부탁하오니 말한마ᄃᆡ 드르시고 ᄒᆡᆼ션하소셔 공명이 ᄇᆡ머리 션듯나셔(…인용자)쳘궁의 왜젼 먹여 짝지손 찌여들고 좌궁우거질가 우궁좌져질가 짝지손을 쑥 찍이니 나는 살이 셔성졍봉 ᄇᆡ돗ᄃᆡ마져 물의가 풍덩 써러지고 돗은 좌르르 거롱은 끈어져 ᄇᆡ머리 뻥뻥 모라를 갈제 연하여 쳘궁의 왜젼먹여 짝지손을 찍니 강상의 슈루루 건너가 셔성의 쓴 투구 물의가 텀벙 써러지니 셔성이 혼비ᄇᆡᆨ산 하엿다가(…인용자)하일업시 빈ᄇᆡ머리를 슬슬 돌이며 본궁으로 도라가며 자탄하는말이 한종실 유황슉은 덕이두터온지 져런 모사명장를 두엇건만 우리 폐하는 다만 인자할 섄이로다 ᄉᆡᆼ각하면 쳔시를 거력지 못하ᄀᆡᆺ스니 자탄분이로다

위의 <공명가>는 제갈공명이 남병산에 올라 동남풍을 빈 후 조자룡의 배를 타고 하구로 가는 장면과 실제 동남풍이 일자 주유가 서성과 정봉에게 후환을 없애라는 장면, 서성과 정봉이 공명을 쫓아가 배를 세우는 장면, 조자룡이 철궁(鐵弓)의 왜전으로 서성과 정봉을 제압하는 장면과 이들이 빈 배로 돌아가 탄식하는 장면 등을 노래하고 있다.

<공명가> 역시 <초한가>와 마찬가지로 글자 수에 따른 장단 변화가 있고, 마지막에 수심가조로 마무리 한다. 음악적 형식은 단조로우며 응답식(應答式)으로 오르내린다.[246]

243) 권순회, 앞의 책, p.82.
244) 권순회, 앞의 책, pp.102~103.
245) 정재호, 앞의 책, 『남녀병창유행창가Ⅳ-442(1편)』·『신구유행창가Ⅳ-506』·『가곡보감Ⅴ-281』·『정선조선가요집Ⅴ-437』.
246) 장사훈, 앞의 책, p.123.

㉰ <제전(祭奠)>[247]

세샹빅년 싱겨날지 열시왕님전 명으빌고 뎨셕님전 복을빌며 아부님전 쌔를 빌고 어머님젼의 살을빌어(…인용자)여보 마루릐 나죽어 북망산 쳔도라갈제 셔양청국비단 오릉촉빅이며 삼슈갑산 회령죵셩령 밍포다 거만두고 님닙든 단속옷 버셔 이내일신 명모악슈를 쏙시워 룩진장포 열두믹기 아조 꽝꽝 묵거내여(…인용자)청츈익쳐가 님죽은 분묘를 차자갈제 이모루 져모루 다지나가니 님죽은 분묘가 여긔로구나 분묘압헤는 금짬썩로다 금짬씩우에다 졔셕을 펴며 졔셕 우헤다 조조반놋코 조조반 우헤다 삼간지펴고 삼간지 우헤다 금변지펴고 그우헤다 온갖음식을 즈르루 다버릴적에 념통산젹에 양복기 록두썩살치짐이며 인삼록용에 도라지나물 곱이고스리 두릅산최 왕십리 메느리며 먹기됴흔 록두나물 쏘기쏘기 콩나물이며 신계록산무인쳐에 멀구다릐 다짜다 놋코(…인용자)왜죽엇너니 왜죽엇너니 옷밥이 그리워 네죽엇너니 셰샹텬디에 뎨일보빅를 놋코 네왜죽엇네 망죵왓든 길에 흔번불너나 보고가좃구나 나오나라 나오나라 귀신이라도 네나오고 졍령이라도 네나오려무나 시시쌔쌔로 네싱각못니져 나못살갓네

위 <제전>의 내용은 크게 세 부분으로 나누어진다. 첫째는 귀하게 태어나 금옥같이 자라다가 우연 득병하는 인생을 노래하는데, 이 부분은 <회심곡(관악산조)>의 노랫말을 가져온 것이다. 둘째는 남편이 부인에게 자신이 죽으면 장사를 지내고 묻어달라는 내용이며, 셋째는 본 노래의 중심인 묘소를 찾아 제를 올리는 과정과 망자(亡者)인 남편을 그리워하며 고통스러워하는 내용을 노래하고 있다. <초한가>나 <공명가>와 같은 수심가조로 부른다. 그러나 <제전>은 기존의 소설이나 설화에서 모티브를 가져온 판소리(또는 판소리 관련 잡가)와 달리 일반인들의 삶의 모습을 이야기 형식으로 부르는 것이 특징이다.

㉱ <배따라기>[248]

요닉 츈식은 다지느가고 황국단풍이 도라를 왓구나 지화즈죠타 텬싱만민은

247) 정재호, 앞의 책, 『정정증보신구잡가Ⅰ-596』·『고금잡가편Ⅱ-391』·『신정증보신구잡가Ⅳ-398』·『대중보무쌍유행신구잡가(Ⅰ)Ⅴ-100』·『대중보무쌍유행신구잡가Ⅵ(Ⅱ)-104』.

248) 정재호, 앞의 책, 『신구시행잡가Ⅰ-224』·『증보신구잡가Ⅱ-75』·『고금잡가편Ⅱ-374』·『무쌍신구잡가Ⅱ-488』·『신구유행잡가Ⅱ-560』·『신찬고금잡가Ⅲ-51』·『특별대증보신구잡가Ⅲ-133』·『증보신구시행잡가Ⅲ-262』·『조선잡가집Ⅲ-375』·『시행증보해동잡가Ⅳ-34』·『신구현행잡가Ⅳ-164』·『조선신구잡가(조선속가)Ⅳ-238』·『신정증보신구잡가Ⅳ-401』·『남녀병창유행창가Ⅳ-472(2편)』·『대중보무쌍유행신구잡가(Ⅰ)Ⅴ-30』·『가곡보감Ⅴ-263』·『정선조선가요집Ⅴ-443』※(…수상장사난 고만둡시다 지하자-좃타)·『대중보무쌍유행신구잡가Ⅵ(Ⅱ)-34』.

팔슈직업이라 각각 버러먹는 골시달나 우리는 구타야 션인되야 타고 단이는 거슨 칠셩판이오 먹고 단이는 거슨 ᄉᆞ자밥이라 입고 단이는 거슨 ᄆᆡ장포로다(…인용자)이션ᄒᆞ야 ᄇᆡ를타고 만경창파로 ᄯᅥ나려갈졔 금년신슈 불힝ᄒᆞ야 몹슬 ᄋᆡᆨ풍 광풍 결풍을 만나 수로창파 ᄃᆡ히즁에 쳔리만리를 불녀를 갈졔 량쪽 돗ᄃᆡ는 직근부러져 삼동강에 나고 ᄇᆡ머리는 핑핑 졍신은 아득ᄒᆞ야 ᄉᆞᆷ혼칠ᄇᆡᆨ이 흣터질졔 ᄉᆞ십명 동무는 슈즁에 너코 명텬 하나님은 구버살피ᄉᆞ(…인용자) 강ᄉᆡᆨ에 다닥치니 부모동ᄉᆡᆼ 일가친척 치ᄌᆞ권속이 다 나오면셔 에그 여보 이게 웬일이란 말이오 밤은 깁허 ᄉᆞᆷ경시에 져모양으로 오니 웬일이란 말이오 지화ᄌᆞ 됴타 여보 급급한 말오 요ᄂᆡ말슴 드러를보소셔 인젤낭은 밥을비러다 쥭을 쓔어 먹고 삼순구식을 못ᄒᆞᆯ망뎡 다실낭은 슈상장ᄉᆞ 닷감아둡시다 지화ᄌᆞ 됴타

<배따라기>는 서도 뱃사람들의 어로 생활의 고난과 잘못하면 죽음에 처해질 수 있는 불행을 자탄하는 노래이다. 특히 자신들이 타고 다니는 배를 '칠성판'으로, 먹는 것을 '사자밥'으로 부르는 것을 볼 때 원망이 사무친 것을 알 수 있다. 이 노래는 후렴이 매우 적은 점과 고기잡이나 노를 저을 때의 상황을 감안하면 노동요는 아닌 듯하다.

3 십이잡가

1) 담당층

12잡가는 12가사의 영향[249]과 함께 판소리(또는 판소리계 소설) 사설을 가져와 형성된 노래로써, 사계축과 더벅머리 삼패기생이 주요 담당층이었다.[250]

사계축은 주로 사대문 밖에 거주하였는데, 특히 경강상인의 일을 도와주고 품을 팔던 12강[251] 주변이 주된 거주지였던 것으로 보인다. 이곳에

249) 백대웅, 『국악용어 해설집』, 보고사, 2007, pp.48~52.

250) 장사훈, 「엇時調와 辭說時調의 形態論」, 『백성욱박사송수기념불교학논문집』, 동국대학교 백성욱박사송수기념사업위원회, 1959. pp.790~792.

251) 고동환, 『조선후기 서울상업발달사연구』, 지식산업사, 1998, p.221.
경강의 명칭은 상업발달에 따라 변화되는데, 18세기 이전에는 3강(한강, 용산강, 서강)이었고, 18

거주하던 사람들은 원래 서울 토박이가 아니었으며 농촌을 떠나 유랑하다가 서울에 정착한 이농민들이 대다수였다. 이들은 주로 상업 활동에 종사하거나 각종 화물의 하역이나 운반노동 등 일고(日雇)로 생활하였다.

> 都城 안 주민들은 府吏, 胥徒, 軍隊, 卒伍 등으로 모두 넉넉하게 먹고 사는 자들이며, 기타 遊民은 坐板行商하여 糊口한다. 또한 各廛의 市井은 貢物이 있다. 그 밖에 이로써 자생하지 않는 자 가운데 尤甚者를 택하여 發賣를 행하니 도성 안의 주민들은 모두 살아갈 수 있다. 그런데 유독 江上居民은 오로지 田稅船의 到泊時 稅穀을 各倉에 운반하여 雇價를 받아서 살아간다. …대저 八江은 도성의 襟喉之地로서 江民의 생애는 오로지 卜馱運負에 의지한다. 그러므로 三南稅船이 경강에 來泊하면 정박한 곳의 江民 가운데 말이 없는 자는 등짐으로 물건을 下陸하고, 말이 있는 자는 화물을 창고까지 운반하여 雇價를 받아서 살아간다.[252]

19세기 중반~20세기 초 서울은 인구 20만 안팎의 소비도시였다. 서울에는 왕실과 정부기구, 그리고 다수의 지주가 거주하는 관계로 전국에서 조세와 공물, 그리고 대량의 추수미가 내륙은 물론 연안(沿岸)을 거쳐 한강을 통해 들어왔다.

〈서울의 部別 朝鮮人數와 職業構成(단위 : 명, %)〉[253]

1865		1910								
五部	인구수	六署	인구수	관리	양반	상업	농업	공업	日雇	無職
		東部署	37,350(4.4)	2.8	0.6	27.8	42.9	8.6	4.0	8.8
		北部署	37,230(4.6)	8.3	6.8	13.7	25.9	4.8	11.2	22.3
		中部署	27,703(3.6)	3.8	3.1	19.8	0.1	6.1	21.2	28.9
		西部署	50,385(3.9)	3.9	1.9	26.1	3.8	5.3	9.1	44.4
		南部署	37,892(4.5)	4.5	1.8	24.9	12.9	10.6	16.1	23.6
		龍山署	43,030(4.3)	4.3	0.2	31.1	13.2	3.6	43.4	2.7
합계	202,639	합계	233,590	3.7	2.1	24.4	15.4	5.9	17.5	23.0
		전국	12,935,282	0.6	1.9	6.3	83.7	0.8	2.4	1.1

세기 중엽에는 5강(한강, 서강, 용산, 마포, 망원정), 18세기 후반 이후에는 8강, 19세기 전반에는 12강(한강, 서강, 용산, 마포, 망원정, 두모포, 서빙고, 뚝섬, 연서, 왕십리, 안암, 전농)으로 확대되었다.

252) 고동환, 앞의 책, pp.212~213. 재인용.
《승정원일기》 1970책, 순조 9년 8월 29일, p.60.

253) 이창현, 「1882-1910년간 서울시장의 변동」, 『서울상업사연구』, 서울시립대학교 부설 서울학연구소, 1998, pp.250~251.

위의 표는 당시 서울의 인구와 직업 구성을 수치화한 것이다. 동부서는 농업을 기반으로 하는 사람들이 주로 살며, 북부서는 관리와 양반이 주로 거주한다. 서부서는 무직자가 많고, 중부서와 남부서는 시전(市廛)과 사상(私商)의 근거지로써 상업과 공업이 발달했다. 용산서는 한강을 바로 끼고 있어 물산을 실어 나르는 배들이 지나는 곳으로 상업과 함께 날품팔이인 일고(日雇)가 높은 비율로 나타나고 있다.

원래 용산은 1894년 갑오경장 때 5부를 5서(署)로 바꾸면서 서부서(西部署)에 속했던 일개 방(坊)이었다. 그런데 불과 15년 사이에 방(坊)에서 서(署)로 변화한 것이다. 이 서부서(1894년 이전)와 용산서(1910년)에 청파계의 사계축이 포함된다. 이들은 대체로 잡가를 부르던 천층(賤層)이었기 때문에 주로 농공상과 일고(日雇)를 직업으로 가졌고, 그 가운데 용산방의 경우 일고(日雇)가 절반에 가까운 43.4%임을 감안하면 날품팔이를 했을 가능성이 높다. 날품을 파는 이유는 특정한 기술이 없거나 자신을 지지해 줄 근거가 희박했기 때문이었다.

이곳에 모여 사는 이들은 신분과 처지가 비슷하여 동류의식이 있었다. 그리하여 큰 행사가 있으면 뜻을 모아 서로를 도왔다.

> 삼문 밖 및 아현 사람들이 떼를 이루어 편을 가른 다음, 혹은 몽둥이를 들고 혹은 돌을 던지고 고함을 치면서 달려들어 접전하는 모양을 만리현 위에서 행한다. 이것을 변전(邊戰, 편싸움)이라 한다. 그리하여 패주하는 편이 지는 것이다. 속담에 삼문 밖 편이 이기면 기내(畿內)가 풍년이 들고 아현 편이 이기면 다른 도들이 풍년이 든다고 한다. 이에 용산과 마포의 불량 소년들은 작당하여 아현 쪽을 돕는다. 그것이 매우 심한 싸움을 때에는 이마가 터지고 팔이 부러지고 하여 피를 보고서도 그치지 않는다. 비록 사상(死傷)에 이르러도 후회하지 안고 또 생명에 대한 보상법도 없다.[254)]

앞서 언급했듯이 사계축은 청파 지역과 그 지역에 거주하는 사람들을 지칭한다. 12잡가의 또 다른 담당층인 삼패기생은 물론이고, 휘모리잡가

---

254) 홍석모 저/ 이석호 역, 『동국세시기』, 대양서적, 1978, p.56.
"三門外及阿峴人 成羣分隊 或持棒 或投石 喊聲趕逐 爲接戰狀於萬里峴上 謂之邊戰 以退走邊爲負 俗云 三門外勝 則 畿內豐 阿峴勝 則諸路豐 龍山麻浦惡少 結黨 救阿峴方 其酣鬪 呼聲動地 纏頭相攻 破額折臂 見血不止 雖至死傷而不悔 亦無償命之法"

담당층인 공장이 또한 이 지역에 거주했다. 그들의 거주 공간은 왕십리와 이태원, 뚝섬 및 사대문 밖으로 보이는데, 이는 사계축 및 삼패의 거주 공간과 일치한다. 또한 도시하층민인 영세상인, 수공업자들과 쇠락한 구식군인들이 살고 있었으며, 이러한 경제적·사회적·계층적 공통성으로 인해 그들의 유흥대상이 삼패기생이었을 가능성이 있다.

삼패기생은 사계축과 함께 서울의 속가인 12잡가(긴잡가와 잡잡가)의 담당층으로 전한다.

> 서울의 雜歌로 이르는 한 묶음은, 純然한 民謠의 系統도 아니오, 歌曲 歌詞, 時調 등 正歌는 더욱 아니오, 亦是 民間의 소리로 크게 流行한 俗歌로서 獨特한 것이다.(…인용자) 이것을 누가 불렀나 하면 女流로는 곧 三牌 아가씨며 男子는 四契축의 소릿군들이었다.[255]

> 휘몰이雜歌는 장형시조에서 영향을 받았으되 그 원형을 찾기 어려울 만큼 익살과 결말로 終始一貫하며, 促急하게 휘몰아치는 한 개 엮음 노래로 시조와 혈연을 가지면서 서울의 긴잡가의 對가 되는 노래라 하겠다.(…인용자) 이밖에도 手足을 놀여야만 生計를 營爲할 수 있고 그러면서도 입이 한가한 工匠이들이 있다. 「긴 雜歌」의 大部分이 三牌바닥에서 불리운 듯이 휘모리는 그런 工匠이들을 中心으로 성창되었다고 한다.[256]

성경린은 서울의 속가인 12잡가를 설명하면서 그 담당층을 '삼패'와 '사계축'으로 한정하였다. 1년 뒤에 장사훈은 휘모리잡가와 대(對)가 되는 노래로 긴잡가를 꼽고 가창자를 삼패로 보고 있다. 삼패가 담당한 12잡가는 남훈태평가(1863)의 <소춘향가>로부터 시작된다.

<소춘향가>가 잡가로 부상한 1863년은 홍선대원군의 섭정과 함께 우리나라의 민속 성악의 부흥시기로 볼 수 있다. 민간의 천한 패거리의 노래가 1865년 경복궁 중건에 힘입어 역사(役事) 현장에서 공연되는 기회를 갖게 된다.

---

255) 성경린, 〈서울의 속가〉, 《향토서울》 제2호, 1958. pp.52~53.
256) 장사훈, 앞의 논문, p.788.

밥고리ᄯᅥᆨ고리의 오ᄉᆡᆨ가즌 술항아리 청보흥긴 각각덥허 오락가락 연속ᄒᆞ니 산하귀천 다모힌다 형형ᄉᆡᆨᄉᆡᆨ 우습더라 화랑이춤거동과 쥬정군의밋친거동 제기ᄎᆞ고노는거동 잡가타령ᄲᅱ는거동 터닥글ᄯᅥᆨ시죵소ᄅᆡ 셩ᄊᆞ을ᄯᅥᆨ휘군소ᄅᆡ ᄉᆞ방팔면 즁광되는 쳔ᄐᆡ만샹요지귀경 온갓사ᄅᆞᆷ다모힌다 각ᄉᆡᆨ풍뉴다왓더라 무동ᄑᆡ드러오니 제금도무슈ᄒᆞ다 광ᄃᆡᄑᆡ드러오니 장고북무슈ᄒᆞᆫ데 거ᄉᆞᄑᆡ드러오니 쇼고터욱 무슈한ᄃᆡ 츈막산민드러오니 ᄭᆡᆼ가리도무슈ᄒᆞ고 각쳐악공드러오니 피리ᄉᆡᆼ황무슈 ᄒᆞ다 징치고제금치고 북치고쇼구치고 션노ᄅᆡ두세놈이 ᄲᅱ놀며쇼리ᄒᆞᆫ네 쇼ᄅᆡ호 며화답ᄒᆞᆫ니 원근이요란ᄒᆞ다 잠시를쉬지안코 읏지그리ᄒᆞ자ᄒᆞ며 잠간도놋치지안 코 엇지그리지셩이냐 장악원조흔풍뉴 여민낙ᄒᆞ여보쇼 구경군가득ᄒᆞ니 제졀노지 시나며 군ᄉᆞ의 충심잇셔 제졀오한ᄉᆞᄒᆞ니 국은을 못갑허셔 네그리개속ᄒᆞᆫ다[257]

1870년대는 판소리가 신재효를 만나 새로운 모습으로 변화되는 시기이다. 그리고 앞서 언급했듯이 잡가로 통칭되던 가사(歌詞)류가 새로운 장르로 고정되기 시작한다.

이때는 경제적으로도 매우 중요한 시기이다. 당시 문화예술의 메카인 서울은 수로와 육로를 통하여 전국적 범위의 물산을 흡수하였다. 서울에는 왕실과 중앙정부가 있기에 전국에서 조세와 공물이 들어왔으며, 양반 관료를 중심으로 지주가 상당수 거주하였으므로 대량의 추수미(秋收米)가 유입되었다. 당연히 이러한 집산물의 처리와 장시의 활성화로 많은 사람들이 유입되었다.[258] 특히 백골징포(白骨徵布)와 황구첨정(黃口簽丁)에 견디지 못한 농민들이 고향을 떠나 주로 한강을 중심으로 하여 한양성 외곽에 거주하게 되는데, 그 이유는 당시 경강을 중심으로 상업이 활성화 되어 있어 임노동자들에게 일거리가 있었기 때문이다. 또한 서울은 왕도였기에 전국에서 유입되는 이민자들을 모두 수용하고 진휼하였다는 점도 중요한 이유로 들 수 있다.[259]

당시까지만 해도 관기는 사대부와 양반을 상대한 반면 삼패는 이들 하층민과 교섭하였을 가능성이 농후하다. 실제로 삼패와 같이 12잡가에 능한 사계축은 대체로 사대문 밖에 거주하면서 소일거리로 물건을 만들거나 품을 팔던 사람들이었음을 고려할 때 더욱 그러하다. 그런데 이들의

257) 김동욱・임기중 공편,『교합 아악부가집』, 서울태학사, 1982, pp.462~463.
258) 이창헌, 앞의 논문, pp.245~246.
259) 전지영, 앞의 논문, p.289.

특장인 12잡가의 노랫말은 판소리 관련 사설과 어느 정도 일치하고 있다. 이는 두 가지 측면에서 해석할 수 있다. 하나는 기존의 노랫말을 가져와 새로운 곡조에 노래를 얹은 경우이고, 또다른 하나는 판소리 광대가 주름잡던 판소리를 단기간 배울 수 없다는 점과 그들과의 경쟁에 의미가 없음을 알고 모방에 그친 것이 아닌가 한다.

삼패기생은 20세기 초에 들면서 일패기생들과의 인식의 차이가 좁혀지기 시작한다. 특히 생계를 위한 방편과 시류의 흐름, 그리고 인기예인에 대한 동경이 그들로 하여금 신분상의 차별을 무의미하게 만들어갔다.

> **외부에셔 일젼에 류셩긔留聲機를 사셔 각항 노래 곡됴를 불너 류셩긔 속에다 넛코 해부대신 이하 졔관인이 춘경을 구경 하랴고 삼쳥동 감은뎡에다 잔채를 배셜하고 셔양 사람의 모든 긔계를 운젼 하야 쓰는대 몬져 광대의 츈향가를 넛코 그 다음에 기생 화용과 밋 금랑 가사를 넣고 말경에 진고개패 계집 산홍과 밋 사나희 학봉 등의 잡가를 너엇는대…(이하 생략).**[260]

위 신문을 보면 진고패의 계집인 산홍이 유성기 음반 제작에 참여하고 있는 점과 그 노래를 대신(大臣)과 관인(官人)에게 들려주는 내용이 나온다. 사당패나 선소리패 소속의 소리꾼은 기실 삼패보다도 더한 하층임에도 노래를 취입하면서 명성을 얻은 것이고 이는 당시 여러 층의 기생들에게 충격을 주었을 것으로 보인다.[261]

이때의 기생은 일패나 삼패 등의 출신보다는 어떠한 특장을 얼마나 잘하느냐로 구분하였다. 즉 1914년 1월 28일부터 1914년 6월 11일까지 『매일신보』에 연재된 「예단일백인(藝檀一百人)」의 내용을 보면 기생의 이름, 지명도, 가창 능력, 특히 당시 한양에서 유명한 극장에 나가는가와 잡가 가운데 어떤 노래를 부르는가에 많은 할애를 하고 있다.

---

260) 권도희, 「20세기 기생의 음악사회사적 연구」, 『한국근대음악의 전개양상』, 민속원, 2004, p.79.재인용 『독립신문』, 〈만고절창〉, 1899. 4. 2.

261) 정노식, 앞의 책, p.237.
조선에서 여류 극창가를 구하자면, 무녀・삼패・기생 등을 내놓고는(그밖에 소위 사당패라는 것이 있지마는 애초에 거론할 가치가 없고) 다른 길이 없다.

"금홍(황해도 봉산)-동구안 파조교 장안사 연극장은 박금홍의 현주로다. 시조는 아직 멀었고, 수심가, 놀량사거리, 육자백이, 황주난봉가, 판소리는 정말 잘하는 모양이야(2.월 21일)."…"명주- 철들어 십여세 후부터는 한 번 들으면 잊지 아니하는 총명을 가곡에 싣는 취미를 두었더라. 그럼으로 십사세부터 기생조합에 입록하여 공부하였는데 지금은 양금도 칠 줄 알고, 시조, 가사, 수심가, 육자백이, 방아타령, 흥타령이며…(2월 25일)"…"채희-단성사에 출연하는 구극배우 채희는 단가로 명창의 이름을 듣는 채란이의 아우라…각종 잡가와 성주풀이, 단가, 산타령, 흥타령, 개구리타령으로 관객의 박수갈채를 받으며 승무는 채희의 제일 잘하는 것이라(4월 24일)"[262)]

위의 내용으로 볼 때 잡가의 전성기는 1910년 이후로 볼 수 있다. 즉 기존의 천한 속인(俗人)들의 음악이라는 인식에서 벗어나 유흥의 한 장으로써 반드시 연행해야하는 레퍼토리로 정착한 것이다. 이들 기생은 명성이 높아지면서 극장에서의 공연은 물론이고 유성기 음반 제작이나 라디오 방송에 출연도 하게 된다.

2) 예술적 특성

12잡가는 8잡가인 <유산가>, <적벽가>·<제비가>·<집장가>, <소춘향가>, <선유가>, <형장가>, <평양가>와 잡잡가인 <달거리>, <십장가>, <방물가>, <출인가> 등 4곡을 합친 노래이다. 12잡가는 대체로 느린 도들이 장단을 많이 쓰고 곱게 꺾어 넘기는 소리가 듣기 좋으며, 서도 창법도 약간 도입되었다.[263)]

12잡가는 판소리(또는 판소리계 소설)와 관련이 깊다. 12곡의 노래 가운데 <유산가>, <선유가>, <평양가> 등 3곡을 제외한 나머지 9곡이 판소리 <적벽가>와 <춘향가>의 사설을 가져와 경기소리조에 얹어 부른 노래이기 때문이다. 이에 판소리 관련 작품을 먼저 살펴보기로 하겠다.

262) 김영희, 『개화기 대중예술의 꽃, 기생』, 민속원, 2006, pp.293~338.
부록 : 「예단일백인(藝檀一百人)」, 『매일신보』(1914년 1월 28일~1914년 6월 11일).
263) 장사훈, 『국악대사전』, 세광음악출판사, 1984, p.467.

㉮ <적벽가(赤壁歌)>[264]

삼강은 슈젼이오 젹벽은 오병이라 난ᄃᆡ업ᄂᆞᆫ 화광이 츙텬ᄒᆞ니 됴조가 ᄃᆡᄑᆡᄒᆞ야 화용도로 향할지음에 응포일셩에 일원ᄃᆡ장이 음신갑옷세 봉투구졋겨쓰시고 봉안을 부릅ᄯᅳ시고 삼각슈 거ᄉᆞ리시고 젹토마를 빗겨타시고 팔십근 쳥룡도 눈우에 션듯드러 압다이놈 됴조야 늘ᄶᅡ길ᄶᅡ ᄒᆞ시ᄂᆞᆫ소ᄅᆡ 졍신니 산란ᄒᆞ야 비나니다 비나니다 잔명을 살루소셔 소장의 명을 장군젼ᄒᆞ에 비나니다 젼일을 ᄉᆡᆼ각ᄒᆞ오 상마에 쳔금이요 하마에 ᄇᆡᆨ금이라 오일에 ᄃᆡ연ᄒᆞ고 삼일에 소연홀졔 한슈졍후 봉ᄒᆞᆫ후에 고대광실 놉흔집에 미녀츙궁 ᄒᆞ얏스니 그졍셩만 ᄉᆡᆼ각ᄒᆞ오 금일죠죠가 젹벽에 ᄃᆡᄑᆡᄒᆞ야 말은 피곤ᄒᆞ고 ᄉᆞ롬은 츄리워 능히 존보를 못하겟스니 장군후덕을 닙소와지이다 네아모리 살여고 ᄒᆞ야도 살지못홀말 듯거라 네졍셩 갑흐랴고 ᄇᆡᆨ마강 ᄊᆞ홈에 하북명장 범갓튼 텬하장ᄉᆞ 안량무츄를 한칼에 션듯버혀 네 졍셩 갑흔후에 한슈졍후병부글너원문에 걸고 독힝쳔리 ᄒᆞ얏스니 네졍셩만 ᄉᆡᆼ각느냐 이놈죠죠야 너잡으러 여긔올졔 군령장 두고왓다 네죄를 모로나냐 텬명을 거역ᄒᆞ고 ᄇᆡᆨ셩을 살히ᄒᆞ니 만민도탄을 ᄉᆡᆼ각지 안코 너를엇지 용셔ᄒᆞ리 간ᄉᆞᄒᆞᆫ 말을말고 ᄶᆞ른목 길게느려 쳥룡도 바드라 ᄒᆞ시ᄂᆞᆫ 소ᄅᆡ 일촌간장이 다 록는다 소장을 잡으랴고 군령장 두셧스나 장군님 명은 하날에 달이시고 소장의 명은 금일장군젼에 달엿쇼 어지신 셩덕을 닙소와 장군후덕에 사라지이다 관공이 드르시고 잔잉이역이ᄉᆞ 쥬창으로 ᄒᆞ야금 오ᄇᆡᆨ도부슈를 한편으로 치우치시고 말머리를 도로혀시니 쥭엇든죠죠가 화용도 버셔나 됴인만나 허도로 가드라소

<적벽가>는 <유산가>와 함께 긴잡가의 백미로 꼽힌다. <유산가>는 자연의 승경을 한아하고 명랑한 서울소리로 읊은 것이고, <적벽가>는 의리(義理)를 중시하는 것이 중심 내용이다.[265]

판소리 <적벽가>와 긴잡가의 <적벽가>는 사설의 범주가 다르다. 판소리 <적벽가>는 『삼국지연의』의 시작 부분부터 조조를 살려 보낸 관우가 본국으로 돌아가 제갈공명에게 상황을 아뢰는 장면까지인데, 잡가 <적벽가>는 적벽대전에서 패한 조조가 화용도에서 관우와 맞닥뜨린 후 그곳에서 벗어나는 장면만을 한정하여 노래하고 있다. 즉 적벽대전에서

264) 정재호, 앞의 책, 『신구시행잡가Ⅰ-199』·『정정증보신구잡가Ⅰ-624』·『증보신구잡가Ⅱ-73』·『고금잡가편Ⅱ-381』·『무쌍신구잡가Ⅱ-474』·『신구유행잡가Ⅱ-556』·『신찬고금잡가Ⅲ-24』·『특별대증보신구잡가Ⅲ-224』·『증보신구시행잡가Ⅲ-245』·『조선잡가집Ⅲ-446』·『시행증보해동잡가Ⅳ-19』·『신구현행잡가Ⅳ-166』·『조선신구잡가(조선속가)Ⅳ-262』·『신정증보신구잡가Ⅳ-419』·『남녀병창유행창가Ⅳ-436(1편)』·『남녀병창유행창가Ⅳ-455(2편)』·『신구유행창가Ⅳ-500』·『대중보무쌍유행신구잡가(Ⅰ)Ⅴ-25』·『가곡보감Ⅴ-305』·『정선조선가요집Ⅴ-429』·『조선고전가사집Ⅴ-618』·『대중보무쌍유행신구잡가Ⅵ(Ⅱ)-29』.

265) 성경린, 앞의 책, pp.54~55.

대패한 조조가 도망치는 모습이나 군사들의 설움 노래는 물론 오림산곡(烏林山谷)의 조자룡이나 이릉(彝陵)에서 장비의 매복에 쫓기는 모습이 모두 생략되어 있다.[266] 또한 서사 이외의 수식이나 병렬, 비유나 풍자 등 판소리가 갖는 묘사와 과장 등도 보이지 않는다. 수식이나 과장이 생략되고 기본적인 줄거리로만 구성된 것처럼 느껴진다.

이처럼 수식과 과장이 사라진 고졸함이 은은하고 맑은 경기소리조와 만나면서 판소리와는 다른 십이잡가의 면모를 십분 발휘하고 있는 것이다.

물론 기본적인 서사만으로도 <적벽가>가 갖는 극적 긴장감은 유지되고 있다. 바로 조조와 관운장 상호간에 벌어지는 설전(舌戰)을 통해 관객들에게 흥미를 제공하기 때문이다.

판소리 <춘향가>(또는 춘향전)와 관련된 12잡가는 8곡에 이른다. 이를 이야기 흐름에 따라 살펴보기로 하겠다.

㉯ <소춘향가(小春香歌)>[267]

춘향의 거동보아라 오른손으로 일광을 ᄀᆞ리오고 왼손넙히드러 뎌건너 쥭림뵌다 ᄃᆡ심어 울ᄒᆞ고 솔심어 졍ᄌᆞ라 동편에 련당이오 셔편에 우물이라 로방에 시ᄆᆡ오후과요 문젼에 학종션ᄉᆡᆼ류 긴버들 휘느러진 늙은장숑 광풍의 흥을겨워 우즐우즐 츔을츄니 뎌건너 ᄉᆞ립문안에 숩술기안져 먼산바라보며 쏠리치는 져집이 오니 황혼에 졍영이 도라오소 쩔치고 가는 형상 ᄉᆞᄅᆞᆷ의 쌕다귀를 다녹인다 너는웨인 계집ᄋᆡ관ᄃᆡ 나를 죵죵쇽이는야 너는웨인 계집ᄋᆡ관ᄃᆡ 장부의 간장을 다녹이나 록음방초승화시에 ᄒᆡ는어이 더듸가고 오동야월 발근ᄃᆞᆯ에 밤은어이 슈히가노 일월무졍 덧업도다 옥빈홍안이 공로로다 우는눈물 바다ᄂᆡ면 ᄇᆡ도타고 ᄀᆞ련마는 지쳑동방 쳔리완ᄃᆡ 어이그리 못보는고

<소춘향가>는 『남훈태평가』(1863)을 통해 가장 먼저 '잡가'로 소개된 작품이다. 명칭인 <소춘향가>는 판소리 <춘향가>와 구별하기 위해 부른 듯하며, 다른 노래에 비해 길이는 짧으나 부침새가 어렵다.[268]

---

266) 정병욱, 『한국의 판소리』, 집문당, 1993, pp.427~466. 참조.

267) 정재호, 앞의 책, 『신구시행잡가Ⅰ-204』·『증보신구잡가Ⅱ-82』·『고금잡가편Ⅱ-330』·『무쌍신구잡가Ⅱ-476』·『신구유행잡가Ⅱ-560』·『신찬고금잡가Ⅲ-30』·『특별대증보신구잡가Ⅲ-143』·『증보신구시행잡가Ⅲ-248』·『현행일선잡가Ⅲ-530』·『시행증보해동잡가Ⅳ-22』·『신구현행잡가Ⅳ-158』·『남녀병창유행창가Ⅳ-458(2편)』·『대증보무쌍유행신구잡가(Ⅰ)Ⅴ-50』·『정선조선가요집Ⅴ-433』·『대중보무쌍유행신구잡가Ⅵ(Ⅱ)-54』.

이 노래는 내용상 두 부분으로 나뉜다. 첫째는 춘향이 이도령에게 자신의 집을 알려주는 대목이고, 둘째는 춘향과 헤어진 후 동헌으로 돌아온 이도령이 춘향을 애타게 그리는 장면이다. 경판본 <춘향전>을 보면 춘향과 헤어진 이도령은 집으로 돌아와 서책을 보는데, 글자마다 춘향이요, 책마다 춘향으로 보인다. 더구나 통인, 방자, 군뢰, 사령, 별감, 좌수, 약정, 풍헌, 급창이 거진 다 춘향으로 보이고 온 집안이 다 춘향이로 보여, 급기야 소리를 질러 동헌에서 통인까지 사또에게 불려가게 되는 지경에 이르게 된다.[269] 잡가 <소춘향가>는 이 부분이 모두 생략되어 있다. 앞서 언급한 <적벽가>처럼 판소리 사설을 기준하여 볼 때 많은 부분이 생략된 것이다.

12잡가의 노랫말은 판소리나 판소리계 소설에서 모티브를 가져오기는 했지만 주요 화소(話素)만을 대상으로 재구성한 것으로 보인다. 즉 판소리의 특징인 수식과 과장, 반복, 나열, 화자나 대상물(여타 소리나 동작의 흉내)의 모사(模寫)가 배제되고, 오로지 순수하게 중심이야기로만 노래가 진행되는 것을 알 수 있다.

이렇게 된 이유는 12잡가의 담당층인 사계축과 삼패기생이 갖는 예술성의 한계에서 비롯되었을 가능성이 높다. 잡가 <소춘향가>가 나타난 19세기 중후반은 판소리의 전성기로 많은 사람들, 특히 소리를 배우는 사람들은 판소리에 관심을 두었다. 그러나 다년간의 연습을 통해야 명창이 되는 것을 고려할 때, 생업을 위해 새로운 레퍼토리를 찾던 삼패 기생이나 사계축의 소리꾼들에게는 우선 기본적인 사설만을 가져와 경기소리조에 얹어 부르는 방법을 택하지 않았나 싶다.

㉰ **<제비가>**[270]

만첩산중 늙은범이 살진욈키를 무러다노코 에리궁글 노닌다 광풍에 락엽쳐

---

268) 성경린, 앞의 책, pp.55~56.

269) 전규태, 〈춘향전〉, 『한국고전문학대전집』1, 중앙도서, 1984, pp.87~88.

270) 정재호, 앞의 책, 『신구시행잡가Ⅰ-203』·『증보신구잡가Ⅱ-70』·『고금잡가편Ⅱ-388』·『무쌍신구잡가Ⅱ-475』·『신구유행잡가Ⅱ-558』·『신찬고금잡가Ⅲ-54』·『특별대증보신구잡가Ⅲ-167』·『증보신구시행잡가Ⅲ-247』·『조선잡가집Ⅲ-454』·『시행증보해동잡가Ⅳ-21』·『신구현행잡가Ⅳ-171』·『조선신구잡가(조선속가)Ⅳ-259』·『남녀병창유행창가Ⅳ-457(2편)』·『대중보무쌍유행신구잡가(Ⅰ)Ⅴ-27』·『가곡보감Ⅴ-307』·『조선고전가사집Ⅴ-619』·『대중보무쌍유행신구잡가Ⅵ(Ⅱ)-31』.

럼 벽히둥둥 써나간다 일락셔산에 ᄒᆡ는 뚝써러지고 월출동령에 달이솟네 만리장텬에 울구가는 져기럭이 졔비를 후리러 나간다 졔비를 후리러 나간다 복희씨 ᄆᆡ진그물을 두리쳐 메고셔 나간다 망당산으로 나간다 우여라 져졔비야 네어ᄃᆡ로 힝ᄒᆞᄂᆞ냐 ᄇᆡᆨ운을 박ᄎᆞ고 흑운을 무릅쓰고 반공즁에 놉히써셔 위여어 ᄒᆞ고셔 져졔비 네어ᄃᆡ로 힝ᄒᆞᄂᆞᆫ야 ᄂᆡ집으로 훨훨 도라오소 양류간에 안지 쐬ᄭᅩ리를 제비만 녁여 후린다 아야에야 네어ᄃᆡ로 힝ᄒᆞᄂᆞ냐 공산야월 달밝은ᄃᆡ 슯흔소ᄅᆡ 두견셩 슬픈소ᄅᆡ 두견셩 월도텬심야삼경에 어늬랑군이 날찻나 운림비죠 뭇ᄉᆡ들은 롱춘화답 짝을지어 쌍거쌍ᄅᆡ 날어든다 말잘ᄒᆞᄂᆞᆫ 잉무ᄉᆡ 춤잘추ᄂᆞᆫ 학두름이 문ᄎᆡ죠흔 공젹ᄉᆡ 공기젹다 공긔 뚜루룩 슉궁졉동ᄉᆡ 슈루룩 호반ᄉᆡ 나라든다 기럭이 훨훨 방울ᄉᆡ 쩔넝 다나라드ᄂᆞᆫᄃᆡ 졔비만 어ᄃᆡ로 힝ᄒᆞᄂᆞ냐

<제비가>의 첫머리는 춘향이와 이도령이 춘향의 집에서 만나 사랑놀음을 하는 대목인 "만첩 청산 늙은 범이 살찐 암캐를 물어다 놓고 이가 없어 먹지는 못하고 흐르릉 흐르릉 아웅 어루는 듯"이라는 사설에서 가져왔다.

그러나 곧 판소리 <흥부가> 가운데 '제비 후리러 나가는 대목'이 나타나고, 이어서 민요 <새타령>을 부르며, 마지막에 '제비 노래'로 돌아와 마친다. 이 노래 역시 남도의 토리나 판소리 창법을 쓰지 않고 서울소리조로 부른다.

이처럼 판소리나 민요의 노랫말을 가져와 경기민요조에 얹어부른 것은 판소리가 갖는 다양한 표현법과 수준 높은 창법에 비해 상대적으로 인기도가 떨어질 수는 있었다. 하지만 오히려 이러한 졸박한 방식을 고수함으로써 격이 낮은 잡가라는 인식에서 탈피할 수 있었고, 후대로 내려올수록 여타의 잡가에 비해 전아한 가창곡으로 평가된 것이 아닌가 한다.

판소리 <춘향가>에 근거할 때, 앞서 노래한 <소춘향가>는 광한루에서 가연(佳緣)을 만나는 대목이고, 첫날밤 둘이 사랑가를 부르는 대목은 <제비가>와 <방물가(房物歌)>271)에 해당된다. 오리정 이별 대목은 <출인가(出引歌)>272)에 해당하며, 이후 변사또의 수청 거절로 인해 수난을 당하

---

271) 정재호, 앞의 책, 『신구시행잡가Ⅰ-212』·『증보신구잡가Ⅱ-88』·『무쌍신구잡가Ⅱ-480』·『신찬고금잡가Ⅲ-59』·『증보신구시행잡가Ⅲ-254』·『현행일선잡가Ⅲ-548』·『시행증보해동잡가Ⅳ-27』·『신구현행잡가Ⅳ-168』·『남녀병창유행창가Ⅳ-464(2편)』·『대중보무쌍유행신구잡가(Ⅰ)Ⅴ-78』·『대중보무쌍유행신구잡가Ⅵ(Ⅱ)-82』.

272) 이용기, 앞의 책, p.263.

는 장면은 <집장가>,[273] <십장가>,[274] <형장가>의 순서로 나타난다.

<집장가>는 변사또의 수청 거절이 이유가 되어 매를 맞게 되는 장면이고, <십장가>는 매 한 대에 "하날맛고 ᄒᆞᄂᆞᆫ말이 일편단심 츈향이가 일죵지심 먹은마음 일부종ᄉᆞ ᄒᆞ짓더니 일가일시 락미지익에 일일칠형이 웬일이요"라고 노래하고 매 두 대를 맞고 "두를맛고 ᄒᆞᄂᆞᆫ말이 이부불경 이ᄂᆡ몸이 이군불ᄉᆞ 본을바다 이슈즁분 ᄇᆡᆨ로쥬갓쇼 이부지ᄌᆞ 아니여든 일구이언은 못ᄒᆞ겟네"라는 식으로 나가는 노래이다. 매를 맞으면서도 절개를 굽히지 않는 춘향의 모습은 노래를 부른 삼패기생들에게도 모종의 의기(義氣)와 함께 거룩함을 갖게 하였을 것이다.[275]

㉱ <형장가(刑場歌)>[276]

형장틔장 삼모진 도로ᄆᆡ로 하날치고 짐작홀ᄉᆡ 두를치고 고만둘ᄉᆡ 삼십도에 ᄆᆡᆼ장ᄒᆞ니 일촌간장 다녹는다 걸녓구나 걸녓구나 일등츈향이 걸녓구나 ᄉᆞ토분부지엄ᄒᆞ기로 인졍을낭 두지마라 국골투식 ᄒᆞ얏ᄂᆞ냐 엄형즁치 무삼일고 살인도모ᄒᆞ얏ᄂᆞ냐 항쇄족쇄는 무삼일고 관젼발악 ᄒᆞ얏ᄂᆞ냐 옥골최심은 무삼일고 불상ᄒᆞ고 가련ᄒᆞ다 츈향어미가 불상ᄒᆞ다 먹을거슬 엽헤다끼고 옥모퉁이로 도라들어 몹쓸년에 츈향이야 허락혼ᄆᆡ듸만 ᄒᆞ려무나 에그어머니 그런말숨 마오 허락이란 말이 왼말숨이요 옥즁에셔 쥭을지언뎡 허락ᄒᆞ기는 나는실쇼 식벽셔리 찬바룸에 울고가는 져기럭이 한양셩ᄂᆡ 가거들낭 도령님 쇼식을

273) 정재호, 앞의 책, 『신구시행잡가Ⅰ-205』·『증보신구잡가Ⅱ-83』·『무쌍신구잡가Ⅱ-477』·『신구유행잡가Ⅱ-563』·『신찬고금잡가Ⅲ-31』·『특별대증보신구잡가Ⅲ-170』·『증보신구시행잡가Ⅲ-249』·『시행증보해동잡가Ⅳ-23』·『신구현행잡가Ⅳ-159』·『남녀병창유행창가Ⅳ-459(2편)』·『대중보무쌍유행신구잡가(Ⅰ)Ⅴ-33』·『정선조선가요집Ⅴ-434』『대중보무쌍유행신구잡가Ⅵ(Ⅱ)-37』.

274) 정재호, 앞의 책, 『신구시행잡가Ⅰ-207』·『증보신구잡가Ⅱ-80』·『무쌍신구잡가Ⅱ-478』·『신구유행잡가Ⅱ-565』·『신찬고금잡가Ⅲ-32』·『특별대증보신구잡가Ⅲ-171』·『증보신구시행잡가Ⅲ-250』·『시행증보해동잡가Ⅳ-24』·『신구현행잡가Ⅳ-160』·『남녀병창유행창가Ⅳ-460(2편)』·『대중보무쌍유행신구잡가(Ⅰ)Ⅴ-32』·『대중보무쌍유행신구잡가Ⅵ(Ⅱ)-36』.

275) 성경린, 앞의 책, p.65.
서울소리가 春香의이야기에서 다른 아무것도 내차고 但只 苦難을 抗拒하는 刑場의 매로써 始終하는 理想이야 아름답다 헤푸게 뭇사내에 웃어뵈야 하는 더벅머리 가엾은 아씨길래 烈女 春香의 아픔이 견딜 수 없게 거룩했을찌도 모른다. 마음은 春香을 쫓아도 몸은 春香이가 부끄러운 三牌遊女들의 즐겨 부른 노래 속에 十杖歌도 하나이었다.

276) 정재호, 앞의 책, 『신구시행잡가Ⅰ-209』·『증보신구잡가Ⅱ-85』·『무쌍신구잡가Ⅱ-479』·『신구유행잡가Ⅱ-564』·『신찬고금잡가Ⅲ-34』·『특별대증보신구잡가Ⅲ-171』·『증보신구시행잡가Ⅲ-252』·『시행증보해동잡가Ⅳ-25』·『신구현행잡가Ⅳ-159』·『남녀병창유행창가Ⅳ-462(2편)』·『대중보무쌍유행신구잡가(Ⅰ)Ⅴ-33』·『정선조선가요집Ⅴ-434』『대중보무쌍유행신구잡가Ⅵ(Ⅱ)-37』.

<형장가>는 매 삼십 대를 맞는 춘향의 모습을 통해 힘없는 민초들의 동병상련(同病相憐)의 아픔을 불러일으키고 있다. 보다 못한 춘향모가 수청을 들라고 하는 장면이나 극구 부인하며 자신의 소식을 도련님께 전해 달라는 춘향의 모습이 더욱 애처롭게 그려지고 있다.

㉠ <유산가(遊山歌)>[277]

화란츈셩ᄒᆞ고 만화방창이라 ᄯᅢ죠타 벗님네야 산쳔경긔를 구경가세 쥭장망혜 단표ᄌᆞ로 쳔리강산을 드러를가니 만산홍록드른 일년일도 다시피여 츈식을 ᄌᆞ랑노라 식식이 불것는ᄃᆡ 창송취쥭은 챵챵울울ᄒᆞ고 긔화요초란만즁에 ᄭᅩᆺ속의 잠든 나븨 ᄌᆞ취업시 나라든다 류상잉비는 편편금이오 화간접무는 분분셜이라 삼츈가졀이 죠흘시고 도화만발 졈졈홍이로구나 어쥬츅슈ᄋᆡ산춘이라든 무릉도원이 예아니냐 양류세지 ᄉᆞᄉᆞ록ᄒᆞ니 황산곡리당츈졀에 연명오류가 예아니냐 졔비는 물을차고 기럭이 무리져셔 거지즁텬에 놉히ᄯᅥ셔 두날ᄀᆡ 훨신펴고 펄펄ᄇᆡᆨ운간에 놉히ᄯᅥ셔 쳔리강산 머남은길에 어이갈ᄭᅩ 슯히운다 원산은 쳡쳡 ᄐᆡ산은 쥬츔하여 긔암은 층층 장송은락락 에이구부러져 광풍에 흥을겨워 우쥴우쥴 츔을츈다 층암절벽상에 폭포슈는 쾰쾰 슈졍드리온듯 이골몰이 주루루룩 져골물이 쌀쌀열에 열골물이 한ᄃᆡ합슈ᄒᆞ야 텬방져디방져 쇼코라지고 펑퍼져 넌출지고 방울져져건너 병풍셕으로 으르렁 쾰쾰 흐르는 물결이 은옥갓치 흐터지니 소부허유 문답ᄒᆞ든 긔산영슈가 예아니냐 쥬각졔금은 쳔고졀이오 젹다정죠는 일년풍이라 일출락죠가 눈압헤 버려나 경긔무궁이 됴흘시고

<유산가>는 구조(舊調)[278]와 신조(新調)가 있다. 예전에는 노래 시작 부분인 '화란춘성' 앞에 긴 사설이 있었는데, 사계축 발쟁이인 박춘경(朴春景, 생몰년 미상)이 다듬어 오늘에 전한다.[279] 이 작품은 판소리의 영

277) 정재호, 앞의 책, 『신구시행잡가Ⅰ-201』·『증보신구잡가Ⅱ-71』·『무쌍신구잡가Ⅱ-473』·『신구유행잡가Ⅱ-555』·『신찬고금잡가Ⅲ-26』·『특별대증보신구잡가Ⅲ-168』·『증보신구시행잡가Ⅲ-246』·『조선잡가집Ⅲ-449』·『현행일선잡가Ⅲ-527』·『시행증보해동잡가Ⅳ-20』·『조선신구잡가(조선속가)Ⅳ-260』·『남녀병창유행창가Ⅳ-435(1편)』·『남녀병창유행창가(2편)Ⅳ-456』·『신구유행창가Ⅳ-499』·『대중보무쌍유행신구잡가(Ⅰ)Ⅴ-26』·『가곡보감Ⅴ-304』·『정선조선가요집Ⅴ-428』·『조선고전가사집Ⅴ-617』『대중보무쌍유행신구잡가Ⅵ(Ⅱ)-30』.

278) 한편 이혜화가 소개한 『해동유요』(「『해동유요』 소재 가사고」, 『국어국문학』 96, 국어국문학회, 1986. pp.85~97)에 〈유산곡〉이 나온다. 잡가 〈유산가〉보다 의취(意趣)가 고상하고 품위가 있다. 〈유산가〉의 구조로 보기는 어렵지만 참고삼아 일부를 적는다.
"〈遊山曲〉 永滅下之人生이 名利아 關係ᄒᆞ랴 沙場을 도라보고 石逕의 杖을집퍼 百尺之飛流은 九天河 ᄂᆞ리는 듯(…인용자)香ᄂᆡ나는 취닙과 아희손 고사리을 내 손조 ᄡᅡ여단가 土醬국에 달여내여 서홉밥 半만 덜어 냥ᄶᅥ지 먹근 後의(…인용자)어드면 듁이요 못 더드면 굴믈망정 美哉라 님ᄌᆞ 업슨 風景과 홈긔 늙쟈 ᄒᆞ노라"

향보다는 가사의 형식을 바탕으로 하고 양반가사가 갖는 강호한정의 내용이 서민가사의 특징인 서정의 다양화로 변이된 작품으로 보인다. 즉 4음보격 1연 중첩이되 6음보격도 첨입되어 있으며, 그 내용을 볼 때 봄을 맞아 죽장망혜(竹杖芒鞋) 단표자(單瓢子)로 산천 구경을 나서 창송취죽(蒼松翠竹)과 기화요초(琪花瑤草), 새와 나비, 원산(遠山)과 층층의 기암(奇巖) 등 강호한정을 노래하고 있다. 또한 "기암은 층층 장송은 낙락~"부터는 생동하는 자연을 사실적인 묘사로 그려내고 있으며, 의인법과 의성어・태어의 사용, 동태적 의미를 지닌 어휘의 나열 등 매우 실감나는 표현을 통해 역동적으로 표현하고 있다. 이러한 표현법에 근거한 가창은 유흥공간에서 흥을 돋우는 데 매우 적절했을 것으로 보인다.

㉶ <평양가(平壤歌, 갈가타령)>[280]

갈가보다 가 갈가나 보다 임을 싸라셔 임과 두리 가리 갈가나 보다 지친 밥을 모리 못다를 먹고 임을 싸라셔 임과 두리 가리 갈가나 보다 부모 동싱 다 리별을 허고 임을 싸라셔 임과 두리 가리 갈가나 보다 불 붓는다 부불리 불 붓는다 평양셩닉 블리 블 붓는다 평양셩닉 블리 블 붓트면 월션이 집이 부블리 블갈셰라 월션이 집이 블리 블 붓트면 륙방 관속이 부블리 블 써죽가 가셰 가셰 노리 놀다를 가셰 월션이 집이 노놀리 놀다 가셰 월션이 나와 사사(소)미를 잡고 가셰 가셰 어셔 드러가셰 놋소 놋소 노놋소구려 쌔러진다 에 쌔러진다 쌔러진다 징녕 소미 도동이동 쌔러진다 층침 대침 다 굴나를 닉여 셰모시 당ᄉ실로 가 가가 감쳐 즙셰

<평양가>의 내용은 두 부분으로 구성되어 있다. 첫 부분은 사랑하는 임을 따라 가고자 하는 간절한 내용이고, 두 번째 부분은 평양 기생 월선이네 집에 놀러가자는 야유랑(冶遊郞)의 궂노래이다. 평양의 명기(名妓)인 월선이의 이름은 평양지역 기생들의 자랑이었는지, 선소리패에도 월선이가 있으며, 평양예기조합을 설립한 이 또한 이름을 월선이라 붙였다.[281]

279) 성경린, 「서울의 속가」, 『향토서울』2, 1958. pp.53~54.
280) 이용기, 앞의 책, p.308.
281) 김영희, 앞의 책, p.289.
월선- 평양기생계의 제 일위를 차지한 기생은 월선이라(…인용자) 이 월선이는 본시 평양 성장으로 열두살(1904)에 기생이 되었고, 열여섯살(1906)에 평양예기조합을 설립하고 그 조합간사가 되어….

노래의 내용 가운데 기생 월선이와 육방관속(왈짜), 놀다 가라는 표현 등을 볼 때 판소리 <춘향가> 가운에 일부 사설을 가져와 기생들의 삶을 투영한 것이 아닌가 한다.

<평양가>는 오래된 예스런 소리로써 담담한 꺾임으로 시종일관 같은 음조(音調)로 전편(全篇) 11절을 노래하고 있다. 이러한 소박하고 고졸한 것이 <평양가>의 이름을 높이 했다.[282]

㉳ <선유가(船遊歌, 가세타령)>[283]

가셰가셰 ᄌᆞ네가셰 가셰가셰 놀너를가셰 ᄇᆡ를타고 놀너를가셰 지두덩기여라 둥게둥덩덩시루 놀너가셰 압집이며 뒤집이라 각위각집 가인네들은 장부 간장 다녹인다 동사월 계삼월아 호양도봉봉 도라를 오소 에남나 에 일손이 돈밧소 가든님은 이졋는지 꿈에ᄒᆞᆫ번아니뵌다 ᄂᆡ아니 이졋거든 졘들셜마 이질쇼냐(…인용자) 나는쥭네 나는쥭네 님ᄌᆞ로ᄒᆞ야 나는쥭네 나쥭는쥴 알냥이면 불원쳔리ᄒᆞ련마는 동삼월겟마월 회양도봉봉도라를 오소 에나에일손이 돈밧쇼 박랑ᄉᆞ중쓰고남은철퇴 텬하장ᄉᆞ 항우를쥬어 ᄭᆡ치리라 ᄶᅢ치리라 리별두ᄌᆞ를 ᄭᆡ치리라 가셰가셰ᄌᆞ네가셰 가셰가셰 놀너를 가셰 ᄇᆡ를타고 놀너를가셰 지두덩기여라 둥게둥덩뎡시루 놀너를가셰

12잡가 가운데 판소리의 영향을 받은 노래를 제외한 <평양가>, <선유가>, <월령가(달거리)>는 민요에서 변한 노래로 보인다. 이는 여음의 존재를 볼 때 더욱 그러하다. "가셰가셰 ᄌᆞ네가셰 가셰가셰 놀너를가셰 ᄇᆡ를타고 놀너를가셰 지두덩기여라 둥게둥덩덩시루 놀너가셰"라든가 <월령가>의 후렴구인 "이 신구 저 신구 잠자리 내 신구 일조낭군이 네가 내 건곤이지 아무리 하여도 네가 내 건곤이" 또는 "좋구나 매화로다 어야 더야 어허야 에- 디여라 사랑도 매화로다" 등으로 볼 때 서도민요인 <난봉가>·<수심가>류 사설과 민요 <매화타령>의 후렴을 가져와 경기소릿조로 부른 것으로 보인다.

---

282) 성경린, 앞의 책, p.61.

283) 정재호, 앞의 책, 『신구시행잡가Ⅰ-210』·『증보신구잡가Ⅱ-78』·『무쌍신구잡가Ⅱ-479』·『신구유행잡가Ⅱ-559』·『신찬고금잡가Ⅲ-42』·『특별대증보신구잡가Ⅲ-144』·『증보신구시행잡가Ⅲ-252』·『조선잡가집Ⅲ-452』·『시행증보해동잡가Ⅳ-26』·『조선신구잡가(조선속가)Ⅳ-265』·『남녀병창유행창가Ⅳ-462(2편)』·『대중보무쌍유행신구잡가(Ⅰ)Ⅴ-43』·『정선조선가요집Ⅴ-432』·『대중보무쌍유행신구잡가Ⅵ(Ⅱ)-47』.

이러한 사설의 차용과 혼효로 볼 때 20세기 이후 형성된 노래로 볼 수 있으며, 특히 민요의 후렴과 내용을 가져온 것을 감안하면 민요계열 잡가의 주 담당층인 일패기생 역시 이 노래와 관련되었을 것이다.[284]

4 휘모리잡가[285]

1) 담당층

사설시조에서 영향을 받아 형성된 휘모리잡가의 담당층은 서민 가운데에서도 물건을 만들고 파는 것을 업으로 삼던 공장(工匠)이들이었다. 사설시조의 주담당층을 중인 가객과 기생, 사대부를 포함한 경화사족 등으로 간주할 때,[286] 신분상의 차이와 문화공간의 이질성이 뚜렷하게 나타나지만 공장이들은 가사와 시조, 휘모리잡가 등을 두루 향유했다.

조선 중기까지만 해도 관청에 소속된 수공업자가 많았었는데, 조선 후기 이후 서울에는 사영수공업이 성장하여 순전히 사영수공업자인 사장(私匠)도 등장한다. 이들은 양반들의 사치품을 주문받아 생산하기도 하였지만, 주로 일반인들이 사용하는 생활필수품을 생산하여 시장에 팔았다. 그러한 물품 중에는 놋그릇(鍮器)·갓·가죽신 따위가 있었다.

이들 수공업자들 중에는 상인들의 통제를 받지 않고 스스로 물주가 되어 독립된 자기의 자본으로 장인을 고용하여 생산하고 또 판매를 하는

---

284) 성경린, 앞의 책, pp.62~64.
品位가 떨어진대서 입에도 아니하면 雜歌를 이제는 이것을 못부르면 도리어 行世가 어려웠던 妓生道를 地下에 누은 三牌 아가씨가 어떻게 생각했을까? 歌舞書畵와 깨끗한 志操의 이름이던 妓生도 쏠리는 時流를 거슬릴 수는 없었다. 찾는 이 없는 노래나 歌詞를 다듬기 보다는 혼자 불러도 즐겁고 누구고 좋아하는 雜歌를 꺾기는 것이 영악했다. 雜歌니까 좋고 雜雜歌는 더욱 좋아서 興旺하였다. 달거리는 그런 雜雜歌의 하나이다.

285) 이하에서 언급되는 휘모리잡가 관련 내용은 졸고(전계영, 「휘모리雜歌 일고찰-〈굼보타령〉·〈바위타령〉을 중심으로」, 『개신어문연구』제24집, 개신어문학회, 2006.; 전계영, 「맹꽁이타령 노랫말의 의미」, 『한국민요학』29집, 한국민요학회, 2010.; 전계영, 「휘모리잡가의 지향」, 『우리어문연구』41, 우리어문학회, 2011.)를 통해 논의한 바 있으며 본 논문의 흐름에 필요하다고 판단되어 요약 정리한 것임을 밝힌다.

286) 이수곤, 「사설시조의 통속문학적 성격 연구」, 서강대학교 박사학위논문, 2005.

경우도 있었다. 즉 당시의 공장이들 물건 생산과 함께 판매하는 상인의 역할도 병행했던 것이다. 이들은 여타의 사람들보다 다양한 정보 수집을 통한 자신들의 위치 및 권리 확보에 노력했을 것이며, 경제적 이권에 관심을 기울일수록 시류의 흐름과 세태, 행정·조세제도 등에 민감했을 것으로 판단된다. 따라서 이러한 삶을 영위하는 사람들의 의식에는 비판적, 풍자적 성향과 자기 보호에 대한 의지가 있었음을 어렵지 않게 예측할 수 있다.

그러나 기실 휘모리잡가와 공장이의 직접적인 상관성은 밝혀지지 않은 실정이며, 다만 다음 글에 근거하여 수용할 따름이다.

> 휘몰이雜歌는 長型時調에서 影響을 받았으되 그 原形을 찾기 어려울 만큼 익살과 결말로 終始一貫하며, 促急하게 휘몰아치는 한 개 엮음 노래로 時調와 血緣을 가지면서 서울의 긴 雜歌의 對가 되는 노래라 하겠다(…인용자) 서울바닥에서 雜歌라는 것은 俗謠의 汎稱이라기보다도 遊山歌·赤壁歌·鸞子歌·달거리·平壤歌·小春香歌·執杖歌·刑杖歌·十杖歌·船遊歌·出引歌·房物歌의 十二雜歌를 指稱하는 것으로 이를 따로 긴 雜歌라고 한다. 서울 四契축 卽 只今 靑坡洞 一帶에 자리잡고 있던 三牌바닥의 이와 같은 雜歌 外에 휘모리 雜歌라는 別個 形式의 戱樂이 있다.(…인용자) 현행 歌曲이나 時調에도 이런 노래가 傳唱되고 있다.
>
> 이와 같이 志高閑遊하던 階層의 人士들이 있고, 그들이 至樂하던 音樂이 따로 있었던가 하면, 서울 各處에 集團的으로 分布하고 있던 山打令牌, 三牌바닥의 閑良 「채밥」이니 「짠지패」니 하는 慾된 別名을 가진 픕팔이 소릿군 等 소리를 專業으로 하던 歌人들이 있었다.
>
> 이 밖에도 手足을 놀려야만 生計를 營爲할 수 있고, 그러면서도 입이 閑暇한 工匠이들이 있다. 긴 雜歌」의 大部分이 三牌바닥에서 불리운 듯이 휘모리 雜歌는 그런 工匠이들을 中心으로 盛昌되었다고 한다. 그들은 하루 일을 마치고, 밤이면 아모개의 사랑방을 찾거나, 그렇지 않으면 변변ㅎ지 못한 公廳을 찾게 된다. 그들이 모인 자리에는 絲竹의 구색이 있을 까닭 없고, 귀 너머로 익힌 歌詞나 時調 한마디씩 돌린다. 歌詞나 時調가 판 돌면, 다음은 그들의 장끼인 雜歌를 내세우고, 破場에 이르러서는 依例 휘모리雜歌로서 웃음을 터뜨리고, 이럼으로써 하루의 고달픈 疲勞를 풀며 자리를 털고 일어 서는 것이었다.[287]

287) 張師勛, 「엇時調와 辭說時調의 形態論」, 『白性郁博士頌壽記念佛敎學論文集』, 東國大學校 白性郁博士頌壽記念事業委員會, 1959. pp.788~792.

그런데 위 내용을 보면 공장이가 부르는 노래가 휘모리잡가에만 한정되지 않는다. 그들은 일을 마치고 사랑방이나 공청을 찾은 후 처음에는 가사나 시조를 부르고 이후 잡가를 부르다가 마지막에서야 휘모리잡가를 불렀다고 한다. 즉 이들은 '志高閑遊하던 階層의 人士'들이 부르는 가곡(歌曲)과 시조(時調)를 향유한 것이다.

이는 그들의 생활환경에서 찾을 수 있지 않을까 한다. 우선 그들이 살고 있는 사계축의 경제적 여건을 고려할 수 있다. 청파동은 용산방에 속하는데, 이 지역은 이미 19세기 초부터 전국의 물자가 유입되는 한강과 조선 최대의 소비도시인 한양을 잇는 곳에 위치하여 상업과 일고(日雇)가 발달하였으며, 그 자체로는 만초천변(蔓草川邊)으로써 고수익성 채소경작지였다.[288] 이러한 경제적 부유함을 토대로 타 지역에 비해 수월하게 가창환경이 조성되었을 것이다. 그리하여 이 지역의 가창 집단을 우대가객 집단과 구별하여 평민가객 집단으로 설정하기도 한다.[289] 또한 그들의 직업을 눈여겨 볼 필요가 있다. 공장이는 사영수공업자도 있지만 관영수공업자도 존재한다. 그들은 관 소속으로써 관청의 중인 하리들과 친분 형성이 가능했을 것이고, 그들과 함께 또는 그들로부터 노래를 배웠을 가능성을 배제할 수 없다. 장사훈 역시 휘모리잡가의 담당층으로 공장이를 언급한 것은 시조 담당층이 중인 계층이라는 점과 특히 금사(琴師) 김성기(金聖器)의 직업[290]을 고려해서 추정한 것이 아닌가 한다. 관청에서 공장이로 지내며 어느 정도 시조에 대한 조예를 지니게 된 이들이 영외로 나와 가사와 시조를 부르고, 흥을 더하기 위해 곡조에 변화를 주는 과정에서 새로운 형태의 노래인 휘모리잡가가 형성된 것으로 추정할 수 있다.

---

288) 신경숙, 「'사계축 소릿꾼' 발생에서의 지역적 특성」, 『한성어문학』 제29집, 2010, pp.49~71.

289) 이보형, 「조선후기 정가집단의 유형과 성격-평민정가집단을 중심으로」, 『동양음악』 24, 서울대학교 동양음악연구소, 2002, pp.149~167.

290) 이우성 · 임형택, 앞의 책, pp.209~211.
금사(琴師) 김성기(金聖器)는 원래 상방궁인이었다.…비파를 뜯게 하였더니 영산곡(靈山曲)을 변조(變調)로 하는데[靈山變徵之音] 손들이 모두 슬퍼 눈물을 흘렸다.

이상에서 언급한 사당패(선소리패), 사계축과 삼패기생, 일패기생, 공장이 등의 잡가 담당층 가운데 인물이나 솜씨가 보다 뛰어난 자들이 극장 무대에 전격 발탁되어 1902년 연희무대인 희대(戲臺), 1903년 연희무대를 관장하는 협률사(協律社),[291] 1907년 광무대와 단성사, 1908년 연등사 등 극장 무대 공연은 물론 유성기 음반 제작과 활판본 가집 출판, 그리고 라디오 방송 등에 전격 출연하게 된다.

특히 1902년 고종 재위 40주년 기념행사가 연기되어 1903년 치른 칭경식 행사에 참여한 소리꾼을 보면 판소리 명창인 김창환을 주석으로, 송만갑 · 이동백 · 강용환 · 염덕준 · 유공렬 · 허금파 · 강소향 등과 경서도 잡가 명창인 박춘재 · 문영수 · 이정화 · 홍도 · 보패 · 강진 · 연연 등 170여 명이었다.[292] 이를 통해서도 알 수 있듯이 이미 20세기 초에 인기 있는 명창들은 널리 알려진 상태였으며, 그 가운데 적당한 자를 선택하여 예식에 쓴 것이다.

당시 극장 무대 최고의 인기 연행자는 단연 박춘재(朴春載, 1883~1950)를 꼽을 수 있다. 그는 가곡, 시조에서 출발하여 잡가에 이르고 심지어 통속 민요와 재담 소리까지 불렀다.[293] 그의 인기는 위로는 고종황제로부터 총애를 받고,[294] 아래로는 일반인 다수의 우상이 되었다. 그의 노래는 극장 공연에 머물지 않고 1910년대 이후 발간되는 가집[295]과 유성기 음반[296]으로 제작되어 나온다. 이렇게 잡가집과 유성기 음반에 실

291) 박애경, 앞의 책, p.53.

292) 이창배, 앞의 책, p.165.

293) 손태도, 「경기명창 박춘재 論」, 『한국음반학』Vol.- No.7, 한국고음반연구회, 1997, pp.131~194.

294) 이서구, 『세시기』, 배영사, 1969, pp.58~62.
"고종 황제는 서울 소리꾼 박춘재(朴春載)를 대전별감(大殿別監)으로 특채하여 색차지(色次知)로 임명했다. 박별감은 목청이 곱고 신수가 깨끗하고, 말 재주가 멋드러져 그 거드럭거리는 맵시는 천하 명물이었다."
손태도, 앞의 논문, p.138. 재인용.
"유치한 시대브터 신문의 풍류랑을 좃츠단이며 노릐와 음률을 억기넘어로 빅온 것이 일취월장ᄒᆞ여 그 형셰를 막지능어로다. 십오셰가 되던 ᄒᆡ에 젼한국 졍므시ᄃᆡ에 가무별감 즁에 일등으로 한참 호강을 ᄒᆞ얏을쎈 안이라 『매일신보』 1914. 5. 17.

295) 『정선 조선가곡(박춘재 구술)』, 『무쌍신구잡가(됴션뎨일류가긱박츈직군)』, 『증보신구시행잡가(박츈직 소리)』, 『신구현행잡가(말미에 박춘재 사진)』

296) 전계영, 앞의 논문, p.247.
박춘재와 관련된 음반은 일본축음기 상회1차(1911년. 일본 본사 동경) · 2차(1913년, 일본 동경) · 4차(1925년) 녹음과 일동축음기(1925~1928년) 녹음, 일축과 콜롬비아 합작(1926~1945년) 녹음, 그리고 그 외 6곡을 정리하여 동일 곡목을 제외하면 57곡의 노래가 녹음되었다.

린 노래들, 더 나아가 라디오 방송에서 선정된 곡목들은 가창 집단, 독자(청취자), 그리고 가집과 음반을 생산하는 제작자의 코드가 맞을 때 비로소 만들어진다. 다시 말하면 잡가의 당대 인기도를 보여주는 증거로 볼 수 있다.[297)]

한편 박춘재가 활동한 광무대에는 잡가와 관련된 소리꾼으로 삼패출신인 보패(寶貝)·홍도(紅桃)·강진(康津)[298)] 등이 있으며, 휘모리잡가의 이현익(李鉉翼)이 유명한데, 특히 그는 휘모리잡가를 지었다는 설도 전하고 있다.

> **이중에서 곰보타령·생매잡아·만학천봉·육칠월 흐린 날·한잔부어라 등은 청구영언(靑丘永言)과 같은 옛 가집에 전하는 시조 가운데서 일정투식(一定套式)의 해학적인 것을 골라 익살과 결말을 곁들인 것이고, 병정타령·순검타령·기생타령·바위타령·비단타령·맹꽁이타령은 1900년대 이후에 서울 풀무골(冶洞) 소릿군 이현익(李鉉翼)으로부터 비롯한다고 전해진다.**[299)]

이처럼 공연장 소리꾼들의 노래는 대중들의 사랑을 받게 되고 널리 유행하게 된다. 이러한 노래의 유행은 일반 수요자뿐만 아니라 생업을 위해 소리를 겸해야 하는 기생들에게도 영향을 주었을 것이다. 기생들은 시간이 날 때 극장을 찾아 인기 예인을 직접 보며[300)] 성공의 꿈을 키우고, 그들의 노래를 배우기 위해 잡가집과 음반을 구입하였으며, 노래가 숙달되면 이를 유흥공간에서 연행함으로써 자신들의 장기로 삼았을 것이다.

---

297) 고정옥, 앞의 책, pp.41~43.
"主로 舊世代人에게 愛好되므로 流行歌란 말이 適切하지않을지 모르되, 젊은 世代人에게 사랑을 받는 現代的流行歌와 똑같은 地位에 서는 것이라 할것이다.(…인용자)近來 市井에서 販賣되는 雜歌集에는 俗歌·歌辭·時調·民謠·流行歌等 모든 種類의 노래가 雜然히 收錄되어 있는데, 量으로 보아 亦是 내가 말하는 「俗歌」가 第一 많다. 이는 當然한 現象이며 노래에 對한 大衆의 需要가 舊態依然하단것의 證據다."

298) 이창배, 앞의 책, p.164.

299) 장사훈, 『국악총론』, 정음사, 1976, p.336.

300) 정충권, 「1910년대 《매일신보》 독자란에 나타난 극장과 관객에 대한 인식」, 『공연문화』제13집, 한국공연문화학회, 2006, pp.398~404. 재인용.
"요사이 각 연극장 부인셕에 츌몰ᄒᆞᄂᆞᆫ 하이카라 녀편네들은 엇지 그리 치사ᄒᆞ고 츅ᄒᆞᆫ지 그럴ᄯᅳᆺᄒᆞᆫ 사나희가 눈짓만 슬젹ᄒᆞ야도 곳줄 ᄯᅡ라온다나 셔방을 삼ᄂᆞ니나 굴멋ᄂᆞᆫ지 그만ᄒᆞ고 좀 뎡죠를 직히ᄂᆞᆫ 것이 엇더 「謹告生」《매일신보》 1919. 9. 18. 「독자긔별」
… 요ᄉᆡ 연극장에ᄂᆞᆫ ᄉᆞ나희보다, 녀편네 구경군이, 엇더케 만흔지, 밤이면 테를 메이게 된다나요 에구 참 「觀劇生」《매일신보》 1914. 2. 8. 「독자긔별」

잡가 담당층들의 극장공연은 그 나름의 의미가 있겠지만, 인기 있는 소리꾼의 유명세를 등에 업고 활판본 가집의 출간이나 음반제작을 통해 잡가가 대중에게 확산되는 데 기여했다는 점에 더 큰 의의를 둘 수 있다.

이러한 대중화는 상업적 이익 추구의 결과이다. 그리하여 잡가의 변형인 신민요가 나타나거나 음반 제작을 위해 의도적으로 노래를 편집하는 경우가 나타나기도 하였다. 또한 지방에서 서울로 향했던 잡가의 이동 방향이 서울 극장의 특정 인물의 노래가 흥행하면서 지방으로 전파되었다는 점에서, 1920년대 이후의 잡가는 서민들의 삶의 투영이라는 의미 생산은 중단되고 통속적 유희물로써만 존재하게 된다.

2) 예술적 특성

휘모리잡가는 <만학천봉>·<생매잡아>·<육칠월>·<한잔부어라>·<곰보타령>·<비단타령>·<맹꽁이타령>·<바위타령>·<병정타령>·<기생타령> 등 10곡이 대표적이다. 주지하다시피 이들 휘모리잡가는 사설시조에서 유래되었으며, 내용에 있어서는 사설의 골계성, 가창의 촉급성, 웃음을 통한 활력 제공 등을 그 특징으로 한다.301)

그러나 노랫말을 살펴보면 사설시조의 영향뿐만 아니라 판소리와 무가, 사설시조와 민요, 사설시조와 판소리의 노랫말이 섞인 작품도 있으며, 특정인에 의해 창작된 것으로 여겨지는 <바위타령>·<병정타령>·<기생타령> 등도 있다. 또한 작품을 통해 드러나는 미적 지향이 기존의 사설시조에서 나타났던 미의식과 다르게 나타나고 있다.

이러한 이유를 담당층의 변화를 원인으로 꼽을 수 있다. 사설시조의 주요 담당층은 중인 계층인 반면 휘모리잡가의 담당층은 하층의 공장(工匠)이들이었기 때문에, 노래를 통해 드러내고자 하는 지향점이 다르게 나타났던 것이다. 그리고 비평적 거리를 둔 모방으로 기존의 사설시조가 갖고 있던 구체적·자설적 면모에서 발전하여 서긘들의 삶의 모습이 여

---

301) 장사훈(1959), 앞의 논문, pp.788~792.
"6.휘몰이雜歌는 長型時調에서 影響을 받았으되 그 原形을 찾기 어려울 만큼 익살과 곁말로 終始一貫하며, 促急하게 휘모라치는 한개 엮음 노래로, 時調와 血緣을 가지면서… 歌詞나 時調가 판 돌면 다음은 그들의 장끼인 雜歌를 내 세우고, 破場에 이르러서는 依例 휘모리雜歌로서 웃음을 터뜨리고, 이럼으로써 하루의 고달픈 疲勞를 풀며 자리를 털고 일어 서는 것이었다."

과 없이 표현되고, 그러한 사실적인 표현에는 처세나 세태에 대한 서민들의 인식이 작품에 온전하게 투영되었다.

(1) 사설시조 관련 작품

사설시조와 관련된 휘모리잡가로는 <만학천봉>·<생매잡아>·<육칠월>·<한잔부어라> 등 4편을 들 수 있다. 이들 노래는 모두 첫 부분에 나오는 노랫말을 따서 제목을 붙였다.

㉮ <육칠월>302)

육칠월 흐린 날 삿갓 쓰고 도롱이 입고 곰뱅이 물고 잠뱅이 입고 낫 갈아 차고 큰 가래 메고 호미 들고 채쭉 들고 수수땅잎 뚝 제쳐 머리를 질끈 동이고 검은 암소 고삐를 툭 제쳐 이랴 어디야 낄낄 소 몰아가는 노랑 대가리 더벅머리 아희놈 게 존 섰거라 말 물어보자.

저접대 오뉴월 장마에 저기 저 웅뎅이 너개지고 숲을 져서 고기가 습북 많이 모였으니 네 조익 종다래끼 자나 굵으나 굵으나 자나 함부로 주엄주섬 얼른 냉큼 수이 빨리 잡아 내어 네 다래끼에 가득이 수북이 많이 눌러 담아 짚을 추려 마개하고 양끌 잘끈 동여 네 쇠등에 얹어 줄게 지날 영로에 우리 임 집 갖다 주고 전갈하되 마참 때를 맞춰 청파 애호박에 후추 생 결들여서 매음삼삼 달콤하게 지져 달라고 전하여 주렴.

우리도 사주팔자 기박하여 남의 집 멈(머슴) 사는고로 새벽이면 쇠물을 하고 아침이면 먼산나무 두세 번 하고 낮이면 농사하고 초저녁이면 새끼를 꼬고 정밤중이면 국문자나 뜯어 보고 한 달에 술 담배 결들여 수백 번 먹는 몸뚱이라 전할지 말지.

㉯ <만학천봉>303)

만학천봉 운심처에 석벽 굽은 길로 미록타고 호로병 차고 저 불고 불로초 메고 쌍상투 짤고 색 등걸이 입고 가는 저 아희야, 네 어디로 가자느냐 산 좋고 물 좋은데 앵무공작 비취봉황이 쌍쌍이 왕래하니 별유천지 비인간이라. 절승경개를 다 버리고 네 어디로 가자느냐. 게 좀 섰거라 말 물어보자.

채약하는 아희가 사업을 다 떨치고 태공자 효측하여 점심보습을 등에다 지고 세백사 가는 그물 삼절오죽에 벗을 삼아 구절죽 멧둑 깻묵 파리 밥풀 왼갖 미끼를 갖추 차려 조그만 주머니 넣어 차고 앞내 여울 오르는 고기, 뒷내 여울 내

302) 이창배, 앞의 책, p.249.
303) 이창배, 앞의 책, p.238.

리는 고기, 자나 굵으나 굵으나 자나 함부로 휘몰아 욹아 낚아 낚아 욹아 내어 종다래끼에 넣고 종다리에 담아 시내 강변 능수버들, 동으로 벋은 음버들 가지 에화지끈 우지끈 뚝딱 장단 맞춰 꺾어 내려 거꾸로 잡고 끝으로 서너잎 남겨 조로록 훑어 아가미를 남 보기 좋게 느슬느슬 꿰어 들고 가는 길에 석양세우 녹수풍에 은광이 고로 모여 은린옥척이 많이 노니 또 저 고기를 잡으랴면 우리 부모 호문 처자 끓이고 볶고 삶고 지져 때먹기가 늦어 가니 아나 예야 이 아희 야, 이 고기를 위선 먼저 너를 줄게 싫다마다 차탈피탈 핑계 사양 말고 지날 영로에 임의 집에 잠깐 들러 전하여 주렴.

그 아희놈 말 대답하는 말이 소동은 범간에 아희가 아니오라 천상의 선동으로 약발 가옵하옵다가 옥황상제 태상노군 원시천존 제대선관의 명을 받아 방장 봉래영주 삼신산 불로초와 불사약 면약 단약 선약이며 이화전 계초전을 다 두루 돌아가옵더니 일세를 살피오니 해는 거의 황혼이라 기운을 잠깐 차려 보습 쟁기를 고쳐 지고 부소 송악 쑥 들어가서 남원 산전 마저 갈고 갈 길이 장차 십만 팔천 리라고 전할지 말지

<육칠월>과 <만학천봉>은 '말물어보자~전하여 주렴~전할지 말지' 류에 속하는 노래로, 공간과 계층(신분)의 차이만 있을 뿐 대체적인 내용은 비슷하다. <육칠월>의 경우 공간은 농촌마을이며, 대답하는 자의 신분은 농사꾼(아희놈)으로 나타난다. <만학천봉>의 공간은 제목에서 보이듯이 깊은 계곡이며, 말을 묻는 자는 불분명한 반면, 대답하는 자는 선동(仙童)으로 나타나고 있다. 그리고 중심 내용은 지나가는 대상에게 말을 물어 부탁을 하고 그것을 들은 사람은 자신의 일 때문에 할 수 없이 거절한다는 것이다. 독특한 점은 두 작품 모두 두 번째 단락에 물고기를 잡는 내용이 있다는 점이다. '전하여주렴' 유형에 속하는 사설시조 작품 가운데 위와 같이 물고기를 잡는 내용이 나오는 작품을 찾아보면 다음과 같았다.

487

綠楊芳草岸에 쇼머기는 아희들아

압냇 고기와 뒷냇 고기를 다 몰쇽 자바내 다치에 너허 주어든 네 쇠궁치에 언저다가 주렴

우리도 밧비 가는 길히니 못가져 갈가 ᄒᆞ노라[304]

1353

압ᄂᆡ나 뒷ᄂᆡ나ᄃ中에 쇼먹이는 兒禧놈들아

압ᄂᆡ엣 고기와 뒷ᄂᆡ엣 고기를 다 몰쏙 잡아ᄂᆡ 다락끼에 너허 주어드란 네 쇠 등에 걸쳐다가 쥬렴

우리도 西疇에 일이 만하 쇼먹여 밧비 모라 ᄀᆞ옵는 길히오ᄆᆡ 傳헐ᄯᅩᆼ말ᄯᅩᆼ ᄒᆞ여라[305]

사설시조와 휘모리잡가의 노랫말을 비교할 때 전반적으로 의미는 유사하나, 휘모리잡가의 경우는 의성어와 의태어, 반복법, 강조법, 열거법 등을 사용하면서 사설이 확장되었음을 알 수 있다. 또한 사설시조의 경우 물고기를 잡는 것에 한정했는데, 휘모리잡가에서는 물고기를 잡아 음식을 만들어 먹는 과정까지 제시하고 있다. 즉 사설시조가 한적(閑寂)하게 고기잡이로 소요하는 모습을 그리고 있다면, 휘모리잡가는 구체적인 생활의 모습이 드러나고 있다.

휘모리잡가는 사설시조에서 유래한 이후 휘모리잡가만의 특성을 재생산하였다. 즉 유자들이 갖는 관념적 노래에서 탈피하여 현실세계를 있는 그대로 노래에 투영하고 변용을 시도한 것이다. 이러한 내용은 기존 가어옹(假漁翁)으로 표상되는 강호가도(江湖歌道)류 작품에서 여실하게 나타난다. 사설시조(평시조)에 나타난 강호자연에 대한 찬미가 휘모리잡가에서는 현실생활에 대한 예찬으로 바뀐 것이다.

국문학에 나타나는 강호자연과 귀전원의 공간은 유자들의 벼슬에서 물러나 유유자적하는 삶을 실현하는 곳이다. 이른바, 성리학적 도의 구현체인 것이다. 일반적으로 이러한 미의식은 평시조에서 많이 나타나지만 사설시조에도 산견된다. 그러나 휘모리잡가에는 이러한 관념적 이상이 존재하지 않는다. 앞서 언급한 물고기를 잡는 과정을 통해 쉽게 파악할 수 있다. 평민들의 어로(漁撈) 행위는 사대부의 어부가(漁夫歌)와는 이질적이다.

304) 정병욱, 『시조문학사전』, 신구문화사, 1966, p.121.
305) 정병욱, 앞의 책, p.319.

앞 내에 물이 주니 川獵을 하여 보세 해 길고 殘風하니 오늘 놀이 잘 되겠다 碧溪水 白沙場에 굽이굽이 찾아가니 水丹花 늦은 꽃은 봄빛이 남았구나 數罟를 둘러 치고 銀鱗玉尺 후려 내어 盤石에 노구 걸고 솟구쳐 끓여내니 八珍味 五侯鯖을 이 맛과 바꿀쏘냐[306]

인용문과 같이 평민들의 어로 행위는 물고기를 잡아 음식을 만들어 먹기 위한 것으로써, 자연과 벗한 유자의 입장과는 그 목적과 향유 양상이 다르다.

휘모리잡가에 나타난 자연은 도(道)를 추구하고 수신(修身)하는 공간에서 탈피한 현실세계이자 백성들의 자연적 유흥공간이다. 즉 강호자연을 바라보면서 성리학적(유학적) 이상을 꿈꾸기보다는 고기를 잡아 음식을 만들어 먹고 화자를 찾아온 벗과 한담(閑談)을 즐길 수 있는 공간으로 탈바꿈한다. 실제로 사설시조의 영향을 받은 잡가 작품들의 경우 유자(儒者)들이 '강호자연'을 선망하던 요인인 '귀거래(歸去來)'와 '현자피세(賢者避世)', '자연미의 발견(風流-賞自然, 永遠-規範性, 調和-餘白)'[307] 등이 나타나지 않고 있다.

<한잔 부어라>

한 잔 부어라, 두 잔 부어라, 가득 수북 철철 부어라.

면포잔포 유리 왜반에 대안주 곁들여 초당문갑 책상 위에 얹었더니 술 잘 먹는 유영이, 태백이 내려와 반이나 넘어 다 따라 먹고 잔 골렸나 보다. 기왕에 할 일 없고 할 수 없으니 남은 달 남은 술 정든 임 갖추어 가지고 부직군 작다구니, 생찌그랭이 다 따버리고 완월장취.[308]

휘모리잡가 중에서 길이가 가장 짧은 곡으로 기주(嗜酒)에 관한 노래이다. 노래의 내용은 술을 작정하고 마시려 했는데, 어느새 술 좋아하는 유령과 이태백이 반 넘게 마셔버려 조금밖에 남지 않았음을 아쉬워하고 있다. 그러나 이에서 나아가 어차피 적은 술일 망정 나를 괴롭히는 자들

---

306) 박성의 교주, 「농가월령가」, 『한국고전문학대계』9, 교문사, 1984, p.25.
307) 최진원, 『국문학과 자연』, 성균관대학교출판부, 1981.
308) 이창배, 앞의 책, p.259.

은 따돌리고 달, 술, 님과 함께 달구경을 하고 싶다는 내용이다. 이와 유사한 내용의 사설시조는 다음과 같다.

2282

흔잔을 부어라 가득이 부어련

포젼 왜반에 담아 뉴리잔에 가득 부어 아모도 몰니 뒤초당 문갑우희 언저더니 어늬 져를례 유령이 나려와 반이나 다 짤아 먹고 간나 보다 반준이로고나 벽공에 둥두렷흔 달이 반이나여 쥴어지고 반이 나마쓰니 틱빅이 깅싱흐야 나려와셔 집헛쁜 쥬령막디로 예화 즉슨 뚜다려셔 반이나여 쥴어지고 반이나 남앗나보다 반달이로고나

인제는 헐일이 업고 헐일이 업스니 남은 달 남은 술 가지고 졍든 임 더리고 부지군 쪽다 다 짜바리고 완월장취[309]

휘모리잡가의 특징으로 기존 시가보다 사설이 확장되는 것을 꼽는데, <한잔 부어라>의 경우는 오히려 사설이 축소되어 있다. 이를 통해 볼 때 타 시가와의 갈래간 교섭을 논할 경우 노랫말의 유사성 및 변이 양상을 논할 수는 있지만 작품 간의 선후(先後)를 논하는 것은 보다 정치한 논리와 논거를 제시하여야 할 것으로 판단된다.

(2) 판소리와 무가 관련 작품

판소리와 무가 관련 작품으로는 <비단타령>이 있다.

㉮ <비단타령>[310]

청색홍색 오화잡색 당물당 천 거래시에 동경 천이며 남경 천, 동양 천이며 서양 천이라.

동서양 거래시에 진속목속포속 천, 고물 신물 비단천, 송금대단 통비단, 오릉촉백 촉대단, 시면 좋은 남색단, 문이 많은 만화단, 일락서산 석양단, 소화신령 모초단, 청천월백 남색단, 무문영초 숙소단, 월문영초 대화단, 모본단, 영초단, 대화나단 여의단, 오색비단 (…인용자)물색이 좋아 쫓아오며 물건이 좋아 따라오며 인편이 좋아 쫓아오며 천종만물 거래시에 현책없이 따라들어 세구년심 해

309) 정병욱, 앞의 책, p.533.
310) 이창배, 앞의 책, p.260.

를 묵고 일구월심 철을 묵어 차시정 잠겨 있어 상방문전 빗세보고 중방문전 에워 보고 하방문전 바라보고 목항목항 숨어 보며 틈틈짬짬 끼워 보며 대문소문 빗세 보고 안뜰 밖뜰 드나들며 지붕마루 넘나들며 먹자던 귀(鬼), 쓰자던 귀, 기갈이 자심하고 초기가 막심하야 기다리고 바라던 귀, 야반삼경 조요한데 문틈으로 넘나든 귀 일락서산 저문 날에 지체 말고 가거스라.

<비단타령>은 여타의 휘모리잡가 창법과는 달리 경을 외는 조로 부른다. 청자에 따라서는 이야기책을 읽어나가는 듯한 송서식(誦書式)이라 말하기도 한다. <비단타령>은 제목처럼 각종 비단을 나열하며 노래하다가 마지막 부분에 와서 귀신 쫓는 경(經)을 읊는데, 이는 비단을 많이 사가지고 집으로 들어오면 비단에 귀신이 따라온다는 미신이 있었기 때문이라고 한다.

이 노래는 비단과 관련해서는 판소리와 연관되며, 축귀(逐鬼)와 관련해서는 무경(巫經) 가운데 '파경(罷經)'의 노랫말과 갈래 교섭이 있었던 것으로 보인다.[311] 파경은 덕담을 노래하는 안택경 다음에 나오는 것으로 제 귀신을 쫓아내는 내용인데, 굿을 할 때의 간절함과는 달리 휘모리잡가나 재담소리에 나오는 경 읽는 소리는 희극적인 면이 많다.

한편 비단타령에 나오는 비단 종류가 근래의 것이 없다는 이창배의 증언을 볼 때, 이 노래가 나온 시기는 구한말로 추정할 수 있다. 그 당시에 비단에 관련된 노래가 주로 판소리 <흥보가>에 나오고 있음을 감안하고, 흥보가 <비단타령> 대목이 신오위장 때부터 있어 왔다는 설을 수용한다면 이 노래의 발생은 짧게 잡아도 근 한 세기를 소급할 수 있을 것으로 보인다.[312] 곧 휘모리잡가 <비단타령>은 판소리에서 노랫말을 빌어다가 무경 또는 송서식의 곡조로 부른 것으로 볼 수 있다. 서도소리의

---

311) 〈파경(罷經)〉은 서도창의 한 곡명이다. 일명 '장님타령'이라고도 한다. '經을 끝낸다'는 뜻의 노래로 나쁜 귀신을 쫓는 玉樞經, 神將經 같은 경문을 주워 섬기다가 끝을 〈수심가〉 식으로 여미는 소리이다. 〈파경〉은 덕담만을 담은 안택경 다음에 반드시 연주되는데, 이 경문은 처녀, 총각, 홀아비, 과부 귀신과 가뭄에 죽은 귀신, 장마에 죽은 귀신을 쫓아내는 내용이 실려 있다.

312) 김진영 · 최동현, 『판소리 자료총서2 흥보가』, 박이정, 2000, p.179.
【안의리】
위에 기록한 비단타령은 고(故) 박록주 선생 가사라고 할 수 있으며 요즘 대개 이리 하는데 고 김창환 의관선생님이 전수하여 주신 비단과 세간타령은 지금에 좀 귀하게 되었기로 다시 한번 불러볼까 하는 바이오며 김창환(1848~1933) 선생 생존시에 하신 말씀이 고창 신재효(1812~1884) 선생님의 가사로 자기의 작곡을 병행하였다는 말씀을 들었음.

한 가지인 <배뱅이타령>에도 <비단타령>이 나오는 것을 보면 당시 서도지방 출신 소리꾼들이 보다 적극적으로 수용했을 가능성이 있다.

(3) 사설시조와 판소리 관련 작품

사설시조와 판소리 관련 작품으로는 <곰보타령>이 있다.

㉮ <곰보타령>

칠팔월 청명일에 얽고 검고 찡기기난 바둑판 장긔판 곤우판갓고 멍셕 덕셕 방셕갓고 쳘등(鐵燈) 고셕믹 씌암장이 발뜽갓고 우박 마진 지덤이 쇠똥갓고 즁화젼 털망갓고 진ᄉ젼 상기동 신젼마루 연쥭젼 좌판갓고 한량에 포딕관역 남게 안진 맴이 잔등이갓고 상하미젼 멍셕 호망 쥰오 관이쫙갓고 뎐보 뎐간 뎐긔등 불 죵갓고 경상도 문경시지로 너머오는 진상 쑬항아리 쵸병갓치 아쥬 무쳑 얼고 검고 플은 즁놈아 네 무슴 얼골이 어엿부고 쪽똑ᄒ고 딥ᄌᄒ고 얌젼ᄒᆫ 얼골이라고 시닉가로 닉리지 마라 쒼다 쒼다 고기가 너를 그물 베리만 너겨 슈 만은 곤쥥이 쪠 만은 숑사리 눈 큰 쥰치 키 큰 장딕 머리 큰 도미 살찐 방어 누룬 죠긔 넙젹 병어 등곱은 식오 그물 벼리만 여겨 아됴 펄펄 뛰여 넘쳐 다라나는고나 그즁 음옹하고 닉숭ᄒ고 숭물ᄒ고 숭칙시러운 농어는 가라안ᄌ셔 슬슬313)

819

바독 걸쇠갓치 얽은 놈아 졔발 비ᄌ 네게
물가의란 오지 말라 눈 큰 쥰치 헐이 긴 갈치 두루셔 메육이 츤츤 감을치 文魚의 아들 落蹄 넙치의 쏠 가잠이 빅부른 올창이 공지 결레 만ᄒᆫ 권장이 孤獨ᄒᆫ 빅암장 집치갓튼 고릭와 바늘갓ᄒᆫ 숑ᄉ리 눈 긴 농게 입 쟉은 甁魚가 금을만 넉여 플플 쐬여 다 달아나는듸 열업시 상긴 烏賊魚 둥기는듸 그놈의 孫子 骨獨이 익쓰는듸 바소갓튼 말검어리와 귀纓子갓튼 杖鼓아비는 암으란 줄도 모르고 즛들만 ᄒᆫ다
암아도 너 곳 겻틔 셧시면 곡이 못잡아 大事ㅣ로다314)

200

ᄇᆡ독 ᄇᆡ독 뒤얽어진 놈아 졔발 비쟈 닛ᄀ에란 셔지 마라
눈 큰 쥰티 허리 긴 갈티 츤츤 감울티 두룻쳐 메오기 넙쪄ᄒᆫ ᄀ자미 등 곱운 식오 져레 만ᄒᆫ 곤쟝이 네 얼굴 보고셔 그물만 넉여 플플 뛰여 ᄃ ᄃ라나는듸

313) 정재호 편,『주해 악부』, 고려대학교 민족문화연구소, 1992, pp.263~264.
314) 정병욱, 앞의 책, p.200.

열업시 슴긴 烏賊魚 둥ᄀᆡᄂᆞᆫ고야
眞實로 너 곳 와셔 잇시면 고기 못잡아 大事ㅣ로다[315]

위의 첫 번째 작품은 휘모리잡가 <곰보타령>이고, 가번 819와 200은 사설시조 <바독 걸쇠갓치>와 <ᄇᆞ독 ᄇᆞ독>이다. 사설시조는 얽은 놈이 냇가에 오면 고기들이 그물인 줄로 착각하여 도망하므로, 고기를 잡지 못하여 큰일이라면서 얼굴이 얽은 사람을 놀린다는 내용으로 되어 있다. 반면에 휘모리잡가 <곰보타령>은 인물을 '중'으로 지목하고 있다. 이는 당시 '승(僧)'에 대한 부정적인 인식을 드러내는 것으로 이해할 수 있다. 즉 종교적으로 고귀한 신분임에도 타락한 삶을 살아가는 스님과 스님의 흉내를 내고 다니던 사당패의 모갑이, 탁발승을 땡땡이중이라 부른 것, 그리고 이와 관련하여 일반 승려들조차 '화청(和請)'에 대한 조사 시 극구 회피했다는 사실과 화청승으로 불리는 것조차 꺼려했다는 내용이 그 예이다.[316]

이 노래에서 특히 눈여겨 보아야 할 부분은 기존의 사설시조에서 지탄의 대상으로 등장하던 '烏賊魚'가 '농어(로어鱸魚)'로 변했다는 점이다. 오징어의 속성은 '겁이 많아 쩔쩔매는(둥ᄀᆡᄂᆞᆫ고야)'으로 표현했으며, 농어는 "음옹하고 너슝ᄒᆞ고 슝물ᄒᆞ고 슝칙시"럽다고 하였다. 성품이 변할 리 없는 농어는 지금도 눈치를 보며 보이지 않는 저 밑바닥에서 또 다른 기회를 노리고 있다. 곧 농어는 위에 나타난 우왕좌왕하며 한 치 앞을 내다보지 못하는 어리석은 인간 군상하고는 또 다른 부류로 표현되고 있다. 직접적인 피해 상황에 맞닥뜨리지 않았지만 무엇인가 이익을 얻기 위해 그 자리를 떠나지 않고 상황을 살피고 있는 것이다.

둘 다 부정적인 대상이지만 그 속성은 변화되었다. 그렇다면 왜 부정의 대상이 바뀌어서 나타나고 있을까? 이 부분에서 특히 주목해야 할 것은 '오적어'라는 소리값이다. 이는 '을사오적(乙巳五賊)'의 '오적'과 음이 통한다. 농어는 귀머거리 '농(聾)'과 당시 청나라, 일본과 함께 조선을 넘보던 러시아의 한자어 '로서아(露西亞)'의 '로(露)'와도 음이 통한다.

주의를 기울여 살펴야 할 것은 노랫말 가운데 '오적어'의 존재 여부다.

---

315) 정병욱, 앞의 책, p.200.

316) 김종진, 「불교가사의 유통 연구」, 동국대학교 박사학위논문, 1999. pp.25~26.

18세기에 출간된 『청구영언』과 『해동가요』와 20세기 이후 일본에서 발간된 김소운의 『언문 조선구전민요집』이나 일본 축음기 상회와 미국 빅터사의 합작회사인 빅터사나 콜롬비아사 음반의 경우에는 '오적어'로 표기되었다. 1960년 이후 발간된 『가요집성』이나 『한국가창대계』 역시 '오적어'로 나타나고 있다. 그런데 정재호 편 『한국속가전집』에 수록된 작품 중 1910년대 가집과 『고대본 악부』(1933)에는 '오적어'란 표기가 발견되지 않는다. 이러한 현상의 원인으로 일제의 검열에 의한 노랫말의 삭제(또는 변경)를 가정할 수 있다.

일제는 1904년 2월 러일전쟁 직후부터 우리나라 인쇄물에 대한 검열을 시작하였고 한일합방 전 대한제국 시대에는 신문을 조판한 다음에 대장(臺帳)을 가지고 일본 헌병사령부에 가서 검열을 받은 후에 인쇄를 하도록 되어 있었다. 특히 '을사오적(乙巳五賊)'의 장본인인 이완용 내각이 1907년 7월 24일 법률 제1호로 공포한 '신문지법(광무신문지법)'으로 언론통제가 한층 강화된 점을 상기하면 자신에게 붙여진 치욕스런 이름, 또는 그 비슷한 명명의 삭제는 얼마든지 가능했으리라 생각된다. 그러다가 을사오적의 주범인 이완용 死後(1926)에, '오적어'란 노랫말이 다시 불린 것이 아닌가 한다. 외국 출판물에서 '오적어'가 나타나는 것은 조선에서의 검열보다는 그 정도가 미약했으리라 생각되며, 이완용이 죽은 이후이기에 관심의 정도가 미흡했거나 정치적 이유로 간과했을 수 있기 때문이다.

이 노래에서 흥미 있는 부분으로 어류들의 이름을 겉모습이나 특징을 들어 함께 나열하고 있는 대목이다. 이는 판소리 수궁가에도 나타난다.[317]

<수궁가>

잦은몰이

승상은 거북 승지는 도미 판서 민어 주서 오징어 한림 박대 대사성 도루목 방첩사 조개 해운군 방게 병사 청어 군수 대구 현감 홍어 조부장 조기 부별 낙지 장대 승대 청다리 가오리 좌우 나졸 근근 모조리 상어 솔치 눈치 준치 멸치 삼치 가재 개구리까지 명을 듣고 어전에 입시하야 대왕에게 절을 꾸벅꾸벅[318]

317) 정충권, 「휘모리잡가와 판소리의 공통특질」, 『판소리연구』, 판소리학회, 2004. pp.202~203.

판소리에 나타난 어류는 조정대신을 비롯한 관인이며 휘모리잡가에 나타난 어류는 수많은 어종의 의미이다. 이 어류들은 인간을 빗대고 있음은 자명하다. 문무자(文無子) 이옥(李鈺, 1760~1812) 또한 <물고기를 읊은 부(魚賦)>를 통해 어류와 인간을 빗대어 표현한 것을 보면 당대에 이러한 표현법은 널리 쓰인 듯하다.[319]

(4) 창작품

20세기 초 창작으로 여겨지는 휘모리잡가에는 <바위타령>, <병정타령>, <기생타령> 등이 있다. 이중 <바위타령>은 『악부』에 1편,『한국속가전집』에 11편,[320] 『한국가창대계』에 1편이 전하며, 그 내용은 대동소이하다. 장사훈이 박춘재에게 들은 바에 의하면 이 노래는 풀무골 이현익이 지었다고 한다.

㉮ <바위타령>[321]

빅 곱파 지은 밥이 뉘도 만코 돌도 만타 그 밥에 엇던 돌이 드럿더야 쵸(初)벌노 식문안 거지바위 문턱바위 문바위 둥구직 빗곱바위 안바위 밧바위 유각골로 나려 필운딕 삿갓바위 남산 쇠소리바위 의오기 걸바위 너분바위 쌍룡졍 기즛바위 봉학뎡 벼락바위 모화관 션바위 홍지원 치마바위 숫돌바위 남문에 잔바위 우슈직 두텁바위 헌다리 쌍바위 숨기 병바위 길마직 말독바위 김포로 감바위 통진 붉은 바위 이틔원 셕바위 과쳔 관악산 념불암 쇠쇼바위 안지바위 형제바위 슈원 한나루 영웅바위 광듀 서셩바위 이쳔은 곤지바위 음죽은 안바위 녀

318) 정병욱, 『한국의 판소리』, 집문당, 1993, p.398. (박초월 창)

319) 이옥 지음/실시학사 고전문학연구회 옮기고 엮음, 『완역 이옥전집』1, 휴머니스트, 2009, pp.81~83. "물이 하나의 나라라면 용은 그 나라의 임금이다. 어족 가운데 큰 것으로 고래・곤鯤・해추海鰍 같은 것은 그 임금의 내외 여러 신하이고 그 다음 메기・잉어・다랑어・자가사리 종류는 또 서사胥史・이예吏隷의 무리이며 그 밖에 크기가 한 자가 못 되는 것은 곧 수국水國의 만백성들이다. 그 상하에 서로 차서가 있고 대소에 거느림이 있는 것은 또 어찌 사람 세상과 다르겠는가? (水者一國也 龍者其國之君也 魚之大而若鯨若鯤若海鰍者 其君之內外諸臣也 其次而爲鰋鯉鮪鱨之類者 又其胥史吏隷之倫也 外此而大不能盈尺者 卽水國之萬民也 其上下相次大小相統者 又何異乎人也….)"

320) 『신구시행잡가Ⅰ-240』・『증보신구잡가Ⅱ-125』・『무쌍신구잡가Ⅱ-496』※(박춘직소리)・『신구유행잡가Ⅱ-582』・『신찬고금잡가Ⅲ-44』・『증보신구시행잡가Ⅲ-273』・『현행일선잡가Ⅲ-558』※(박춘직소리)・『시행증보해동잡가Ⅳ-41』・『신구현행잡가Ⅳ-175』※(후면謹告박춘직소리)・『남녀병창유행창가Ⅳ-483(2편)』・『대중보무쌍유행신구잡가(Ⅰ)Ⅴ-52』・『대중보무쌍유행신구잡가Ⅵ(Ⅱ)-56』.

321) 이용기, 앞의 책, p.325.

쥬 언바위 양근 덕바위 황히도로 나려 금천 쉴바위 연안 근돌바위 셔흥 병풍바위 동셜령 식남 찍걱바위 황쥬 족두리바위 평양 감영 장경문 안 쇠바위 썩바위 슌안 셰바위 슉천 허바위 도루 올나 한양 경셩 뎡토 졀 법당 안에 기젓바위 셔강에 농바위 갓튼 동멩이 갓흔 밥에 쳥딕콩 둔 드시 듬셩 듬셩 빅역수나 그 밥을 먹고 나셔 누른밥을 훌트랴고 솟 뚝겅을 열고 보니 히틱 한 쌍이 긔여 나온다

이 노래는 각 지역의 바위를 열거하는 것이 밥과 관련하여 묘한 뜻을 내포하고 있다.[322] 음악적으로는 여타의 휘모리잡가와 달리 종장에 가서 시조창법을 쓰지 않고 노랫가락·창부타령·휘모리·창부타령조로 부른다.[323] 즉 <바위타령>은 여타 시가의 노랫말은 물론 성조(聲調)도 혼효된 작품이다.

사설의 내용은 첫째, 배고파 지은 밥에 돌이 많다. 둘째, 그 돌은 여러 지역의 바위같이 크고 많다. 셋째, 애써 밥을 먹고 누른 밥을 먹으려고 하는데 해태 한 쌍이 끝까지 밥에서 나온다는 것이다. 그런데 바위가 있는 지역을 보면 전국의 물산을 실어 나르는 대동선을 비롯한 여러 배들의 항로와 일치한다. 작품에 나타난 바위가 있는 지역과 이와 겹치는 해연로를 살펴보면 다음과 같다.

① 〈바위타령〉에 나타난 바위가 있는 지역

새문안→둥구재→유각골→필운대→남산→애오개→유슈재→헌다리→삼재→길마재→김포→통진→이태원→과천 관악산→수원 한나루→광주→이천→음죽→여주→양근→황해도 금천→연안→서흥→동설령 새남→황주→평양→순안→숙천→한양 경토(서대문구 백련사)→서강

② 18세기 후반 팔도 해연로[324]

충청: 서천→비인→람포→보령→홍주→결성→해미→서산→태안→당진→면천→아산→직산→평택

322) 조동일, 『한국문학통사』3, 지식산업사, 1984, pp.311~359.
323) 장사훈, 앞의 책, p.303.
324) 고동환, 앞의 책, p.143.

경기: 수원→양성→남양→인천→광주→안산→부평→김포→통진→풍덕→개성부

황해: 황주→봉산→재령→안악→장연(長連)→은율→풍천→장연(長淵)→해주→옹진→강령→평산→연안→배천

이를 염두에 두고 <바위타령>을 보면, 많은 산물이 집중되는 경강을 무대로 품을 팔고 물건을 만드는 사계축과 공장이들의 상대적 허탈감과 절대적 빈곤을 밥 속에서 나오는 '바위'를 통해 토로하는 것으로 해석할 수 있다.

이상에서 언급한 휘모리잡가는 사설시조, 판소리, 무가, 민요(동요) 등의 영향과 이러한 바탕에서 창작된 노래임과 동시에 기존의 시가에서 드러나지 않던 사회비판이나 세태 풍자에 대한 내용이 표출되고 있음을 알 수 있다. 이는 담당층이 바뀐 것과 이로 인한 지향의 변화에서 원인을 찾을 수 있을 것이다

Ⅳ. 잡가의 지향

잡가는 대중성을 지향한다. 따라서 잡가 담당층이 잡가의 흐름을 선도하기도 하지만 대중의 기호나 요구에 따라 잡가의 지향이 변하기도 한다. 이러한 변화는 음악적 측면과 문학적 측면, 그리고 당대인의 잡가에 대한 인식의 변화를 통해 파악할 수 있다.

1 가창방식의 변화를 통한 음악적 대중화

1) 가창방식의 세련화

선소리 산타령은 15세기 이후부터 활동한 사당패의 노래로, 사설시조로부터 유래된 휘모리잡가를 제외하면 하층민의 노래로써 연원이 가장 오래된 곡으로 볼 수 있다. 또한 복수의 전문 연행자들로 구성된 소리패의 노래로, 개인이 흉내낼 수 없는 역동성과 함께 오랜 연원과 연행을 통해 습득된 가창 기교, 그리고 <놀량>, <앞산타령>, <뒷산타령>, <자진산타령>이라는 일정한 레퍼토리를 갖추고 있다.

이와 같은 특징으로 말미암아 보다 높은 수준의 가창력과 세련된 기교를 필요로 하며 구성도 다른 잡가와 비교하여 훨씬 복잡하다. 일반인들이 이들 노래를 따라 하기가 쉽지 않은 이유가 바로 이와 같은 특성에 있다.

산타령 중 <놀량>의 경우, 다양한 형태의 여음구와 장식음 역할을 하는 '군소리 입타령'이 가장 눈에 띈다. 여음[325]은 보통 노래나 행동의 통일을 유도하며 연을 구분하는 기능을 한다. 특히 잡가에 많이 나타나는 의미의 층위가 다른 분절 형식의 노래에, 여음은 이들의 의미층위를 연결하여 하나의 노래로 인식하게 한다. 그런데 <놀량>에 나타난 여음은 전렴・중렴・후렴 등이 있는데, 이것들은 일정한 부분에 위치하지도 않으며, 그 형태도 세 가지로 나타난다.

> ㉠ 하 마ㅎ리이힐네에에에에야…에…야아아 아야라하 찌여어라 에헤홀 네헤가 네로구나 하아 마ㅎㅎㅎ리…에…헤 에헤루지이…히 이히이이히 아헤홀네로구나 하에헤루지이히이
> 이히 에헤루지이히이이히…히 이히이이히 이에…어허야 어허에홀네로구나 에라지여…어허야 어허에홀 네로구나
> ㉡ 에에헤에히에… 어허야 어허에홀네로구나
> ㉢ 에이에…네로구나

위 여음(餘音)을 자세히 보면 '㉢'을 기본형으로 할 때, '㉡'은 군소리가 확장된 것이고, '㉠'은 '㉡'에서 군소리가 더 붙으면서 '㉢'이 4번 연속해서 나타나고 있다. 이러한 '군소리 입타령'과 불규칙적인 여음으로 인해 노래를 듣는 것은 재미있지만 부르기는 매우 까다롭다. 또한 일정한 장단이 없고 속도가 느리며, 음역이 넓고 높은 소리와 가성(假聲, 속성)을 많이 쓰기에 노래부르기가 매우 어렵다.[326]

사당패가 이렇게 세련된 창법을 추구했던 것은 대중의 요구와 연행집단 간의 경쟁에서 그 이유를 찾을 수 있다. 즉 대증은 다양한 연행집단으

---

325) 정재호, 『한국가사문학론』, 집문당, 1982, pp.419~420.
여음은 여러 가지 뜻이 있으나, 여기서는 종래의 사용관례에 따라 詩의 중심이 되는 有意語의 詩詞와 구분되며 이의 효과를 높여주기 위하여 사용되는 虛辭나 初・中・後斂을 통칭하는 명칭으로 餘音이란 용어를 사용하기로 한다.

326) 장사훈, 국악대사전, 세광음악출판사, 1984, pp.202~203.

로부터 다양한 음악을 접하게 되면서 점점 더 세련된 음악을 요구했을 것이다. 게다가 동일한 성격의 연행집단이 많아지는 상황에서 경쟁력을 확보할 수 있는 방법은 다른 집단을 제압할 수 있는 음악적 기교와 세련화였을 것이다. 그리고 무의미한 조흥구가 여타의 잡가(민요)에 비해 길게 나타나는데, 이는 소고를 치며 원을 그리는 춤과 함께 연행되었기 때문에 호흡을 맞추기 위해서였던 것으로 보인다.

선소리 산타령은 오랜 연원과 전문성을 갖고 있었기에 민요가 갖는 기본적인 형태를 새롭고 복잡한 형태로 재구성하였다. 일반적으로 민요는 교환창, 선후창, 독창으로 부르는데,[327] 선소리 산타령은 교환창과 선후창이 섞인 형태이다. 교환창은 두 패로 나뉜 사람들이 한마디씩 소리를 교환하며 노래를 부르고, 선후창은 앞소리꾼이 한 사설을 부르면 뒷소리꾼은 여음을 하는데, 산타령은 앞소리꾼이 한 사설을 부르면 뒷소리꾼이 이를 받아서 한 사설을 부르는 방식과 앞소리꾼과 뒷소리꾼이 한번씩 사설을 부르고 난 후 다 같이 후렴을 부르는 방식을 함께 갖추고 있다.[328] 교환창 방식은 <뒷산타령>에 나타나며, 교환창과 선후창이 혼합된 방식은 <앞산타령>에 나타난다. 특히 <앞산타령>은 여음으로 부르는 '나헤에헤에헤루、산하지로구나'나 '난니나 산아지로구ㄴ' 등을 두 패가 함께 소리를 질러내듯 흥겹게 부른다.

<앞산타령>은 "나네느니나노 果川 冠岳山 念佛庵 戀主臺요 道峰 佛岩 三幕으로 돌아든다"를 한 사람이 메기면 여러 사람이 "日落西山에 해는 떨어지고 黃昏이 되었는데 東녁 구름속에 달이 뭉게 뚜렷이 달 솟아온다"로 받는다. 그러면 다시 한 사람이 "丹山 鳳凰이 竹實을 물고 碧梧桐 속으로 넘나든다"로 메기고, 이를 "해외 소상강 일천리 너를 물에 구비출렁 동정호로만 돌아든다"[329]로 여럿이 받는다.

---

327) 조동일, 『한국민요의 전통과 시가율격』, 지식산업사, 1996, p.195.
교환창은 노래 부르는 사람들이 두 패로 나뉘어서 한 마디씩 주고받으면서 부르는 방식이고, 선후창은 앞소리꾼 한 사람이 사설을 부르고 뒷소리꾼 여럿이 여음을 부르는 방식이다. 독창은 혼자서 계속 부르는 방식으로 이 세 가지에 따라서 기본 형식이 결정된다.

328) 장사훈・성경린, 앞의 책, p.66.
선소리는 처음부터 소리를 주는 사람이 하나 定해지고 그 다음 소리를 받는 여러 사람으로 갈린다. 어느때고 소리를 멕이는 것은 혼자요 받는 사람은 여럿이다. 그리고 후렴은 다같이 함께 지른다.

329) 장사훈・성경린, 앞의 책, p.67.

이를 한 부분씩 정리하면 다음과 같다.

<앞산타령>

(후렴) 나너-니나 노고호 에-에헤 에헤 에헤에야 에-헤 어히 이여 어루 산 아지로구나 하에

메기는 소리) 果川 冠岳 念佛庵은 戀主臺 道峰 佛性 三幕으로 돌아든다.
받는 소리) 慶尙道 太白山은 洛東江에 둘러 있고 全羅道 智異山은 에헤 河東이라 이津江으로만 다 둘러있다.

<뒷산타령>

(후렴)
메기는 소리) 나지나아 山아지로구나
받는소리) 두여나 에헤에지루에 山아지로구나

메기는 소리) 江原道 金剛山 楡岾寺 法堂안에 느름나무 뿌리마다 西天 西域國서 나온 부처 五十三佛이 分明하다
받는 소리) 東小門 썩 내다러 무네미 얼른 지나 다락원서 돌처보니 道峰 望月이 天竺寺라[330]

한편 모갑이가 소리를 메기면 소고를 든 여러 명의 사당이 소리를 받아 제창하며 전진과 후퇴 동작을 가볍게 반복하는 발림춤을 추는데, 유흥 공간에서 볼거리로써 제공되는 발림춤의 역할 또한 중요하다.

선소리 산타령은 기존의 노동요나 의식요에서 이루어졌을 단순함과 소박함이, 대중 앞에서의 연행이라는 목적에 걸맞게 복잡성과 역동성이 살아있는 연행물로 바뀌었고, 이와 더불어 노래와 함께 일사불란하게 움직이는 군무의 통일성이 결합되면서 음악적 기교와 세련미가 극대화된 작품으로 볼 수 있다.

2) 지방색의 강화

잡가가 성행하던 19세기 말에서 20세기 초가 되면 문화권의 중심이 상층부에서 하층부로 옮겨오기 시작한다. 특히 잡가는 이러한 흐름에 결정

330) 장사훈·성경린, 앞의 책, pp.68~69.

적 역할을 하게 된다. 물론 20세기 초에도 가곡(歌曲)과 가사(歌詞), 시조(時調) 등의 노래가 향유되기는 하였으나 이전 시기에 비해 세력이 많이 쇠퇴하였고 그 자리를 잡가가 대신하게 된다.

기존 상층문화의 주 담당층이 중인계층 이상 신분의 사람들이었다면, 잡가의 연행 담당층은 중인 이하의 하층 계급이었고 향유층 또한 서울이나 평양 등지의 도시에서 형성된 대중이었다. 따라서 잡가는 당연히 대중적·통속적 성격을 지향하였다.

20세기 초 잡가의 특징으로 지방색의 강화, 즉 경·서·남도 민요에서 비롯된 토리의 유행을 꼽을 수 있다. 서도 지역의 수심가토리나 남도지방의 육자배기토리가 널리 불리기 이전에 한양에는 경기민요조가 있었다. 이러한 경기민요조의 특징은 소박함과 고졸함에 있다. 그런데 이러한 경기민요조의 노래보다 지방색이 드러나는 서도와 남도의 민요계열 잡가들이 가창계의 표면으로 부상하게 된 것이다.

19세기 말에서 20세기로 접어드는 시기만 하더라도 일반인들이 갖는 음악적 안목, 특히 지역성이 드러나는 민요(토리)에 대한 인지도는 매우 낮았던 것 같다. 이는 창강(滄江) 김택영(金澤榮, 1850~1927)의 <가자 손원달전(歌者傳 孫元達)>을 통해 알 수 있다.

손원달은 개성 사람으로 사당패의 노래를 배우고 또한 그것을 고쳐 훨씬 나은 신성(新聲)을 만들었지만, 개성 풍속이 인색하여 노래와 재주를 좋아하지 않은 탓에 서울로 들어오게 된다.

> **일찍이 한성에 들어가 진고개 저자에서 노닐었는데, 진고개 소년들이 그를 사모하여 그의 재주를 배우고 '진고개파'라고 하였다. 사대부들이 연회를 베풀 때마다 반드시 진고개파를 불러오게 하였다. 그가 노래하면 사방이 모두 진동했고, 좌중의 가기(歌妓)들도 또한 서글피 망연자실했다. 종종 그 소리를 알아보는 사람들이 말했다. "이게 개성 소리이다." 가자 손원달전(歌者傳 孫元達)은 병진년(1916)에 지은 글이다.**[331]

위 인용문을 보면 손원달은 개성에서는 인기를 모으지 못했으나 서울에 들어온 후 진고개파로 지명될 만큼 대중적 인기를 얻게 된다. 위의 글로

331) 허경진 편역, 『악인열전』, 한길사, 2005, pp.424~425.

추정컨대 손원달이 부른 노래는 사당패와 관련하여 <산타령>으로 볼 수 있고, 신성(新聲)으로 볼 때 기존 서도민요를 세련되게 개작한 서도잡가일 가능성이 높다. 여하튼 손원달의 노래를 들은 사람들은 서글퍼 망연자실하였는데, 정작 그러한 곡조(曲調)가 무엇인지 알지 못했다. 다만 가끔 알아보는 사람이 있어 '개성소리'임을 말했다고 한다. 물론 여기서 말하는 '개성소리'는 서도민요를 대표하는 수심가토리를 일컫는 것으로 여겨진다.

이외에도 활판본 잡가집이 나오기 이전의 기록에 12잡가나 산타령에 대한 언급은 있는 반면 각 지역의 민요에 대한 언급이 없는 것으로 보아, 민요로부터 발생된 민요 계열의 잡가는 20세기 이후에 와서야 널리 불린 것 같다.

20세기 초, 특히 1910년 중반 이후 잡가의 지역별 주요 가창 곡목을 보면 수심가조의 서도소리가 매우 우세하게 나타난다. Ⅲ장 2절에서 언급한 『조선미인보감』(1918)을 보면 전국에 분포한 기생조합(권번)에서 주로 부른 노래들의 기록이 나오는데,[332] 그 노래 가운데 지역성이 드러나는 곡종을 구분하면 다음과 같다.

〈표 5〉『조선미인보감』 수록 가창곡 지역별 합계

지역별	곡 분류 명칭	빈도수	합계	비율(%)
서울경기민요	경성리곡(경기잡가, 경남잡가, 경성리요, 경성요곡, 경성잡가 등)	28	28	5.06
남도민요	경남잡가(경・남잡가)	2	122	22.06
	남중리요(잡가, 속요, 리창)	120		
서도민요	경서잡가(경・서잡가)	67	378	68.35
	서도잡가(서도리가, 서남잡가, 서도행가, 서방리요, 서방속요 등)	311		
그 외 지역	경서남잡가(잡가, 입창, 좌창, 경사거리)	25	25	4.52
합계		553	553	99.99

332) 곡목의 합계는 앞서 제시한 〈표 4〉의 내용을 토대로 작성하였다.
당시 기록을 보면 한자와 한글 두 가지 방법으로 정리되어 있는데, 위 분류는 한자의 예를 근거로 파악하였다.
예) 漢城券番 原籍 黃海道 海州郡; 現住 京城府 三角町 二七
[趙죠玉옥香향](二十四才)
技藝 / 歌, 羽界面, 歌詞, 各種呈才舞, (特上)玄琴, 西道俚曲
죠나라의연셩벽은, 네일신이되얏스며 사과춘산조차향은, 네ᄌᆞ취가향그롭다, 됴비연을웃지말아, 옥환비자네로구나. 구름살젹나뷔눈셥, 만죵풍류가졋스며, 단슌호치반기ᄒᆞ고, 아리땁게우슬쩍에, 금니반짝더욱죠타, 가사잡가우죠계면 각항츔을능히츄고, 오동츄야밝은달에, 칠현금을쓸어안아, 봉구황곡타셔ᄂᆞ니, 탁문군에후신인가, ᄉᆞ마상여더듸오니, 지음홀자-누구런가

위 표를 보면 서도민요(서도소리)의 빈도수와 비율이 가장 높은 것을 알 수 있다. 앞서 Ⅱ장 1절에서도 언급했듯이, 18세기 중반 이후 심용(沈鏞) 가단(歌壇)이 평양 대동강 상에서 펼친 연행을 보면, 한양에서 온 가객들과 기생들의 기세에 눌려 당시 서도기생들은 얼굴조차 들지 못했는데, 이로부터 2세기가 지난 시점의 한양에서는 온통 서도소리 일색이다. 서도소리의 약진이 확연하게 드러난다. 한양에서 진행되어 오던 가창의 흐름이 서도소리 쪽으로 경도된 것을 통해, 당대인들의 소리에 대한 인식이 변화했음을 감지할 수 있다.

이러한 인식의 변화에는 다양한 요인이 작용하고 있다. 그 노랫말의 솔직성과 유흥성으로 판단하건대, 18세기부터 사설시조를 통해 정서의 노골적 표출이나 극대화된 감정의 표현이 이루어진 점과 19세기 중후반부터 홍행한 판소리의 핍진한 성정(性情) 묘사를 통한 '낙이불음(樂而不淫) 애이불상(哀而不傷)'적 중용적 미학관의 변화, 그리고 잡가의 가창 성행으로 유흥적 문화의 흐름이 더욱 가속화되면서 상당히 대중화되었던 것이다.

서도소리가 시대를 풍미한 이유를 경기민요에 비해 촉박하면서도 애초상심한 서도지방의 수심가토리의 음악적 특성에서 찾을 수도 있을 것이다. 민요계열 잡가의 노랫말 내용이 크게 다르지 않음을 볼 때, 이러한 변화는 토리에 기인한 것으로 판단된다.

서도소리는 1906년 순종과 황태자비의 가례를 위해 참례했던 평양기생들이 대거 한양에 머물면서 서도소리가 성행할 수 있는 기반이 형성되었고,[333] 서도명창인 문영수나 이정화의 활약과 당대의 소리명창인 박춘재와 유개동 등의 극장 공연에서 서도소리를 부른 것,[334] 그리고 평양날탕패가 기생들에게 서도소리를 교습한 이유와 그에 따른 서도소리의 파급에서도 원인을 찾을 수 있을 것이다.[335]

333) 김영희, 앞의 책, 재인용.
근일에 평양기생이 다수히 상경하여 가례도감(嘉禮都監)에 입참(入參)하기로 백방주선(百方周旋)하여 유세력(有勢力)한 대관가(大官家)에 청속하는데 청가(淸歌)와 묘무(妙舞)로 납첨(納諂)하여 주야분주하다더라 (만세보, 1906. 7. 24)

334) 송방송, 앞의 책, pp.555~557.
원각사 시절에 문영수(文泳洙)와 이정화(李正華)가 주로 활약했다. 문영수와 이정화 이후 박춘재·최정식·유개동 등 경기선소리명창들에 의해서 서도선소리가 전승되었다고 한다.

한편 수심가조의 서도소리 다음으로 많이 가창된 노래는 <육자배기>로 대표되는 남도소리이다. <육자배기>는 보통 <긴육자배기>와 <잦은육자배기>를 짝지어 말하는데, <긴육자배기>는 느린 진양조(긴조), <잦은육자배기>는 빠른 세마치장단에 맞추는 노래이다. 고박(古朴)한 사설로서 서도의 대표적인 민요가 <수심가>라면 전라도의 민요 가운데서는 육자배기를 꼽는다.[336)]

3) 여음의 다양화

잡가의 하위 범주 가운데 산타령 계열과 민요계열에서 규칙적으로 여음이 나타난다.[337)] 이 범주에 드는 46수를 대상으로 여음의 양상을 살펴 표로 정리하면 다음과 같다.

〈표 6〉 여음의 양상

곡목	여음구	위치	의미	기능
놀량	어허야 어허에홀 네로구나	후렴	유+무	조홍
앞산타령	나너니누 네에에헤 씌열네로구나	전렴	유+무	통합
뒷산타령	난니나 산아니로구누	전렴	유+무	조홍
자진산타령	-	-	-	-
판염불	누무어살ㅂ에…에에헤씌여네루구누	후렴	유+무	조홍
앞산타령(서도)	나-네-에, 니나노호, 너허-허, 에히난노호, 나헤에헤에헤루, 산하지로구나,	전렴	유+무	통합
뒷산타령(서도)	누니나……산이로구나에……찌여나아에……어야지로구 산이로구나	전렴	유+무	통합
경발림	에…	후렴	무	통합
날개타령(서도)	에헤에헤나하에…야	전렴	무	통합
화초사거리	어어이 어어어 어기얼싸 네로구나.	후렴	유+무	통합
성주풀이	엘화디신이로구나…니나나나 요니나나 나요니일니일니리루누리소소	전·후렴	유+무	조홍
날개타령	아 아아 어어……어허야.	후렴	무	통합

335) 박애경, 앞의 논문, pp.54~55.
협률사 재개 광고(대한매일신보 1907. 12. 24)와 광교기생조합 기생들의 서도소리 배우기 (매일신보 1915. 2. 26)를 통해 평양 날탕패의 인지도와 인기를 가늠할 수 있다.

336) 장사훈, 앞의 책, p.574.

337) 사설시조에서 영향을 받아 형성된 휘모리잡가와 판소리와 가사와 관련 있는 12잡가, 그리고 서도긴소리는 여음이 없는 관계로 조사 대상에서 제외하였다.

곡목	여음구	위치	의미	기능
배따라기	지화ᄌᆞ죠타…이에야어그야지야 얼싸좇타	후렴	유+무	조흥
자진배따라기	지화자자좇다 이에헤에어그야 더그야 지화자자좇타	후렴	유+무	조흥
간지타령	에야니야에헤야 얼삼마 둥게지여라 내사령아	후렴	유+무	조흥
개성난봉가	에헤에 엘화좇쿠좇타 얼라마둥둥 ᄂᆡᄉᆞ랑아	후렴	유+무	통합
개고리타령	에-에헤에나 헤에야	후렴	무	통합
경복궁타령	에……에에에에헤야에헤에헤루 방애로구나	전·후렴	유+무	통합
구사리원난봉가	에헤-에에헤에에야어야라듸아라내ᄉᆞ랑이라	전·후렴	유+무	조흥
긴난봉가	에 에 에헤이야 어라마둥둥 ᄂᆡ사랑아	후렴	유+무	조흥
긴방아타령	엘화찌여… 에헤로방ᄀᆡ홍ᄀᆡ로구나	전·후렴	유+무	조흥
긴수심가	ᄂᆞ 못살겟네(불규칙적)	후렴	유	조흥
난봉가	아아에에혜야 어루ᄂᆞ 둥둥ᄂᆡᄉᆞ랑이로구ᄂᆞ	후렴	유+무	조흥
농부가	에헤 에에헤에로 상ᄉᆞ지야	후렴	유+무	조흥
담바귀타령	-	-	-	-
도라지타령	응응응홍야 에에에헤야 어야란다듸야라 네가ᄂᆡ ᄉᆞ랑이라	후렴	유+무	조흥
몽금포타령	아하아 에헤 에헤이에헤야 나혼ᄌᆞ 살ᄂᆞ나	후렴	유+무	조흥
밤엿타령	-	-	-	-
방아타령	에헤에헤이요호엘화찌여루방에로구나	전렴	유+무	통합
별수심가	ᄎᆞᆷᄋᆞ진정 ᄂᆞ못살갓네	후렴	유	조흥
사설난봉가	두둥둥 둥ᄀᆡ야 내ᄉᆞ령아	후렴	유+무	조흥
산염불	에헤이에헤야 타아이ᄂᆞ불이로다	후렴	유+무	조흥
양류가	허허 이것이 ᄂᆡᄉᆞ랑	후렴	유	조흥
양산도	엘화노와라 못놋ᄏᆡᆺ구나 능지를 ᄒᆞ여도 못놋ᄏᆡᆺ구나	후렴	유+무	통합
영변가	아ᄉᆞ라……말녀무나…네가그리……이 말아 사ᄅᆞᆷ에 에 인정의 괄셰…를 네가 그리말아	후렴	유	조흥
오호타령	응응으홍야 어야어야 얼ᄉᆞ마즁긔 지둥에 ᄂᆡ노든ᄉᆞ랑	후렴	유+무	통합
육자동고리	-	-	-	-
육자백이	-	-	-	-
이팔청춘가	-	-	-	-
임의생각동동	-	-	-	-
자진난봉가	에헤이이에헤이오 어루마둥둥 내ᄉᆞ령아	후렴	유+무	조흥
자진방아타령	엘화찌여……에예헤로방ᄋᆡ로구나	후렴	유+무	통합
짝타령	한짝ᄒᆞ고	후렴	유	조흥
평양수심가	못살겟네	후렴	유	조흥
화포타령	ᄋᆞ하ᄋᆞ둥둥 어허어둥둥 만판멋으로 짓족여만 달나네	후렴	유+무	통합
홍타령	아이고 ᄃᆡ고 홍홍홍 송화가 낫고나 홍	후렴	유+무	조흥

위 표에서 여음이 나타나지 않는 7곡을 제외한 39곡을 대상으로 정리하면 다음과 같다.

여음의 위치는 전렴 6곡, 후렴 29곡, 전・후렴 4곡으로 나타나며, 여음구의 사설이 유의미한 노래는 6곡이며, 여음구의 사설이 무의미한 노래는 4곡, 그리고 여음구의 사설의 의미가 '유의미+무의미(또는 무의미+유의미)' 형태로 결합된 노래는 29곡이다.

한편 잡가에 나타난 여음구의 기능[338]은 비유기적인 노랫말을 통합하는 역할을 하는 여음구와 유기적인 노랫말의 분연과 조흥 역할을 하는 여음구로 나눌 수 있다.

예1) 비유기적인 노랫말을 통합하는 여음구

<방아타령>[339]

에헤에헤이요호엘화찌여루방에로구나 반이늠아 늙어스니 다시졈지는 엘화 못홀네라

엣다죠쿠나 이십오현 탄야월에 불승청원 져기력이 긴갈슌ᄒᆞᆫᄃᆡ를 입에다물고 부러진 죽지를 좔좔 끌며 졈졈이 날아드니 평ᄉᆞ락안이 엘화 이아닌가 에헤에헤이요호엘화찌여루방에로구나 이르령셩 뎌르령셩 휘츠러진근심 만화방챵에 엘화 궁굴너라

(…인용자)

엣다죠쿠나 강촌이 막막 주루룩 좔좔 오는 비는 아황녀영의 눈물이오 반쥭에 셤긴가지 졈졈이 푸루러스니 소샹야우가 엘화 이아닌가 에헤에헤이요호엘화찌여루방에로구나 진북명산 만쟝봉에 청천삭출이 엘화 금부용일다

엣다죠쿠나 춘춘이완보ᄒᆞ여 박셕뒤를 넘어세니 ᄀᆡᆨ샤청졍 류ᄉᆡᆨ신은 내나귀ᄆᆡ고 노든데요 오초동남 넓은뜰은 우리님 둔니든 길이로다 광한루야 잘잇더냐 오작교야 엘화 네무ᄉᆞ터냐 에헤에헤이요호엘화찌여루방에루구나 셰월네월아 오고가지말아 쟝안호걸이 엘화 공로로구나

<방아타령>은 소상팔경의 평사낙안과 소상반죽, 그리고 춘향전의 내용

338) 정재호, 앞의 책, pp.423~433.
여음의 기능은 종결, 분리, 조흥, 수사, 해음, 시작, 대치 등으로 구분할 수 있으나, 본고는 노랫말의 유기적 또는 비유기적인 내용에 따라 통합과 조흥으로 구분하였다.

339) 정재호, 앞의 책, 『신구잡가Ⅰ-180』.

이 섞여 있다. 이를 전렴 "엣다죠쿠나"와 후렴 "에헤에헤이요호엘화찌여루방에로구나"를 지속적으로 부름으로써 하나의 노래로 인식하게 한다.340)

예2) 유기적인 노랫말의 분연과 조흥 역할을 하는 여음구

<흥타령>341)

우리님 동창에 져돌이 빗최면 샹ᄉᆞ불견에 ᄌᆞᆷ못ᄌᆞ리라 아이고 ᄃᆡ고 흥흥흥
송화가 낫고나 흥
져돌아 보너냐 보ᄂᆞᆫᄃᆡ로 닐너라 ᄉᆞ싱결단을 님다려 홀난다 아이고 ᄃᆡ고 흥흥흥
송화가 낫고나 흥
셰우동풍이 바람인줄 알앗더니 님의 수심에 한숨이로구나 아이고 ᄃᆡ고 흥흥흥
송화가 낫고나 흥
셕양셩로로 알틀ᄒᆞᆫ 님 보내고 오장이 ᄉᆞᆫ허졋나 못살갓구나 아이고 ᄃᆡ고 흥흥흥
송화가 낫고나 흥

사설의 내용은 사랑하는 님과의 이별과 상사를 중심으로 연결되고 있으며, 후렴은 이러한 노랫말의 연을 구분하고 흥을 돋우는 역할을 주로 하고 있다. 이처럼 비유기적인 노랫말을 통합하는 기능을 가진 후렴구가 있는 노래는 15곡이며, 유기적 노랫말에서 조흥(助興)의 역할을 하는 노래는 24곡으로 파악되었다.

이상의 내용으로 볼 때 후렴은 주로 민요계열 잡가에 나타나며, 여음구의 내용이 무의미하거나 유의미한 단일구보다 '유의미+무의미'가 결합된 형태가 많이 나타난다. 20세기 초에 성행한 민요계열 잡가 이전의 토속민요 관련 기록이 없어 직접적인 비교는 어렵지만, 앞서 언급한 정약용의 <타맥행>에 나온 '呼邪'라든가, 이덕무의 <사소절>에서 언급한 '許邪·囉嗊' 등의 짧은 후렴과 비교할 때, 20세기 초 민요계열 잡가의 후렴구는 노동요에 쓰이는 후렴구나 20세기 이전의 잡가 후렴보다 훨씬 길어

340) 이러한 비유기적 노랫말을 일정한 후렴으로 엮어나가는 것은 현재에도 진행되고 있다. 특히 대학생들의 학교 행사 이후 뒷풀이 시간에 이러한 노래를 부른다. 후렴으로는 '아 미운사람', '돌리고 돌리고 돌리고 돌리고', '한박자 쉬고 두박자 쉬고 세박자 마저쉬고 하나둘셋넷' 등이 있다.
341) 정재호, 앞의 책, 『신구잡가 I -184』.

지고, 실사구(實辭句)까지 포함된 것으로 볼 때 음악적 기능과 함께 문학적 기능도 확대된 것으로 해석된다. 한편 후렴의 기능은 주로 비유기적인 사설을 통합하는 것과 유기적인 노랫말의 분연(조흥)에 집중되어 있음을 알 수 있다.

2 사설 차용을 통한 재창작

1) 하위범주의 활성화

18세기 중반 시조의 발생에서도 보이듯이 우리나라 성악곡들은 기존의 시가에서 노랫말을 가져와 새로운 곡조에 얹어 부르는 경우가 있었는데, 이러한 사설 차용 방식은 잡가에도 적용되었으며, 이를 통해 잡가의 하위 범주가 형성된다.

이처럼 사설 차용을 통해 형성된 잡가의 하위범주로는 12잡가, 서도긴소리, 휘모리잡가, 그리고 단일곡목인 <노랫가락> 등이 대표적이다. 물론 12잡가 가운데 <유산가>, <선유가>, <평양가>와 서도긴소리 가운데 <제전>은 영향 관계가 불분명하다. 또한 휘모리잡가 역시 <만학천봉>, <생매잡아>, <육칠월>, <한잔부어라>, <곰보타령>[342] 등만 사설시조와 직접적인 관련성을 나타내며 나머지 다섯 곡은 수수관계를 명확히 따지기가 어렵다. 그러나 이들 하위범주에 판소리와 사설시조의 내용이 차용된 것은 확실하기에 이러한 방식에 의해 잡가의 하위범주가 형성되었음을 알 수 있다.

앞서 Ⅲ장 잡가의 계열별 특성을 통해 살핀 바도 있기에, 가능한 작품의 중복을 피하고자 한다. 이에 휘모리잡가 <생매잡아>에 한정하여 사설 차용 여부를 살피고자 한다. 이 작품은 사설시조와 관련이 있다.

---

342) 〈곰보타령〉의 경우 장사훈(「엇시조와 사설시조 형태론」)이 자세하게 다룬 바 있다.

<생매잡아>

생매 잡아 길 잘들여 두메로 꿩 사냥 보내고 쉰 말 구불 굽통 갈기 솔질 솰솰 하여 뒷동산 울림 송정에 말뚝 쾅쾅 박아 참바집바 비사리바는 끊어지니 한 발 두발 늘어나는 무대 소바로 매고

앞내 여울 고기, 뒷내 여울 고기, 오르는 고기, 내리는 고기 자나 굵으나 굵으나 자나 주어주섬 얼른 냉큼 수이 빨리 잡아 내어 움버들 가지 지끈 꺾어 잎사귀 주루룩 훑어 아가미는 실 꿰어 앞내 여울 잔잔 흐르는 물에 넓적 실죽 네모진 큰 청석 바둑돌을 마침 가져가 아무도 몰래 장단 맞춰 지근지근 지질러 놓고

동자야 어디서 날 찾는 손 오거든 네 먼저 나가 통속 보아 딸 손님이건 떡메로 후리고, 아니 딸 손님이면 그물막대, 피리, 밥풀, 지렁이, 쌈지, 종기, 종다래끼, 깻묵 주머니, 앉을 방석, 때깨칼, 초진 고치장 가지고 뒷여울로.[343]

이 노래의 내용은 첫째, 매사냥과 준마로 대표되는 공성신퇴 후의 한적, 둘째, 고기 잡는 즐거움, 셋째, 손님에 대한 입장 등으로 나뉜다. 첫 구를 보면, 매를 길들여 꿩사냥을 보내고 좋은 말을 기르는 등 출장입상(出將入相) 후 강호자연에 처(處)하여 유유자적하는 유자(儒者)의 선망(羨望)을 노래하는 듯하여 마치 이정보의 시조작품을 보는 듯하다.[344] 그러나 느닷없이 물고기를 잡아내는 내용으로 선회함은 물론, 물고기 잡이조차 날 찾는 손님 가운데 나에게 이로운 사람만을 선택하여 안내하라는 내용으로 전변(轉變)한다. 애초에 이 노래는 '생매잡아'로 표상되는 한적(閑寂)함을 즐기기보다는 나에게 이익이 되는 사람과의 물고기 잡이를 주된 내용으로 파악하는 것이 옳을 듯하다. 한편 이와 유사한 사설시조는 다음의 두 편이 대표적이다.

1110

싱미 좁아 길드려 두메 꿩산녕 보닋고

白馬 씨겨 바 느려 뒤東山 松枝에 믹고 손조구 굴무지 낙가 움버들에 께여 물에 취와 두고

343) 이창배, 앞의 책, p.250.

344) 정병욱, 앞의 책, p.628.
大丈夫ㅣ 功成身退ᄒᆞ야 林泉에 집을 짓고 / 萬卷書를 ᄡᅡ하 두고 죵ᄒᆞ여 밧갈리고 甫羅ᄆᆡ 질들이고 千金駿駒 앞픠 ᄆᆡ고 金樽에 술을 두고 絶代佳人 겻틔 두고 碧梧桐 검은고에 南風詩 놀ᄅᆡᄒᆞ며 太平烟月에 醉ᄒᆞ여 누엇신이 / 암아도 平生 ᄒᆡ올 일이 잇분인가 ᄒᆞ노라

아희야 날 볼 손 오셔드란 뒷여흘노 오너라[345]

1108

ᄉᆡᆼ마 잡아 길 잘 드려 두메로 ᄢᅬᆼ산양 보ᄂᆡ고

셋말 구불굽동 솔질 ᄉᆞᆯᄉᆞᆯᄒᆞ야 뒤송정 잔듸잔듸 난 데 말ᄯᅮᆨ 쌍쌍 박아 바 늘여 ᄆᆡ고 암ᄂᆡ 여흘 고기 뒷ᄂᆡ 여흘 고기 자나 굴그나 굴그나 자나 쥬어쥬겸 낙과ᄂᆡ야 움버들가지 쥬루룩 홀터 아감지 ᄢᅦ여 시ᄂᆡ 잔잔 흘으는 물에 청석바 바둑돌을 얼는 ᄂᆡᆼ큼 슈슈히 집어 자장단 마츄아 지질너 노코

동자야 이뒤에 왯쁠 가진 청소 타고 그 소가 우의가 부푸러 지질이 셩헛가ᄒᆞ야 남의 소를 웃어 타고 급히 나려와 뭇거들나 너도 됴곰도 지체 말고 뒷 녀흘노[346]

예로 든 사설시조 두 편 역시 초장에 매사냥과 준마에 대한 내용이 나오지만 기실은 물고기 잡이가 노래의 중심이다. 이처럼 <생매잡아>는 사설시조의 내용과 3장 형식을 수용하여 휘모리 곡조에 얹어 부르면서, 동사적 확장과 아이러니의 희극성[347]을 보완하여 휘모리잡가라는 새로운 범주로 형성된 것이다.

2) 주제 및 내용의 전변(轉變)

앞서 언급한 하위범주의 활성화는 사설을 차용하여 새로운 곡조에 얹음으로써 잡가의 하위범주 형성에 영향을 준 것이라면, 본 절에서 다룰 내용은 하위범주를 형성하지는 않지만 원 노래의 주제나 내용의 의미가 변하는 것을 말한다. 대표적인 작품군으로 휘모리잡가를 들 수 있다. 원래 사설시조에서 유래했으나 담당층이 바뀌면서 작품을 통해 추구하는 지향이 변하였다. 그 결과 휘모리잡가는 사설시조에 비해 세태 풍자를 통한 사회 비판이 강화되었다.

또 다른 곡으로는 남도의 선소리 산타령 가운데 <화초사거리>와 함께 불렸던 <성주풀이>가 해당된다. <성주풀이>는 원래 사당패 또는 걸립패

345) 정병욱, 앞의 책, p.267.

346) 정병욱, 앞의 책, p.266.

347) 이형대, 「휘모리잡가의 사설 짜임과 웃음 창출 방식」, 『한국시가연구』13집, 한국시가학회, 2003, pp.325~328.

가 굿을 하며 불렀던 노래이다. 따라서 원래는 종교성을 띤 노래였는데, 잡가로 정착되면서 노래의 주제와 의미가 변모한 경우에 해당된다.

걸립패는 우두머리인 화주(化主)를 중심으로 15명 내외로 패가 구성되는데, 이들은 자신들과 관련이 있는 사찰(寺刹)의 신표를 가지고 다니면서 그것을 제시한 후 집주인의 허락 하에 터굿·샘굿·조왕굿 등을 마치고 마지막에 성주굿을 했다. 그리고 이때 곡식과 금품을 상 위에 받아놓고 비나리를 왼 다음 받아놓은 곡식과 금품을 그들의 수입으로 하였다.[348]

그런데 20세기가 들면서 사당패나 걸립패의 활동이 쇠미해지면서, 비나리로써의 <성주풀이>가 갖던 종교적 의미가 퇴색하면서 잡가화된 것으로 보인다.

『한국속가전집』에 실린 <성주풀이>는 후렴과 노랫말의 내용을 기준으로 볼 때 2가지 종류로 나눌 수 있다. 첫째는 후렴구가 '에라만슈'로 단조롭게 나타나며, 사설에 비나리 내용이 많이 들어간 노래와 둘째는 전렴과 후렴이 있는 형태로 "엘화 만셰 엘화 ᄃᆡ신이로구나.…엘화 만수. 니나나나요 니나나나요 니이니리루 ᄂᆞ리소ᄉᆞ"라는 긴 여음구와 사설 내용에 <비나리>, <진도아리랑>, <공명가>, <노랫가락> 등이 혼효되어 보다 더 잡가화 된 <성주풀이>로 구분된다. 선후 관계를 명확하게 따질 수는 없지만 아마도 비나리로만 존재하던 <성주풀이>에서 다양한 잡가의 하위범주가 혼효된 <성주풀이>로 변화된 것이 아닌가 한다. 그 결과 애초의 비나리의 역할에서 벗어나 유흥을 목적으로 한 노래로 전변한 것이다.

<성주풀이>[349]

엘화 만셰 엘화 ᄃᆡ신이로구나. (此는 엘화 後斂이라.) 셩쥬 본향이 어ᄃᆡ메뇨. 경샹도 안동 ᄯᅡ에 졔비츌쳔이 본일네라. 그 셩쥬 솔씨를 밧아 양류지평에 더졋더니 그 솔이 졈졈 ᄌᆞ라 쇼부동이 되엿구나. 쇼부동이 졈졈 ᄌᆞ라 대부동이 되엿구나. 엘화 만수. 니나나나요 니나나나요 니이니리루 ᄂᆞ리소ᄉᆞ. (此는 니나 後斂) (…인용자) ㉠(엘화 後斂.) 공명 션ᄉᆡᆼ 풍운조화 동남풍 빌어낸 후 단하로 ᄂᆡ려가셔 조조의 십만대병을 일합에 다 함몰ᄒᆞ니 ᄇᆡ 아니면 어이 ᄒᆞ랴 엘화 만셰. (니나 後斂.) ㉡(엘화 後斂.) 쳐다보니 만학쳔봉 ᄂᆡ려다 보니 ᄇᆡᆨ사디라. 허리 굵

348) 심우성, 앞의 책, pp.25~27.

349) 정재호 편, 『고대본 악부』, 고려대학교 민족문화연구소, 1992, pp.521~522.

은 늙은 장송 광풍을 못이긔여 우줄 밤춤만 춘다. 엘화 만세 (니나 後斂.) ㉢(엘화 後斂.) 록음방쵸 승화시에 ᄒᆡ는 어히 수히 가노. 나물 먹고 물 마시고 팔을 베고 누어스니 대장부 살님살이 이만ᄒᆞ면 유족ᄒᆞᆯ가. 일촌 간장에 밋친 시름 부모님 ᄉᆡᆼ각 ᄲᅮᆫ이로다 엘화 만세. (니나 後斂.)

밑줄 친 부분의 노랫말은 비나리와는 전혀 관련 없는 대목으로, ㉠은 판소리 <적벽가>나 서도 긴소리 <공명가>의 한 구절이며, ㉡은 <진도아리랑>의 초입 부분이고, ㉢은 <노랫가락>의 일부분이다. 가창의 목적 및 내용의 변화가 여실히 드러나고 있다.

한편 잡가 <성주풀이> 이전에는 성조신앙을 바탕으로 한 <성조가>가 민간에서 널리 불렸다. 이러한 기반이 있었기에 <성주풀이>가 흥행할 수 있었던 것이다. 성조신앙과 <성조가>의 영향, 즉 성조전승은 잡가에만 한정되지 않는다. 판소리 <흥부전>과 같은 서사체의 전달에 있어서도 작가의 의도를 효율적으로 표현하고, 독자에게 더욱 낯익게 다가갈 수 있도록 하는 매개물로 작용했던 것이다.350)

3) 화자의 경험 전달

잡가는 사설시조에 비해 자설적이며 구체적인 정황이 더 많이 나타난다. 앞서 Ⅲ장 1절에서 언급한 선소리 산타령 <놀량>의 경우, 화자의 체험적 서정을 직조해 낸 것처럼 느껴지는 이유는 체험을 형상화한 것과 같은 진실성이 보이기 때문이다. 속세와 불가에 대한 선택을 어둠이라는 시간적 상황과 산으로 표현되는 공간적 경계로써 절묘하게 드러내고 있으며, 그러한 굴레로부터 벗어나면서 임에 대한 바람이 자연스럽게 도출되고 있기 때문이다. 물론 이러한 설정은 유랑을 업으로 삼는 사당패이기에 가능한 것으로 사실에 바탕을 둔 것이다.

이처럼 화자의 경험을 전달하는 노래의 하나로 <배따라기>를 들 수 있다.

<배따라기>는 연암 박지원이 언급한 ‘이선(離船)’과351) 서도지방의 뱃

350) 정충권, 「<흥부전>의 형성과 성조신앙·<성조가>」, 『흥부전 연구』, 도서출판 월인, 2003, pp.33~34.
351) 박지원, 『국역 열하일기』, 재단법인민족문화추진회, 1976, p.315.

노래인 배따라기로 구분된다. 앞의 것은 중국으로 가는 사신을 배웅하는 관기들의 정재(呈才)의 형태이고 후자는 민요에서 발전한 잡가이다. 잡가 <배따라기>가 발생한 이유는 뱃일로 생계를 유지하는 사람들이 좌초나 풍랑에 의해 생명을 잃는 경우가 빈번하자 이를 한탄하는 것에서 생겼거나 다시는 이러한 액화(厄禍)에 들지 않기 위해 주술적으로나마 안전을 기원할 필요가 있었기 때문일 것이다.

서도 지역의 열악한 자연환경의 영향은 고기잡이 배는 물론이거니와 연안로를 따라 움직이는 대동선(또는 상선)에도 미쳤다. 당시 경강에서 평안도로 가는 뱃길 가운데 장산곶이 특히 험탄(險灘)이어서 항해가 매우 어려웠다. 그리하여 평안도의 군량과 구황곡(救荒穀)을 수운(輸運)하지 못하게 했으며, 재상이나 조관(朝官)의 장토에서 생산된 곡물 등도 마찬가지로 운송을 일절 금단했다. 만약 이를 범하는 자는 모든 선박을 속공(屬公)하고, 변방지역에 이사를 보냈다. 그리고 이와 접촉한 사람과 포구의 감고(監考) 및 정박한 포구의 수령 및 색리(色吏)는 종중과죄(從重科罪)하고 감사(監司)를 추고(推考)할 정도였다.[352]

1675년에는 장산곶 및 옹진반도에 소강방어영(所江防禦營)을 설치하여 장산곶을 오가는 선박의 안전항해를 지원하였음에도, 18세기 전반까지 여전히 선운(船運)으로 연결되기 어려운 곳으로 남아 있었다.[353] <배따라기>는 이와 같은 열악한 자연환경과 관련 있는 것이다.[354]

우리나라는 땅이 좁은 곳이라 살아서 멀리 이별하는 일이 없으므로 그리 심한 괴로움을 겪은 일은 없으나, 다만 뱃길로 중국에 들어갈 때가 가장 괴로운 정경이었던 것이다. 그러므로 우리나라 대악부(大樂府) 중에 이른바 〈배따라기곡〉(排打羅其曲)이 있으니 우리 시골 말로 배가 떠난다는 것이다. 그 곡조가 몹시 구슬퍼서 애끊는 듯하다.(연행 설명)…이내 닻을 거두고 돛을 올리는데 여러 기생드이 일제히 축복의 노래를 부른다. 그 노래에 "닻 들자 배 떠난다 이제 가면 언제 오리. 만경창파에 가는 듯 돌아오소(碇擧兮船離 此時去兮何時來 萬頃蒼波去似回)" 하였으니, 이는 우리나라에서는 제일 눈물질 때이다.

352) 고동환, 앞의 책, p.131. 재인용.
《受敎輯錄》 雜令 嘉靖 甲子(1564, 明宗 19) 承傳.

353) 고동환, 앞의 책, pp.131~132.

354) 김종진, 「잡가 〈배따라기〉의 유형과 구성 원리」, 『한국시가연구』 제28집, 한국시가학회, 2010, pp.327~358. 김종진은 〈배따라기〉를 A형(홀로형, 서울소리)와 B형(동무형, 평양소리)로 구분하였다. 본고는 이 중 B형(평양소리)를 대상으로 분석하였다.

<ᄇᆡᄯᅡ락이(배ᄯᅥ나기)>355)

뎐ᄉᆡᆼ만민 필슈직업이 다 각각 다르길ᄂᆡ로 이 내 인ᄉᆡᆼ은 포쳔 ᄉᆡᆼ장ᄒᆞ여 ᄇᆡ 올낫더니 먹ᄂᆞᆫ 거슨 ᄉᆞ자밥이오 닙은 옷슨 원승이오 ᄐᆞ고 ᄃᆞᆫ니ᄂᆞᆫ 거슨 칠셩판이라(…인용자)연파만리 슈로창파에 이리 ᄒᆞᆫ츰 불녀 갈 제 안ᄀᆡᄂᆞᆫ ᄌᆞ옥ᄒᆞ여 지텩 동셔를 분변치 못ᄒᆞᄂᆞᆫ 즁 진납이 휘파람 슯히 불고 홀노 ᄯᅥ가는 져 기럭이 ᄶᅡᆨ을 불너 슯히 우니 다 썩고 놈은 간쟝 어이 마ᄌᆞ 다 녹여 내나(後念) ᄇᆡ머리ᄂᆞᆫ 빙빙 물소ᄅᆡᄂᆞᆫ 츌넝츌넝 물결은 태산 ᄀᆞᄒᆞ여 일변 치쌔더 둥영치 ᄇᆡ되고 바다에 취라ᄂᆞᆫ 거슨 돌보다도 더ᄒᆞᆫ 거시라 ᄇᆡᄂᆞᆫ 취에 직근 밧조와 ᄇᆡᆺ쨩은 ᄶᅥ기 더검은 물은 콸콸 소ᄉᆞ 들고 돗ᄃᆡᄂᆞᆫ 부러뎌 삼동에 나고 깃발은 쯔저뎌 환고향ᄒᆞᆯ 제 ᄉᆞ십명 동무가 단 셰 명 놈아 돗ᄃᆡ ᄎᆞ고 물에 ᄯᅱ여드니 갈메기란 놈은 등을 파고 상어란 놈은 뒷다리 당길 제 쟝부의 간쟝이 츈셜이로구나(後念) 돗ᄃᆡ ᄎᆞ고 물에 ᄯᅱ여드러 막막무제ᄒᆞᆫ 대히 즁에 실낫 ᄀᆞᆺᄒᆞᆫ 세 목숨이 어ᄂᆞ 곳으로 힝ᄒᆞ잔 말가 다만 오는 거슨 조림이오 ᄉᆡᆼ각ᄂᆞ니 고향이로다 비ᄂᆞ이다 비ᄂᆞ이다 산쳔후토 일월셩신 하ᄂᆞ님젼 비ᄂᆞ이다 실낫 ᄀᆞᆺ흔 우리 세 낫 목숨 살녀 달나고셔 비ᄂᆞ이다(後念) 동셔를 분변치 못ᄒᆞ고 이리 져리 불녀 ᄃᆞᆫ니다가 요힝 고향ᄇᆡ를 엇어 맛나 다시 환고향ᄒᆞ게 되니 깃분 ᄆᆞ음은 측량 업것만은 삼십여 명 동무에 근졀ᄒᆞᆫ ᄉᆡᆼ각을 ᄒᆞ고 보면 이 내 일신도 어복에 장례ᄒᆞ여 동무의 고혼이라도 위로ᄒᆞᆺ지만은 ᄉᆞᄉᆡᆼ길이 고로롭지 못ᄒᆞ여 이 내 인ᄉᆡᆼ은 수다 동무를 창파에 장례ᄒᆞ고 도라가ᄂᆞ 심슨들 좀 여북ᄒᆞ단 말가(…인용자)동포루에 ᄇᆡ를 ᄆᆡ니 이 날은 너놈은 날이 아니라 이 내 일신이 죽은 날이라고 죽은 혼이라도 위로ᄒᆞ려고 우리 쟝손이 엄이가 록두쌀 싯츠러 강변에 나왓다가 나를 보더니만 혼비ᄇᆡᆨ산ᄒᆞ여 ᄉᆞᆱ인지 ᄉᆡᆼ신지 ᄉᆡᆼ신지 ᄉᆞᆱ인지 와르륵 달녀드러 셤셤옥슈로 부여잡고 호텬망극에 ᄒᆞᄂᆞᆫ 말이 이거시 웬일인가 하늘노셔 ᄯᅥ러지며 ᄯᅡ흐로셔 소ᄉᆞ나며 바람길에 뭇어오고 구름길에 ᄊᆞ여 왓나 이리 셔로 붓들고 우름 울 제 린리 졔인이며 일간친쳑이 모다 모혀 이리 ᄒᆞᆫ츰 우름 울 졔 넙ᄃᆡᆼ집 쟝손 쟝손이 엄ᄆᆡ 와다닥 달녀드러 ᄒᆞᄂᆞᆫ 말이 이거시 웬일이오 쟝손 아바지ᄂᆞᆫ 왓겻만은 우리 가쟝은 어이ᄒᆞ여 아니 온단 말이오 이라 ᄒᆞᆫ츰 말ᄒᆞᆯ 젹에 쳐ᄌᆞ권속이며 부모 동ᄉᆡᆼ들 ᄒᆞᄂᆞᆫ 말이 이후에ᄂᆞᆫ 밥을 빌어셔 죽을 쑬지라도 졔발 덕분에 ᄇᆡ놈 노릇을 ᄒᆞ지 말아(후념)

인용문에서는 목숨을 내놓고 배를 타는 선인들의 비장함과 물고기 밥으로 수장된 동료들에 대한 안타까움과 미안함, 그리고 귀향한 후에도

355) 정재호 편, 앞의 책, 『정정증보신구잡가Ⅰ-600』·『고금잡가편Ⅱ-374』·『조선잡가집Ⅲ-375』※(노래의 구절이 뒤섞여 있음)·『조선신구잡가(조선속가)Ⅳ-238』(앞 노래와 동일)·『신정증보신구잡가Ⅳ-401』·『가곡보감Ⅴ-263』.

동료들의 가족을 바라보는 한탄과 원망이 고스란히 묻어나고 있다. 이 노래는 작게는 직업의 귀천과 어려움을 노래하고 있으며, 크게는 그럼에도 불구하고 뱃일을 업으로 살아야만 하는 인생의 괴로움을 노래하고 있다.

이처럼 화자의 현실적 경험이 작품에 사실적으로 담길 수 있었던 것은 서도지방이 서울과의 교류가 원만하지 않았기 때문에 지역의 삶과 정서를 고스란히 간직할 수 있었을 것이라는 점과 수시로 발생하는 해상 사고에 그 원인이 있다고 본다. 수심가토리가 애상적 성조를 갖게 된 원인도 이러한 지역적 특성에 있을 것이다.

3 세태에 대한 비판과 풍자

1) 개화문명의 허상

휘모리잡가 <병정타령>은 19세기 말 신식병정의 모습을 통해 국가 권력의 새로운 부활을 꿈꾸는 것 같지만 실상은 구식군대의 군인만도 못한 그들의 신세를 우회적으로 조롱하고 있는 작품이다.

<병정타령>

남의 손 빌어 잘 짠 상투 영문에 들어 단발 할 제 상투는 베어 협낭에 넣고 망건아 풍잠아, 너 잘 있거라 병장 복장 차릴 적에 모자 쓰고 양혜 신고 마구자 실갑 각반 치고 혁대 군랑 창집 탄자 곁들여 차고 글화총 메고 구보로 하여 가는 저 병정아 게 좀 섰거라 말 물어 보자

우리도 부모 은덕에 글자나 배웠더니 문필은 사마천 왕희지에 지내 가고 외관양풍은 이태백과 두목지요, 소진 장의 언변이라 만고재사 장자방과 제갈량의 지혜로다. 항우 역사 자룡 용맹에 지내 가고 대순 증자 효심이며 용방 비간 충심이라, 언충신 행독경은 주색 잡기에 호승하고 보국강병 충심 가득하니 내 칠척오촌이 분명하다 각국총장 모신곳에 얼른 냉큼 수이 빨리 찾아가서 이네 몸이 상사불견 기지사경 시각대변이라고 전하여 주렴

우리도 저 접대 갑오을미 동학란 통에 이내 몸이 병정되어 나라에는 본이 되고 일가엔 남이 되고 일신이 수족되어 매일 사흡 이사 한달이면 육원오각 일년

이면 칠십팔원에 몸이 매여 장령이면 수화를 부리하고 사차불피로다. 아침이면 체조하고 낮이면은 충의 두 자 정심하고 저녁이면 군가하고 한 달 육차 입직들고 새새틈틈이 육군예식내모사며 보명조전 국어 산술 나팔까지 졸업하는 몸뚱이라 전할지 말지.

인용문은 구한말의 신식군대가 훈련을 받는 모습을 익살스럽게 묘사하고 있으며, 19세기말이나 20세기 초에 창작된 노래로, 사설시조의 3장 형식을 가져오고 상투식인 '말 물어보자~전하여주렴~전할지말지'로 구성되어 있다.

내용을 보면, 상투를 단발하고 한복식을 병장 복장으로 바꾼 병정에게 자신도 신식병정이 될 수 있도록 긴히 부탁한다. 그러나 병정 자신은 동학난 때 일가에 남이 되었으며, 현재는 일년 78원에 몸이 묶여 있는 신세라고 한다. 더구나 아침저녁으로 일에 매여 전할 수 없음을 이야기 한다.

신식병정은 새로운 국가의 표상이자 권력을 상징한다. 그러나 스러지는 구한말의 병정 신세이기에 어쩔 수 없이 복무하는 자신의 심경을 고스란히 드러내고 있다. 더구나 병정은 갑오년 민중 봉기가 일어났을 때 그들을 진압하는 위치에 있었기 때문에 일반 백성인 일가친척에게 등을 돌린 상태가 된 것이다. 그렇기 때문에 실제 신식병정은 국가권력의 상징이 아닌 권력 유지를 위한 수단에 지나지 않는 것이다.

<병정타령>의 화자는 자신의 모습에 대한 부끄러움과 꿈이 없는 미래의 공허함을 과장된 표현으로 이야기 하고 있다.

<병정신세>

"마고자 슬갑에 세동다리 우리댁 서방님 하사일세."

이 소리도 벌써 옛날 꿈이 되었네. 그때만 해도 병정 명색이 있었지. 이렇지 않았지. 도적 잡으러 지방으로 출주할라치면 이왕 입던 군복에 사발 같은 벙거지를 쓰고 왜 나팔 소리에 발 맞춰 가는 날랜 모양 보고 시골 년들이 탐탐이 볼데 그려. 나는 본래 엿장사 자식이 자식이였지마는 머리 깎고 탕건을 쓰니까 선달님 행세를 늘어지게 하고 월급은 얼마 아니 되어도 시골 년들이 상등병 하사 명색이 그리 좋던 지 서울 본 집은 행랑살이를 하는 줄 모르고 내게 반해서 제 서방을 버리고 날 따라 올라온 일도 있었지. 그년이 잘 생겼던걸.

"아, 다시 옛날이 되었으면"

"엣 추워라"
몹시 부네.
"바람아 바람아 부들마라. 파수 병정님네 죽겠네."
<중략>

동무가 내 얼굴을 보고, 왜 눈에 고드름이 붙었느냐 그러데. 할 수 없이 나중에는 어떻게 되었던지 우선 먹고 살아야 하겠으니까 군도와 총을 일인한테 잡혀 먹었지. 어머니가 노름은 하지 말라고 하시되. 노름을 아니하고야 달리 돈 생기는 구멍이 있나. 그 총과 환도는 일간 탈이 나겠지.

그 동무도 벌써 달아났데. 요새 다른 영문에서도 달아나는 사람이 많데. 나도 도망하는 날이 오래지 않다.

"애고"
장관이 내 곁으로 지나갔네. 내 말을 들었는지.356)

소설 <병정신세>의 내용은 처음 신식병정이 되었을 때 신분 상승에 멋도 있고, 따르는 시골 여자들도 많았는데, 실상은 그렇지 않음을 이야기하고 있다. 지금은 변변치 않은 옷을 입고 추운 날 보초를 서야 하는 처지, 상관은 자신의 유명세를 위해 사적(私的)으로 부려먹기만 하는 상황, 또한 밥이 없어 어머니가 영문에 구걸하러 온 이야기와 총과 군도는 팔아먹고 노름에 매달려 사는 모습, 그리고 자기와 같은 신세의 동무가 달아났다는 이야기 등으로 모두 자탄(自嘆)의 내용이다.

19세기 말 남성들이 선망하는 부류 가운데 하나가 신식병정이었다면, 20세기 초 여성들이 선망하는 부류는 단연코 여학생(女學生)이 첫 번째이고 그에 미치지 못할 경우 기생(妓生)이 두 번째가 될 것이다. 이 두 부류의 공통점은 유행을 선도하는 신식여성의 이미지를 갖는다는 것에 있다.

<기생타령>은 개화기에 생긴 휘모리잡가로, 기생제도 철폐 이후 권번이 성행할 당시의 기생을 노래하고 있다.

<기생타령>

양산 받은 교태한 여인 금비녀 보석 반지 손가방 곁들여 들고 어여쁜 태도로 춘일이 화창한데 초목군생지물이 개유이자락이라. 이몸이 여자로서 완보 서행

356) 이종주, 「경인백색-중- 병정신세」, 『여항소설』, 시인사, 1994, pp.106~109.

으로 남산공원 찾아가니 백화는 만발하고 화향은 습의한데 부감장안도 하고 유정히 섰노라니

유두분면 일미인이 자동차 타고 가는 모양 정녕 기생이라. 연보를 바삐하여 손을 들어 부르면서 저기 가는 저 기생은 차를 잠간 머무르고 이내 신원이나 들어를 보소. 우리도 방년이팔에 옥빈홍안이라. 절개는 아황여영 같고 문필은 소약란을 압두하고 색태는 당명황의 양귀비요, 항우의 우미인과 여포의 초선이라. 충의는 논개 월선에 지내가고 태도는 석교상 봄바람에 난양공주 영양공주 진채봉 가춘운 적경홍 계섬월 심요연 백능파라. 팔선녀에 지내가고 기술은 벽성선 일지연 강남홍을 압두하고 나도 반개화소 미개화라. 기생기술에 지내 가니 귀권번에 가거들랑 가무 선생 계신 곳에 얼른 냉큼 수이 빨리 찾아가서 이내 몸이 기생되기 평생의 원이라고 부디 한 말 잊지 말고 전하여 주오.

그 기생 대답하는 말이 나도 상당한 허가 맡은 기생의 몸이 되어 밤이면 요리점에 가 노래 가사 시조 풍류 손님의 수의대로 흥치 있게 놀아 주고 낮이면 동서사방 문 밖 놀이 한강의 뱃놀이요, 경치따라 산놀이라. 신흥 약사 청암사며 영도사 청량사와 경퇴 새절[奉元] 화계사에 쉴새없이 불려가고 집에 돌아와 의복개착한 연후 백년낭군 목적으로 침선공부 물려놓고 오는 손님 희담으로 접객하고 주화로 내려가 취반갱탕 갖추어서 정든 낭군 공경하는 몸뚱이라 사무원더러.

문화계를 선도하는 기생의 표면적 매력에 이끌려 자신도 기생이 되게 해 달라고 부탁하는 여인에게, 기생 자신은 허가를 맡은 기생으로 요리점에서 연행하고, 뱃놀이, 산놀이와 이름난 절에서 베푸는 행사에 다니느라 바쁜 중에, 또한 귀가해서는 손님으로 오는 낭군을 보기 위해 쉴 틈이 없음을 이야기 하고 있다. 겉으로는 화려한 삶을 이야기한 것 같지만 실상은 지배층의 온갖 놀이에 쉴 새 없이 불려 다니고 집에서도 마찬가지로 쉴 틈이 없는 고단한 생활을 반어적으로 표현한 것이라 할 수 있다.

기생의 모습은 20세기를 전후로 하여 많은 변모를 하게 된다. 기존의 기생은 세습이나 역적의 부녀자로 비적(婢籍)에 떨어지는 비극적 상황이 만들어낸 천층(賤層)이었다. 그러나 20세기 초의 기생은 유행을 선도하는 여성으로 비춰졌고 심지어 신여성의 대명사인 여학생과 유사한 매력을 이끌어 내기도 하였다.

기예 시조, 경, 서, 남잡가, 입무, 각종정재무
틀어진양제머리, 히스시가제격이오, 우산들고칙보끼고, 힝길에를썩나셔면,

압뒤딥시졀묘ᄒᆞ고, 신식녀ᄌᆞ완연ᄒᆞ야, 학ᄉᆡᆼ인가기ᄉᆡᆼ인가, 분별ᄒᆞ기어려우나, 몰신몰신분슈향ᄂᆡ, 물큰물큰직구님ᄉᆡ, 비단슈건한숫잡아, 느지막이 손에든것, 유졍낭군맛날진ᄃᆡ, 츄파흘녀송졍홈은, 화류계에일홈ᄂᆞᆫ꽃, 김명옥이안이러냐, 스물한살그나히오, 젼쥬감영고향이라, 각ᄉᆡᆨ가무다ᄇᆡ온후, 금년부터인천죠합[357]

당시 여성들에게는 새로운 문화에 대한 동경을 조장함으로써 기존의 부정적 인식을 바꾸고 자발적으로 기생이 되게 하는 경우도 있었다.[358]

물론 기생에 대한 기존의 입장이나 인식에도 미치지 못하는 부정적 견해도 산출된다. 예전의 기생은 충절이 있고, 예의를 숭상하며 염치가 있었는데, 금일의 기생은 세속적이고 금전만을 숭상하며, 노래는 팔아도 몸은 팔지 않는다[賣唱不賣淫]는 의식이 사라졌다고 했다.

純然히 商品化되얏다 鄙劣한 愁心歌難逢歌는 잘할지언정 高尚한 時調歌詞는 알지못하고 長鼓통 쨍가리채는잘만질지언정 검은고 伽倻琴은 줄도 고를줄아는 者가 적다. 鴨綠江부시 이소부시 等의 반벙어리 日本노래는 드를수 잇서도 昔日成川의 芙蓉 開城의 黃眞 平壤의 蘆花와 가튼이의 詩를 볼 수 업다 康明花李花蓮은 戀愛를 爲하야 泉臺의 不歸魂이되고 姜香蘭丁琴竹은 一時的好奇心으로 斷髮美人의 稱號를 어덧지만은 國家를 爲하고 民族을 爲하야 身을 犧牲에 供하던 晋州의 論介와 平壤의 桂月(俗稱月仙)가튼 女丈夫를 다시볼수업다. 南原의 春香 春川의 桂心이가튼 貞節도 볼수업다.[359]

1931년 『동광』(1931)지에서 실시한 '성에 관한 문제의 토론' 내용을 살펴보면, 당시의 토론자 14명 전원은 기생제도 철폐를 찬성했다. 그 이유로 '첫째 그것이 노예매매제의 유물이며, 둘째 가정의 파괴자이며, 셋째 국민원력의 소모자'라고 적고 있다. 그리고 이러한 담론을 통해 기생은 박멸되어야 할 세균으로 규정되었다.[360]

---

357) 조선연구회, 『조선미인보감』, 민속원, 2007.
358) 김영희, 앞의 책, p.144. 재인용.
6. 계선(桂仙) "…글세 나는 기생이 부러워서 나왔어요. 인물이 남만 못합니까, 재조가 남만 못합니까…먹었던 소원을 성취하니 시원하냐? 시원하고 말고 아직 같아서는 기생 노릇이 과히 싫지는 않아요…제가 좋아서 한 일인데 젊어 한때라고 마음대로 놀구나 보지요…. 〈매일신보 1914. 2. 3〉
359) 일기자, 앞의 책, p.99. 이 내용을 역으로 생각하면 1920년대에 잡가 〈수심가〉, 〈난봉가〉가 극성이었다는 사실과 일본노래도 빠르게 확산되고 있음을 알 수 있다.
360) 이경민, 『기생은 어떻게 만들어졌는가』, 아카이브북스, 2006, pp.71~72.

이상의 내용을 참고하여 <기생타령>의 의미를 재고하면 표리부동한 삶의 모습을 여실하게 살필 수 있을 것이다.

결국 이들 노래는 사설시조의 한 투식(套式)인 '말물어보자'를 이용하여 당대를 살아가는 두 부류의 숨겨진 면모를 보여주고 있는 것이다. 실제 기생은 가난을 이유로 돈에 팔려와 왈자패들에게 갖은 수모를 당하며 사는 천층, 그 이상 이하도 아니다. 물론 가기(歌妓)로 성공하여 연극무대에도 서고 라디오 방송에도 출연하나 그는 극소수일 뿐이다. 기생의 실정은 『신한민보』(1909. 9. 22)에 실린 <기생의 노래>를 통해서도 확인할 수 있다.

9. 긔ᄉᆡᆼ의노ᄅᆡ

> 평안ᄒᆞ오무사ᄒᆞ냐 잡놈들이모라든다 업는졍도 이ᄉᆞᆫ닷시 송구영신머리압허
> 남과ᄀᆞᆺ흔ᄌᆡ질로셔 이목구비션명ᄒᆞ니 녀학교에입학ᄒᆞ여 지식학문닉혓스면
> 문명국에녀자ᄀᆞᆺ치 동등권을가질것을 우리부모돈에팔여 이모양을만ᄃᆞ럿네
> 걸핏ᄒᆞ면보리타작 잘못ᄒᆞᆫ것무엇인가 인륜도덕ᄇᆡ반ᄒᆞ고 도적질만ᄒᆞ라ᄒᆞ니
> 하ᄂᆞ님도무심ᄒᆞ지 오른일에벌쥬시ᄂᆞ 달도발다뎌동창에 업는말을ᄒᆞ여가며
> 총쥰ᄌᆡ사병드리니 ᄂᆡ량심이붓그럽다 이ᄂᆡ몸이불힝ᄒᆞ야 로류장화버렷스나
> 나란부인못될잇가 위로ᄒᆞ쟈이마ᄋᆞᆷ을 촉셕누하남강가에 론ᄀᆡ사당부럽됴다
> 웃둑ᄒᆞ다의암이야 왜쟝쳥졍유인ᄒᆞ여 일ᄇᆡ일ᄇᆡ권ᄒᆞ다가 물에풍덩ᄲᅡ젓다지
> 우리비록창녀로되 대한ᄇᆡᆨ셩다ᄀᆞᆺ하니 일촌단심긔회보와 원슈갑고죽으리라
> 하ᄃᆡ마라오입쟝아 이ᄂᆡ몸이죽은뒤에 일홈기리빗나여셔 유방ᄇᆡᆨ세ᄒᆞ리로다[361]

인용문을 보면 기생인 화자는 왈짜에게 구속된 삶과 함께 기생이 된 이유를 부모가 가난하여 기생에 팔려온 것으로 이야기하고 있다. 또한 이유 없이 구타당하는 신세를 한탄하고 있다. 그러나 비록 나락에 떨어진 인생이지만 진주의기 논개와 같이 일편단심을 간직하고자 하는 의지 또한 드러내고 있다. 그러나 기생으로서의 갖는 불행한 현실과 그 불행을 이겨내기 위해 설정한 이상과의 간극으로 인한 괴리가 표출되고 있다.

361) 송기한・김교식, 『한국 개화기의 시가 2』, 국학자료원, 2010, pp.323~324.

2) 사회구조적 모순

사회구조적 모순을 드러내는 대표적인 작품으로 <맹꽁이타령>을 꼽을 수 있다. <맹꽁이타령>은 "인간 사회를 풍자하여 만든 노래인데 1910년쯤부터 불러 온 것으로 알고 있다. 고(故) 박춘재(朴春載) 선생의 말에 의하면 자기 어렸을 적에도 이 노래가 있었다고 한다."[362] 따라서 이 노래는 적어도 20세기 이전부터 가창된 것으로 보인다.

<맹꽁이타령> 관련 작품은 『남훈태평가』와 『調및詞』에 실린 사설시조 2수, 『언문조선구전민요집』 및 『한국민요집』에 실린 민요 8수, 그리고 『한국속가전집』, 『주해 악부』, 『교합 아악부가집』, 『한국가창대계』 등에 수록된 잡가 15수 등을 꼽을 수 있다.

이 가운데 『증보신구잡가』[363] 소재 작품을 보면 다음과 같다.

① [364]져건너 신진ᄉᆞ집 시렁우헤 언진 청둥 청정미 청차좁쌀이냐 쓸은 청둥 청정미 청ᄎᆞ좁쌀이냐 아니쓸은 청둥 청정미 청차좁쌀이냐
② 아릐ᄃᆡ밍ᄭᅩᆼ이다셧 우ᄃᆡ밍ᄭᅩᆼ이다셧 문안밍ᄭᅩᆼ이다셧 문밧밍ᄭᅩᆼ이다셧 흥인지문을ᄂᆡ다라
③ 왕십리 쳣 둘 셋ᄌᆡ논에 울고우ᄂᆞᆫ 밍ᄭᅩᆼ이다셧
④ 그리로 동수구문 두ᄉᆞ이에 오간슈밋헤셔 놀든밍ᄭᅩᆼ이가 오륙월장마통에 ᄯᅥ나려오ᄂᆞᆫ 나막신짝을 잡아타고 션유ᄒᆞᄂᆞᆫ 밍ᄭᅩᆼ이다셧
⑤ 그리로 훈련원 잇ᄂᆞᆫ 밍ᄭᅩᆼ이ᄂᆞᆫ 쳣 남편을 리별ᄒᆞ고 둘ᄌᆡ 남편을 어덧드니 손톱이 길어 감옥셔 가고 세ᄌᆡ 남편을 어덧더니 륙칠월 ᄇᆡ쵸입헤 ᄊᆞ여 발펴 죽엇기로 ᄇᆡᆨ지한장 사들고셔 ᄌᆡ돈 ᄎᆞ지려 가ᄂᆞᆫ 암밍ᄭᅩᆼ이 다셧
⑥ 그리로셔 광통교다리 밋헤셔 놀든 밍ᄭᅩᆼ이가 앗참인지 졈심인지 져녁인지 한술밥을 어더먹고 긴 장쥭에다 담ᄇᆡ한ᄃᆡ를 흠신 눌너담아 붓쳐물고 셔퇴를 ᄒᆞ량으로 죵로 한 마루터기 썩 올나셔셔 어졍어졍 근일다가 힝슌ᄒᆞᄂᆞᆫ 슌라군안테 결박찜을 당ᄒᆞ고셔 덜미를 치며 어셔가자 ᄌᆡ촉ᄒᆞ니 아니 가겟다고 들어누어 앙탈ᄒᆞᄂᆞᆫ 밍ᄭᅩᆼ이 다셧

---

362) 이창배, 앞의 책, p.257.

363) 『신구시행잡가(1914)』는 평양에서 발행했으며, 또다른 서명으로 『訂正增補新舊雜歌全』으로 되어 있기에 이보다 먼저 나온 책이 있으리라 추측된다. 또한 휘모리잡가의 유행이 서울을 중심으로 이루어졌음을 감안하여, 서울에서 발행된『증보신구잡가(1915)』에 실린 〈맹꽁이타령〉을 분석 대상으로 삼았다.

364) 작품에 기입한 번호는 이형대의 논문(「휘모리잡가의 사설 짜임과 웃음 창출 방식」, 『한국시가연구』, 한국시가학회, 2003, pp.329~330)의 삽화 단위 예를 참고하여 필자가 임의로 부여했다.

⑦ 그리로 삼청동 막바지 장원서 다리 밋테셔 놀든 ᄆᆡᆼᄭᅩᆼ이가 포박장이 밥을 도적ᄒᆞ야 먹ᄃᆞ가 쌜ᄂᆡ방치로 졔독을 맛고 머리가 ᄭᆡ져 ᄒᆡ산션미리를 질ᄭᅳᆫ 동이고 구보로 ᄒᆞ야 ᄃᆞ라나ᄂᆞᆫ ᄆᆡᆼᄭᅩᆼ이 다셧

⑧ 그리로 경복궁안 연못셰 울고노는 ᄆᆡᆼᄭᅩᆼ이가 지ᄂᆡ간 임진년에 함을물고 벙어리되야 말못ᄒᆞ니 련엽쭉짜 물담방 ᄯᅥ셔들고 ᄃᆡ골ᄃᆡ골 굴녀 슈은(水銀) 장ᄉᆞᄒᆞᄂᆞᆫ ᄆᆡᆼᄭᅩᆼ이 다셧

⑨ 그즁 처녀 ᄆᆡᆼᄭᅩᆼ이 즁에 ᄒᆞᆫᄆᆡᆼᄭᅩᆼ이 ᄉᆡ집을 갓더니 ᄉᆡ집간지 ᄉᆞᆷ일만에 ᄉᆡ앗슬 보아 셔방안테 방망이로 어더맛고 살님ᄉᆞ리 판을 치고 반쥭고리 뒤질머업고 실ᄒᆞᆫ바람 ᄭᅳᆫ어 ᄯᅩᆼ문이에 ᄎᆞ고 고초나무로 목ᄆᆡ달너 가ᄂᆞᆫ ᄆᆡᆼᄭᅩᆼ이를

⑩ 그즁에 홀아비 ᄆᆡᆼᄭᅩᆼ이가 뒤를 ᄯᅡ라오며 ᄒᆞᄂᆞᆫ말이 네지금 쳥츈이라 ᄂᆡ가 홀아비니 쥭지말고 나고살자ᄒᆞ고 손목을 잡아 단이ᄂᆞᆫ ᄆᆡᆼᄭᅩᆼ이 다셧

⑪ 그 즁에 슈ᄆᆡᆼᄭᅩᆼ이를 차지려ᄒᆞ고 칠월이라 ᄇᆡᆨ즁날에 공회를 ᄒᆞᆫ다 무화관 반송 순버들가지 밋헤셔 수두륵이 모혀 밋헤ᄆᆡᆼᄭᅩᆼ이가 우에ᄆᆡᆼᄭᅩᆼ이를 치여다 보고 압다 요놈아 렴치업시 너무누루지 말아라 무겁다 ᄆᆡᆼᄭᅩᆼ 우의ᄆᆡᆼᄭᅩᆼ이ᄂᆞᆫ 밋헤ᄆᆡᆼᄭᅩᆼ이를 나려다보며 압다 요놈아 무어시 무겁다고 잡갑스럽게 군말을 ᄒᆞ나냐 죠금만 참으라고 ᄆᆡᆼᄭᅩᆼ

⑫ 그즁에 슈ᄆᆡᆼᄭᅩᆼ이를 차지랴고 슝례문밧 썩ᄂᆡ다라 칠ᄑᆡ 팔ᄑᆡ 리문동 도져골 네거리 쪽ᄃᆞ리 ᄇᆡ다리 돌모루 ᄭᅳᆺ을 썩나셔셔 쳣둘 셋넷 다셧 여셧 일곱 여덜 아홉열ᄌᆡ 미나리 논에서 머리를 푸러 산발ᄒᆞ고 눈물을 쥴쥴 방귀ᄲᅮᆼᄲᅮᆼ 오즘을 잘금ᄊᆞ고 두다리 밧삭 ᄭᅩ고 안졋ᄂᆞᆫ ᄆᆡᆼᄭᅩᆼ이를 슈ᄆᆡᆼᄭᅩᆼ이로 역엿더니

⑬ 그리로 록슈쳥산 깁흔곳에 ᄇᆡᆨ슈풍신을 헌날니ᄂᆞᆫ 로인ᄆᆡᆼᄭᅩᆼ이가 손ᄌᆞᄆᆡᆼᄭᅩᆼ이를 무릅에 안치고 져리가거라 뒤틔를 보ᄌᆞ 이리로 오나라 압ᄆᆡᆸ시를 보자 안져라보자 셔거라보자 쥐암쥐암 곤지곤지 짝짝궁 도리도리 길나라비 훨훨ᄒᆞᄂᆞᆫ ᄆᆡᆼᄭᅩᆼ이가 수ᄆᆡᆼᄭᅩᆼ인가

⑭ 그즁에 우리집 장독간에셔 우ᄂᆞᆫ ᄆᆡᆼᄭᅩᆼ이가 수ᄆᆡᆼᄭᅩᆼ인가

<맹꽁이타령>의 특징은 사설시조에 비해 괄목할만한 삽화 단위의 확장이 일어나는 것에서 찾을 수 있다. 여기서 주의하야 할 것은 단순한 나열과 부연이 아닌, 새로운 노랫말의 의미를 생성하고 있다는 점이다.

①의 내용은 민요 가운데 발음하기 어려운 낱말을 중복해서 발음하는 유희요의 하나로, 주로 어린이들이 발음을 배우기 위해 장난삼아 하는 難音 성격의 노래이다. 앞서 살펴보았듯이 여러 노래가 전하는데, 여기서는 '쌀' 관련된 노래가 삽입되었다.

②~③에서 주의깊게 보아야 할 부분은 '흥인지문을ᄂᆡ다라'이다. 이 부분을 어떻게 해석하느냐에 따라 전체 노랫말의 의미가 바뀌기 때문이다. 이 부분은 다음과 같이 끊어 읽을 수 있다.

㉠ **아릐ᄃᆡᄆᆡᆼᄭᆼ이다셧 우ᄃᆡᄆᆡᆼᄭᆼ이다셧 문안ᄆᆡᆼᄭᆼ이다셧 문밧ᄆᆡᆼᄭᆼ이다셧 / 흥인지문을ᄂᆡ다라 왕십리 첫 둘 셋ᄌᆡ논에 울고우ᄂᆞᆫ ᄆᆡᆼᄭᆼ이다셧**
㉡ **아릐ᄃᆡᄆᆡᆼᄭᆼ이다셧 우ᄃᆡᄆᆡᆼᄭᆼ이다셧 문안ᄆᆡᆼᄭᆼ이다셧 문밧ᄆᆡᆼᄭᆼ이다셧 흥인지문을ᄂᆡ다라 /왕십리 첫 둘 셋ᄌᆡ논에 울고우ᄂᆞᆫ ᄆᆡᆼᄭᆼ이다셧**

㉠과 같이 끊어 읽으면 도성 가까이 사는 사람들인 '자내 사람'과 도성으로부터 먼 경강인들을 지칭하는 '오강 사람'을 구분하여 나열하는 것으로 파악할 수 있는데,[365] 이럴 경우 맹꽁이들의 모습은 당시의 풍속도를 펼쳐 보인 것으로 해석할 수 있다.[366] 그러나 ㉡과 같이 끊어 읽으면 '아릐ᄃᆡ, 우ᄃᆡ, 문안, 문밧'의 '자내' 맹꽁이들이 '흥인지문' 밖으로 달려 나가는 상황이 연출된다. 즉 이 부분은 어떤 사건의 발단으로, 이야기가 시작됨을 알리는 것이다. 일반적으로 문학 작품은 어휘 자체의 미를 표현하는 것과 언어 작용을 통하여 미적 효과를 드러내는 경우가 있다.[367] 위 사설은 후자에 해당된다. 음수나 음보에 맞추어 생각할 수 있지만 고정성을 벗어나면 작품의 의미가 한결 넓어지고 깊어진다.

③~⑩까지의 삽화단위에는 당시 서울 외곽 지역에 사는 맹꽁이들의 삶의 행태들이 나타나고 있다. ③은 논에 있는 맹꽁이를, ④는 뱃놀이하는 맹꽁이를, ⑤는 세 번이나 남편을 잃고도 살기 위해 돈에 목맨 'ᄋᆞᆷᄆᆡᆼᄭᆼ이'를 그리고 있다.

⑥은 순라군에게 잡혀가는 맹꽁이를 그리고 있는데, 제때 끼니도 못

365) 신경숙, 「'사계축 소릿꾼' 발생에서의 지역적 특성」, 『한성어문학』제29집, 한성대학교 한성어문학회, 2010, p.61.
366) 조동일, 『한국문학통사 3』, 지식산업사, 1984, pp.296~310.
367) 장덕순, 『국문학통론』, 도서출판 박이정, 1995, p.155.
장덕순은 "시조 용어에는 어휘 그 자체에 미를 표현하려는 방면과, 어휘 그 자체에서보다도 언어 활용면에서 미적 효과를 노리는 방법이 있는데, …후자는 어휘 자체의 선택에는 그리 用心하지 않더라도 언어 작용을 통하여 나타나는 미적 효과에 노력하는 것인데 황진이 같은 작가는 그 대표라 할 만하다. 다음의 두 작품은 이것을 잘 설명해 주는 것이다."라고 하면서 "어져 내일이야 그릴 줄을 모르ᄃᆞ냐…"의 '제 구ᄐᆞ여'가 갖는 미적효과를 제시하고 있다.

먹는 맹꽁이가 겨우 밥 한술 얻어먹고 더위를 물릴 겸 산책을 하는데, 난데없이 순라군에게 잡혔다. 보통 순라군은 2更~5更(21시~05시) 사이에 통행을 금지하며 밤에 궁중과 장안 안팎을 순찰하는데, 정확한 시간이 명기되진 않았지만 통행금지 시간도 되지 않아 맹꽁이를 결박하자 이에 저항하는 것으로 파악된다. 아마도 정상적인 시국이 아니었던 듯하다.

⑦은 밥을 훔쳐 먹다 매를 맞고 도망가는 맹꽁이를 노래하고 있다.

⑧은 '경복궁안'에서 '울고노는 ᄆᆡᆼᄭᅩᆼ이'가 '지ᄂᆡ간 임진년에 함을 물고 벙어리되야 말 못ᄒᆞ니' '슈은(水銀) 장ᄉᆞ'로 연명하는 것을 노래하고 있다. 경복궁과 벙어리를 통해 의미를 추정하면 임진왜란 때 소실된 경복궁을 흥선대원군이 1867년 중건한 것으로 해석할 수 있다. 곧 임진란의 말 못할 고통을 어렵게 겪어냈는데, 중건 사업으로 인해 더한 질곡의 삶을 살아내야 했던 것 같다. 이런 연유로 본업을 버리고 수은장사(보부상)[368]로 나선 것이 아닌가 한다. 이럴 경우 삽화단위 '⑧'의 맹꽁이는 신분이 높고 재력에 있어 본시 천하거나 빈한한 자가 아니었음을 알 수 있다

이상의 <맹꽁이타령>은 ④에 나타난 맹꽁이를 제외하고는 모두 먹고 사는 문제에 대해 노래 하고 있다.

⑨와 ⑩에서는 처녀 맹꽁이가 고초나무로 목 매달러 가는 장면과 그녀를 유혹하는 홀아비의 모습에서 긴장을 풀 수 있는 폭소를 자아내고 있다. 마치 판소리의 진양조 가락 속에 엉뚱한 사설로 웃음을 유발시키는 것과 궤를 같이한다.

⑪~⑫의 '그 즁에 슈ᄆᆡᆼᄭᅩᆼ이를 차지려ᄒᆞ고'는 ②의 '홍인지문을ᄂᆡ다라'와 호응되는 부분으로 주목을 요한다. 곧 수맹꽁이를 찾으려고 홍인지문을 'ᄂᆡ다라' 왕십리에 농사꾼, 동수구문의 한량, 훈련원의 관원과 도둑, 종로에서 산책하는 양민, 밥도둑 등을 살폈으나 결국 찾지 못한다. 궁여지책으로 공회를 열어서 그 가운데서 색출을 시도했던 것이다.

---

368) 이능화, 앞의 책, p.23.
"금릉金陵은 옛부터 아름답고 고운 곳이라 일컫는다. 흰 바위 아래로 흐르는 푸른 물과 복숭아 잎의 둥근 부채를 든 요염한 기녀가 많았다. 홍무洪武 초에 16루樓를 세워 관기官妓를 두었으니, 엷은 향기와 경분輕粉에 많은 나그네가 찾아와서 한때 시를 지었다. 여기에 쓰인 '경분'은 염화제일수은의 한방 약명으로 수은에 명반염을 섞어서 만들며, 분의 재료가 된다."
이를 참조하여 추정하면 수은장사란 주로 기생들에게 쓰이는 화장품을 만들고 파는 사람으로 추정된다.

이 노래의 마지막 ⑭에 이르러 '그즁에 우리집 장독간에셔 우는 밍꽁이가 수밍꽁인가'라고 노래한다. 결국 그들이 찾는 수맹꽁이는 바로 우리들 자신(민중/백성/불특정다수)이기에 어느 누구를 특정해서 찾을 수 없음을 비유적으로 제시하고 있는 것이다. 여기서 한 가지 주의할 점은 기존의 '수맹꽁이'의 '수'가 '웅(雄)'을 뜻했다면 20세기 초 <맹꽁이타령>에 나타난 수맹꽁이는 '수(首)'로 읽힌다는 점이다.[369]

그런데 이와 같은 노래가 왜 사회구조적 모순을 비판하는 것인지에 대한 언급이 없다. 이에 대해서는 다음 글을 살핀 후 다시 논의하고자 한다.

"때는 오월 열흘도 넘는 장맛비 물은 흘러넘치고 땅덩어리 모두 잠겼도다. 묵소자가 은거하는 서대문 민가 조그마한 그 집 쑥대에 덮여 안 보이고 울창한 숲 이어지면서 도랑이 허리를 휘감았는데 더부룩이 풀 우거지고 진흙만 질퍽거리는 곳을 개구리 떼 점거하고 소굴로 삼았도다. 생육하고 번식하여 그 수를 헤아릴 수도 없는데 이때다 생각하고 떠들썩하게 기분 내며 패거리들 이끌고 와 턱을 치받들고는 한목소리로 합창하니 내분이 일어난 듯 싸움이 일어난 듯 개굴개굴 개골개골 밤도 낮도 없도다. (…인용자)어떤 손이 지나가며 웃고서 말하기를 "심하도다. 그대의 미혹됨이여! 변덕스런 사람의 생리는 물론 만물의 속성 아직도 모르도다. 넓고 넓은 우주 안에 온갖 종류 다 함께 태어나면서 형체와 기운을 품부 받고는 각자 생긴 대로 울어 대나니, 타고난 성품대로 생각을 표현함이지 사람 듣기 좋으라고 그러는 것이 아니로다. (…인용자)지금 그대는 그대 몸만 근본 삼고 객관 세계는 달리 보아 육근(六根)에 집착하고 육진(六塵)을 염증 낸 나머지 똑같이 자연의 소리에 소속되어 트이든 막히든 근원을 같이함을 알지 못한 채 기필코 대상물을 없앤 뒤에야 기분을 풀려고 하니 이치에

---

369) 『만세보』(1907. 3. 20)의 자료를 보면 문안맹꽁이와 문밖맹꽁이들 사이에 모종의 알력이나 견제가 있었음을 알 수 있다.

1. 春儞童謠

- 문안밍꽁이셋 문밧밍꽁이둘이 聯合隊룰 組織훈다네
- 문밧밍꽁이말드러보아라 너아무리약고의뭉ᄒᆞ다ᄒᆞ야도 蟾蛇酒쏙에 誤入홀나
- 문안밍꽁이에 聯合隊組織發起훈밍꽁이가엇던밍꽁인가
- 그밍꽁이는 아라 무엇ᄒᆞ나 쐬만은 밍꽁이가 남의쐬에 넘나제에째넘나
- 벙어리밍꽁이가 날이 씃씃ᄒᆞ닛가 울듯울듯ᄒᆞ다지
- 씰음잘ᄒᆞ든밍꽁이는 쐬만은밍공이벙어리밍공이롤 찌암괴암훈다지
- 밍공이다섯이 聯合隊를 組織ᄒᆞ야 所用이무엇인가
- 엇던밍공이훈나롤 쑤들겨자부랴고宣戰書롤 發布ᄒᆞ얏다지
- 밍공이 ᄊᆞ홈구경가세 어느밍공이가 깅구러질는지
- 죠라밍공이들이멋모르고덤뷔다가는 날出字쓰지
- 엇더ᄒᆞ든지큰구경난네 從軍記者로 觀戰이나갈가
- 우리는 嚴正中立이나ᄒᆞ야 戰報나 기다리셰

어두워 인을 행치 못하는 자가 아니겠는가. 아니면 잔재미에 맛 들여 큰 걱정은 망각하고 작은 고민을 제거하고 큰 피해엔 태연한 채 시끄러운 개구리 울음소리 싫어할 줄만 알 뿐 크게 가증스럽고 크게 소란 떠는 큰 개구리는 생각지 못하는 자가 아니겠는가. 경위를 몰라도 유분수지 어쩌면 그리도 어리석은가?….”370)

계곡(谿谷) 장유(張維, 1587년~1638년)의 문집 『谿谷先生集』에 실린 <와명부(蛙鳴賦; 개구리 울음에 관한 부)>이다. 시끄럽게 우는 개구리와 이것이 탐탁지 못하여 없애려는 묵소자에게 나그네가 건네는 이야기를 다루고 있다. 특히 이 작품에서 눈여겨 볼 곳은 개구리들이 사는 모습과 울음소리를 묘사한 부분, 그리고 그들의 소리보다 더 크게 소란 떠는 큰 개구리는 생각하지 않는다는 마지막 부분이다.

<와명부>와 <맹꽁이타령>에 등장하는 개구리와 맹꽁이들은 민중을 비유한 대상물이다. 그들은 자신들에게 지워진 삶의 무게를 울음으로 표현한다. 그런데 이 소리를 듣는 위정자들은 시끄럽게 울어대는 맹꽁이들을 제압하려고만 할 뿐, 왜 그들이 떼로 모여서 울음소리를 내는 지에 대해서는 침묵하고 있다. 바로 이러한 내용에서 사회구조적 모순이 드러나게 된다. 더욱이 나그네는 “시끄러운 개구리 울음소리 싫어할 줄만 알 뿐 크게 가증스럽고 크게 소란 떠는 큰 개구리는 생각지 못하는 자가 아니겠는가. 경위를 몰라도 유분수지 어쩌면 그리도 어리석은가?”라며 문제의 근원은 뭇 백성의 울음소리가 아닌 그들 위에 군림하는 자들도 확정하고 있다.

두 작품의 내용과 <와명부>의 주제를 중심에 놓고 볼 경우 <맹꽁이타령>은 시끄럽게 울어대는 맹꽁이를 견제하기보다는 맹꽁이들을 울게 만든 구조적인 문제를 해결해야 함을 역설한 것으로 해석할 수 있을 것이다.

---

370) 『谿谷先生集』, 劵之一 詞賦 〈蛙鳴賦〉
“仲夏之月 霪霖浹旬 潢潦汎濫 后土沈湮 默所子屛居于西郭之委巷 環堵之宮翳于蓬藋 連以幽藪 帶以汙瀆 奧草薈蔚 泥濘漠漠 群蛙據焉 爲其窟宅 生育繁息 厥麗不億 乘時得意 叫呶自嬉 命儔引類 張頷樹頤 齊聲合響 若訌若爭 閤閤殷殷 靡晦靡明(…인용자)客有過而哂者曰 甚矣 子之惑也 蓋未通乎 人理之變 與夫物性之適者也 芒蕩大包 萬類並生 稟形受氣 天機自鳴 各率其性而宣其情 非以供乎吾人之瞻聆(…인용자)今子本身而異物 滯根而厭塵 不知夫天籟之均寓 通塞之同源 必欲殄天物而逞吾志 無乃蔽於理而傷於仁者耶 抑且翫細娛而遺大患 除小惱而恬巨害 徒知惡蛙鳴之鬧吾耳 不念夫大蛙大鬧之爲可惡之大者 類之不充 何其昧耶”.

4 현실적 가치의 추구

1) 물질적 가치 우선

18세기 후반 이후의 서울은 행정도시의 기능뿐만 아니라 문화예술의 메카로써, 또한 소비도시로서의 면모를 보이고 있었다. 물론 이와 같은 변화의 기저에는 적극적인 상업 활동과 전국 물산의 유입 등 경제적 여건이 확보되었기에 가능하였다.

당시 서울에서 소비되는 물량 대부분은 한강을 통해 유입되었다. 전국에서 걷은 세곡(稅穀)과 지방농장의 소작료는 물론 서울 시민의 일반 생활품도 그 양이 많은 것은 대부분 선박으로 한강을 통하여 공급되었다. 조운(漕運)을 통해 한강으로 유입되는 대부분의 물량은 곡물운반으로 자본을 집적한 경강상인들에 의해 주도되었다.[371)]

18세기 후반기의 서울 인구는 대개 20만 명이었는데, 한 사람 당 하루 소비 양곡을 2승(升)으로 잡을 경우 연간 소비양곡은 100만 석에 이른다. 이 가운데 40만 석이 세금이나 소작료로 충당되고, 나머지 60만 석은 경강상인에 의해 공급된다.[372)] 쌀에 한정해서 보더라도 서울의 소비규모를 짐작할 수 있다.

이처럼 소비도시로서의 서울이 갖는 경제적 · 물질적 여유는 유흥문화를 진작시켰으며, 유흥문화를 선도하는 연행 담당층은 수용층의 요구를 그들의 노래에 투영하기 시작한다. 현실적 가치의 추구 또한 그러한 맥락에서 이해해야 한다.

<자진배따라기>[373)]

<u>망한배는 망햇거니와 흥한배 돈실너간다 돈돈돈 실너간다 연평바다로 돈실너간다</u> 지하자-줏타 이에-에헤이야-지화자-좃타 월명사창에 달밝은밤에 안팟밀물이 처서절처진다 지하자-좃타 이에-에헤이야-지하자-좃타 <u>얼마나 실</u>

371) 강만길, 『이조의 상인』, 한국일보사, 1975, p.132.
372) 강만길, 앞의 책, p.155.
373) 정재호, 앞의 책, 『정선조선가요집-446』.

어슴나 얼마나 실엇슴나 오만팔쳔량 여덜갑절 실엇다 지하자-좃타 이에-에헤이야-지하자-좃타 강화월곳이 아 어렵다하니 민물을 밧아서 지구나 들여라 지하자-좃타 이에-에헤이야-지하자-좃타 **돈은만튼지 적든지간에 량돗대달고 지구나들여라** 지하자-좃타

<배따라기>는 목숨을 걸고 뱃일에 종사하는 사람들의 삶을 노래한 서도소리이다. 그런데 이러한 노래가 잡가로 변모되어 유흥공간에서 불리게 된다. 『고대본 악부』나 『한국속가전집』에 실린 <배따라기>는 그 노랫말이 대동소이한데, <자진배따라기>의 노랫말은 장사를 떠나 돈을 버는 내용으로 <배따라기>와 전혀 다르다. 더구나 그 표현에 있어 돈에 대한 가치나 목적을 노골적으로 드러내고 있다. 기존 시가의 내용을 염두에 둘 때 작품에서 돈을 직접 언급한 것은 판소리 <흥보가>의 '돈타령'[374]을 제외하고는 매우 드문 경우이다. 이를 통해 돈에 대한 인식과 사회적 통념이 바뀌었음을 알 수 있다.

또 하나 흥미로운 것은 해상 공간이 다르게 나타난다는 점이다. 원 <배따라기>는 평안도와 황해도를 기반으로 하는 서도소리로, 뱃일을 나갔다가 풍랑을 만난 것을 주로 노래했다면, <자진배따라기>는 연평도에 돈 실러 갔다가 강화도 북부에 위치한 월곶을 거치는 것으로 되어 있다. 강화도는 한강으로 진입하는 수구(水口)에 위치한 섬이다. 따라서 이 배는 경기 서부 지역을 대상으로 움직이는 상선(또는 어선)이거나 경강을 중심으로 활동하는 시선배[375]로 해석할 수도 있다. 시선배는 고기잡이를

374) 정광수 창본 〈흥봉가〉을 보면 흥부가 매품 값으로 받은 다섯 냥과 박을 타는 대목에서 '돈타령'이 나온다.
【중중머리】 흥보 마누라 나온다 흥보 마누라가 나온다 아이고 여보 영감 영감오신 줄 내 몰랐소 어디 돈 어디 돈 허고 돈 봅시다 돈 봐 놓아두어라 이 사람아 이 돈 근본을 자네 아나 못난 사람도 잘난 돈 잘난 사람은 더 잘난 돈 맹상군에 술래바퀴처럼 둥글둥글이 생긴 돈 생살지권을 가진 돈 부귀공명 붙은 돈 이 놈의 돈아 아나 돈아 어디 갔다가 이제 오느냐 얼씨구나 돈 봐 어 어 어 얼씨구 얼씨구 돈 봐
【중중머리】 (평 · 계면 · 흥나게) 박흥보가 좋아라 돈 한 꿰미를 손에다 들고 춤을 추고 노닐 제 얼시구나 절시구 돈 봐라 돈 돈 봐라 잘난 사람도 잘 생긴 돈 못난 사람도 잘난 돈 맹상군(孟嘗君)의 술래바퀴처럼 동글동글이 생긴 돈 생살지권(生殺之權)을 가진 돈 부귀공명(富貴功名)이 붙은 돈 얼시구나 돈 봐라 어디를 갔다가 이제 오느냐 얼시구 돈 봐라 여보아라 큰 자식아 건너말 건너가서 너의 백부님을 오시래라(이하 생략)

375) 김순제, 『한국의 뱃노래』, 호악사, 1982, pp.228~230.
시선배란 고기잡이배가 아니라 고기잡이 배가 어장(魚場)에서 잡은 고기를 운반(運搬)하던 배를 말한다. 때에 따라서는 직접 고기를 잡기도 한다. 이 배는 근거지를 강화도에 두었으며 목적

하거나 만선(滿船)을 만나 물건을 옮겨 실은 뒤 경강에 부리는 것을 업으로 삼기에 여타의 뱃일과 달리 유통과 자본의 회전이 빠르게 나타남을 알 수 있다. 이런 연유로 돈을 싣는다는 표현을 한 것으로 보인다. 한편 화자는 이익이 많을 때도 있고 손해를 볼 때도 있지만 그런 것은 개의치 않는다. 이 점에서 화자는 돈에 대한 또는 경제의 흐름에 대해 수많은 경험을 축적한 상인으로 보인다.

<별수심가>376)

유젼이면 금수강산이오 무젼이면 젹막강산이로구ᄂᆞ ᄎᆞᆷ아진졍 나 못살갓네 돈풍년질젹에 님ᄉᆞ틔나더니 돈써러지ᄌᆞ 님종ᄌᆞ발ᄂᆞ셔 ᄂᆞ엇지 살잔말인가 참아진졍 나못살갓네

사랑하는 님을 그리는 노래인 <별수심가>의 한 대목이다. 님과 이별하여 괴로운 심정을 토로하는 중에 이별의 이유를 돈이 떨어져서라고 언급하고 있다. '유전이면 금수강산이요'와 '돈풍년질적에 님사태나더니'의 노랫말을 통해 돈의 위력을 극명하게 드러내고 있다. 이와 유사한 내용이 <긴수심가>377)에 "十一, 금슈강산이 좃타구ᄒᆞ여도 ᄂᆡ돈만업스면 젹막강산이로다 이령져령으로 놀아만 보세"라는 구절에도 나타난다.

이를 볼 때 당시 배금사상이 팽배하였음을 알 수 있다. 이러한 돈에 대한 인식은 우선하는 가치조차 바꾸게 한다.

<몽금포타령>378)

三, 돈실은 ᄇᆡ거든 들넛다가구요 님실은 ᄇᆡ거든 바로나 가지요
ᄋᆞ하ᄋᆞ 에헤 에헤이에헤야 우리두리만 살지요
四, ᄉᆞ공네ᄋᆞ지씨 요ᄂᆡ말드러보 오날밤 ᄭᅮᆷ에도 ᄉᆞ공님 보앗지
ᄋᆞ하ᄋᆞ 에헤 에헤이에헤야 나혼ᄌᆞ 살ᄂᆞ나
五, 님도보구요 슐도먹구요 몽금이ᄀᆡ암포 들넛다가게나
ᄋᆞ하ᄋᆞ 에헤 에헤이에헤야 나혼ᄌᆞ 살ᄂᆞ나

지는 마포(麻浦)였다. 시선배 이외에도 '중선, 한선, 경강선' 등으로 불리었다.

376) 정재호, 앞의 책, 『증보신구잡가Ⅱ-170』.

377) 정재호, 앞의 책, 『조선잡가집Ⅲ-354』.

378) 정재호, 앞의 책, 『조선잡가집Ⅲ-402』.

20세기 초 활판본 잡가집에 실린 많은 곡들의 주요 내용은 임에 대한 사랑을 노래하는 것이다. 그런데 가장 소중한 임조차 돈에 비교하면 두 번째로 밀려난다. 이 노래의 화자가 님도 보고 술도 먹는 기생으로 볼 경우, 그녀에게는 임보다 돈이 우선하고 있는 것이다. 그러한 인식을 바탕으로 노래를 불렀던 것이고, 이 노래를 듣는 남성들(손님) 또한 이러한 상황을 수용했을 것으로 판단된다. 잡가가 철저하게 수요자의 입장을 수용한 장르라면 당시의 배금사상은 남녀를 불문했던 것으로 보인다.

2) 윤리적 일탈

잡가의 노랫말에는 배금사상 못지않게 등장하는 것이 애정에 관한 내용이다. 특히 자유연애나 부정한 애정 행각에 대해서도 거침없이 표현하고 있다.

<별수심가>379)

이몸이 변루ᄒᆞ여 셜상가상에 ᄆᆡ화꼿이오 무릉도원에 범나뷔로구나 건건ᄉᆞᄉᆞ로 님그려 못살갓네(…인용자)ᄯᅳ라라 ᄯᅳ라라 날ᄯᅳ라 오려무나 슈화ᄉᆞ디라도 날ᄯᅳ라 오려무나 춤ᄋᆞ 진졍 네 화용 그리워셔 나 못살갓네(…인용자)모란봉 ᄭᅡᆨ듸기에 칠셩단 무어놋코 노랑듸가리 쥐무러가라고 긔도만ᄒᆞ누나 춤ᄋᆞ가지로 서러셔 못살갓네(…인용자)슈로구나 수로구나 대텬디즁에도 원수로구나 놈의ᄂᆞ님졍두라는거시 원수로구ᄂᆞ ᄉᆞ로구ᄂᆞ 난ᄉᆞ루고ᄂᆞ 난ᄉᆞ즁에라도 겸난ᄉᆞ로구ᄂᆞ 놈의님 ᄶᅵ다 졍듸져놋코 ᄉᆞᄌᆞ고 ᄒᆞ기도 겸난ᄉᆞ로구나 춤ᄋᆞ 진졍 가지로 서러셔 나 못살갓네(…인용자).

사랑하는 임을 그리워 하는 내용이 주를 이루는 노래이다. 그런데 그 사랑이 불륜으로 나타나고 있다. 내가 그리는 님은 남의 님이고, 그 남의 님과 살기 위해 자신의 본 남편인 노랑대가리(어린 남편)가 사라지기를 기원하고 있다. 이러한 내용은 <도라지타령>에도 나타난다.

379) 정재호, 앞의 책, 『증보신구잡가Ⅱ-170』.

<도라지타령>[380]

一, 도라지ㅋ|라잔다고 핑계핑게를 ᄒᆞ드니 총각랑군죽은데 삼오재 지ᄂᆡ러간다 응응응흥야 에에에헤야 어야란다듸야라 네가ᄂᆡ ᄉᆞ랑이라

二, 셕탄빅탄 타는데 연긔가 풀셕나드니 요ᄂᆡ 가슴타는데 ㄴ 언긔도 ᄋᆞ니난다 응응으흥야 에에에헤야 어야란다듸야라 네가ᄂᆡᄉᆞ랑ᄋᆞ

三, 나는조와 나는조와 나는춤말좃테 총각의 랑군이 나는조와 응응으흥야 에에에헤야 어야란다듸야라 네가ᄂᆡᄉᆞ랑이라

四, 우리ᄂᆞ 두사ᄅᆞᆷ이 요령을ᄒᆞ다가 ᄋᆞ희ᄂᆞ 들면은 엇지를ᄒᆞᄂᆞ 응응으흥야 에에에헤야 어야란다듸야라 네가ᄂᆡᄉᆞ랑ᄋᆞ

五, ᄋᆞ회가들든지 영감이들든지 실근실근이 늘너만 쥬게 응응으흥야 에에에헤이야 어야란다듸야라 네가ᄂᆡᄉᆞ랑ᄋᆞ

노랫말에 나오는 총각 낭군은 외도 대상으로서의 젊은 낭군과 내가 사랑하는 님으로 해석할 수 있다. 그러나 유교적 입장에서 볼 때는 둘 다 윤리적 일탈로 볼 수 있다. 하나는 외도이므로 말이 필요 없고, 또다른 하나는 매파를 통한 중매가 아닌 야합(野合)으로 맺어진 사랑이기 때문이다. 그런데 노랫말을 보면 아이가 들까봐 걱정을 하는 부분이 나온다. 이를 볼 때 두 사람의 관계에 장애물이 있는 것이 확실하다. 그럼에도 현실적 쾌락을 즐기기 위해 미래의 불안을 염두에 두지 않고 있는 모습이다.

한편 애정에 대한 윤리적 일탈뿐 아니라 사회윤리이자 사대부의 윤리적 의무였던 접빈객(接賓客)의 태도도 여지없이 무너지고 있다. 앞서 언급한 휘모리잡가 <생매잡아>에 잘 나타나고 있다.

<생매잡아>

생매 잡아 길 잘들여 두메로 꿩 사냥 보내고 쉰 말 구불 굽통 갈기 솔질 솰솰 하여 뒷동산 울림 송정에 말뚝 쾅쾅 박아 참바집바 비사리바는 끊어지니 한발 두발 늘어나는 무대 소바로 매고

앞내 여울 고기, 뒷내 여울 고기, 오르는 고기, 내리는 고기 자나 굵으나 굵으나 자나 주어주섬 얼른 냉큼 수이 빨리 잡아 내어 움버들 가지 지끈 꺾어 잎사귀 주루룩 훑어 아가미는 실 꿰어 앞내 여울 잔잔 흐르는 물에 넓적 실죽 네모진 큰 청석 바둑돌을 마침 가져가 아무도 몰래 장단 맞춰 지근지근 지질러 놓고

동자야 어디서 날 찾는 손 오거든 네 먼저 나가 통속 보아 딸 손님이건 떡메

380) 정재호, 앞의 책, 『조선잡가집Ⅲ-404』.

로 후리고, 아니 딸 손님이면 그물막대, 피리, 밥플, 지렁이, 쌈지, 종기, 종다래끼, 갯묵 주머니, 앉을 방석, 때깨칼, 초진 고치장 가지고 뒷여울로.[381]

위 사설시조 역시 초장에 매사냥과 준마에 대한 내용이 나오지만 기실은 고기잡이가 노래의 중심이다. 다만 앞의 휘모리잡가 <생매잡아>의 "통속 보아 딸 손님이건 떡메로 후리고"와 달리 나를 찾는 손님이 오면 뒷 여울로 지체없이 모셔오라고 하였다.

즉 중인 이상의 계층에서 향유했던 사설시조의 지향이 휘모리잡가에 이르면 관념의 문제와 함께 사람을 대하는 태도에서도 인식의 변화가 일어나기 시작했다. 즉 유자들이 의식적으로 견지하던 접빈객(接賓客)의 도리가 잡가에 들어오면서 여지없이 무너진다. 앞서 제시한 가번 1108의 '됴곰도 지쳬 말고 뒷 녀흘노'의 정서가 휘모리잡가에 <생매잡아>에 오면 '동자야 어디서 날 찾는 손 오거든 네 먼저 나가 통속 보아 딸 손님이건 떡메로 후리고, 아니 딸 손님이면' 나에게 모시고 오라는 내용으로 바뀐 것이다. 즉 어떠한 이득이 있느냐를 견주어 사람을 대하는 소인배의 모습으로 전락하고 있는 것이다. 이는 사설시조(평시조)의 담당층과 휘모리잡가의 담당층이 다름에서 기인한 당연한 현상일 것이다.[382]

---

381) 이창배, 앞의 책, p.250.

382) 이는 기존의 기생과 달리 20세기 초 잡가를 수용한 권번기생의 모습에서도 드러난다. 즉 『매일신보』에 연재된「예단일백인(藝檀一百人)」 가운데 기생 화홍 관련 기사(1914. 1. 31.)를 보면 "아래다방골(下茶洞) 십칠통 오호 골목을 드러서면…'화홍이 있네?' 의례히 처음에는 없다고 하는 것이 전례로데 손의 목소리를 분간하여 볼만한 사람이면 뜰 아래 방으로서 십이승 목소리로 '들어옵시사고 해라'하는 명령이 내려야 손을 들이는 법이었다."라는 내용이 있다. 다시 말하면 잡가 담당층의 한 부류인 기생들이 자신들의 이익과 관련된 의식이 노래에 투영되었다고도 볼 수 있다.

V. 잡가의 문화사적 의의

하나의 예술 장르가 완벽하게 순수성(純粹性)을 유지하면서 존재할 수는 없다. 각계각층의 문화권에서는 자신들의 정통성을 고수하면서도 새로운 예술을 갈망하고 추구한다. 이러한 지향은 상호 간의 교류(交流)를 통해 수수관계를 형성하거나 서로를 견제하는 길항 작용을 통해 변화와 발전의 여정을 거친다. 이는 음악이나 문학 또한 마찬가지이다.

현재의 기준으로 볼 때, 개별적인 역사적 갈래는 특정 이름으로 고정되어 있다. 하지만 불과 백 수십 년 전만 하더라도 많은 노래들이 특정한 갈래로 고정되지 않은 채 존재했다. 근대 이전에는 기존에 쓰이는 노랫말을 가져와 다른 곡조에 얹으면 새로운 곡조가 만들어지는 경우가 많았다. 특히 18세기 이후 문학과 음악 장르의 혼효가 두드러지게 나타난다.

판소리(또는 판소리계 소설)의 노랫말을 가져온 12잡가가 그러하고, 판소리 <흥보가>에는 사당패의 '산타령'의 노랫말이 들여와 놀부의 헛된 욕심을 꾸짖고 있다. 사설시조의 영향을 받은 휘모리잡가나 근대시기에 생성된 '노래가락'은 무가조(민요조)에 사대부가 즐기는 시조시를 얹은 것이다. 물론 시조시에 민요조를 가져와도 무방하다.

영조 때의 문인 신광수(申光洙)가 지은 공령시(功令詩)의 율조에 얹어 시창(詩唱)으로 부른 <관산융마>나 소설 『채봉감별곡(彩鳳感別曲)』에 나오는 부문을 따로 떼어 내어 송서(誦書)의 방식으로 읊조린 <추풍감별

곡>, 가사(歌詞)의 경우 의취가 높은 노랫말이 아닌 중국의 백이숙제 고사를 비롯하여 목왕(穆王)·항우(項羽)·양귀비와 당명황 등에 관련된 이야기를 늘어놓고는 인생의 허무를 노래한 <수양산가>, 이백의 시에 토만 달아서 시창과 유사하게 부르는 <양양가>, 사대부가 즐기는 시조에서 노랫말을 가져와 그 중 3편을 엮어 만든 <매화가>, 취타의 한 편인 '군악'에서 이름을 가져와 민요의 후렴을 붙인 <길군악> 등이 모두 노랫말을 가져다 쓴 예이다.

이러한 수수관계는 아속(雅俗)을 넘나들며 진행되었다. 중세시대에 백성을 다스리던 치자들은 항간에 떠도는 노래를 수집하여 살핌으로써 치세의 균형을 잡으려 노력했다. 그런데 그러한 목적으로 수집된 노래가 궁중 연례악 가운데 하나인 향악으로 고정되어 악장가사로 정리되었으며, 궁중의 아악에 뿌리를 둔 가곡에서 파생된 시조는 민간에 내려와 널리 퍼졌다.

18세기 이후의 노래 대부분은 상호 간의 수수 관계 속에서 지속적으로 변화하며 가창계의 흐름을 만들어 가는 것이 일반적 관례였다. 그리하여 어떤 노래가 변화를 거듭하면서 하나의 특정 범주로 확정되기 전의 상태에 있는 것을 '잡가'라고 불렀다. 잡가는 장르 자체의 불확정성뿐만 아니라 사설이 어느 한 작품이나 장르에 고정되지 않는 유동적이라는 중세문학의 특성이 만들어낸 것이다.

이와 같은 다양한 변화와 혼효, 역동성이 우리 음악에서 보이는 이유에 대해 이병원은 『한국 음악의 유형과 미학』에서 '변주variation'와 '즉흥성improvisation', 제자가 선생의 것을 그대로 따르지 않아도 무방하다는 '학습방법learning method' 등을 주요 이유로 꼽았다.[383] 이러한 섞임이 전혀 잡스럽지 않다. 오히려 연행 환경에 따라 사설을 바꿔 부르는 판소리 창자의 모습에는 오랜 연륜과 여유가 묻어나며, 악보 없이 눈빛으로 소리를 만들어가는 시나위 연주에서는 절묘함의 극치를 맛볼 수 있다.

383) 최준식, 『한국인은 왜 틀을 거부하는가?-난장과 파격의 미학을 찾아서』, 조합공동체 소나무, 2002. pp.112~115. 재인용.

> 우조와 계면조는 본래 고정된 것이 아니고, 또한 변해 옮겨 감에도 그때그때 형편에 따라 하는 것이니, 오직 노래하는 자의 변통에 달려 있다. 따라서 혹 우조로서 계면조를 삼기도 하고 계면조로서 우조를 삼기도 하며, 삭대엽으로 농·락·편을 삼기도 하여 서로 바꾸어 노래하는 것이니, 한갓 가보상의 명목만으로 편벽되이 고집하지 않는 것이 옳다. 운휘의 평·상·거·입·고·저·청·탁에도 권변과 합세의 이치가 있다. 그 위에 또한 이른바 여창사설도 여창부문에만 매어 있는 것이 아니고 남창사설 가운데에 옮겨서도 하는 것이니, 이치를 깨닫고 귀신에 통하는 자가 아니면 가히 해득할 수 없는 것이다.384)

박효관이 쓴 『가곡원류』에 실린 발문이다. 지금은 문화재로 고정되어 노래보다는 보여주는 행사로 인식되는 가곡에 대해, 일찌감치 자유로움을 역설하고 있다. 즉 가창자의 상황에 따라 조(調)를 바꾸어 노래할 수 있으며, 여창·남창 가곡도 반드시 그렇게 하지 않아도 됨을 언급하고 있다. 이러한 상황에 따른 변통은 판소리의 장단에 대한 인식에서도 드러난다.

> 소리를 하는 사람에 따라서 장단을 이렇게도 할 수 있고 저렇게도 할 수 있는 것이다. 이것은 조선소리만이 가지고 있는 독특한 창법으로서 현대음악 서양식으로 보아서는 그 불규칙을 일종의 결함으로 지적하는지 모르나, 이것은 조선소리의 음률적인 변화를 자유자재로 발휘하는 특색이다. 불규칙하면서 그 규구(規矩)를 불유(不踰)하는 신묘한 점은 우리 예술의 세계적 자랑거리이다.385)

인용문에 따르면 정해진 규칙은 소리를 완성하는 것에 있고, 그 외에는 광대와 고수(鼓手)의 암묵적 약속에 의한 변화를 인정하고 있다. 중요한 것은 가장 좋은 묘처(妙處)를 찾는 것이다. 이처럼 조(調)와 장단은 예인의 재능에만 한정하지 않고 가창 곡종에 대해서도 다양한 변주를 시도하게 한다. 이능화의 『조선해어화사』 <招義妓魂[柳纖纖]>를 보면 시조를 짓게 한 후 가곡이나 시조창이 아닌 '육자배기조'로 부르게 하는 이야기가 나온다.

---

384) 열상고전연구회 편, 『한국의 서발』, 바른글방, 1993. pp.287~289.
而羽界 本非係着者 亦推移有權變之度 唯在歌者之變通 而或以羽爲界 以界爲羽數大葉弄樂編 互相推移歌之 非徒以普上名目偏執可也 韻彙之平上去入高低淸濁 示有權變合勢之理也 此所謂女唱辭說 亦非女唱坪係着者也 男唱辭說中 移以爲之者也 亦非會理通神者 則不可解得者也爾.

385) 정노식, 앞의 책, pp.33~34.

섬섬纖纖은 전주全州 기생이다. 지나간 계사년癸巳年 5월일은 곧 진주성晋州城 함락 기념일이다.(…인용자) 김진사가 기생들로 하여 가곡歌曲을 지어 의기義妓의 넋을 부르게 했으며, 체제는 육자배기로 본뜨게 했다. 기생들이 지시에 따라 노래를 지어 가지고 차례로 일어나 불렀는데, 어느것이나 모두 충忠·열烈 두 글자가 들어 있을 뿐 가사가 매우 저속하였다. 다른 고을의 기생들은 육자배기를 잘 모르기 때문에 빛을 보이지 못했다. 오직 유섬섬만이 머리에 수건을 두르고, 띠로 허리를 묶고 장고를 안고 나섰다. 장고를 치며 앞으로 나아가기도 하고 물러서기도 하면서 육자배기로 노래를 불렀는데, 마치 어양漁陽에서 비고鼙鼓를 두드리는 것과 같아서 좌객이 모두 혀를 내둘렀다.[386]

지나간 계사년은 1893년이다. 이는 정현석이 『교방가요』에서 언급한 '의암별제(義岩別祭)'로부터 20년 후이다. 이 시기는 무녀(巫女)들이 궁중에 드나들며 시조와 무녀의 '조(調)'를 합해 <노래가락>을 형성한 시기와 비슷하여 흥미롭다.[387] 이를 통해 가곡에서 분화된 시조가 19세기 말 다양한 시도와 변주를 거치고 있음을 알 수 있다.

이와 같이 일정한 노랫말이 각기의 성조(또는 장단)에 결합하는 것은 음악을 좋아하는 누구에게나 허용된 노래부르기 방법이었다. 이러한 방법은 19세기 중후반 우리나라 전통 음악에 노랫말만 얹어 부르는 일명 '노가바'를 만들어 낸다. '노가바'는 '노래 가사 바꿔 부르기'의 준말인데, 1860년부터 천주가사를 지어 민요에 얹어 부르는 형태로 찬송가를 만들기도 하였다. 즉 'ᄉᆞ향가', '자탄가'류의 천주가사를 지어 민요에 얹어서 부르거나 찬송가를 번역하여 '뱃노래' 등의 민요에 얹어 불렀다.[388]

우리 음악을 보면 자유로운 섞임을 창조의 원류로 삼고 있음을 알 수 있다. 변화와 유동성은 그 자체로 생명체임을 보여준다. 근대학문이 성립되면서 모든 범주에 이름을 만들고 그 특징을 파악하여 하나의 완성체로 정립하고 있지만, 기실 그것은 강인한 생명력과 인내를 감수하며 생장하

386) 이능화, 앞의 책, pp.377~379.

387) 이병기, 「時調의 發生과 歌曲과의 區分」, 『진단학보』1권, 진단학회, 1934, pp.113~144.; 장사훈, 「時調와 巫女時調와의 關係」, 『아세아연구』9, 고려대학교 아세아문제연구소, 1966. pp.65~96. 이병기는 "무가의 한토막에다가 內容이 高尙한 時調詩를 얹어 부른 것이 노래가락"이라고 한 반면 장사훈은 "巫堂들이 시조곡을 模倣하여 唱했으리라고 反對로 解釋"하였다.

388) 강연진, 「한국 근대 대중가요 형성 과정 연구」, 이화여자대학교 석사학위논문, 2002, p.41. 재인용(최필선, 초기 한국 카톨릭 교회음악에 대한 연구, 동아대학교 석사학위논문, 1989.)

는 생명체를 재단하여 포장한 것에 불과하다.

노래는 사람들이 만들어간다. 특히 연행에서 가창되는 음악은 연행담당층이 수용자층의 요구에 맞춰 변형시켜 나간다. 그것이 연행담당자의 역할이고 자연스러운 현상이다.

우리나라의 유구한 역사 속에서 서민의 노래가 시가사의 표면에 부상한 적이 없었다. 물론 판소리의 경우 예외로 들 수 있는데, 이 역시 중인계층의 지도와 왕실의 후원으로 급부상한 것이고, 결국은 상층문화권으로 편입하게 된다.

그런데 상층문화권에서 향유되던 아악의 한 부문인 가곡의 변화로부터 현행 잡가에 대한 개념과 의미가 발전하게 된다. 가곡은 17세기에 삭대엽(4종)까지 진행된 이후 18세기와 19세기를 거치면서 무려 19종으로 파생된다.[389] 18세기 중반에 이르면 가창 방식에 있어 가곡의 5장 형식과 달리 3장 형식으로 부르는 시조창이 나타난다. 물론 노랫말은 가곡에서 쓰던 것을 그대로 가져온다. 이 시조는 가곡에 비해 상대적으로 격이 떨어지는 곡이나, 가창환경의 다양성과 시조를 향유하는 사람들의 증가로 널리 퍼지게 된다. 그리하여 지역에 따라 경제·완제·영제·내포제가 생기고, 곡의 형태는 경제의 평시조를 원형으로 시작하여 엮음으로 변화하며, 이러한 시조 가운데 곡조가 가곡의 틀에서 완전히 벗어난 <푸른 산중하에 조총대>·<창내고저> 등은 '수잡가(首雜歌)'로 발전하게 되며,[390] 경제(京制)인 수잡가에 완제(完制)의 엮음·장형시조에 볶는타령 장단·군말의 첨입(添入)·창법의 변화 등을 더한 곡류(曲類)를 휘모리잡가로 묶어낸다.

이 자체만으로도 잡가의 하위범주를 형성했다는 의미가 있는데, 중요한 것은 상층문화가 하층문화로 유입되었다는 점과 더불어 18세기 시조

---

389) 송방송, 『한국음악통사』, 일조각, 2004, p.424.
현재는 남창 26종, 여창 14종의 순서로 진행되며 각 84곡, 71곡 도합 165곡이 전승되고 있다.

390) 장사훈, 「時調와 巫女時調와의 關係」, 『아세아연구』9, 고려대학교 아세아문제연구소, 1966. p.88.
가곡에 엇(言·旕·乻)과 엮음(編·辭說)이 파생하듯이 시조에서는 세가지 방법의 엮음이 파생했다. 첫째, 杖鼓 長短 點數에 따라 그 拍法과 Rhythm을 바꾸는 방법이고(編數·大樂·言編 등) 둘째, 杖鼓 點數와는 관계없이 Rhythm을 바꾸어 노래하는 것이고(엇엮음〈푸른 산중 등〉), 셋째는 杖鼓 點數와 拍法은 그대로 두고 선율의 Rhythm이 달라지는 것이다(嶺制와 完制 사설시조).

(時調)를 시작으로 그동안 상층문화권에 관심을 두지 않던 한양 사람들이 그들의 음악에 관심이 증폭된 것도 매우 중요한 사항으로 보인다. 물론 당시 시조의 흥행과 그로 인한 지명도 상승에 힘입어 가객집단과 기생들은 자신의 특장을 개발하기 위하여 다양한 변주를 하게 되고 이것은 또다시 시조의 분화와 발전으로 연결되었다.

비단 중인가객이나 기생들에 의해서만 이러한 분화와 가창환경의 활력이 형성된 것은 아니지만, 여타의 가객집단과 전문소리꾼 집단에게 예능으로 꿈을 이룰 수 있는 새로운 가능성을 열어 준 것은 확실한 것으로 보인다. 19세기 말에 이르면 기존의 가곡과 시조, 가사를 비롯하여 판소리, 선소리 산타령, 노랫가락, 휘모리잡가, 불가에서 비롯된 회심곡과 성주풀이, 근원을 무가에 둔 파경과 맹인덕담경, 판소리에서 사설을 끌어온 12잡가, 그리고 경·서·남도의 민요 등 우리나라 성악곡 전 분야가 활발하게 가창되고 이들은 전문창자들의 노력에 의해 세련되게 바뀌어 간다.

잡가 사설이 지닌 문예성은 타 시가의 그것에 비해 전반적으로 월등하지는 않다. 그러나 거리를 둔 모방이라든가 기존 상층문화권의 유가적 의식에 토대한 관념적·중용적 미의식을 벗어난 점, 기층의 민요에서 출발했지만 그 가창 방식을 세련되게 바꾸고 흥미를 유발하는 형태로 변형시켜 자신들의 특장으로 만든 예는 마땅히 관심을 가지고 살펴보아야 할 사항이다.

이처럼 상호 간의 교류와 길항 관계 속에서 변이·파생되는 모든 곡들은 '잡요, 잡성, 잡가, 속가'로 불리다가 20세기 초에 들어 하나의 잡가집으로 묶이면서 비로소 대중들에게 '잡가(雜歌)'로 인식된다.

특히 이 시기는 서도기생들의 한양 유입과 평양 날탕패로 대표되는 선소리패의 등장으로 서도소리가 한양에 유입되고 흥행되면서 가창계의 판도가 바뀐다. 18세기 중반 이세춘 일행이 평양 대동강상의 연행으로 한양의 시조(時調)를 관서지방에 전파하여 호기심을 자극한 것을 볼 때, 일시적이기는 하지만 패러다임의 지역적 역전 현상이 일어났음을 알 수 있다.

이러한 패러다임 속에는 조선시대 말까지 가창계를 이끌었던 중인가객 대신 하층문화권에서 활동하던 전문소리꾼들이 잡가를 매개로 우리나라 음악계를 주도하는 양상을 볼 수 있으며, 그간의 아속의 경계가 무너지고 아정한 음악과 잡가의 인식도 혼효되는 것을 알 수 있다.

잡가의 성행과 가창계의 분화의 배경에는 한양의 도시화와 상업적 이익 추구를 목적으로 하는 극장공연, 가집의 편찬, 유성기 음반의 보급, 라디오 방송 등의 영향이 지대하다. 이처럼 다양한 매체를 통한 전문소리꾼의 활동으로 그간 상층문화권에서 장악했던 문화예술의 권역을 하층민이 함께 주도하게 됨으로써 상층과 하층의 문화가 한데 어우러진다.

이와 같은 예술문화에 대한 인식의 변화로 문화와 예술은 특정 계층의 소유물이 아닌 모두가 즐길 수 있는 대중문화로 정착되기 시작한다. 그러한 과정 속에서 서민들의 삶의 모습이 투영된 서민문학(음악)이 대중적 선호에 의해 공연 예술의 중심에 진출하게 되며, 대중의 성격 변화는 고스란히 노래에 투영되면서 대중이 문화예술의 주체가 된다. 또한 기존 순수예술이 자족적 성격과 기능을 유지한 측면이 강했다면 대중예술은 철저하게 수용자 중심의 연행물로 정착되었다.

Ⅵ. 결론

지금까지 잡가의 개념과 범주, 계열별 특성 및 지향에 대해 살펴보았다. 이를 요약하여 정리하는 것으로 결론을 대신하고자 한다.

본고는 '잡가(雜歌)'가 갖는 명칭의 의미와 개념을 파악하기 위해 각종 문헌에 수록된 용례를 찾아 분석하였다. 그 결과 잡가는 유동성·계급성의 특성을 지니고 있음을 확인하였다.

유동성이란 어떤 작품군이 생성·발전·변이 과정을 거치면서 하나의 범주나 장르로 확정되기 이전의 상태를 말한다. 잡가로 명명된 많은 작품(군)이 이와 같은 유동성을 갖고 있다. 잡가의 특성 중 가장 중요한 요소로써 전 시가사에 걸쳐 적용되는 개념이다.

계급성이란 아악에 상대되는 속악을 지칭하거나 아정한 음악에 비해 격이 떨어지는 소리를 '잡가'로 명명한 것을 가리킨다. 오늘날의 시각에서 바라본 장르로써의 잡가 범주를 설정하기 위한 기준 가운데 하나이다. 잡가가 갖는 계급성은 잡가 담당층을 통해서도 확인된다. 잡가의 주요 담당층은 사당패(선소리패), 사계축과 삼패기생, 일패기생, 공장이 등으로 이들은 모두 중인 이하의 계층에 속한다.

한편 20세기 초에 편찬된 잡가집에는 오늘날의 시각에서 볼 때 잡가의 범위에 속하지 않는 작품들도 다수 있다. 이는 잡가집이 상업적인 목적으로 편찬되었기 때문에 당시의 인기 있는 노래들을 함께 수록하는 과정에서 초래된 결과이다. 이것을 20세기 초에 편찬된 잡가집 수록 작품의 혼종성이라 할 수 있다. 따라서 혼종성은 20세기 초에 편찬된 잡가집의 특성일 뿐 잡가 자체의 장르적 특성은 아니다.

이러한 잡가의 용례와 개념을 바탕으로 하고 국악학계와 국문학계의 논의를 토대로 하여 잡가의 범주를 설정하였다. 그 결과 잡가는 선소리 산타령, 민요계열 잡가, 12잡가, 휘모리잡가 등의 하위범주로 나뉘며, 총 86작품이 잡가에 해당한다.

이상에서 언급한 유동성과 계급성을 바탕으로 하고, 사설 차용 및 잡가에 대한 기대지평을 고려하여 잡가 계열을 선소리 산타령, 민요계열 잡가(서도긴소리 포함), 12잡가, 휘모리잡가 등으로 분류하였다. 하위 범주별 주요 담당층을 사당패(선소리패), 사계축과 삼패기생, 일패기생, 공장(工匠)이로 파악하여 작품을 분석하였다.

선소리 산타령은 사당패로부터 시작되었다. 사당패는 각종 기예를 지닌 사람들의 집단이었으며 불가(佛家)와 일정 부분 관련이 있었다. 15세기 이후부터 활동을 하였는데 초기에는 주로 종교성을 띤 활동이 주를 이루었으며, 예인 집단으로 인식된 것은 18세기 말 이후이다. 19세기 후반이 되면 항간의 어린아이들이나 종들까지 노래를 따라할 정도로 사당패의 소리가 널리 유행한다.

이들 사당패는 19세기 말~20세기 초가 되면 사당패라는 이름보다는 '선소리패'로 이름을 날리기 시작한다. 1900년경이 되면서 유랑예인의 사당패는 소멸하고 대신 사당패로부터 소리를 전수받았던 오강 유역의 선소리패가 산타령을 계승했기 때문이다. 특히 평양 날탕패는 극장 공연과 기생들의 소리 교육은 물론, 활판본 잡가집에 그들의 노래가 특정하여 실릴 만큼 높은 인기를 구가하였다.

사당패(선소리패)의 주요 레퍼토리는 <놀량(*서도-판염불)>, <앞산타령(*서도-앞산타령)>, <뒷산타령(*서도-중거리)>, <자진산타령(*서도-경발림)>으로 구성된 산타령이다. <놀량>은 사당패인 화자의 체험적 서정을 직조해 낸 것으로 사당패가 되기까지의 갈등과 이후의 만족을 드러내고 있다. <산타령>은 다양한 여음을 개발하고, 발림춤 등의 기교를 앞세운 가창의 세련화를 통해 당시 대중들에게 큰 호응을 얻었다. <앞산타령>은 한강 건너 산을 노래한 것이라고 하지만 실상은 사당패인 화자의 유랑 여정을 드러낸 노래로 보는 것이 타당할 듯하다. 이 노래의 내용을 볼 때 <놀량>의 연장선상에 있음을 알 수 있다. <뒷산타령>은 19세기 말~20세기 초, 오강(五江)을 근거지로 하여 활동하던 선소리패에 의해 만들어진 곡으로 서울 지역의 명산과 각 지역을 나열하듯이 노래하고 있다. 또한 앞서 부른 <놀량>이나 <앞산타령>과는 달리 연정이나 이별 등의 내용이 나타나지 않는다. <자진산타령>은 청계천을 근거지로 살아가는 사람들의 모습과 당시 홍행하던 판소리의 사설을 가져와 노랫말을 구성하였다. 이는 지역민 공통의 정서를 끌어내고 익숙한 노랫말을 통해 청중들에게 친숙하게 다가가기 위한 의도로 보인다.

서도 산타령은 관서지방의 특이한 창법인 수심가조와 발림조 등의 목을 많이 쓰는 소리이다. <판염불>은 불가(佛家)의 영향을 받은 노래이지만, 노래 초반에만 불가적 성향이 나타나고 다른 부분은 경기 산타령 <놀량>의 노랫말과 유사하다. <앞산타령>은 경기 산타령의 <앞산타령>과 같고, <뒷산타령>은 당시 유행하던 판소리와 통속민요의 노랫말을 가져와 산타령조의 가락에 얹어 부른 노래이다. <경발림> 역시 당시 홍행하던 다른 노래의 노랫말을 가져와 곡을 구성 했으나, 노랫말을 통해 사당패의 존재를 적극적으로 드러낸다는 점에서 여타의 산타령과 차이가 있다.

남도 산타령인 <화초사거리>는 <놀량>에서 변이된 것으로 보이며, <성주풀이>와 <날개타령>은 산타령과 함께 부르는 민요로, 그 노랫말은 주로 판소리 사설에서 가져왔다.

민요계열의 잡가는 앞서 언급한 잡가 담당층 모두가 불렀지만, 『예단일백인』과 『조선미인보감』의 자료를 볼 때 일패기생이 주로 담당한 것으로 보인다.

상층문화권의 양반 사대부를 대상으로 연행한 일패기생은 19세기 말까지도 잡가를 부르지 않았다. 그러나 20세기 초 기생제도의 철폐와 조합(권번)의 설립 등 사회문화적으로 변화가 일어나자 잡가 담당층으로 합류하여 활발하게 가창 활동을 한다. 특히 국가의 진연 의식에 참여했다가 서울에 정착한 서도와 남도 기생들에 의해 각 지역의 토리가 성행하면서, 지방색이 드러나는 민요가 홍행하게 된다. 대표적인 곡으로 서도소리인 <수심가>와 <난봉가>, 남도소리인 <육자배기> 등을 꼽을 수 있다.

서도소리는 촉박하면서도 애초상심(哀楚傷心)한 곡조를 특장으로 하며, 인기가 많았던 <사설난봉가>는 남녀 사이의 연정이나 이별, 그리고 윤리적 일탈을 통한 욕망의 대리만족을 노랫말을 통해 드러내고 있다. 유흥공간의 지향이 노골적이고 저속화(低俗化)되고 있음을 알 수 있다. 물론 이러한 변화는 잡가의 수용층의 요구에 의한 것이다.

한편 기존의 토속민요 관련 자료가 일천하여 자세히 언급하기는 어려우나 20세기 초 민요계열 잡가의 후렴구는 노동요에 쓰이는 후렴구나 20세기 이전의 잡가 후렴보다 훨씬 길어지고, 실사구(實辭句)까지 포함된 것으로 볼 때 음악적 기능과 함께 문학적 기능도 확대된 것으로 해석된다.

십이잡가는 판소리(또는 판소리계 소설)와 가사의 영향을 받은 작품으로 구성되었다. 이들 노래는 주로 청파동 일대에 거주하던 사계축 소리꾼과 삼패기생에 의해 가창되었다.

12잡가는 당시 성행하던 판소리의 노랫말을 가져와 경기소릿조에 얹어 부름으로써, 수용층으로 하여금 친숙하게 감상할 수 있도록 하였다. 12잡가는 판소리와 달리 내용적인 면에서 고졸(古拙)하고 소박(素朴)한데, 이는 이미 광대가 주름잡던 판소리를 단기간 배울 수도 없었거니와 그들과의 경쟁에 의미가 없어 모방에 그친 것이 아닌가 한다. 그리고 서사 이외의 수식이나 병렬, 비유나 풍자 등 판소리가 갖는 묘사와 과장 등이 쓰이지 않았는데, 오히려 담백하게 스토리만 전달하는 것이 12잡가의 매력이기도 하다.

사설시조에서 영향을 받아 형성된 휘모리잡가의 담당층은 물건을 만들고 파는 것을 업으로 삼던 공장(工匠)이들이었다. 이들은 관영수공업자와 사영수공업자로 구분되는데, 관영수공업자에 의해 시조와 가사, 사설시조 등이 민간으로 흘러든 것으로 보인다. 당시의 공장이들은 물건 생산은 물론 이를 판매하는 상인의 역할도 병행했기에 경제적 이권과 시류의 흐름, 세태, 행정 및 조세제도 등에 민감했을 것이다. 따라서 이러한 삶을 영위하는 사람들의 의식에는 비판적, 풍자적 성향과 자기 보호에 대한 의지가 있었음을 예측할 수 있다. 물론 이러한 의식이 휘모리잡가에 투영되어 있다.

이러한 세태에 대한 풍자와 비판이 가장 잘 드러나는 곡종은 휘모리잡가이다. <맹꽁이타령>과 <바위타령>을 통해서는 사회구조적 모순을 고발하고 있으며, <생매잡아>나 <만학천봉>, <육칠월> 등에서는 윤리와 예의가 시류에 따라 변하는 세태를 노래하고 있다. 또한 <병정타령>과 <기생타령>에서는 개화문명에 대한 허상을 풍자하고 있다.

이상 잡가의 분석을 통해 잡가의 지향을 살펴보았다.

우선 음악적인 측면에서의 잡가는 가창방식의 변화를 통한 음악적 대중화를 추구하였다. 그 첫째로 가창방식의 세련화를 들 수 있다. 특히 산타령패의 경우 오랜 연원과 복수(複數)의 전문 연행자들로 구성되었다는 특성을 살려, 역동적이면서도 고도로 숙련된 가창 기교를 보여주고 있다. 다양한 후렴과 입타령, 그리고 장구와 소고를 이용한 발림춤 등은 여타의 잡가에서는 볼 수 없는 구성이다. 둘째는 민요의 가창을 통해 지방색(토리)이 강화된 것이며, 셋째는 여음의 형태가 다양하게 나타난다는 점이다.

문학적인 측면에서의 잡가는 사설의 차용을 통한 재창작이 두드러지게 나타난다. 우리나라 성악곡들은 기존의 노랫말을 가져와 새로운 곡조에 얹는 방식으로 노래를 만들었는데, 잡가 역시 이러한 사설 차용 방식을 통해 각기 다른 하위 범주를 형성했다. 이처럼 사설 차용을 통해 형성된 잡가의 하위범주는 12잡가, 서도긴소리, 휘모리잡가, 그리고 단일곡목인 <노랫가락> 등이 있다.

사설을 차용하여 노래를 만드는 과정 속에 주제 및 내용이 전변하는 경우도 있다. 즉 기존의 노랫말 가운데 사람들에게 널리 알려진 유명한 구절을 가져와 유흥공간에서 흥을 돋우는 수단으로 이용하면서 의미가 변화한다. 대표적인 예로 <성주풀이>를 들 수 있다. 이 노래는 원래 걸립패의 고사소리로써 종교적 성향이 짙었으나 이후 잡가화되면서 주제와 의미가 속화(俗化)되고 있다. 한편 산타령 중 <놀량>이나 <판염불>, 그리고 서도긴소리 가운데 <배따라기> 등은 화자의 경험을 전달하는 노래로 볼 수 있다.

사회문화적 측면에서 볼 때 세태에 대해 풍자·비판하는 노래도 있다. 대체로 휘모리잡가가 여기에 해당되는데, 개화문명의 허상이나 사회구조적 모순을 적나라하게 드러내고 있다. 또한 이전 시대와 비교했을 때 서민들의 의식도 변화하게 된다. 특히 현실적 가치를 추구하는 노래가 다수 존재했음을 알 수 있었다.

잡가의 사설이 지닌 문예성만을 볼 때, 타 시가에 비해 전반적으로 월등하지는 않다. 그러나 가창 방식을 세련되게 바꾸고 흥미를 유발하는 형태로 변형시켜, 자신들의 특장으로 만든 예는 마땅히 관심을 가져야 한다.

본고는 20세기 초 출간된 활판본 잡가집을 주요 자료로 하여 잡가의 분석과 해석을 시도하였다. 그러나 연구 대상을 좁게 잡은 탓에 당대 시가사의 흐름을 파악하는 데, 한계를 느끼게 되었다. 물론 필자의 한계도 그만큼에 해당한다. 이에 차후 잡가를 연구하기 위해서는 조선시대의 모든 자료를 섭렵한 후 비로소 20세기 초 시가사의 혼재 양상과 흐름, 의미 등을 파악할 수 있으리라 생각된다.

2부

잡가(雜歌)의 사적(史的) 흐름

Ⅰ. 1910년대 상업화에 따른 대중가요의 길항과 공존

-「藝壇一百人」(1914)·雜歌集(1914~1918)·『朝鮮美人寶鑑』(1918)을 中心으로 -

1 서론

우리나라 形成期 大衆歌謠에 대해서는 전통으로부터 일정한 斷絶에 따른 外來文化의 一方的 受容, 즉 移植性을 그 特徵으로 하고 있다는 주장이 있었고,[1] 이후 雜歌, 新民謠, 近代民謠로 이어지는 一連을 흐름을 견지할 때 근대 대중가요의 自生性을 披瀝하는 견해[2]가 擡頭되면서 說得力을 確保해 나가는 實情이다. 이러한 이식성과 자생성을 구분하는 기준은 대중가요의 시작을 어떤 곡목으로 하느냐에 따라 달라진다.[3]

---

1) 김창남(1991),「유행가의 성립과 그 문화적 성격」,『삶의 문화, 희망의 노래』, 한울; 이영미(2006),『한국대중가요사』, 민속원.

2) 이노형(1994),『한국 전통 대중가요의 연구』, 울산대학교 출판부; 고미숙(1994),「대중가요의 선구 20세기 초반 잡가연구」, 〈역사비평〉 24집, 역사문제연구소, pp.273~287; 황정선(1996),「우리나라 대중가요의 자생적 근원에 대한 고찰: 잡가를 중심으로」, 숙명여자대학교 석사학위논문; 강연진(2002),「한국 근대 대중가요 형성 과정 연구」, 이화여자대학교 대학원 석사학위논문.

3) 전자의 경우 윤심덕의 〈死의讚美〉(1926)나 '엥까[演歌]'를, 후자는 조선후기에 이르러 널리 불리기 시작한 잡가를 논의의 시발점으로 다루고 있다.

近代 大衆歌謠의 발생은 19세기 이후부터 兆朕이 나타나기 시작한다. 이러한 정황은 鄭顯奭의 『敎坊歌謠』의 기록이라든가, 『歌曲源流』에 실린 朴孝寬의 跋文, 『南薰太平歌』의 大衆的 性向, 李能和의 『朝鮮解語花史』 「招義妓魂[柳纖纖]」에 나타난 逸話 등을 통해서도 확인된다. 특히 20세기 초반에 이르러 西道妓生들의 漢陽 流入과 平壤 捺蕩牌로 대표되는 선소리패의 등장으로 서도소리가 한양에 유입되고 홍행되면서 歌唱界의 版圖가 바뀐다. 이러한 현상을 통해 조선시대 말까지 가창계를 이끌었던 中人歌客 대신 下層文化圈에서 활동하던 전문소리꾼들이 雜歌를 媒介로 우리나라 音樂界를 主導하는 樣相을 볼 수 있으며, 그간의 雅俗의 境界가 무너지면서 雅正한 音樂과 雜歌에 대한 認識도 混淆되는 것을 알 수 있다.4)

1910년대는 이러한 가창계의 변화 속에서 自生的 大衆歌謠가 文化界 表面으로 本格的으로 浮上하던 시기이다. 즉 私設劇場 公演의 興行, 妓生組合의 結成 및 活性化, 觀客層의 多樣化, 새로운 레퍼토리의 供給 등의 要因에 의해 音樂 生産 主體 및 享有 環境을 中心으로 確然한 變動이 나타난다.5)

이에 필자는 근대 대중가요가 자생적 토대에서 전개되었다는 견해를 적극 수용하면서, 이들 대중가요가 활발하게 연행되고 유행되던 1920~1930년대6) 바로 전 시기인 1910년대를 注目하여 商業化에 따라 近代 大衆歌謠 享行層의 拮抗과 共存 樣相이 어떻게 展開되는가를 살펴보고자 한다.

연구 대상은 1914년부터 1918년에 걸쳐 發刊된 資料로 限定했다. 여기에는 <每日新報> 紙面을 통해 連載된 「藝檀一百人」(1914.1.2~1914.6.11)

4) 전계영(2012), 「잡가의 범주와 계열별 특성에 관한 연구」, 충북대학교 대학원 박사학위논문, pp.144~148 참조.

5) 권도희(2009), 「1910년대 잡가집과 초기 유성기 음반을 통해 본 조선대중음악의 기반」, 〈남도민속연구〉 제19집, 남도민속학회, pp.7~14.
권도희는 1910년대 흥행에 성공한 유성기 음반과 잡가집을 대상으로 상업적으로 성공하게 된 제반 환경을 중심으로 논의를 전개하고 있다. 그러나 본고는 1910년대에 발행된 〈예단일백인〉 기사와 『잡가집』(1914~1918), 『조선미인보감』 등 실증 자료를 통해 대중가요의 길항과 공존에 초점을 맞추고 있다는 점에서 변별된다.

6) 고은지(2007), 「20세기 전반 소통 매체의 다양화와 잡가의 존재 양상-잡가집과 유성기 음반을 중심으로」, 〈고전문학연구〉 제32집, 한국고전문학연구회, pp.99~138; 박지애(2010), 「20세기 전반기 잡가의 향유방식과 변모 연구」, 경북대학교 대학원 박사학위논문.

과 「예단일백인」 기사가 끝남과 동시에 발간된 『新舊雜歌』(韓仁錫, 平壤, 1914.6.10) 외 14편의 잡가집, 그리고 1910년대 마지막 잡가집인 『新舊現行雜歌』(柳根益, 서울, 1918.4.23) 발간 3개월 후 朝鮮의 각 地域別 券番(組合) 所屬 기생들에 관한 情報를 실은 『朝鮮美人寶鑑』(1918) 등이 해당된다.

2 연행 주체와 공간의 측면

1910년대 商業化에 따른 대중가요의 길항(拮抗-競爭과 刺戟)과 공존(共存-相互 受容 및 相補的 關係)에 대해서는 宴行 主體와 空間, 그리고 雜歌集에 수록된 흥행 곡목의 頻度를 통해 살펴볼 수 있다. 當代 代表的 宴行 주체인 '妓生'의 경우 出身(地域)과 所屬(券番이나 劇場), 個人別 特長을 통해 相互 競爭 關係를 形成하고 있었으며, 텍스트의 경우 잡가로 대표되는 自生的 大衆歌謠와 日本 노래, 西歐 飜案曲 등이 相互 拮抗 관계를 유지하고 있음을 살필 수 있다.

이에 Ⅱ, Ⅲ장에서는 이러한 拮抗이 具體的으로 어떤 樣相을 띠고 나타나는지 알아보고자 한다.

1) 「藝壇一百人」에 나타난 妓生의 特長

기생제도 철폐는 기생들의 연행 공간 및 對象이 擴張되는 效果를 牽引했다. 이때의 기생은 宴行 擔當層이면서 대중문화의 積極的 受容者 役割을 充實히 수행한다. 이러한 기생들의 面貌가 드러나는 主要 資料로 「藝壇一百人」과 『朝鮮美人寶鑑』을 꼽을 수 있다.

「예단일백인」과 직접 관련된 연구는 '기생의 이력 및 활동'과 '연행 레퍼토리' 등 기생집단의 성격을 논의한 것과7) 기생의 商業化의 手段을 摘

7) 오현화(2004), 「〈藝檀一百人〉을 통해 본 1910년대 기생집단의 성격」, 〈어문논집〉 vol.49, 민족어문학회, pp.316~349.

示하며 그들의 활동상을 분석한 논의[8]가 대표적이다.

본 장은 기존의 성과물을 수용하면서, 「예단일백인」이 어떤 방식으로 大衆歌謠의 商業化에 一助했으며, 拮抗關係는 어떻게 나타나는지 알아보고자 한다. 이해를 돕고자 「예단일백인」 관련 자료를 정리하여 表로 提示하였다.

〈표1〉 「예단일백인」의 예인 관련 내용

순서	예명(날짜)	나이, 출신/활동	소속	특기사항[9]
1	비봉(1/28)	18, 마산/경성	곡교(?)	내지생활, 일본어(노래), 무동의 춤
2	주산월(1/29)	22, 평양/경성	다동조합(무)	무부기조합 창설, 書畵, 수심가
3	채련(1/30)	20, 창원/경성	홍문골 이학로(유)	내지기생, 일본노래
4	화홍(1/31)	21, 진주/경성	다방골 이경백(유)	양금, 교제방법
5	화중선(2/1)	29, 화순/경성	익랑골(무)	율, 소리, 춤, 11세 아들
6	계선(2/3)	19, 경성/경성	하다동 이영준(유)	검무, 기생을 동경하여 출신
7	명옥(2/4)	18, 평양/경성	상다동(무)	놀량사거리, 수심가
8	월중선(2/5)	23, 진주/경성	보칼골 최장호(유)	광교기생조합 취제역, 연주와 춤
9	옥향(2/6)	19, 해주/경성	한성은행 뒷골목	모친봉양
10	란홍(2/7)	20, 진주/경성	오궁동 김길현(유)	광교기생조합, 검무, 육자백이
11	춘도(2/10)	20, 평양/평양	기생서재 출신	계면 곡조, 검무, 평양수심가, 국어
12*	림성구(2/11)	28, 경성/경성	진고개, 어성좌	일본어, 신파연극 혁신단
13	조산월(2/13)	23, 대구/경성	누룩골 엄순모(유)	광교조합 부취체, 검무
14	오금향(2/14)	19, 창원/경성	하다동 이경백(유)	양금, 승무, 육자백이
15	채경(2/15)	18, 마포/경성	수표교 김대용(유)	신창기생조합 부소장 * 삼패기생
16	월선(2/17)	22, 평양/평양	평양예기조합	평양예기조합 설립(16세) 조합간사
17	설도(2/18)	21, 평양/평양	기생서재 출신	노부모 봉양
18	춘외춘(2/19)	20, 황주/경성	박한영 의뢰	광교기생조합, 노모 봉양
19	섬홍(2/10)	22, 평양/평양	평양예기조합	평양예기조합 간사
20	금홍(2/21)	15, 봉산/경성	장안사 연극장	수심가, 놀량사거리, 육자백이, 판소리
21	옥엽(2/22)	18, 평양/평양		진명여학교, 14세 기생, 부모 봉양
22	오옥엽(2/24)	14, 창녕/경성	광무대	광무대, 승무, 춘향가, 방자노름

8) 김영희(1999), 「『藝壇一百人』 기사 중 기생에 대한 연구-한국근대무용사의 측면에서-」, 〈한국무용교육학회지〉 제10집 제2호, 한국무용교육학회, pp.133~152.

9) 기생의 기본 소양인 거문고, 양금, 노래, 시조, 가사, 잡가 등은 적지 않되, 다만 지역별 토리가 드러나는 〈수심가〉와 〈육자백이〉나 특장이 될 수 있는 한문・국어・일본노래 등은 기입했다.

순서	예명(날짜)	나이, 출신/활동	소속	특기사항[9]
23	명주(2/25)	17, 경성/경성	상다동 김현구(유)	수심가, 육자백이, 방아타령, 홍타령
24	화홍(2/26)	20, 평양/경성	무부기조합	수심가, 놀량
25	산호주(2/27)	19, 담양/경성	무부기조합	2번 이별, 경향소리
26*	지룡구(2/28)	57세 이상, 경성		거문고, 장고, 해금, 악사
27	영월(3/1)	20, 평양/평양	기생학교 출신	자선대가의 기생, 양금
28	금홍(3/3)	21, 진주/경성	홍종찬과 상경(유)	육자박이, 단가+가야금 *병창
29*	심정순(3/4)	42, 서산/경성	장안사 연극장	구연극 설시, 광대의 소리
30	백산월(3/5)	15, 평양/평양	기생서재 출신	수심가, 기담잡가 *재담소리
31	손진홍(3/6)	21, 성천/평양	평양예기조합	수심가
32	경패(3/7)	21, ○울/경성	소광교 듯골	명월관, 장춘관
33	해선(3/9)	15, 고령/경성	장안사	가무에 무불능지, 모친공양
34*	이병문(3/10)	59, ?/경성	정악전습소 교사	율객, 궁중음악, 조선음악 전파
35	련엽(3/11)	21, 평양/평양	기생서재 출신	가무에 일등, 수심가, 부모봉양
36	홍도화(3/12)	19, 평양/평양	기생서재 출신	안주 일등명기, 내지인 인기, 편모봉양
37	주매화(3/13)	21, 의주/평양	기생학교 출신	수심가 제일명창, 국어, 가족 부양
38	기화(3/14)	15, 진남포/평양	평양 한효원(유)	기생서재, 백기천능 구비, 편모 봉양
39	월희(3/15)	27, 해주/해주		일본말, 가족 부양
40	모란(3/17)	21, 개성/경성		가곡, 유성기(동경 출장), 효성
41	련옥(3/18)	20, 경성/경성	오궁동 박춘재(유)	수방내인, 권주가, * 일패
42	춘홍(3/19)	20, 평양/평양	기생학교 출신	가족 부양을 위해 고등여학교 퇴학
43	옥화(3/20)	19, 대구/서울	오궁동 김윤식(유)	손님접대
44	명옥(3/21)	15, 개성/의주	예기조합	국어 능통, 가족 부양
45	연화(3/24)	15, 평양/평양	演奏場 출연	수심가, 놀량, 륙자백이, 만수타령
46	도홍(3/25)	?, 의주/의주	기생서재 출신	국어와 일본잡가, 수심가
47	은주(3/26)	15, 평양/평양	평양예기조합	육자백이, 경복궁타령·방아타령
48	진옥(3/27)	18, 의주/의주		부모 봉양
49	채옥(3/28)	20, 경성/경성	례골 김필수(유)	노모 봉양
50	정희((4/1)	19, 평양/평양	기생서재 출신	정과 예로 손님 접대
51	춘홍(4/2)	17, 서울/서울	청석골	수심가, 병든 부친 봉양
52	금희(4/3)	15, 평양/평양	평양 사창동	장래 기생계를 놀래일자는 금희
53	산호주(4/5)	20, 해주/해주	기생서재 출신	국한문 능통, 신문 애독, 가족봉양
54	소연(4/7)	16, 평양/평양		대인접객, 가족 봉양
55	비연(4/9)	15, 평양/평양	기생서재 출신	놀냥, 매일신보에 홍보 부탁

순서	예명(날짜)	나이, 출신/활동	소속	특기사항[9]
56	점홍(4/10)	19, 평양/평양	기생학교 출신	매일신보 홍보 부탁
57	가패(4/11)	19, 평양/경성	홍건하(유)	유부기로 활동하다가 무부기조합 입참
58	영월(4/15)	18, 평양/경성	사기전골	무부기, 남편을 구하기 위해 출신
59	향심(4/16)	25, 진주/경성	무부기	륙자백이, 아이 양육비
60	영운(4/17)	19, 해주/해주		객을 대함에 친절
61	향심(4/18)	18, 대구/경성	홍창근(유)	다동기생조합(무부기로 전향)
62	롱월(4/21)	15, 평양/경성		탁치기-水缶
63	한산월(4/22)	17, 평양/경성	기생서재	무부기조합, 웅비할 줄 믿고(신인)
64	도화(4/23)	20, 경주/경성	시곡 김명완(유)	륙자백이, 항장무, 승무
65	채희((4/24)	14, 경성/경성	단성사구극여배우	산타령, 개구리타령, 모친 봉양
66	산옥(4/25)	16, 수원/경성	연홍사, 광무대	판소리, 해주난봉가, 모친 봉양
67	국엽(4/28)	20, 평양/해주	기생서재	관기출신, 관중을 휘어잡음, 부모봉양
68	초향(4/29)	14, 대구/경성	장안사	육자백이, * 판소리 사랑가
69	록주(4/30)	15, 평양/평양	기생학교 출신	예기조합, 장래에 명기로 정망(신인)
70	롱록(5/1)	22, 진주/경성	시곡 안일성(유)	가야금병창
71	란향(5/2)	15, 평양/경성	무부기조합	무부기의 시조격
72	란홍(5/3)	15, 평양/평양	예기학교	란홍의 장래는 어떻게 될는지(신인)
73	춘홍((5/5)	16, 평양/평양	기생서재	속시원하게 교제하는 방법
74	설경패(5/6)	20, 대구/경성	상다동	무부기로 전향, 내지말, 모친과 아이
75	월희(5/7)	16, 평양/경성	예기서재	다동조합(무부기), 손님접대
76	-			
77	-			
78	-			
79	취옥(5/8)	15, 평양/경성	기생서재	국어, 비로소 작년에 무부기조합(신인)
80	화연(5/9)	15, 평양/평양	학교 선생의 반대	학교 퇴학, 장래 몇 사람의(신인)
81	경심(5/10)	20, 평양/평양		수심가(애원성)
82	취향(5/11)	18, 해주/해주		난봉가, 가족부양, 효성지극
83	진홍(5/14)	20, 평양/경성	기생서재	무부기조합, 관산육마(관산융마)
84	금주(5/15)	20, 평양/경성		무부기조합 발기인, 화가명필
85	옥진(5/16)	20, 평양/경성		무부기조합 창설, 경박함이 없음
86*	박춘재(5/17)	32, 경성/경성	광무대	조선제일명창, 유성기 조선악보
87	명화(5/18)	19, 평양/경성		무부기조합, 흉내내기, 장래 촉망
88	화선(5/21)	18, 경성/경성	상다동 송인국(유)	출가 후 이별, 기생으로 출신

순서	예명(날짜)	나이, 출신/활동	소속	특기사항[9]
89	기화(5/22)	유치, 평양/평양		기생계 출신한지가 몇 날 되지(신인)
90	금홍(5/23)	15, 평양/평양	평양 안주동	수심가, 기생으로…오래지(신인)
91	이화(5/28)	18, 대구/경성	단성사	박팔괘와 짝을 지어 공연, 승무, 효심
92	련엽(5/31)	16, 평양/경성	기생서재	광교기생조합, 모친상(조합공부 폐)
93	화용(6/2)	18, 경성/경성	새방골 이범구(유)	광교기생조합, 국어, 수심가(어깨너머)
94	화향(6/4)	20, 진주/경성	다방골 김중화(유)	관기출신, 광교기생조합, 국한문
95	매화(6/5)	18, 경성/경성	곤당골 박준기(유)	광교기생조합, 명월관, 장춘관
96	금홍(6/6) 섬홍(이모)	16, 평양/경성	평양기생서재	상다동무부기조합
97	란주(6/7)	20, 진주/경성	새방골 김태연(유)	광교조합, 일본말
98*	김덕경(6/9)	24, 경성/경성		조선 변사계의 첫째
99	진홍(6/19)	17, 진주/경성	새방골 정기준(유)	11세 진주기생서재, 15세 광교조합 진주육자박이 장기
100**	서상호(6/11) 이한경	부산/경성 경성/경성	순사, 배우노릇 우미관 활동사진	대정관 주임변사 평양 가무기좌 주임변사

위의 자료를 볼 때 가장 먼저 눈에 띄는 것은 림성구(신파연극 혁신단), 지룡구(악사), 심정순(광대), 이병문(율객), 박춘재(조선제일명창), 김덕경(변사), 서상호(변사), 이한경(변사) 등 8명을 제외한 91명의 藝人이 妓生이라는 점이다.

자료에서 언급한 기생들은 廣橋妓生組合(有夫妓, 22명), 茶洞妓生組合(無夫妓, 17명), 平壤藝妓組合(5명), 新彰組合(三牌, 1명) 所屬 妓生이거나 長安社(4명)·光武臺(2명)·演興社·團成社(2명) 소속이다. 또한 이들의 故鄕을 살펴보면 西道 出身(平壤, 海州, 義州 등)이 58명이며, 京城(京畿) 11명, 南道 22명으로 서도 출신 기생이 월등히 많음을 알 수 있다. 또한 京城(경기)에서 57명, 평양(西道地域)에서 34명이 활동하고 있는 것으로 볼 때, 경성과 평양 두 곳의 기생들을 중심으로 기사를 作成했음을 알 수 있다.

이들은 歌와 舞를 겸비하고 있으며, 個人的으로 國語(日本語)나 內地노래, 書畵, 針線 등의 特長도 지니고 있었다. 당대 기생들이 정재(呈才)

와 正樂의 宴行은 물론이거니와 이외의 특장을 갖게 된 것은 자신의 藝術的 商品 價値를 極大化함으로써 知名度를 提高시키려는 의도로 볼 수 있을 것이다.

1번 비봉과 3번 채련은 일본노래를 특장으로 삼았고(더욱 잘하는 것은 「이소부시」 0節 「사노사부시」 등이요),[10] 無夫妓組合을 創設한 2번 주산월은 書畵에 능했다. 28번째로 소개된 금홍이는 伽倻琴 竝唱을 하였으며(그중에 제일 선수로 하는 것은 단가를 부르며, 가야금으로 맞추는 것이라), 朝鮮第一名唱인 朴春載와 함께 살았던 41번 련옥은 繡房內人(일패) 출신으로서 針線에 정통했다. 62번째로 소개한 평양기생 롱월은 '박치기[수부(水缶)]'로 이름을 날렸다.

중요한 것은 이들이 주로 부르던 노래가 歌曲, 時調, 歌詞는 물론이거니와 「수심가」나 「육자배기」 등의 民謠 또는 雜歌 역시 全面에 登場하고 있다는 사실이다. 鄭魯植의 『朝鮮唱劇史』[11]나 崔南善의 『朝鮮常識續問答』[12]에는 일반적으로 一牌妓生은 雜歌를 부르지 않았다고 했는데, 실상은 그렇지 않았던 것이다.

한 가지 흥미로운 것은 연행 주체인 기생들의 연행 곡목 중에 지역 소리의 特性이 잘 드러나는 육자배기 토리나 수심가 토리가 여러 곳에서 散見되고 있다는 점이다. 더욱이 47번째 소개된 은주의 경우 평양에서 출생한 후 줄곧 평양에서 활동하였는데, 「육자백이」를 잘 한다고 한 것은 눈여겨보아야 할 대목이다.

기생들의 이러한 個人 特長 啓發은 大衆歌謠의 본격적 홍행 이전 단

---

10) 최식(2006), 「『조선미인보감(朝鮮美人寶鑑)』의 문화사적 가치」, 〈민족무용〉 제10호, 세계민족무용연구소, p.129.
이소부시는 일본 이바라기 현의 민요 이소부시[磯節]을 말한 것으로 화류계의 연회석 등에서 부르던 노래이다.

11) 정로식(1994), 『조선창극사』, 동문선, p.237.
"기생으로 말하면 그 학습이 오직 성악으로 시조・가사・현악으로 현금・가야금 또 무도 등에 한하였고, 잡가나 창극조 같은 것은 절대 금물이었으니 이것이 곧 기생의 조라는 것이다. 만일에 기생으로서 잡가나 창극조를 입 밖에 내인다면 기생의 신분은 아주 파멸이다. 사처소 오입쟁이 입에서 한 번 그년이라는 말이 나오게 되면, 이것은 곧 파문이다."

12) 최남선 저(1981), 『조선상식문답속편』삼성문화문고 17, 삼성미술문화재단, pp.92~93.
"妓生은 時調 外에 席間의 助興으로 겨우 歌詞까지를 부르지마는 혹시 잡소리를 입에 올린 것을 남에게 알릴 지경이면 同輩의 懲罰과 一般의 排斥을 받기에 이르며 잡소리는 이른바 삼패・더벙머리・사당패 乃至 소리꾼이라는 職業者들이 함부로 부르고 놀던 것입니다."

계, 즉 20세기 이전부터 시작되고 있다. 즉 18세기 중엽 시조는 李世春으로부터 傳來되었다는 申光洙의 記錄이라든가,[13] 19세기 中葉에 筆寫된 『靑邱野談』의 逸話,[14] 그리고 李能和의 「招義妓魂[柳纖纖]」[15] 등을 통해서 살필 수 있다.

한양 기생들에 의해 자극받은 西道 妓生들은 물론이거니와 歌曲 노랫말을 육자배기 調에 얹어 부르는 纖纖의 모습을 본 晋州 妓生들의 逸話를 통해, 藝人으로서 그리고 生活人으로서 새로운 특장을 갖추어야 한다는 切迫함을 느낄 수 있다. 다시 말하면 20세기 전반기 서도 출신 기생들의 「愁心歌」의 歌唱이나 南道 出身 妓生들의 「육자배기」를 特長으로 한 것은 이미 이전 시기부터 地域別 妓生(藝人) 간의 拮抗 속에서 胚胎된 것으로 여겨진다.

이러한 現象은 19세기 後半 燕行日記인 『연원일록(燕轅日錄)』(1888~1889)에도 나타난다. 西道妓生들이 「處士歌」·「襄陽歌」, 「山有花」, 「關山戎馬」·「十載經營」, 「秋風感別曲, 「編數大葉」, 그리고 「小春香歌」와 「梅花打令」 등을 부르고 있다.[16] 특히 눈에 띄는 것이 「소춘향가」와 「매화타령」을 서도출신 기생들이 부르고 있다는 점이다.

위 노래들은 漢陽과 燕京을 오가는 燕行 使節團이 잠시 머무를 때 연행한 것으로, 한양의 관리들의 요구에 의해 挿入된 것으로 볼 수 있다. 즉 呈才舞와 함께 聲樂曲으로 쓰인 서도 기생의 특장인 關山戎馬·秋風感別曲 이외에 需要層인 官吏들의 要求에 의해 서울에서 유행하던 노래가 불린 것이다.

---

13) "初唱聞皆說太眞 至今如恨馬嵬塵 一般時調排長短 來自長安李世春"(申光洙, 『石北集』卷之十, 〈關西樂府〉 其十五).

14) 이월영·시귀선 역(1995), 『청구야담』, 한국문화사, pp.94~100.
盖船中諸宰幕賓及巡相子婿弟姪 俱是洛陽人也 見洛陽之妓樂 莫不歡喜 亦多知面之人 相與握手敍懷於是 妓歌琴客 盡其平生之技藝 終日遊行 西路之歌舞粉黛 頓無顔色" 〈遊浿營風流盛事〉.

15) 이능화(1992), 〈招義妓魂[柳纖纖]〉, 『조선해어화사』, 동문선, pp.377~379.
섬섬纖纖은 전주全州 기생이다. 지나간 계사년癸巳年 5월일은 곧 진주성晋州城 함락 기념일이다.(…인용자) 김진사가 기생들로 하여 가곡歌曲을 지어 의기義妓의 넋을 부르게 했으며, 체제는 육자배기로 본뜨게 했다. (…인용자) 다른 고을의 기생들은 육자배기를 잘 모르기 때문에 빛을 보이지 못했다. 오직 유섬섬만이 머리에 수건을 두르고, 띠로 허리를 묶고 장고를 안고 나섰다. 장고를 치며 앞으로 나아가기도 하고 물러서기도 하면서 육자배기로 노래를 불렀는데, 마치 漁陽에서 鼙鼓를 두드리는 것과 같아서 좌객이 모두 혀를 내둘렀다.

16) 김영운·김혜리(2009), 『서도소리』, 민속원, p.19. 재인용.

19세기의 情況과 「藝壇一百人」의 記錄으로 볼 때, 1910년대 近代 大衆歌謠 宴行의 한 축을 擔當했던 기생들은 組合間 競爭, 京城 出身과 西道 出身 妓生들의 拮抗, 육자배기 토리와 愁心歌 토리의 競合, 一牌 出身과 三牌 出身의 競爭, 自生的 大衆歌謠와 內地 歌謠(內地語)의 競爭이 있었음을 알 수 있다.

한편 「藝壇一百人」에 收錄된 藝人들 모두가 뛰어난 才能을 갖고 있던 것은 아니었다. 특히 新人에 해당하는 한산월(17세), 록주(15세), 란홍(15세), 화연(15세), 기화(유치) 등은 여타의 기생들과는 달리 특장이 없으며 장래가 촉망된다는 정도의 설명만 있다.

藝壇一百人(89) 기화(琦花)

> **기화도 역시 평양 화류계 중에 한 미인인데 아직까지 그 이름이 나타나지 못한 것은 그 나이가 아직도 유치할뿐더러 기생계 출신한지가 몇 날 되지 못한 까닭이오.… (인용자 생략) 장래에는 평양 풍류가 다 기화 한 몸에 몰리게 되리로다.… (인용자 생략)**
>
> **<매일신보>, 1914. 5. 22.**[17]

더구나 일부 기생을 소개하면서 그들 기생에 대한 대중의 否定的 認識을 조금이나마 없애기 위해서인지 '효', '가족봉양', '친모슬하', '공부' 등으로 수식하고 있어, 다른 藝人들의 모습까지도 빛을 바래게 한다. 그럼에도 불구하고 기생을 중심으로 記事를 꾸민 것은 讀者의 視線을 끌기 위한 戰略으로 풀이된다. 즉 기생들은 世人들의 關心 對象이므로, 이를 新聞이라는 大衆媒體를 통해 이용했던 것이다.[18]

그런데 「예단일백인」이란 제목과 그 내용을 볼 때 둘 사이에 乖離가 발생함을 알 수 있다. 즉 「예단일백인」이란 제목을 볼 때, 그 範疇 안에는 조선에서 활동하는 多様多種의 專門家들을 소개할 수 있었을 터인데, 너무도 限定的이다. 더구나 <매일신보>는 「예단일백인」 連載 일주일 전

17) 이경민(2006), 『기생은 어떻게 만들어졌는가』, 아카이브북스, pp.18~22.
식민지적 근대의 수사로서 활용된 기생의 이미지는 다양한 맥락에서 생산되었다. 사진엽서, 신문, 잡지, 사진첩, 포스터, 박람회 등은 기생들이 이미지로 또는 실물로 재현되고 전시되는 주요 공간이었으며, 신문에서는 조선여성의 전통적인 직업의 하나로서 기생들이 소개되었다.

18) 김영희(1999), 앞의 책, pp.91~92.

인 1914년 1월 21일 記事에 의하면 "朝鮮 全道의 男女를 勿論하고 歌舞音曲 등 藝術的 能力이 優越한 人物 一百人을 蒐集하여 陰曆 正月 一日부터 藝壇에 올리겠으니 寫眞을 보고 記事를 參照하면 진진한 趣味는 그 중에서 스스로 있을 것이라"라는 內容에도 符合하지 않는다.[19)]

一例로 19세기와 20세기에 걸쳐 脚光받았던 판소리 名唱인 金昌煥, 宋萬甲, 李東伯, 姜鏞煥, 廉德俊, 劉公烈, 許錦波, 姜小香 등은[20)] 한 명도 소개되지 않고 있다.[21)] 이는 두 가지로 解釋이 可能하다. 첫째는 日帝治下 이전 反日 性向을 견지했던 宋萬甲(1865~1939)의 同類를 排除한 것이고,[22)] 둘째는 앞서 雜歌 부르는 것을 禁止케 했던 그들을 競爭 對象으로 여겨 紙面을 割愛하지 않았던 것으로 생각된다.

그렇다고 이들 모두가 서로를 競爭者로만 認識한 것은 아니었다. 「예단일백인」에 소개된 廣橋妓生組合의 기생들은 자신들의 특장 계발을 위해 경쟁 조합인 茶洞妓生組合(無夫妓, 平壤出身 妓生)의 대표적 서도소리인 「愁心歌」를 배우고자 했던 것이다. 즉 자신의 특장을 활용한 相互競爭과 相對의 특장을 收容하는 現象이 竝行하여 일어났던 것이다.

> **요ᄉᆡ광교죠합기ᄉᆡᆼ들은 평양날탕을불너다가 ᄆᆡ일몃시간식 슈심가를 ᄇᆡ호기시작ᄒᆞ엿다나 이담에ᄂᆞᆫ타방기ᄉᆡᆼ의게도 슈심가를마음ᄃᆡ로 들을모양이야「이문생」**
>
> **<매일신보>, 1915. 2. 26.**

19) 이경민(2006), 위의 책, pp.18~22.

20) 이창배(1976), 『한국가창대계』, 홍인문화사, pp.165~166.
1902년 원각사에서의 칭경식에 참여한 인물로는 김창환을 주석으로, 송만갑·이동백·강용환·염덕준·유공렬·허금파·강소향 등의 판소리 명창과 박춘재·문영수·이정화·홍도·보패·강진·연연 등의 경서도 명창 남녀 170여 명이라는 일대 호화 진용으로 구성되었으며, 이들은 기량(技倆)에 따라 국가로부터 월급을 받았다.

21) 김영희 역시 이에 대해 의문을 가졌으나, 그 이유에 대해서는 기생들이 세인의 관심대상이었고, 상업화의 수단으로서 적격이었다는 점만을 언급하였다. 김영희(1999), 앞의 논문, p.136.

22) 송만갑은 충청공 민영환과 미국에 다녀온 바 있으며, 그의 증조부 송흥록은 흥선대원군의 후원을 받던 안민영과 친분이 있던 사이었다.
『금옥총부』 가번 127번 조 "而同到漆原三十里宋興祿家 則孟烈亦在家 見我欣然 四五日迭宕而別 此時果知別離之難也"(그래서 함께 칠원 삼십 리의 송흥록 집에 이르니, 맹렬이가 역시 집에 있다가 나(안민영)를 보고 기뻐하였다. 사오일간 질탕하게 지내다 헤어졌는데, 이때에 과연 이별이 어려움을 알았다.).

결국 藝人 소개보다는 妓生 弘報에 重點을 둔 탓인지는 몰라도 「藝壇一百人」의 백 명을 소개하는 것은 실패하고 만다. 1914년 5월 7일 75번째로 소개한 월희와 1914년 5월 8일 79번째로 소개한 취옥 사이에 76번, 77번, 78번이 누락되어 있으며, 이를 補完하려는 듯이 96번에서 금홍과 섬홍을, 100번에서 서상호와 이한경을 함께 다루고 있는 것을 통해 作業 過程이 順調롭지 않았음을 생각할 수 있다. 그렇지만 <每日新報>의 이 記事들은 大衆에게 妓生에 대한 好奇心을 誘發하였고, 當代의 大衆歌謠에 대한 興味素로 作用했을 蓋然性은 매우 크다 하겠다.

2) 『朝鮮美人寶鑑』에 나타난 興行 空間

1908년 妓生制度가 撤廢되면서 技藝를 宴行하던 기생들의 宴行對象과 그들의 활동 공간의 폭도 擴張되었다. 여기에는 이를 수용하는 大衆들의 要求 역시 急增했음을 想起해야 한다. 다시 말하면 20세기 이전만 하더라도 기생의 연행을 目睹할 수 있는 階層은 주로 兩班士大夫와 中人 階層이었는데, 妓生制度 撤廢에 따른 經濟的·社會的 與件의 變化와 妓生 자신들의 知名度 提高 問題를 解決하기 위해 積極的으로 時流에 便乘한 것으로 把握된다.

그런데 이러한 연행 현상은 京城(京畿 一部)과 平壤에 限定된 것으로 보인다. 『朝鮮美人寶鑑』(1918)에서 紹介되는 京鄉 妓生들의 特長에 一定한 差異가 나타나기 때문이다.

『朝鮮美人寶鑑』은 당시 京城日報 社長이었던 아오야나기 고타로(青柳綱太郎)와 新舊書林을 經營하던 池松旭의 共同 作業으로 완성된 책자로,[23] 『每日新報』 및 『京城日報』의 일선 記者들을 통해 券番과 地方 組合의 藝妓에 관한 情報를 蒐輯하고 整理한 것으로 여겨진다.[24]

---

23) 최식(2005), 「『조선미인보감(朝鮮美人寶鑑)』의 편자와 서술방식」, 〈민족무용〉 제8호, 세계민족무용연구소, pp.83~102.

24) 가와무라 마나토 저/유재순 역(2002), 『기생』, 소담출판사, pp.168~170.
가와무라는 아오야나기 고타로가 경성신문사의 사장으로 각 권번이나 지방 신문사의 협력 없이는 정보 수집이 어려웠을 것이라 분석하고 있다.

그간 『朝鮮美人寶鑑』에 대해서는 資料의 解題와[25)]「藝壇一百人」과의 關聯性을 言及한 논의,[26)] 實證資料로서의 價値를 다룬 논의,[27)] 그리고 『조선미인보감』에 收錄된 文學作品을 다룬 논의가 있다.[28)]

『朝鮮美人寶鑑』에는 총 756명의 妓生이 나온다. 우선 京城府의 경우 다옥정 73명, 청진동 69명, 황금정 43명, 관철동 43명, 서대문정 29명, 삼각정 24명, 서린동 22명, 무교동 20명, 인사동 18명, 광화문통 18명, 수하정 18명, 공평동 18명, 종로 13명, 낙원동 9명, 관훈동 8명, 장교동과 수송동에 각각 6명, 태평통, 수표정, 돈의동에 각각 5명이 분포되어 살고 있었다. 또한 平壤府에 151명, 대구부 96명, 진주부 30명, 고양군 8명, 연기군 7명, 광주군 6명, 전주군 6명이 居住하고 있었다.[29)]

그런데 『朝鮮美人寶鑑』을 보면 地域別·券番別 所屬 기생들의 특장이 기록되어 있는데, 이를 통해 京鄕 間에 差異가 드러남을 알 수 있다. 本考에서 注目하는 것이 바로 이것이다.

『朝鮮美人寶鑑』에 소개된 기생들의 특장 가운데 各種 춤과 樂器 演奏, 國語(日本語) 長技 등과 曲種 가운데 地域性이 드러나지 않는 '歌, 短歌, 界面調·羽調, 時調, 歌詞, 판소리' 등을 除外할 경우 雜歌類와 民謠類가 남게 되는데, 이들 노래를 통해 거칠게나마 京鄕 間 選好 曲目을 辨別할 수 있다. 이를 地域別로 區分하면 다음 표와 같이 정리할 수 있다.

---

25) 김선풍 편(1984), 「조선미인보감 해제」, 『조선미인보감』, 민속원: 조선연구회 편저, 송방송 색인, 이진원 해제(2007), 『조선미인보감』, 민속원.

26) 최식(2005), 앞의 논문.

27) 최식(2006), 「『조선미인보감(朝鮮美人寶鑑)』의 문화사적 가치」, 〈민족무용〉 제10호, 세계민족무용연구소, pp.115~135.

28) 신현규(2006), 「『조선미인보감』에 수록된 창가 연구」, 〈우리어문연구〉 21, 우리어문학회, pp.109~137; 신현규(2013), 「일제강점기 기생의 권번시조 연구-『조선미인보감』(1918년)과 『가곡보감』(1928년)을 중심으로-」, 〈시조학논총〉 39, 한국시조학회, pp.171~199.

29) 김선풍(1990), 「『조선미인보감』·『조선박람회연예지간』 고」, 『산목 함동선 선생 화갑기념논총』, 청한, pp.87~88.

〈표 2〉『조선미인보감』에 나타난 조합별·지역별 가창곡 분포30)

	한성	대정	한남	경화	대구	김천	동래	창원	광주	평양	진남포	수원	개성	인천	안성	연기
경기잡가																
경남잡가																
경남잡가												1			1	
경사거리		2														4
경서잡가	12	31		4												2
경서잡가		2	1	13									1	1		
경서남리곡												1				
경서남리요																
경서남잡가				2								2		4	4	
경성리곡												1				
경성리요																
경성속요												1				
경성요곡				1												
경성잡가	2											22				
경성행가	1															
남도리곡	1	2														
남도리요	3		2													
남도리창	3	1	1									3				
남도행가																
남도잡가	2	5							4							
남리요																
남방리곡	3															
남방리요	5															
남방리요가																
남방리창	3															
남방속요	1															
남서리요			1													
남서잡가	2	1														
남,서잡가		1														

30) 전계영(2012), 앞의 논문, pp.67~68. 재인용.

	한성	대정	한남	경화	대구	김천	동래	창원	광주	평양	진남포	수원	개성	인천	안성	연기
남중리가			1													
남중리요	2		47													
남중리창			1													
남잡가		1														
남중잡가	11	6			2	3		2								
리요			2													
서가			2													
서관잡가	27											3				
서관리요	1											19				
서관리곡	1															
서남경잡가				1												
서남잡가	6	4											1			
서남리요	1		2													
서남잡가		6														1
서남리잡가																
서도리가	4															
서도리곡	23	3		1												
서도리요	15	2														
서도리창	4															
서도잡가	37	110	1	4						7	3					
서도행가	6		7	1												
서방리요			5													
서방속요	1															
입창																
잡가	1	2		3	4											
좌창																
서도/잡가		2														

위의 표를 볼 때, 京城 地域(京畿地域 包含)의 漢城·大正·漢南·京華劵番 등은 지역토리를 대부분 수용하고 있다. 그런데 平壤과 開成地域에는 西道雜歌만 나타나고 있으며, 大邱·金泉·東萊·昌原·光州 等地

의 券番에서는 南道雜歌만을 주로 부르고 있다.

앞서 「藝壇一百人」(1914)의 경우, 경성과 평양 거주 기생들의 특장(성악곡)이 다양하게 나타나고 있는 반면, 전국적으로 분포하는 기생 전반을 조사한 『朝鮮美人寶鑑』(1918)의 경우 地域的 特色(토리)이 확연하게 구분되고 있음을 알 수 있다. 즉, 1910년대까지는 서울과 평양에 한해서 大衆歌謠의 다양한 장르 사이의 拮抗과 共存이 일어났을 뿐, 다른 지방에서는 地域性을 뛰어넘는 대중가요 間의 拮抗과 共存 現象이 일어나지 않았던 것으로 把握된다.[31]

3 연행 텍스트의 측면

「藝壇一百人」의 連載가 끝남과 동시에 活版本 雜歌集이 출간되기 시작한다. 대중가요를 宴行하는 기생에 대한 弘報와 함께 이들의 노래를 배울 수 있는 노래책이 大衆에게 보급된 것이다. <매일신보> 「예단일백인」 연재가 마감되기 하루 전에 雜歌集이 出刊되었다는 事實은 偶然이 아니다. 이는 당대 대중들의 要求에 符合하는 事件으로 把握해야 할 것이다. 또한 大衆文化, 특히 劇場 宴行으로 觸發된 대중가요의 상업적 흥행 여건의 기반이 마련되었다는 證左이기도 할 것이다.

雜歌集 關聯 論意로는 정재호[32]와 송미경[33]의 글이 눈에 띈다. 정재호는 잡가집의 특성을 "1) 저항성, 2) 상업성(경쟁적으로 출판), 3) 대중성(한글전용 · 구어체 활용 · 소량 · 내용 대동소이), 4) 잡합성(장르 · 신구 · 지역 · 계층 · 조잡성 · 토속성), 5) 조잡성, 6) 트속성" 등으로 파악하였다. 송미경은 『무쌍신구잡가』(1915)의 체재상 특징인 '삽화(박춘재 사

31) 다만 『조선미인보감』에 한정해서 살핀 것이 무리가 있을 수 있다. 이러한 문제는 차후 자료 수집과 분석을 통해 보완해 나가고자 한다.

32) 정재호(2000), 「잡가집의 특성과 문학사적 의의」, 〈한국시가연구〉 제8집, 한국시가학회, pp.361~398.

33) 송미경(2010), 「『무쌍신구잡가(無雙新舊雜歌)』의 체재상 특징과 편찬 배경」, 〈우리어문연구〉 36집, 우리어문학회, pp.33~61.

진)와 지시문의 삽입', 1914년도에 출간된 '잡가집(속가와 정가 양대 부류)의 통합', 1915년 조선물산공진회와 가정박람회 기간 중 '집중적인 광고'를 언급하며 『무쌍신구잡가』가 지닌 잡가집으로의 位相을 가늠했다. 이상의 내용을 包括할 때, 중심을 貫通하는 것으로 '商業性'을 꼽을 수 있다.

大衆藝術의 性格은 '예술 생산자와 수용자의 분리', '대중 예술과 대중의 출현 시기 동일', '상업성 강조', '생산과 소비의 대량성' 등으로 요약된다.[34] 이는 民謠와 大衆歌謠와의 辨別点을 言及한 것으로 解釋되며, 둘째는 大衆 藝術의 發生을 말한 것이다. 셋째와 넷째는 本格的 大衆藝術로써의 特徵을 말한 것인데, 이 둘 모두 商業性을 基盤으로 한다.

이렇게 볼 때 當代 出刊된 雜歌集은 商業的 成功을 指向하면서 刊行된 것으로 보는 것이 마땅할 것이다. 왜냐하면 編著者와 出版社는 雜歌集 出刊에 앞서 大衆이 選好하는 노래를 調査하여 그것을 土臺로 雜歌集을 製作・販賣했을 것이기 때문이다.

그런데 여기서 한 가지 念頭에 두어야 할 것이 있다. 바로 '잡가'가 지니는 意의 多重性이다. 雜歌는 下層民이 주로 부르는 노래라는 意에서 階級性을 지니며,[35] 그 語彙가 지니는 意味 變化에 따른 流動性을 지닌다.[36] 또한 본 장에서 言하고자 하는 雜歌의 경우는 多樣多種의 聲樂曲을 함께 모아 編輯했다는 意에서 '混種性'을 갖는다.[37]

이 가운데 '混種性'이 잡가집이 指向한 大衆歌謠의 性格이라고 할 수 있다. 실제로 1910년대 興行했던 노래들 가운데 일부분은 19세기 中後般에도 불렸던 곡들이다. 이 당시는 正樂 系列과 雜歌 系列의 聲樂曲이 共存하면서 拮抗을 維持했었는데, 판소리의 경우는 上層文化圈으로 進入하

---

34) 이노형, 『한국 전통 대중가요의 연구』, 울산대학교 출판부, 1994. pp.17~78.
한편, 강연진(「한국 근대 대중가요 형성 과정 연구」, 이화여자대학교 대학원 석사학위논문, 2002.)과 강등학(앞의 논문, p.242~243.)은 서우석(『음악과 현상』, 문학과지성사, 1989.)의 '이해의 용이성'과 '소비의 다수성'을 대중가요의 핵심으로 보았다.

35) 정재호(2002), 『한국속가전집』일, 도서출판 다운샘, p.3.

36) 박애경(2003), 「잡가의 개념과 범주의 문제」, 〈한국시가연구〉 제13집, 한국시가학회, p.299.
확정된 혹은 승인된 장르라기보다는 장르 간의 공존과 경쟁 속에서 끊임없이 자신의 외연을 확산할 수 있는 일종의 '동태적인' 장르로 존재하고 있었다고 할 수 있다.

37) 전계영(2012), 앞의 논문, pp.7~39.

게 되고, 時調, 특히 辭說時調의 경우는 下層文化圈으로까지 擴張되어 '휘몰이잡가'가 登場하기에 이른다.[38]

그런데 쉽게 이해가 되지 않는 점은 당대에 대중화되기에는 일렀던 歌曲, 歌詞, 時調 등의 正樂系列의 노래가 雜歌流와 함께 收錄되었다는 점이다. 이는 徹底하게 編輯者의 意中이 反映된 結果라고 볼 수 있다. 물론 대중에게 强壓的으로 提示하지는 않았을 것이다. 왜냐하면 출간 이후 대중에게 外面당하면 商業性의 側面에서 失敗를 맛볼 수밖에 없기 때문이다. 그럼에도 불구하고 雜歌集 全般에 걸쳐 이들 正樂系列 聲樂曲이 실릴 수 있었던 것은 身分制度의 廢止 以後, 上層文化를 享有하고자 했던 下層民의 企待에 副應에 부응하고자 했던 것으로 생각된다. 또 한 가지 이유는 기생의 宴行이 兩班·士大夫와 中人階層의 專有物에서 벗어나면서 일반 대중 또한 妓生의 宴行을 즐길 수 있었다는 점도 꼽을 수 있을 것이다. 다만 이러한 系列의 노래들이 大衆化 過程에서 優位를 占有하지 못했고, 結局은 淘汰되면서 원래의 正樂으로 남게 되었던 것으로 생각된다.

이에 본 장에서는 1910년대에 發刊된 活版本 雜歌集의 編輯 樣相을 分析하여, 商業化 裏面에 감춰진 大衆歌謠의 拮抗과 共存을 알아보고자 한다.

1) 地域別 大衆歌謠의 拮抗

(1) 底本(1914년 出刊 雜歌集)

① 『新舊雜歌』(韓仁錫, 平壤, 1914.6.10. 40편)의 수록곡[39]

거사가, 경발림, 경복궁타령, 과부가, 규수상사곡, 날개타령, 노처녀가, 놀량, 농부가, 단가(진시황의만리장성), 단가(하ᄉ 월초팔일날), 단장사, 방아타령, 봉황곡, 사거리, 사설시조, 상사별곡, 상사진정몽가, 상사회답가, 석춘사, 소군탄, 수심가, 시조, 양산도, 엮음, 육자백이, 자운가, 중거리, 지

---

38) 장사훈(1982), 「엇時調와 辭說時調의 形態論」, 『國樂論攷』, 서울대학교출판부, pp.344~346.
"6. 휘몰이雜歌는 장형시조에서 영향을 받았으되 그 원형을 찾기 어려울 만큼 익살과 결말로 終始一貫하며, 促急하게 휘몰아치는 한 개 엮음 노래로 시조와 혈연을 가지면서 서울의 긴잡가의 對가 되는 노래라 하겠다."

39) 편의상 가나다 순서로 배열했다.

름시조, 진정부, 진정편, 청루원별곡, 초한가, 추풍감별곡, 춘면곡, 탄금가, 향산록, 화류사, 회심곡, 홍타령.

②『新舊時行雜歌』(池松旭, 서울, 1914.10.9. 42편)의 수록곡

강호별곡, 곰보타령, 길군악, 난봉가, 단가별조, 단가소상팔경, 뒷산타령, 맹꽁이타령, 맹인덕담경, 몽유가, 바위타령, 방아타령, 배따라기, 사미인곡, 사시풍경가, 사친가, 산염불, 새타령, 선유가, 성주풀이, 소춘향가, 수심가, 신제청춘가, 십장가, 아리랑, 악양루가, 안빈낙도가, 앞산타령, 원부사, 유산가, 육자백이, 자진방물가, 자진산타령, 적벽가, 제비가, 집장가, 짝타령, 토끼화상, 판염불, 초한가, 형장가, 화류가.

위 ①번과 ②번 雜歌集의 가장 큰 差異点은 當代에 流行하던 曲目을 平壤과 京城을 중심으로 區分하여 編輯했다는 점이다. 歌曲과 時調, 歌詞類를 除外할 경우 ①번의 경우 앞서 살핀 「藝壇一百人」의 妓生들이 宴行한 曲目을 두루 실었다면, ②번 雜歌集에는 당시 서울에서 더벅머리 三牌와 사계축에 의해 流行하던 12잡가류(밑줄)와 휘몰이잡가를 도드라지게 수록하고 있다. 앞서 언급했듯이 이미 「愁心歌」와 「육자백이」 등은 妓生들의 주요 레퍼토리였기에 區分하는 것에 意味가 없다고 생각되며, 산타령 계열 역시 경기소리(토리)와 서도소리(토리)로 분화되어 불렸을 뿐, 노랫말에는 차이가 별로 없기에 題目만으로는 區分하기 어렵다.

(2) 底本의 補完(1914년 出刊 雜歌集)

③『精選朝鮮歌曲』(池松旭, 서울, 1914.11.7. 42편)의 수록곡

가곡(우조초중대엽~사설지름), 고상사곡, 고상사별곡, 과부가, 규수상사곡노처녀가, 등악양루탄관산융마, 백구사, 봉황곡, 상사별곡, 석춘사, 수양산가, 양양가, 어부사, 왕소군원탄, 죽지사, 처사가, 춘면곡, 향산록, 화류사, 황계사, 회심곡.

④『訂定增補新舊雜歌』(韓仁錫, 平壤, 1915.1. 54편)의 수록곡

제전, 영변가, 배따라기, 육자동고리, 성주풀이, 자진방아타령, 긴방아

타령, 자진난봉가, 신난봉가, 사설난봉가, 토끼화상, 회심곡 관악산조, 새타령, 적벽가.

위의 ③번과 ④번의 編者는 앞서 提示한 ②번과 ①번 雜歌集의 편자와 同一 人物이다. 이들은 자신이 編輯한 雜歌集에서 漏落된 曲目을 補完하였다. ③은 12가사류를 중심으로 보완하고 있으며, ④은 서도지역의 긴소리와 民謠系列 雜歌를 對象으로 添入하고 있음을 알 수 있다. 「赤壁歌」의 경우 판소리 「적벽가」와 서도긴소리 「적벽가」가 있는데, 노랫말이 거의 一致하기에 이 역시 지역을 구분하는 것은 의미가 없다고 생각된다.

이상의 내용으로 파악할 수 있는 것은 當時 平壤과 京城에서 시간을 앞 다투어 雜歌集을 發刊했다는 점과 京城 地域의 경우, 4개월여를 늦게 出刊한 弱點을 挽回하려는 듯 可能한 한 서울의 地域色이 드러나는 曲目을 選擇했다는 점이다. 이는 補完 性格의 歌集에서도 如實하게 드러난다. 이러한 影響인지 ④번 雜歌集의 경우도 서도소리를 중점적으로 보완한 것이 눈에 띈다. 이들 모두는 旣存에 宴行되던 曲目은 共通 曲目으로 넣되, 서도소리와 경기소리를 意識하여 編輯했던 것이다. 이를 통해 地域的 拮抗이 存在하고 있음을 알 수 있다.

2) 新舊·內外의 拮抗

앞서 제시한 ①, ②, ③, ④번 잡가집 수록 곡목을 통해 경성과 평양 간의 지역색이 드러나는 노래를 선보였음을 알 수 있었다. 이후에 출간되는 가집은 이러한 지역색이 드러나는 가집도 있지만 대부분은 이들 가집을 저본으로 하여 새로운 곡목만을 수록하는 형태를 띠고 있다.

다시 말하면 저본이 되는 『신구잡가』·『신구시행잡가』·『정선조선가곡』·『정정증보신구잡가』 등의 가집이 이미 연행되었었던 곡목 위주로 편집되었다면, 1915년 중반 이후 가집에서는 새로운 노래를 보완하는 형식으로 출간되고 있음을 알 수 있다.[40] 이에 기존 4개의 가집 수록 곡목

---

40) 배연형(2009), 「잡가집의 장르 분류 체계와 음반 현실」, 〈한국음반학〉 제19호, 한국고음반연구회, pp.131~148.

이외의 수록곡만을 뽑아 제시하여 성악곡의 길항 양상이 변모하고 있음을 알아보았다.

(1) 新舊의 拮抗

⑤『增補新舊雜歌』(盧益亨, 서울, 1915.4.5. 74편)

기왕의 잡가집 곡목과 다른 것은「별수심가」한 편이다. 앞서 제시한「수심가」가 4절인 반면 이 노래는 39절로 확장되었다.

⑥『古今雜歌編』(朴永均, 平壤, 1915.5.20. 79편)

기왕의 가집과 다른 노래는 총 11편으로「춘몽가」,「청루별곡」,「박명탄」,「창랑곡」,「서상추사」,「운가」,「규원탄」,「옥인상사곡」,「정찰회답가」,「신춘사」,「엮음수심가」등이다. 주로 가사류의 노래가 부가되었다.

한편「신방아타령」(방아타령 대동소이),「향화곡」(화류가와 대동소이),「상사미인곡」(사미인곡),「사친사」(사친가),「강호청가」(강호별곡),「호접몽」(몽유가) 등은 기왕의 곡목과 제목만 다르게 나타나고 있다.

⑦『無雙新舊雜歌』(朴承曄, 서울, 1915.10.13. 72편)

이 잡가집은 광무대 소리를 토대로 편집했는데, 기존의 곡목을 그대로 수용했으며, 다만「자진개타령(사랑노래)」,「자진담바귀타령」,「신제농부가」,「신제산염불」,「수심가별조」등 다섯 편의 노래만이 새롭게 부상한 것이다. '자진'이나 '신제'의 용어가 눈에 띈다.

그 외「자진영변가」(영변가 동일),「신제이팔청춘가」(신제청춘가),「이팔청춘가」(「청춘가」와 대동소이),「유산가별조」(유산가 대동소이),「별적벽가」(적벽가 뒤에 한시 부기),「제비가별조」(제비가 동일),「소춘향가별조」(소춘향가 동일),「평양수심가」(수심가 동일) 등은 앞서 제시한 곡목의 노랫말과 동일하거나 대동소이하다.

배연형은 잡가집을 가곡중심의 가집, 서도소리 중심의 잡가집, 서울소리 중심의 잡가집, 복합적인 내용의 잡가집으로 분류한 바 있다. 그러나 이러한 견해 역시, 1914년에 발간된 잡가집에 이미 나타나는 특징으로 볼 수 있다. 특히 가곡중심의 가집은 기존 잡가집에서 발췌하여 정리한 것으로 생각된다. 이에 본고는 초점을 달리하여 잡가집 소재 곡목들의 경향(京鄕) 관계를 따지는 것으로 논의를 개진하고자 한다.

⑧ 『新舊流行雜歌』(姜義永, 서울, 1915.12.18. 52편) 홍도강진 구술

이 잡가집에서 새롭게 실은 노래는 「개타령」(노골적/해학적), 「수심가 엮음」 두 곡이다. 이보다 더 중요하게 살펴야 할 것은 편찬 방식에 있어 '좌창잡가부, 입창단가부, 평양다탕패입창부, 좌창시조가사부' 등으로 구분하였다는 점이다. 특히 평양다탕패가 광무대에서 공연했다는 점을 볼 때, 서도소리가 서울에서 홍행되고 있었음을 확인할 수 있다.

⑨ 『新撰古今雜歌附歌詞』(玄公廉, 서울, 1916.2.5. 67편)

새롭게 보이는 노래로 「밤엿타령」과 「넋두리」, 「숙천난봉가」가 있는데, 「밤엿타령」은 노래라기보다는 평양에서 유행하는 점을 강조한 것으로 보이며(평양셩중에셔ᄒᆞᄂᆞᆫ노래-호초양념 밤엿이어 밤엿 돈업ᄂᆞᆫ이ᄂᆞᆫ 외상이오 외ᄉᆞᆼ 오ᄂᆞᆯ밤엿은 목침만큼 목침 매움ᄒᆞ고도 달큼ᄒᆞ오 달큼), 「넋두리」는 "(희쥬셩즁에셔 ᄒᆞᄂᆞᆫ 노ᄅᆡ)-사ᄅᆞᆷ죽어 고만인가 넉시라도 어셔오게 나니ᄂᆞᆫ오 나니ᄂᆞᆫ오 ᄂᆞᆫ오나이가산이라 우리부모 어대가고 다시오지 안ᄒᆞ시ᄂᆞ"로 「산염불」 노랫말과 유사하다. 「숙천난봉가」 역시 「수심가」 노랫말과 유사하게 나타난다.

⑩ 『特別大增補新舊雜歌』(南宮楔, 서울, 1916.2.29. 82편)

이 잡가집에서는 제목만 새롭게 붙인 「별단가」(단가별곡)과 「진정록」(진정편)이 있다.

⑪ 『增補新舊時行雜歌』(池松旭, 서울, 1916.3, 49편)

『신구시행잡가』 수록곡에 7편을 증보하였는데, 이 가운데 새로운 노래는 「신제도화타령」 한 편이다.

⑫ 『朝鮮雜歌集』(李商俊, 서울, 1916.7.25. 46편)

이 잡가집에 등장하는 새로운 노래로 「몽금포타령」, 「영산가」, 「장타령」, 「개성난봉가」, 「양류가」, 「화포타령」(갑오년에ᄂᆞᆫ쇼ᄅᆡ인데조는오독독이타령곡과ᄀᆞᆺ쇼) 등이 있으며, 그 외 「서울홍타령」(경기소리조 홍타령으로 보임), 「개구리타령」(자진방아타령의 왕십리 큰애기 ○○로 나간다의

확장형), 「도라지타령」(개타령2, 사설난봉가 노랫말), 「걸승타령」(회심곡이 지닌 종교성을 가져와 시주를 유도하는 발원 낭송), 「운자타령(황히도 농부의 김미며 ᄒᆞᄂᆞᆫ 노리라)」(회심곡을 노동요로 가져와 한 절씩 끊어서 부른 경우), 「오호타령」(사설난봉가의 일부)이 있다.

새로운 양식의 노래가 등장하고 있는 것에 의미를 둘 수 있다.

(2) 內·外의 拮抗

⑬ 『現行日鮮雜歌』(朴承曄, 서울, 1916.12.7. 50편)

일본 노래 「金剛石」, 「蓬萊」 32편에 우리 노래를 일역한 20편, 그리고 우리말 노래 42편이 실려 있다. 이 가집의 의의는 일본 노래 수록에서 찾을 수 있을 것이다.

이는 기존의 속악 성악이 국내 각각의 소리집단 간 길항관계(공존)가 주가 되었다면, 이 가집에 일본 노래들이 수록된 것은 새로운 음악양식 또는 국외의 이질적 음악이 표면적(공식적)으로 유입된 것을 의미한다.

앞서 「예단일백인」의 경우 국어에 능통하고 일본노래를 하는 기생이 있었지만 극소수에 한정되었는데, 이 가집의 출현으로 인해 국내의 성악 부문끼리의 경쟁 관계를 넘어 국내와 국외의 음악이 길항(상존)하게 되는 시점으로 파악해도 무방할 것이다. 물론 이러한 변화는 새로운 음악을 갈망하는 대중의 요구에 부응한 것으로 읽어 낼 수 있다.

⑭ 『時行增補海東雜歌』(朴健會, 서울, 1917.11.28. 70편)의 경우 새로운 노래는 없다.

⑮ 『新舊現行雜歌』(유근익, 서울, 1918.4.23. 54편)의 경우 새로운 노래는 없다.

이상의 내용을 정리하면 다음과 같다.

가집 수록 곡목의 변화를 통해서 확인할 수 있는 것으로, 지역(地域) 간·신구(新舊) 간·國內·外 간 길항의 단서를 찾을 수 있다는 점이다. 즉 1914년부터 1918년까지는 우리나라는 정악 계열과 잡가 계열의 성악곡이 공존하며 경합을 했고, 속악은 속악대로 잡가와 판소리가, 그리고 잡가는 서도, 남도, 경기, 12잡가 등이 가창자의 특장에 따라 주도권을 잡고자 분주히 움직였음을 알 수 있다.

초기 잡가집(①, ②, ③, ④번 가집)은 평양과 경성을 중심으로 흥행하던 노래를 수록하고 있으며, 이후 발간되는 가집(⑤~⑮번 가집)은 기왕에 수록된 곡목에 새롭게 부상하는 노래를 부기(附記)하는 방식으로 편집되었다. 이런 현상이 일어나는 이유는 대중의 요구와 상업성이 부합하기 때문이다. 즉 대중은 익숙한 노래에 흥미를 갖는 동시에 새로운 형식의 노래에 대해서도 관심을 갖게 마련이다.

한편 초기 가집의 경우 장르별, 지역별로 경합을 벌였다면 ⑬번 가집을 기점으로 국내·외 성악곡의 길항이 나타남을 알 수 있다. 이는 1920년대 이후 잡가집에 뚜렷하게 나타난다.

『남녀병창유행창가』(강하형, 서울, 1923.12.25)의 경우 잡가집 제목에도 나타나듯이 유행창가(「長恨夢歌」, 「靑年歌」, 「半島江山歌」, 「學徒歌」, 「登山歌」, 「行進歌」, 「望鄕歌」, 「가주사가」, 「蕩子自嘆歌」(이풍진 세상을 만났으니) 등이 다수 수록되고 있으며, 『일선잡가』(현공렴, 서울, 1924.3.3)의 경우, 노랫말을 일본어로 쓰고 그 옆에 우리말 번역 가사가 실린다. 또한, 일본의 하이쿠(和歌), 골계담(재담), 달잇기놀이 등이 주로 산문 형태로 실려 전하는 것으로 볼 때, 일본풍의 문화가 빠르게 확산되고 있음을 감지할 수 있다. 일제강점기의 대중에게는 일본 노래가 새로운 노래이자 선진 문물로 인식되었을 개연성이 크다. 문화 사대주의로 읽힐 수 있어 씁쓸한 면도 있지만, 이것이 실상이었던 것이다.

한편 『정선조선가요집』(디제핸드포드, 서울, 1931.11.10)에 이르면, '오동나무, 방랑가, 메리의 노래, 베니스의 노래, 라인강, 봄노래, 부활, 실연, 유랑의 노래, 청춘가, 풍운아의 노래, 아리랑, 암로, 젊은이의 노래, 가쥬샤가, 종로행진곡, 낙화유수, 그대그립다, 세동무, 귀뚜라미, 여창, 비행기, 꾀꼬리, 형용가, 흰구름, 고독한 몸, 유랑인의 노래, 패수의 애상곡, 그리운 강남, 마의태자(안기영)' 등의 번안곡과 유행가곡도 출현하여, 초기 국내 성악 부문의 길항에서 국내·외의 길항과 공존으로 진행되고 있음을 알 수 있다.

4 결론

본고는 지금까지 1910년대 발간된 자료집 분석을 통해 근대 대중가요의 길항과 공존에 대해 살펴보았다. 연구 대상은 『매일신보』 지면을 통해 연재된 「예단일백인」과 『신구잡가』 외 14편의 잡가집, 그리고 『조선미인보감』 등에 한정하였다.

이들 자료를 살핀 결과 1910년대 대중가요의 흐름은 정악 계열과 잡가 계열의 노래가 공존하면서, 대표적 연행 주체인 기생들 간 지역별, 가창 부문별로 길항 관계를 이루었으며, 이러한 길항은 점차 국내·외의 길항 구조로 확장되는 것을 확인할 수 있었다. 그리고 당대 대중가요의 흥행은 서울과 평양을 중심으로 활발하게 진행되었을 뿐, 전국적으로 전성한 것은 아닌 것으로 여겨진다.

중요한 것은 모든 예술사의 흐름이 그렇듯이 20세기 초 우리나라 근대 대중가요 역시 길항과 공존이 병행되었다는 점과 이러한 근대 대중가요의 문화계 표면으로의 浮上은 이미 18~19세기에 걸쳐 배태된 문화의 연장선상에 있었음도 간과하면 안 될 것이다. 특히 日帝治下의 政治的 壓制와 商業化에 따른 經濟的 利益 창출이라는 부정적 시각 이면에 담긴, 근대 대중가요를 통해 대중들이 느꼈을 삶의 긍정적 지향 또한 再考해보아야 하지 않을까 한다.

Ⅱ. 근현대 문학작품의 잡가 수용 양상

1 서론

잡가(雜歌)는 조선 후기, 근대 전환기, 일제 강점기라는 이질적인 시기를 거치며 중세적 시가 양식의 마지막 장르로 출발하여 근대 대중문화로 순조롭게 정착하였다.[1] 잡가의 출현에 대해서는 학자마다 견해가 다르지만,[2] 『남훈태평가』(1863)의 '雜歌' 편[3]의 곡목에 근거할 경우 19세기 중반 이전으로 소급할 수 있으며, 상업적 목적으로 발간한 활판본 잡가집 『신구잡가』(1914년) 이후 『대중보무쌍유행신구잡가부가곡선』(1958

1) 박애경, 「19세기말 20세기초 잡가의 존재양상과 노래 공동체의 변화」, 『한국 고전시가의 근대적 변전과정 연구』, 소명출판, 2008, 110-137쪽.
강등학, 「19세기 이후 대중가요의 동향과 외래양식 이입의 문제」, 『인문과학』, 성균관대학교 인문과학연구소, 2001, 241-260쪽.

2) 가장 편차가 심한 것은 잡가를 유행가로 본 고정옥(『조선민요연구』, 수선사, 1949.)과 김동욱(『교합 가집』, 태학사, 1982.)의 견해이다. 고정옥은 잡가를 생존 당대에 유행하는 노래로 보았으며, 김동욱은 잡가가 우리의 '국조 양식'이며, "숙종대에 雜歌의 영향을 받고 사설시조가 융흥"하였다고 보았다. 간극이 거의 300년에 이른다.

3) 최규수, 『19세기 시조 대중화론』, 보고사, 2005, 163-233쪽. 부록 『남훈태평가』 참조.
『남훈태평가(南薰太平歌)』(1863)의 편목을 보면 "낙시됴, 롱, 편, 소용, 우됴, 후정화, 계면, 만수듸엽, 원사청, 잡가, 가사" 등으로 구성되어 있는데, 잡가편에 〈쇼츈향가〉, 〈믜화가〉, 〈빅구사〉 등이 실려 전한다.

년)을 최종본으로 상정할 경우 20세기 중반기까지도 대중들이 선호했음을 알 수 있다. 이러한 잡가의 최고 전성기는 1910년대~1930년대 중반까지로 볼 수 있다.[4)]

잡가가 홍행하던 시기는 우리나라의 개화기에 해당되는데, 이때는 문학사적으로 신체시와 신소설 등이 창작되고, 이후 근대 문학이 정착·발전하는 시기와 궤를 같이 한다. 그리고 이러한 정황을 토대로 잡가에 대한 연구범위도 잡가의 개념, 개별 곡목 분석, 장르 간 교섭양상, 연행환경 등에 대한 고찰[5)]에서 벗어나 근현대 문학작품(작가)과의 영향 관계를 살피는 논의까지 확장되고 있다. 이는 20세기 초 당대를 풍미했던 잡가가 당시 문인들에게도 영향을 주었을 것이라는 개연성에 기초한다. 그리고 그 개연성은 정치한 작품 분석을 통해 일정 부문 확인되고 있다.

잡가와 근현대 문인(또는 문학작품) 관련 논의는 크게 두 부분으로 나누어 진행되었다.

첫째는 당대 문인들이 잡가(민요, 속가, 가요, 유행가 등을 포함)를 어떻게 인식하고 있었는가에 대한 논의이다.[6)] 다만 민요에 대한 문인들의 인식 관련 논의는 충분하게 이루어졌다는 판단 아래, 그들이 언급한 민요가 "20년대의 민요조 서정시인들에게 기록된 텍스트로 주어지고 나날의 일상속에 접해지는 민중의 노래는 순정한 민요가 아니라 대부분 잡가이거나 잡가화된 민요였던 것"[7)]이라는 견해를 選取하여 본고의 논의 개

---

4) 『정선조선가요집』(1931) 凡例(정재호, 『한국속가전집』오, 도서출판 다운샘, 2002, 405쪽.) "俗謠中에서는 가장普遍的으로嗜好되는曲만을실고 「愁心歌」 「양산도」 「방아타령」等과갓치거의모를人士가 업는 種類의 「民謠」「俗謠」는실지아니하고 通俗的으로一般이嗜好하시는曲中에셔도 「사설」이 野卑한것은 削除햇습니다."라는 글을 통해 1930년대 초반 서도잡가의 인기도를 알 수 있다. 이후 번안곡이나 윤심덕 〈사의찬미(1926)〉, 남인수 〈애수의 소야곡(1938)〉 등의 유행가가 홍행하면서 잡가가 상대적으로 쇠퇴한 것으로 보인다.

5) 이상과 관련된 참고문헌은 지면 관계상 생략했다. 이에 대한 자세한 내용은 拙稿(「잡가의 범주와 계열별 특성에 관한 연구, 충북대학교 박사학위논문, 2012.) 서론에 자세하게 기술되어 있다.

6) 박경수, 「1920년대 민요시론과 그 시사적 성격」, 한국정신문화연구원 한국학대학원 석사학위논문, 1982. : 박경수, 「1920년대 민요시의 형성기반과 그 위상」, 『한국 현대시의 정체성 탐구』, 국학자료원, 2000, 117-139쪽.
최은숙, 「20세기 초 신문·잡지의 민요 담론 연구」, 『민요 담론과 노래 문화』, 보고사, 2009, 13-238쪽.
박경수는 1920년대 민요시 형성에는 잡가와 유흥민요, 항일민요 등이 시인들의 민요인식 저변을 형성하는 직접적 대상이면서 동시에 민요시 창작에 중요한 유인체로 작용했는데, 그들이 내세운 '조선심'이나 '조선혼'의 실체가 지극히 관념적이고 피상적인데다가, 잡가 및 유흥민요의 몰이해에 연결될 때, 민요시 지향은 문학사의 부정적인 측면을 내포한다고 했다.

진에 활용코자 한다.

둘째는 이들 잡가와 근현대 문학작품, 특히 민요조 시인들의 작품과의 관련성에 주목한 논의이다.

홍홍구는 '試論'이라는 전제 하에 1920년대 낭만주의시의 형성요인을 민요, 잡가, 서구시의 세 갈래로 파악한 후, 김소월과 김동환의 작품을 중심으로 제재와 정서 등을 살핌으로써 전통(잡가)의 연속성을 언급하였다.8)

류철균은 1920년대에 활동한 서도지역 출신 민요조 서정시인들의 작품과 서도잡가 사이의 구체적 영향관계를, 곁텍스트성의 고찰(님, 꿈, 서정)과 영향 관계가 지적된 모든 텍스트들의 대화 구조 속에 변용(지명, 객관적 상관물, 리비도)을 논하였다. 그 결과 서도잡가에 나타나는 정한(情恨), 제도적으로 약호화된 지명, 설화적 모티브, 객관적 상관물 등이 그대로 1920년대 민요조 서정시에서 발견된다고 했다.9)

오세영은 텍스트와 텍스트 사이의 구체적인 영향 관계를 말하는 '곁텍스트성'을 원용하여, 잡가 <엮음 수심가>와 김동환의 <정원집>, 12가사 <황계사>와 주요한의 <가신 누님>을 분석했다. 그리하여 <엮음 수심가>에 나타나는 구심력인 <임과의 이별에 대한 정한> 및 은유의 확장과 이미지 반복이 <정원집>에서도 그대로 드러나며, <황계사>와 <가긴 누님>은 구조적 곁텍스트성은 물론 표현과 상상력에서 동질성이 보여준다고 했다. 그 외에도 의미소적 층위, 정서적 층위, 어휘적 층위에서 공통되는 모티프가 있음을 언급했다.10)

류철균과 오세영이 Gerard Genette와 J. Kristeva의 상호텍스트 이론을 원용했다면, 고정희는 "상호텍스트성은 어떤 텍스트가 모방하거나 영

7) 류철균, 「1920年代 民謠調 抒情詩 硏究-西道 雜歌와의 比較를 中心으로-」, 서울대학교 대학원 석사학위논문, 1993, 9쪽.
고정희, 「〈영번가〉와 〈진달래꽃〉의 상호텍스트적 양상과 의미」, 『한국시가연구』제30집, 한국시가학회, 2011, 284-314쪽.
고정희 역시 민요에 대해 "오늘날 잡가, 민요, 시조로 구분되는 노래들이 당시에는 재래의 노래라는 의미에서 모두 '민요'로 간주된 것"이라고 했다.

8) 홍홍구, 「잡가와 1920년대 낭만주의시」, 『어문학』제53집, 한국어문학회, 1992, 367-386쪽.

9) 류철균, 앞의 논문.

10) 오세영, 「기호학적 분석으로 본 문학사의 연속성」, 『한국 근대문학론과 근대시』, 민음사, 1997, 131-156쪽.

향을 끼친 문학작품을 의미하는 것이 아니라 독자들의 마음속의 작용을 일컫는 것"이라고 주장한 리파테르의 상호텍스트 개념을 가져와 김소월의 <진달래꽃>과 잡가 <영변가>를 분석하였다. 그리하여 김소월의 <진달래꽃>은 민요에서처럼 '가지높아 못꺾는' 도도한 자태를 지닌 꽃이 되며, 여기에 '큰 아가씨'가 지니는 '막 성숙한 아름다운 처녀'와 '맏딸'의 이미지를 병치시키면, '영변약산', '진달래꽃'은 연약함과 강인함, 아름다움과 안쓰러움, 도도함과 안타까운 희생이라는 서로 모순적인 이미지들이 상징 속에 공존한다고 하였다.11)

임재욱은 서도출신 시인인 백석 시에 대하여 음식이 소재로 나오는 <北新>, <국수>, <오금덩이라는 곳> 등의 작품이, 잡가 <육칠월>, <제전>과 관련이 있으며, <마을은 맨천 구신이 돼서>는 잡가 <파경>과 마찬가지로 귀신의 나열이라든가 두 작품 모두 "먹고 물러가라"라는 표현을 공유하고 있기 때문에 소재에서 전통시가를 계승하고 있다면서, 그의 고향에서 전승되던 서도잡가에서 시적 소재나 기법에 관한 중요한 영감을 받았을 가능성을 언급했다.12)

이상의 내용으로 볼 때, 서도 출신 민요조 시인들은 잡가(민요)에서 소재·제재·주제 관련 모티브와 설화, 정서, 지명, 수사적 표현, 수용자 인식 등을 수용한 것으로 나타난다.

이에 본고는 잡가가 민요조 시인들의 작품에 영향을 주었다는 기존 논의 결과를 적극 수용하고, 잡가가 20세기 전반기 대중적으로 흥행했다는 실증적 사실에 입각하여, 1920년대 서도출신 민요조 시인의 작품뿐만 아니라 사조(思潮)을 달리했던 프로문학 시인들, 그리고 장르를 뛰어넘어 소설 작가에게도 일정 부분 영향을 미쳤을 것이라는 판단 아래 잡가와 근대문학과의 관련 논의를 확장해 검토하고자 한다.

11) 고정희, 「〈영번가〉와 〈진달래꽃〉의 상호텍스트적 양상과 의미」, 『한국시가연구』제30집, 한국시가학회, 2011, 284-314쪽.

12) 임재욱, 「백석 시에 수용된 한국 고전시가의 전통」, 『고전문학연구』제39집, 한국고전문학회, 2011, 67-102쪽.

2 잡가 수용 배경

1) 사회문화적 측면

잡가가 20세기 초 대중적 노래로써 인기를 구가할 수 있었던 사회문화적 기반으로 1894년 계급제의 붕괴와 1907년 기생제도의 철폐, 그리고 경성의 도시화에 따른 상업화를 꼽을 수 있을 것이다. 계급제의 붕괴로 인해 잡가를 수용하고 향유하는 계층이 확대될 수 있었으며, 기생제도의 철폐로 인해 수많은 기생들이 조합으로 흡수되면서,[13] 연행 환경 또한 현저하게 상업성을 띠기 시작한다. 즉 사대부와 중인 중심으로 향유되던 교방・기방 문화가 대중에게까지 침투되고, 기생 또한 자신의 경제권 확보 및 명예 지향에 힘입어 적극적으로 활동하였으며, 기생 간 계층 의식이 퇴색되면서 새로운 방식의 노래인 잡가를 구애 없이 부를 수 있는 환경이 조성되었던 것이다.[14]

또한 개화기 경성의 도시화에 따른 상업화에 따라 서구식 극장(협률사・광무대・연흥사・단성사 등)이 생겨나기 시작했는데, 이 가운데 광무대의 박춘재나 문영수, 홍도・보패의 소리가 흥행하자, 여기에 발맞추어 『신구잡가』(1914)를 시작으로 26종에 이르는 활판본 잡가집이 연이어 출간된다. 또한 1907년 유성기 음반의 상업 발매 역시 잡가 흥행에 일조를 한다. 비록 유성기 음반의 대중보급이 1927년 전기식 녹음방식으로

---

13) 권도희, 「20세기 기생의 음악사회사적 연구」, 『한국근대음악의 전개양상』, 민속원, 2006, 89-99쪽. 1909년 삼패 중심의 한성유녀조합(관허한성권번(1915), 일명 광교기생조합)이 생긴 이후, 1912년에 다동기생조합(관허대정권번(1915)), 1914년 신창조합(경화권번(1915)→조선권번(1923)), 1917년 남도 기생 중심의 한남권번, 대정권번에서 분리한 대동권번 등이 생겨난다. 그 외에도 각 지방에 대구조합, 김천조합, 동래조합, 광주조합, 평양조합, 진남포조합, 수원조합, 개성조합, 인천조합, 안성조합, 연기조합, 진주조합, 창원조합 등이 있었는데, 이들은 1946년 사창단속에 의해 해체되기까지 존속되었다.

14) 이능화(『조선해어화사』, 동문선, 1992.), 최남선(『조선상식문답속편』, 삼성문화문고 17, 삼성미술문화재단, 1981.), 정로식(『조선창극사』, 동문선, 1994.) 등은 기생의 계층을 구분한 후, 일패는 시조와 가사를, 삼패는 잡가를 노래했으며, 만일 일패기생이 잡가나 창극조를 부르면 파멸(파문)이라고 언급하고 있다. 그러나 일패기생이 판소리를 잘했다는 기록이 안민영의 『금옥총부』에 나오며, 각종 신문이나 잡지 기사를 보면 일패기생들의 연행 곡목에 잡가가 많이 나타나고 있음을 알 수 있다. 추정컨대, 세 분의 언급은 개화기 이전을 기준 삼았거나, 일패기생의 특성을 반영한 일부 권번에 해당했던 것으로 생각된다.

촉발되기는 하였지만,15) 이미 유성기와 유성기 음반 수록곡에 대한 관심은 지대했던 것으로 보인다. 이러한 시류를 반영하듯 『정선조선가요집』(1931)의 경우 당시 콜롬비아사에서 발매한 음반 수록곡의 노랫말을 다루면서, 가창 가수는 물론 악보와 음반 사진도 함께 싣고 있음을 볼 수 있다.16) 물론 경성방송 개국(1926)에 따른 라디오 방송 개막(1927년)도 간과해서는 안 될 것이다.17)

당시 민요계열의 잡가 가운데 특히 서도소리가 가장 인기가 많았는데, 이러한 정황은 전국의 기생을 대상으로 소리의 성조를 지역별로 구분한 『조선미인보감』(1918)을 통해 확인할 수 있다.

〈『조선미인보감』 수록 가창곡 지역별 합계〉18)

지역별	곡 분류 명칭	빈도수	합계	비율(%)
서울경기민요	경성리곡(경기잡가, 경남잡가, 경성리요, 경성요곡, 경성잡가 등)	28	28	5.06
남도민요	경남잡가(경・남잡가)	2	122	22.06
	남중리요(잡가, 속요, 리창)	120		
서도민요	경서잡가(경・서잡가)	67	378	68.35
	서도잡가(서도리가, 서남잡가, 서도행가, 서방리요, 서방속요 등)	311		
그 외 지역	경서남잡가(잡가, 입창, 좌창, 경사거리)	25	25	4.52
합계		553	553	99.99

위의 표를 보면 자주 등장하는 곡 분류 명칭 중 서도민요가 378번으로 전체 곡 분류 명칭 553번의 68.35%를 차지하고 있다. 이러한 서도소리의 흥행은 '서도적 전통'에서 찾을 수 있다. 즉 '商旅之區'인 서도에는 '좋은 유흥'이 있었으며, 이 유흥의 중심에 전국적으로 이름난 평양기생들이 있었다.19) 그리고 이들 곡목이 문학작품에 형상화된 기저에는 평안도 출신

15) 배연형, 『한국유성기음반』5권, 한걸음 더, 2011.
16) 정재호, 앞의 책, 400-498쪽.
17) 고은지, 「20세기 전반 소통 매체의 다양화와 잡가의 존재 양상-잡가집과 유성기 음반을 중심으로」, 『고전문학연구』제32집, 한국고전문학연구회, 2007, 99-138쪽.
박지애, 「20세기 전반기 잡가의 라디오방송 현황과 특징」, 『어문학』103, 한국어문학회, 2009, 143-165쪽.
18) 전계영, 「잡가의 범주와 계열별 특성에 관한 연구」, 충북대학교 대학원 박사학위논문, 119쪽. 재인용.

문인들의 맹진을 염두에 둘 수 있다.[20] 즉 20세기 전반기의 대표적 문인인 김억, 주요한, 김소월, 유도순, 백석 등의 시인과 이광수, 김동인 등이 평안도 출신임을 감안해야 한다. 이들은 서도소리의 정서를 어려서부터 체험했을 가능성이 있으며, 평양・대동강・약산동대 등에 대해서도 여타의 문인들보다 친숙했을 것으로 여겨진다.

결국 서도잡가의 문학적 형상화는 서도출신 기생들이 부른 노래의 홍행과 더불어 민요에서 새로운 소재를 찾았던 평서북 출신 문인들의 창작욕구가 부합한 결과로 볼 수 있을 것이다.

그런데 잡가에 대한 관심은 地域(出身), 思潮, 장르, 연구 분야를 넘어서고 있음을 여러 자료를 통해 살필 수 있다.

20세기 초반 다수의 지식인(문인)들은 신문과 잡지 등의 대중매체를 통해 민요에 대한 입장을 가감 없이 쏟아내는데,[21] 이는 일제강점기라는 암울한 현실 속에서 '조선심'과 '민족혼'을 민요에서 찾고자 하는 열망과 함께 새로운 시체(詩體)로 받아들였던 제 방식에 대한 반성과 회의에서 비롯된 것이었다.[22] 이러한 내용은 경기 용인 출신의 홍사용의 글에 잘 나타나고 있다.

---

19) 류철균, 앞의 논문, 34-41쪽.

20) 김동인, 『김동인전집』16(朝鮮近代小說考 外), 조선일보사 출판국, 1987, 315쪽.
김동인은 〈文壇懷古〉(1931)에서 주요한, 전영택과 함께 만든 〈창조〉의 발전을 언급하면서 "평안도인의 盲進이 있었다. 그리고 날카로움이 있었다."라며 자부심을 드러낸 바 있다.

21) 당대 문인들은 민요에 대하여 부정적 입장-김억(〈明沙十里서〉, ≪동아일보≫, 1925.9. 11-14.) ; 이광수(〈流行歌〉, ≪조신일보≫, 1934년 4월 19일)-과 긍정적 입장-이광수(「民謠小考(一)」, 『조선문단』제3호, 1924.12.) ; 주요한(「노래를 지으시려는 이에게 三」, 『조선문단』, 1924) ; 윤극영(「노래의 生命은 어대잇는가?」, 『新女性』2권 5호, 1924) ; 이은상.(「청상민요소고」, 『동광』제7호, 1926.11.) ; 최남선(「朝鮮民謠의 概觀」, 『眞人』제오권 제일호, 1927년 1월) ; 김동환(「문사방문기」, 『조선문단』제4권 제3호, 1927.3.1.)- 모두를 언급하고 있다.

22) 박경수, 앞의 논문, 5-6쪽.
김억, 주요한, 김소월, 홍사용 등은 서구 지향의 자유시에 대한 비판적 안목에서 민요시를 지향했다. 서구 지향의 자유시는 남의 시를 모방한 것에 지나지 않으며, 민족과 현실을 등한시했다고 비판했다.…(필자 생략)…따라서 1920년대 민요시인들이 '조선심', '조선혼', '우리의 넋'을 시에 강조하게된 것은 민요의 재인식을 통해 민족의 보편적 정신과 전통적 정신을 회복하고자 한 염원에서 나온 것이라 생각된다.…(필자 생략)…즉 민요시의 지향은 안으로 과거의 시조와 가사를, 그리고 밖으로 서구 지향의 자유시를 극복하는 것을 과제로 삼았다.

<朝鮮은 메나리 나라>

조선은 귀여운아기를 만히가젓섯다. 그아기들은모다 훌륭한 보물을퍽한히 가젓섯지?. 자랑할만한 그보물?…(필자 생략)…그것은 우리로서는 아조알기쉬운것이다. 싸고도비싼 보물이다. '메나리'라하는보물! 한자로 쓰면 조선의 민요 그것이란다.…(필자 생략)…요사이 흔한 '양시조', 서투른 諺文風月, 도막도막 잘러놋는 新詩타령, 그것은 다-무엇이냐. 되지도못하고 어색스러운 앵도장사를 일부러 애써하는 것보다는 차라리 제멋의제국으로나 놀어라. 앵도장사란 무엇인지아느냐. 바더다 판다는 말이다. 洋가가에서 일부러 肉燭부스럭이를 사다먹고 골머리를 알어 장발객들이 된다는말이다. 넉시야 넉시로다 이넉시 무슨넉?

『別乾坤』 12 · 13호, 1928년 5월[23)]

홍사용은 <조선은 메나리 나라>를 통해 우리 전통 시가, 특히 '보물구덩이에 묻힌 보물'인 민요를 통해 시단에 새로운 양식을 구축하고자 하였다. 그러면서 '양시조'와 '언문풍월', 그리고 '신시타령'을 '앵도장수'로 비하하고 있다.

프로聯盟에 가담하여 활동했던 김동환 역시, 민요의 발흥을 언급하면서 민요를 '피치자군, 被壓迫群 自身'의 노래로 규정한다. 특히 경복궁 창건시 相克하는 노래를 지었는데, 하나는 귀족, 문인, 호부 등이 대군주의 위업을 칭탄하는 노래이고, 다른 하나는 가혹한 工役과 收斂에 우는 팔도역군에 의해 불린 아리랑과 경복궁타령으로 구분하고 있다. 그리하여 "민요는 금일의 푸로레타리아 전신인 피치자군의 예술이라함을 깨닷게 된다"라는 결론에 이르게 된다.[24)] 이러한 언급을 통해 민요를 민족 정서와 전통이 담긴 피상적 대상이 아닌 민중 각성의 매개로 인식하고 적극적으로 수용하려는 실천적 태도를 읽을 수 있다.

그런데 민요에 대한 관심은 시인들에게만 한정된 것이 아니었다. 우리나라 최초의 근대소설로 평가되는 『무정』(1917)의 작가 이광수 역시 잡가에 대한 견해를 표명하고 있다.

---

23) 김학동 편저, 『홍사용전집』, 새문사, 1985, 316-321쪽. 재인용.

24) 김동환, 「朝鮮民謠의 特質과 其將來」, 『朝鮮之光』 제82호, 조선지광사, 1929(1월호), 72-76쪽.

流行歌는 社會心理學的으로 보아서 한 傳染病이다。…(필자 생략) 近年에 朝鮮에 流行되는 歌謠는 妓生들이 中心이 되어서 부르는 純朝鮮歌謠나, 또는 新來의 影響을 받은 歌謠나를 勿論하고 莊重·悲莊 같은 調를 全失하고「부어라, 먹고 두들기자」式이아니면, 酒色의 放縱한 享樂을, 檢閱官이 許하는 限에서 鼓吹하는가 싶은 것들이다。 그 醜하고 雜한 詞와 曲은 嚬蹙 아니하고는 들을 수 없는 것이 많다. 이것을 들으면 무엇을 豫言할 것인고。[25]

이광수는 1930년대의 유행가를 '사회심리학적 전염병'으로 비유하고 있다. 이는 두 가지로 해석된다. 우선은 파급력에 있어 전염병과 같은 세력을 지닌 것으로 본 것이고, 또 하나는 장중·전아한 엄숙미를 잃으면서 '醜하고 雜'되게 변질되었다는 관점이다. 그러면서 잡가 가창의 중심에 기생이 있음을 언급하고 있다. 다시 말하면 유행가는 전염병이고, 이 전염병을 옮기는 숙주는 기생이라는 것이다.

한편 국문학자인 고정옥과 역사학자인 이능화 또한 잡가에 대해 언급하고 있다.

셋째 俗歌는 上層人의 創作歌辭가 燕山君의 妓樂愛好等이 動機가 되어 遊興의 거리에 降下되어 妓生들의 입에 올으고부터 俄然 포퓰라하게 되어 드디어 樵童들까지도 부르게된 種類의 노래를 일음인대, 그 歌唱範圍는 가장 廣汎한것이지만, 그것 民謠도 아니오, 歌辭도 아닌, 現在의 流作歌의 一翼을 形成하는 노래라 할것이다.…(필자 생략)…一例로 一九二五年 二月 出版, 『無双流行新舊雜歌』(永昌書館發行)를 들어 內容을 檢討하여 보면, 總數 一四五首中 歌辭·時調·俗歌等이 大部分인데다가, 그 歌辭·時調도 俗歌에 가깝거나 俗歌化한 느낌이 있고, 劇的民謠 (「十杖歌」·「執杖歌」·「小春香歌」 等의「春香傳」系統의것, 「토끼화상」 같은「토끼傳」系統의 것 等)와 普通民謠도 있으나, 이 民謠도 俗歌化한 느낌이 많다. …(필자 생략)…또「六字伯伊」란걸 보면「모심기 노래」까지 섞인 여러 가지 노래의 無意味한 連鎖로 되어 있다.

<u>그러나 우리는 流行歌에 對해서 많은 關心을 않가질수 없으니 그것은 그 民心을 支配하는 魔力으로서이다.(밑줄 필자)</u>[26]

지금 내가 백천 년의 명화를 수집해서 35장의 역사로 편찬하였는데, 그 가운데 헤어지고 만나고 슬프고 즐거운 정을 기속에 싣지 않은 바가 없다. <u>정숙하고</u>

25) 이광수, 〈流行歌〉, 『조선일보』, 1934. 4. 19.
26) 고정옥, 앞의 책, 39-49쪽.

음란하고, 사측하고 바른 성행은 국풍을 증험할 만한 것으로서 또한 사회상의 일부로서 어찌 사학계의 참고가 아니 되겠는가.(밑줄 필자)

병인丙寅(1926년) 유하榴夏(6월) 상한上澣(초순) 초순 著者 識[27]

고정옥은 1925년 출판된 『무쌍유행신구잡가』의 내용을 검토하여 가사, 시조, 민요 모두가 俗歌化되었으며, 그 이유를 '민심을 지배하는 마력'으로 설명했다. 여기서 언급하는 속가나 유행가는 물론 잡가를 이르는 명칭이다. 한편 이능화는 『조선해어화사』(1927)를 통해 신라시대 '源花'로부터 조선의 '色酒家'에 이르기까지 각 시대를 살아온 기생들에 관한 일화, 특장, 연행 등을 언급하고, 기생 명칭에 따른 정의도 내린 바 있다. 특히 기생의 종류를 설명하면서, 일패의 女樂과 삼패의 雜歌를 언급하고 있는 것에 주목하게 된다.

생각건대 고정옥이나 이능화가 잡가와 기생을 언급한 것은 당대 잡가의 흥행이 사회 각 분야의 사람들에게까지 인식되었다는 증거로 볼 수 있다. 특히 이능화의 저서는 기생에 대한 전문서이고 대부분 한문으로 이루어졌다는 점을 감안할 때, 그 독자층은 글의 내용을 파악할 수 있는 문식력의 소유자로 볼 수 있다.

물론 기생은 잡가 이외에도 다양한 활동을 통해 타자화(상품화)되고 있었다.[28] 그렇지만 이들 기생이 20세기 초 대중들에게 부각되기 시작한 것은 잡가를 통해서이니, 잡가와의 친연성을 부정할 수 없을 것이다.

이상의 내용을 보면 당대 문인들의 잡가의 수용 배경에는 잡가의 대중화와 파급력, 민요에 내재된 '조선심'과 '민족혼', '민중성', 그리고 잡가 연행의 주체였던 기생에 대한 관심도 혼효되어 있음을 알 수 있다.

2) 상업적 측면

잡가가 근현대 문학작품에 수용되는 이유를 상업적 측면에서도 살필 수 있다. 구인모는 문인들이 유행가요를 작사하게 되는 배경으로 '음반산업 확장에 따른 레파토리 발굴', '1920년대 동인지 폐색', '구직활동이나

---

27) 이능화 저/이재곤 옮김, 『조선해어화사』, 동문선, 1992, 8쪽.
28) 이경민, 『기생은 어떻게 만들어졌는가』, 아카이브북스, 2006, 18쪽.

방탕한 생활로 연결되는 악순환'을 언급했다.29) 비록 음반 제작을 위한 유행가 작사자인 김억의 경우를 들어 설명하고 있지만, 당대 문인들의 현실적인 문제(경제적 문제)와 관련지은 것은 示唆하는 바가 매우 크다.

이러한 문인들의 경제적 고충은 소설가 김동인의 예를 통해서도 확인할 수 있다.

> 춘원이 동아일보 편집국장이 된 뒤에도 소설 부탁이 있었으나 처음 한동안은 그래도 차마 신문소설을 쓸 생각이 없어서 그냥 내버려 두었지만 세월이 흐름을 따라서 생활 부담은 커 가고 빈의 고는 더 가중하여…(필자 생략)상경하여 춘원을 만났더니 춘원 가로되,"신문소설이라는 것은 독자에게 신문을 팔기 위하여 연재하는 것이니까 작자의 양심, 자존심은 죄 쓰레기통에 집어 넣고 전혀 독자 본위로 써 달라."는 것이었다. 이 조건이 불쾌하여 처음에는 거절하려 하였으나 춘원은 강권도 있고 역시 생활 문제가 중대하여 드디어 승낙하기로 하였다.30)

위의 내용을 온전히 수용할 때, 당대 문인들은 궁핍 문제를 해결하기 위해 작가의 양심과 자존심을 버리고, 독자 본위로 재미있고 쉽게 읽히는 작품 창작을 상정할 수 있다.

이런 저간의 사정을 고려할 때, 근현대문학 작가의 작품 창작 이면에는 '생존'을 위한 대중적 작품 창출과 출판물의 판로까지를 모색해야만 했을 것이다. 그리하여 그들이 선택한 방법으로 수백 년 동안 면면히 지속되면서 이미 대중성을 확보한 시조와 잡가를 끌어온 것이 아닌가 한다. 또한 독자 본위의 글이라는 면에서 독자들의 수용 용이성, 즉 문맹률도 감안했던 것으로 생각된다.

---

29) 구인모, 「근대기 시인의 현실과 유행가요 창작의 의미」, 『한국문학연구』42집, 동국대학교 한국문학연구소, 2012, 217-244쪽.

30) 김동인, 「<處女長篇을 쓰던 時節-「젊은 그들」의 回顧>, 『조광』, 1939, 426쪽.

〈1930년 평양부와 한성부 사람들의 독서수준〉[31)]

지역	독서수준 1	독서수준 2	독서수준 3	독서수준 4	인구
평양부	23.25	10.97	18.70	47.08	77716
한성부	23.08	20.68	16.26	40.98	394,240

위의 표를 볼 때 한글을 읽고 쓸 수 있는 '독서수준 3'은 평균 17.48%이며, 일본어와 한글을 모두 읽고 쓸 수 없는 '독서수준 4'는 평균 44.03%이다. 평양부와 한성부의 독서수준이 이 정도라면 다른 지역의 독서 수준은 더욱 낮았을 것이다. 이를 통해 추정할 수 있는 것은 당대 문인들의 작품을 읽을 수 있는 독차층이 매우 적었다는 것을 알 수 있다. 따라서 이들에게 그나마 작품의 내용을 쉽게 전달하는 방법 중 하나로 기존에 홍행하던 잡가의 소재(또는 모티프)나 노랫말, 정서 등을 수용하여 형상화할 경우, 그나마 친숙하게 접근할 수 있었을 것이다. 또한 독서수준 4에 해당하는 부류가 거의 절반에 해당된다는 사실을 볼 때, 비록 이들이 글을 읽지는 못하더라도 노래를 통해 잡가의 내용을 알고 있었다면, 일정 부분이나마 거부감을 느끼지 않고 용이하게 받아들였을 것으로 생각된다. 즉 당대 대중들에게 인기 있던 연행물인 잡가를 또 하나의 수용 기제(또는 작품 형상화를 위한 모티프)로 여겼던 것으로 생각할 수 있을 것이다.

3 잡가 수용 양상

잡가와 관련된 기왕의 연구사를 살필 때, 서도 출신의 민요조 시인들에게만 한정되어 기술되고 있음을 알 수 있다. 그런데 잡가의 수용은 사

31) 이혜숙, 「일제시대 센서스 지도화를 통한 지역의 이해」, 한국교원대학교 석사논문, 2007.
이혜숙은 1930년대 우리나라의 경제생활과 문맹률 자료를 토대로 지역 이해의 단서로 삼았다. 특히 우리나라 사람들의 지역별 문맹률을 독서수준 1(일본어와 한글을 모두 읽고 쓸 수 있는 사람), 독서수준 2(일본어를 읽고 쓸 수 있는 사람), 독서수준 3(한글을 읽고 쓸 수 있는 사람), 독서수준 4(일본어와 한글을 모두 읽고 쓸 수 없는 사람)으로 구분하였다.

조(思潮)를 달리했던 시인들과 장르가 다른 소설 부문에서도 나타나고 있다.

이에 본장에서는 잡가 수용 양상을 첫째, 장소 이미지의 수용, 둘째, 세태의 구체적 묘사, 대중적 흥미소의 재소재화, 패러디를 통한 민중 계몽으로 구분하여 살펴보고자 한다.

1) 장소 이미지의 수용

장소 이미지란 잡가를 들을 때 떠오르는 해당 곡 관련 지명에 대한 심상(心象)을 말한다. 이러한 이미지는 그 장소를 익히 경험했던 사람과 노랫말에 의거해 상상한 경우 두 형태로 존재할 것이다. 그리하여 직접 경험한 사람에게는 노랫말에 대한 정확한 이해와 추억 회상의 매개로 작용할 것이고, 그렇지 못한 사람에게는 노래의 분위기에 따른 자기 정서의 투영 공간으로 인식할 것이다. 전자이든 후자이든 잡가를 통해 인식된 장소는 이들에게 일정한 관념으로 자리했을 것이다.[32)]

본장에서는 '대동강'을 중심으로 장소이미지에 대해 살펴보고자 한다. '대동강'이 갖는 장소 이미지는 '새로운 만남'과 '다시 만남'의 공간으로 나타난다. 전자와 관련된 잡가로는 <엮음수심가>와 <평양가>를 상정할 수 있으며, 이와 관련된 대표적인 근현대 문학작품으로는 주요한의 <불노리>(1919)를 꼽을 수 있다. 후자와 관련 잡가로는 <배따라기>를, 그리고 이와 관련된 작품으로는 김동인의 소설 <배따라기>(1921)를 관련지을 수 있다.

(1) '새로운 만남'의 공간 '대동강'

기왕의 논문에서는 주요한의 <불놀이>를 서도잡가 <엮음수심가>와 비교·분석하고 있다. 그리하여 "무엇보다도 <불놀이>는 님의 의미망을 구성하는 도식에서 <엮음 수심가>의 서술방식"을 따라간다고 설명한

---

32) 류철균, 앞의 논문, 62-63쪽.
류철균은 움베르토 에코의 견해를 수용하여 다양한 작품들 속에 오랜 시간을 두고 반복되면서 관련된 관념들의 계열체를 이룬 것을 제도적 약호로, 대동강·약산동대 등의 장소를 제도적 약호로 변용된 지명으로 파악했다.

다.[33] 그러나 <엮음수심가>의 노랫말에는 '님의 부재'로 인한 '愁心'이 지속적으로 나타나고 있는 반면, <불노리>의 경우 5연에서 '발금'을 지향한다는 점에서 상반된 해석이 도출된다.

<엮음 수심가>는 대표적인 서도소리로 1930년대에 이르면 우리나라 사람 누구나가 알만큼 흥행에 성공한 노래였다는 점, 그리하여 <불노리>에 영향을 주었을 것이라는 가정, 그리고 두 작품에 나오는 '불이 붙는다(또는 붓는 불)'가 지닌 어휘의 동일성에 입각해 관련지은 것으로 여겨진다. 그러나 작품을 관통하는 주제를 감안할 경우, 오히려 십이잡가 가운데 한 편인 <평양가>의 노랫말과 유사성이 있음을 알 수 있다. 이해를 돕기 위해 서도잡가 <엮음수심가>와 십이잡가 <평양가>, 그리고 <불노리>리의 일부를 인용하고자 한다.

> …(필자 생략)남북간 륙십리에 어이그리 못본단말가 츈슈ᄂᆞᆫ 만사퇴하니 물이 깁퍼셔 못온단말가 하운은 다긔봉하니 봉이놉파셔 못오시든고 물이깁흐면 ᄇᆡ를 타고 봉이놉흐면 쉬여를 넘으러문아 쥬소로 오ᄆᆡ불망에 나어이할가 불이붓는다 불이붓는다 의쥬통군뎡 붓ᄂᆞᆫ불은 압녹강수로 써주련만은 션쳔뎡쥬 가산박쳔 얼픗지나 안주ᄇᆡᆨ상루 붓ᄂᆞᆫ불은 향산동구 쑥써러져 쳥쳔강수로 ᄯᅳ련만은 슉천 순안 얼는지나 평양에 련광뎡 붓ᄂᆞᆫ불은 삼산은 발락쳥누벽이요 이수즁분은 능라도라 ᄃᆡ동강수로…(필자 생략)ᄯᅳ련만은 이ᄂᆡ가삼에 붓ᄂᆞᆫ불은 어니님이 써준단말가 답답하고 마음둘곳업셔셔 나엇지사나(필자 생략)오시든님도 도라가누나 참으로가 긔막혀셔 엇지사나(필자 생략)님에화용이 간졀하여 엇지하나(필자 생략)셜어셔엇지사나(필자 생략)비수라도 우리냥인에 졍ᄃᆡ은 못베리로다[34]

<엮음수심가> 각 절의 노랫말 마지막을 보면 '나엇지사나', '엇지사나', '못베리로다'로 나타나고 있다. 떠나간 임에 대한 그리움과 그를 잊지 못하는 화자의 심정을 구구절절하게 드러내고 있다. 다시 말하면 임의 부재에 따른 자신의 신세를 한탄하는 것이 이 노래의 주된 정서이다.

이에 반해 십이잡가 <평양가>는 새로운 임을 만나 또 다른 삶(사랑)을 구가하는 노래이다. 잡가 <평양가>는 제목과 노랫말 가운데 '평양성

---

33) 류철균, 앞의 논문, 46-47쪽.

34) 정재호 편, 〈수심가엮음〉『가곡보감』V, 도서출판 다운샘, 2002, 273쪽.

내'와 '월선이'[35] 등이 나와 서도소리처럼 보이지만, 기실 "긴雜歌 平壤歌는 月仙이 집에 놀러 가자는 遊冶郞의 굿노래"[36]로 주로 서울의 사계축과 삼패 기생에 의해 가창되던 노래이다.

> …(필자 생략) 불 붓는다 부불리 불 붓는다 평양셩닉 불리 불 붓는다 평양셩닉 불리 불 붓트면 월션이 집이 부불리 불 갈셰라 월션이 집이 불리 불 붓트면 륙방 관속이 부불리 불 써죽가 가셰 가셰 노리 놀다를 가셰 월션이 집이 노놀리 놀다 가셰 월션이 나와 사사(소)미를 잡고 가셰 가셰 어셔 드러가셰.[37]

<엮음수심가>와 <평양가>에는 공통적으로 '불이 붓는다'는 노랫말이 나온다. '불이 붓는다'는 것은 4월 초파일날 행하는 '觀火'를 표현한 것인데,[38] <엮음수심가>에 나오는 '불'은 임의 부재(不在)에 따른 상실감을 강조하는 반면, <평양가>의 경우는 '觀火'에서 시작된 불이 새로운 만남과 사랑의 '불'로 전이된다는 점에서 이질적이다.

주요한은 이상에서 언급한 잡가의 '觀火'와 임의 '부재' 모티프를 가져와 <불노리>로 형상화한다.

<불노리>

1연

> **아아날이저믄다, 西便하늘에, 외로운江물우에, 스러저가는 분홍빛놀……아아 해가저믈면 날마다, 살구나무 그늘에 혼자 우는 밤이 또오것마는, 오늘은 四月이라 패일날 큰 길을 물밀어가는 사람소리는 듯기만하여도 흥성시러운거슬 웨 나만혼자 가슴에 눈물을 참을수 업는고?**

---

35) 최성은, 「셰로쉐프스키의 『기생 월선이』와 한국 개화기소설에 나타난 근대 한국 여성상 연구: 안국선의 『기생』 및 『방한림전』과의 비교를 통하여」, 『동서비교문학저널』, 한국동서비교문학회, 2003, 117-150쪽.
셰로쉐프스키는 폴란드 출신 작가로 1903년 10월 10일, 일본을 거쳐 부산에 도착한 후 3주의 짧은 체류기간 동안 서울까지 도보 여행을 하며 한국의 문화를 몸소 체험한다. 이후 폴란드로 돌아가 개화기 한국 사회를 배경으로 한 역사소설 『기생 월선이(Ol-soni, Kisan)』(1906)를 발표했다. 그가 '월선이'를 굳이 기생의 대표명사를 택한 이유는 그가 한국이 왔을 당시, 가장 보편적으로 회자되던 기생이 월선이가 아닌가 생각된다.

36) 성경린, 〈서울의 속가〉, 『향토서울』2, 서울시, 1958, 61쪽.

37) 이용기 편/정재호 외 주해, 『주해악부』, 고려대학교 정신문화연구소, 1992, 308쪽.

38) 김동인, 「文壇 十五年 裏面史-〈創造〉 孕胎(余를 主人公으로 삼고)」, 『김동인전집』16(朝鮮近代小說考 外), 조선일보사 출판국, 1987, 376-377쪽.

2연

아아 춤을 춘다, 춤을 춘다, 싯벌건 불덩이가, 춤을 춘다. 잠잠한 城門우에서 나려다보니,(…생략 필자)아아 꺽거서 시들지안는 꼿도업것마는, 가신님생각에 사라도죽은 이마음이야, 에라 모르겟다, 저 불길로 이 가슴태와버릴가, 이 서름 살라버릴가, 어제도 아픈발 쓸면서 무덤에 가보앗더니 겨울에는 말랏던꼿이 어느덧 피엇더라마는 사랑의 봄은 또다시 안도라오는가,(…생략 필자).

3연

四月달 다스한 바람이 江을 넘으면, 淸流碧, 모란봉 노픈 언덕우에 허여혀케 흐늑이는사람떼, 바람이 와서 불적마다 불비체물든 물결이 미친우슴을우스니(…생략 필자)달아논 등불미테서 목청껏째는 여린 기생의 노래, 뜻밧게 情慾을 잇그는 불구경도 인제는 겹고, 한잔한잔 또한잔 씃업는술도 인제는 실혀, 즈저분한 뱃미창에 맥업시누으며 까닭모르는 눈물은 눈을 데우며, 간단업슨장고소리에 겨운 男子들은 째째로 불니는 慾心에 못견듸여 번득이는 눈으로 뱃가에 뛰여나가면, 뒤에 남은 죽어가는 촉불은 우그러진 치마깃우에 조을째, 뜻잇는드시 씨걱거리는 베젓개소리는 더욱 가슴을 누른다…….

5연

저어라, 배를 멀리서 잠자는 綾羅島까지, 물살빠른大同江을 저어오르라.(…생략 필자) 기름자업시는 「발금」도 이슬수업는거슬—. 오오다만 네 確實한 오늘을 노치지 말라.

오오사로라, 사로라! 오늘밤! 너의 발간 횃불을, 발간입셜을, 눈동자를, 또한 너의 발간눈물을…….

『창조』 창간호(1919.1.3.)

전체 시상은 1연-임의 부재(무덤)로 인한 슬픔, 2·3연-그들(큰길을 물밀어 가는 사람소리·기생과의 놀음에 겨운 남자들)의 희열 대비되는 나(슬픔의 극대화), 5연-'발금'을 위해 너를 '사로'는 나로 전개된다. 작품의 전반적 분위기는 '수심'으로 가득하지만, '기름자업시는 「발금」도 이슬수업는거'라는 시적화자의 결심이 마지막 연에 놓여 있다.

4월 초파일 대동강의 불놀이에서 비롯된 이 시는 그 불(춤을 춘다, 춤을 춘다, 싯벌건 불덩이가, 춤을춘다.)을 끌어와 내 마음 속의 상념과 그녀에 대한 추억-발간입셜을, 눈동자를, 또한 너의 발간눈물을-을 태우는 매개로 작용한다. 모든 것을 태우는 불은 유(有)에서 무(無)로 향한 듯하지만, 그 무(無)는 새로운 다짐의 시작이 된다.

이별과 그리움의 정서는 <엮음수심가>를 끌어왔지만, 결과적으로는 새로운 임과의 만남을 지향하는 <평양가>와 상통한다.

한편 주요한의 <불노리>에 대해 김동인은 다소 불편한 기색을 보인다.

> 요한의 많은 詩人 가운데 <창조> 창간호에 난 '불노리'는 가장 졸렬한 시일 것이다. 불노리라 하는 것은 4월 파일의 觀火를 일컬음이다. 열네 살부터 東京 생활을 한 요한은 관화를 본 일이 없다.
>
> 여에게서 평양 대동강의 관화는 여사여사한 것이라는 이야기를 듣고 그 들은 바에 상상의 가지를 좀 가미해 쓴 것이 그것이다.[39]

실제 본 적도 없는 광경을 김동인 본인에게서 들은 정황만을 가지고 시를 지었다는 것이다. 이에 주요한은 김동인의 언급에 답을 제시하듯 자신은 평양이 고향이지만 성 밖 사람임을 적시했다.[40] 그의 유년 시절 대동강에 대한 추억은 '대동강의 조그만 支流인 普通江과 보통강 언덕'에 한정된다는 것이다. 이를 그대로 받아들인다면 주요한은 상상만으로 대동강 관화를 시로 형상화시킨 것일 수도 있고 타 지역에서 본 들불의 광경을 대동강 관화로 공간만 이동한 것일 수도 있다.

오랜 유학 생활로 조선의 정서를 모르는 주요한이 김동인의 이야기만으로 <불노리>를 창작했다는 일화를 통해 당대 홍행하던 서도잡가 <엮음수심가>와 십이잡가 <평양가>의 영향을 상정할 수 있다. 다만 작품의 주된 정서가 '임의 부재'에 있는 듯하지만, <불노리>의 마지막 연을 음미할 경우, 과거에 대한 괴로움은 "確實한 오늘"로 끝맺고 새로운 삶을 다짐하는 것으로 생각할 수 있을 것이다.

이러한 대동강과 觀火에 대한 내용은 김억의 시에서도 찾을 수 있다.

---

39) 김동인, 앞의 글.
이런 연유에서인지는 모르나 2년 뒤 소설 〈배따라기〉(1921)를 발표한다.

40) 주요한, 〈평양과 나〉(1941), 『새벽』1, 한국능률협회, 1981, 686쪽.
"평양이 내 고향이지마는 나는 성 밖에서 나서 성 밖에서 자라났다. 그래서 정말 平壤城人의 산뜻하고도 억센 性情을 잘 알지 못한다. 나야 말로 성 밖에 토백이에 불과하다.…(필자 생략) 나의 요람은 「엿전골」 「닥전골」도 아니오, 「상압」 「관뒤」도 아니오, 「적은 동산」 「큰동산」 심지어 大同江・綾羅島도 아니다. 나의 어린 시절의 기억은 대동강의 조그만 支流인 普通江으로 가고 보통강 언덕의 수수밭, 조밭뜰로 간다."

<北關아씨(민요조)>

여봅소 北關아씨,/永明寺 모란峰엔/오늘도 넘는 해가, 빩앟게 불이 붙소。
西山에 불이 붙고/東山에 불이 붙고/大同江 한복판에, 불빛이 붉소그려。
여봅소 北關아씨,/열여듧의 내 몸엔/하소연한 心思, 불ㅅ길이 타는구려。
『東光』16(1927. 8. 5.)

시적 화자는 同鄕의 젊은 처자에게 자신의 그리운 심사를 모란봉을 넘어가는 '빩앟게 불이' 붙은 해를 시작으로, 서산→동산→대동강→(나의) 心思로까지 불이 붙는 것을 순차적으로 드러내고 있다. 잡가 <수심가>나 <평양가>에 나타나는 현상적 '관화'의 뜨거운 불빛이 사랑의 열정이라는 내면으로 전이되는 구조와 동일하다.

잡가 이전 시대의 시가에서는 대동강을 사랑과 이별의 서정적 순간을 끊임없이 갱신키는 약호로 보는 것이 타당할 수 있으나,[41] 잡가를 수용한 위 작품은 대동강이 갖는 물의 속성보다는 강변에서 벌어지는 '관화'를 1차 의미로, 다시 이 불이 임에게로 전이되는 2차 의미를 염두에 두어야 하지 않을까 한다. 결국 평양 '대동강'이 지니는 장소 이미지는 제재 '觀火'와 연계하여 살펴야 할 것이다. 곧 현상인 '觀火'의 '황홀함'이 심리적 상태인 '열정'으로 전이되고, 이러한 '열정'은 함께 할 '임'과의 만남이라는 전제조건을 수반한다.

(2) '다시 만남'의 공간 '대동강'

'대동강'은 '다시 만남(귀향과 재회)'의 장소 이미지도 지니고 있다. 잡가의 경우 이러한 이미지의 원천은 서도잡가 <배따라기>에서 살필 수 있다. <배따라기>는 배를 타고 바다에 나갔다가 풍랑으로 동료 모두를 잃고, 화자만이 천신만고 끝에 대동강 하류를 통해 귀향하게 된다는 내용의 노래이다. 서도 뱃사람들의 어로 생활의 고난과 생사의 갈림길을 수없이 겪어야 하는 처지를 한탄하는데, 이는 자신들이 타고 다니는 배를 '칠성판'으로, 먹는 것을 '사자밥'으로 부르는 것에서도 확인할 수 있다.

41) 류철균, 앞의 논문, 67쪽.

텬ᄉᆡᆼ만민 필슈직업이 다 각각 다르길ᄂᆡ로 이내인ᄉᆡᆼ은 포쳔ᄉᆡᆼ장ᄒᆞ여 ᄇᆡ에올낫더니 먹ᄂᆞᆫ거슨 사쟈밥이오 닙은 옷슨 원승이오 ᄐᆞ고ᄃᆞ니ᄂᆞᆫ거슨 칠셩판이라(…필자 생략)ᄇᆡᄂᆞᆫ취에 직근밧조와 ᄇᆡᆺ짱은쩌기 뎌검은 물은 콸콸 소ᄉᆞ들고 돗ᄃᆡᄂᆞᆫ 부러져 삼동에 나고 깃발은 찌저뎌 환고향홀제 ᄉᆞ십명 동무가 다잡바지고(…필자 생략)이렁져렁 힝션ᄒᆞ야 말치안 드러세셔 남포항구를 얼는지나 문어구안 썩 드러와셔 요포쏙이며 만경ᄃᆡ 소ᄋᆡ여울 한여울 얼핀넘어 가마여울 다다르니 산이라도 녜보든 산이로 물이라도 녜보든 물이로다(…필자 생략)쳐ᄌᆞ권속과 부모동ᄉᆡᆼ들의 ᄒᆞᄂᆞᆫ말이 이후에ᄂᆞᆫ 밥을빌어셔 죽을 쑬지라도 졔발 쎡분에 ᄇᆡᆺ놈노릇을 ᄒᆞ지 말아[42]

잡가 <배따라기>의 노랫말과 정서는 김동인의 소설 <배따라기>(1921)를 통해 형상화된다. 소설의 줄거리는 "대동강에 산책나간 '나'는 기자묘 근처에서 들려오는 영유 <배따라기>를 듣게 되고 이 노래를 부른 '그'를 통해 가정의 해체와 유랑의 숙명적 경험담을 듣게 된다."는 내용이다. 소설의 줄거리와 그 속에 삽입된 잡가 <배따라기>가 조화를 이루면서 '한 속절 없는 애처로움'을 극대화시키고 있다.

강변에 나왔다가,/나를 보더니만/혼비백산하여,/꿈인지 생시인지,/생시인지 꿈인지,/와르륵 달려들어/섬섬옥수로 불여잡고,/호천망극 하는말이/'하늘로서 떨어지며/땅으로서 솟아났나,/바람결에 묻어오고/구름길에 새어왔나'/이리서로 붙들고 울음울제,/인리 제인이며/일가 친척이 모두모여/('/'과 밑줄 필자, 노래 표시)

여기까지 들은 나는…(필자 생략)그는 배따라기의 맨 마지막 여기를 부른다ㅡ.

밥을 빌어서/죽을 쑬지라도/제발 덕분에/뱃놈노릇은 하지마라./에ㅡ야, 어그여지야ㅡ(밑줄 필자, 노래 표시)…(필자 생략)"사람의 일이라니 마음대루 됩데까?" 그는 왜 그러는지 한숨을 짚는다. "그저 운명이 데일 힘셉데다."[43]

이러한 애처로움의 극대화는 "그저 운명이 데일 힘셉데다."라는 운명론으로 귀결되는데, 이는 목숨을 담보로 한 채 어로생활을 해야 하는 서도 뱃사람들의 고뇌와 부합하고 있다. 물론 이러한 정서는 서도지역의 역사를 절감한 서도 사람 전반으로 확장시킬 수 있다.[44]

42) 정재호 편, 『정정증보신구잡가』, 도서출판 다운샘, 2002, 600쪽.
43) 김동인, 『김동인전집』1(감자 外,) 조선일보사 출판국, 1987, 198-199쪽.

이렇듯 <배따라기>가 지니는 정서를 온전히 형상화시킬 수 있었던 배경은 평양 출신이라는 점에서 찾을 수 있을 것이다. 주요한과 달리 그는 자신이 체득한 서도정서를 통해 잡가 <배따라기>를 온전하게 이해할 수 있었을 테고, 이러한 이해를 작품에 고스란히 투영할 수 있었을 것이기 때문이다. 그리고 그의 소설을 읽은 독자 역시 이러한 정서를 온전히 이해하게 되는데, 이는 서도잡가를 통해 받아들였던 이미지가 기저에서 작용하였기에 가능했을 것이다. 그래서인지 김동인은 "이 배따라기야 말로 余에게 있어서 최초의 단편소설(형으로든 양으로든)인 동시에 아마 조선에 있어서 조선 글 조선 말로 된 최초의 단편소설일 것이다."[45]라고 언급하기도 했다.

그런데 잡가 <배따라기>의 노랫말과 소설 <배따라기>의 결말은 일반적인 생각과 같이 비극으로만 치닫지 않는다. 잡가 <배따라기>의 화자가 결국은 대동강을 통해 귀향했듯이, 소설 <배따라기>의 '그'도 "그저 운명이 데일 힘셉데다."라고는 했지만 여전히 동생을 찾는 여정을 이어가기 때문이다. 운명론이라 말해 놓고도 일말의 희망을 꿈꾸고 있는 것이다. 동생을 찾는 것이 그의 꿈이고 그 꿈의 매개가 바로 '아우가 부르는 배따라기'였던 것이다. 이러한 귀향의 원망(願望)은 이인직의 『혈의 누』(1906)을 통해서도 나타난다. 일본으로 건너간 김옥련이 정상부인의 혐오를 두려워한 나머지 바다에 투신하고자 하는 장면이 나오는데, 독백체의 이 부분에서도 잡가 <배따라기>에서처럼 대동강을 통한 귀향의지를 읽을 수 있다.[46]

한편 <배따라기>가 지니는 귀향으로써의 장소 이미지는 김억의 시를 통해서도 찾을 수 있다.

---

44) 류철균, 앞의 논문, 31-42쪽.

45) 조연현, 현대한국작가론, 청운출판사, 1965, 218쪽.(조진기, 「金東仁小說의 源泉硏究」, 『한민족어문학』(영남어문학) 제16집, 한민족어문학회, 1989, 33-40쪽. 재인용.)

46) "내 몸이 져 물에 빠지거든 이 물에셔 썩지 말고 물결 바람 결 이 몸이 둥둥써셔 신호마관(神戶馬關) 지ᄂᆞ가셔 ᄃᆡ마도 압흐로 조션히협 ᄇᆞ라보며 살갓치 ᄲᆞᆯ리 ᄀᆞ셔 진남포로 드러ᄀᆞ셔 ᄃᆡ동강 하류에셔 역류하야 올라ᄀᆞ면 평양북문 볼 것이니 이 몸이 썩드ᄅᆡ도 ᄃᆡ동강에셔 썩고지고 물아 부탁하ᄌᆞ ᄂᆞ는 너를 좃차간다" (『만세보』 1906. 9. 9)

<사공의 노래>

부는바람 順風에 돛을 달고서/浦口떠나 바다로 나갈때에는/애닯어라, 사공은 孤寂이외다。

돌아보니 고향은 저먼 하늘끝/홀로계신 어머니 생각을하면/애닯아라 사공은 눈물이외다。

넓고넓은 난바다 시펄한 물위/의지없는 身勢를 돌아볼때엔/애닯아라, 사공은 근심이외다。

『민요시집』(1948)

<비> 3, 4연

설은날이면 보슬보슬/魚泳島라 갈매기쎄도/지차귀가 축축히저저/너훌너훌 나라를들고。

자최업는 물길三百里,/배를타면 어데를가노。/南浦사공 이내郎君님/어느곳을 只今헤매노。

『민요시집』(1948)

<사공의 노래>는 바다로 나가는 사공의 '고적, 눈물, 근심'을, <비>에는 바다에서 돌아오지 않는 '낭군'을 기다리는 아내의 걱정을 노래하고 있다. 두 노래는 모두 걱정의 진행형이자 그 걱정의 해소인 歸鄕을 기원한 것으로 읽을 수 있다.[47]

2) 세태의 구체적 묘사

잡가 가운데 세태를 여실하게 드러낸 작품으로 <맹꽁이타령>, <기생타령>, <병정타령> 등의 휘몰이잡가를 언급할 수 있다. 이 가운데 <맹꽁이타령>은 맹꽁이로 대변되는 당시 서울 곳곳에서 살아가던 사람들의 삶과 관련된다는 점에서 눈여겨 볼 필요가 있다.[48]

<맹꽁이타령>에는 '우대, 아래대, 종로, 삼청동, 이문동, 모화관' 등 서울 곳곳의 지명이 나타난다. 그런데 노래 처음 부분을 보면 성안 맹꽁이

47) 이외에도 〈水夫의 노래〉『동아일보』(1927. 4. 30.), 〈浦口노래〉『안서시집』(1929), 〈오늘도〉『조선문단』(1927. 1. 1.) 등에서 떠남과 기다림의 정서가 반복해서 나타나고 있다.

48) 정인숙, 「잡가 〈맹꽁이타령〉을 통해 본 서울의 세태와 도시민의 삶」, 『서울학연구』51집, 서울시립대학교 서울학연구소, 2013, 215-237쪽.

들이 홍인지문을 내달아 청계천 주변을 두루 다니는 장면이 나온다. 비록 맹꽁이의 움직임이 성안에서 시작되었지만 주로 언급되는 지역은 성 밖으로 볼 수 있다. 그리고 맹꽁이의 생장조건은 물론 배경으로 배치된 '동수구문', '오간수교', '훈련원' 등은 청계천 주변에 위치해 있다는 공통점이 있다.49)

이렇듯 서울 사람들의 삶, 특히 청계천 주변 세태를 자세하게 묘사한 작품으로 박태원의 『천변풍경』(1936)을 꼽을 수 있다.50)

박태원의 소설 『천변풍경』에 대해서는, 같은 책 말미에 실린 박종화의 '<천변풍경>을 읽고'와 임화의 '<천변풍경> 評'을 통해 작품의 가치를 살펴볼 수 있다. 박종화는 박태원을 '한번 동경 바람을 쐬고 나온 심한 모더니스트'로 여겼으나, "≪천변풍경≫을 통독하고 나니 아하! 태원은 순수한 조선학파 문인이다. 그보다도 더 한걸음 나아가 순수한 경알이(서울)파 문인"으로 언급하고 있다.51) 특히 임화는 박태원의 『천변풍경』을 "조선의 소설문학이 세태적인 시대로 들어선 것을 확인케 하는 작품"이며, "세태적인 세계의 완성에 작자가 제 자신을 가탁(假託)한다. 이것은 우리문학에 있어 하나의 중요한 현상"으로 규정한다.52) 이를 충실히 따른다면 박태원과 그의 작품 『천변풍경』을 순수한 서울파 문인의 세태소설로 요약할 수 있을 것이다.

흥미로운 것은 휘몰이잡가 <맹꽁이타령>에 나오는 지명 및 다양한 삶의 모습이 『천변풍경』에 고스란히 녹아 들어있다는 점이다. 이에 <맹꽁이타령>의 노랫말과 『천변풍경』의 내용을 비교하여 유사성을 살펴보고자 한다.

…(필자 생략)아ᄅᆡᄃᆡᄆᆡᆼᄭᅩᆼ이다섯 우ᄃᆡᄆᆡᆼᄭᅩᆼ이다섯 문안ᄆᆡᆼᄭᅩᆼ이다섯 문밧ᄆᆡᆼᄭᅩᆼ이다섯 흥인지문을ᄂᆡ다라…(필자 생략) ㉠동수구문 두ᄉᆞ이에 오간슈밋헤셔 놀든 ᄆᆡᆼᄭᅩᆼ이가 오륙월장마통에 ᄯᅥ나려오ᄂᆞᆫ 나막신ᄶᅡᆨ을 잡아타고(기호 및 밑줄 필자, 이하 동일) 션유ᄒᆞᄂᆞᆫ ᄆᆡᆼᄭᅩᆼ이다섯 그리로 훈련원 잇ᄂᆞᆫ ᄆᆡᆼᄭᅩᆼ이ᄂᆞᆫ ㉡첫 남편을 리

49) 정인숙, 앞의 논문, 226쪽.
50) 박태원, 『천변풍경』, 깊은샘, 1989.
51) 박태원, 앞의 책, 349-350쪽.
52) 박태원, 앞의 책, 352-353쪽.

별ᄒᆞ고 둘ᄌᆡ 남편을 어덧드니 손톱이 길어 감옥셔 가고 셰ᄌᆡ 남편을 어덧더니 륙칠월 ᄇᆡ쵸입헤 쓰여 발펴 쥭엇기로 ᄇᆡᆨ지한장 사들고셔 ᄌᆡ돈 ᄎᆞ지려 가는 암ᄆᆡᆼᄭᅩᆼ이 다셧 그리로셔 ㉢광통교다리 밋헤셔 놀든 ᄆᆡᆼᄭᅩᆼ이가 앗참인지 졈심인지 져녁인지 한술밥을 어더먹고 긴 장쥭에다 담ᄇᆡ한ᄃᆡ를 흠신 눌너담아 붓쳐물고 셔퇴를 ᄒᆞ량으로 ㉣죵로 한 마루터기 썩 올나셔셔…(필자 생략)…그리로 ㉤삼청동 막바지 쟝원서 다리 밋테셔 놀든 ᄆᆡᆼᄭᅩᆼ이가 포박쟝이 밥을 도젹ᄒᆞ야 먹드가…(필자 생략)…련엽쑥ᄶᅡ 물담방 ᄶᅥ셔들고 ᄃᆡ골ᄃᆡ골 굴녀㉥ 슈은(水銀) 장ᄉᆞᄒᆞ는 ᄆᆡᆼᄭᅩᆼ이 다셧 그즁 처녀 ᄆᆡᆼᄭᅩᆼ이 즁에 ᄒᆞᆫᄆᆡᆼᄭᅩᆼ이 싀집을 갓더니 싀집간지 ᄉᆞᆷ일만에 싀앗슬 보아 셔방안테 방망이로 어더맛고 살님ᄉᆞ리 판을 치고 반쥭고리 뒤질머업고 ㉦실ᄒᆞᆫ바람 ᄯᅳᆫ어 ᄭᅩᆼ문이에 ᄎᆞ고 고초나무로 목ᄆᆡ달너 가는 ᄆᆡᆼᄭᅩᆼ이를 그즁에 홀아비 ᄆᆡᆼᄭᅩᆼ이가 뒤를 ᄯᅡ라오며 ᄒᆞ는말이 네지금 청츈이라 ᄂᆡ가 홀아비니 쥭지말고 나고살자ᄒᆞ고 손목을 잡아 단이는 ᄆᆡᆼᄭᅩᆼ이 다셧…(필자 생략)….

두 작품에 나타나는 가장 큰 공통점은 화자가 주변 사람들의 삶을 주시하며 이들의 모습을 하나하나 나열하고 있다는 점이다. <맹꽁이타령>의 경우 '성 안에서 나온 맹꽁이, 오간수 밑에서 놀던 맹꽁이, 남편을 잃은 맹꽁이, 광통교 밑의 맹꽁이, 장원서 다리 밑의 맹꽁이, 수은 장사하는 맹꽁이, 의지할 곳을 잃고 고초나무에 목을 매달러 가는 맹꽁이, 그 맹꽁이를 유혹하는 홀아비 맹꽁이' 등으로 나타나는데, 『천변풍경』에서는 주로 이발소 소년 재봉이의 눈을 통해, '청계천 빨래터의 아낙들, 신전집 주인, 이운향 이발소와 젊은 이발사 김 서방, 광교 모퉁이 포목전, 카페 여급 하나꼬와 그녀의 어머니, 동경 사립대학 영문과를 졸업한 한약국집 큰아들, 약국 서사 홍서방, 전매국 의주통공장 색시 세명, 젊은 약방 주인, 민주사, 필안이네 안집 기생(명월이), 스물 안팎으로 대여섯까지의 젊은이들의 윷놀이 노름, 천변의 거지 대장, 굼보 미장이' 등을 소개하고 있다.

<맹꽁이타령>과 소설 『천변풍경』의 유사성은 내용에서도 찾을 수 있다. ㉠을 보면 장마로 인해 큰물이 지자 천변을 따라 내려온 나막신을 잡아타는 맹꽁이를 볼 수 있다. 이는 장마철 청계천변에서 물길을 따라 떠내려 오는 물건들을 건지려 장정들이 뛰어오는 장면이나 "「내룬다, 내룬다. 야―」" 하며 소리치는 장면 모두가 살아 숨 쉬는 듯 생생하게 그려지고 있다.

날은 어느 틈엔가 완전히 밝고, 양쪽 천변길에는 그 우중에도 물구경 나온 사람이 많았다. 그 사이를 장정들이 기다란 장대들을 들고, 뛰어오고 뛰어갔다. 장마 때 이 개천에 물이 불으면, 의례히 구경할 수 있는, 그것은 이를테면 한 개의 스포츠였다.

「내룬다, 내룬다. 야—」

그런 것을 소리질러 가며 '선수'들을 독려하는 것은 물론 구경꾼들이다. 딴은 삼청동이나 우대나 어디 그런 곳에서 뉘집 판장이라도 쓸려내렸는지 서푼 널이 그것도 두세 장이나 물에가 둥둥 떠서 급하게 내려온다…53)

<맹꽁이타령>에서 나막신을 얻은 맹꽁이와 '판장'이나 '서푼 널'을 건지려는 장정들이나 동일 공간에서 살아가는 평범한 사람들이다. 공간과 행위, 서사적 표현법이 일치하고 있다.

ⓛ은 뿌로카의 유혹에 넘어가 서울로 올라온 후 평화카페에서 옷 짓고 밥하던 어린 과부 금순이의 이야기와 매우 흡사하다. 그녀에게는 "암만 미덥지 않다고는 하여도 그래도 이제는 오직 '그'만을 믿고 살지 않으면 안될 어린 남편"이 있었으나, '얼음과자'를 사먹고, '호열자'에 걸려 죽는다. 더구나 "'호색'인 시아버지와 너무나 '악독'한 시어머니 틈에가 끼여, 앞 길에 눈꼽만한 희망도 갖지 못한 채" 살다가 금광 뿌로카인 두 번째 남자를 만나 서울로 올라온다. 물론 이러한 상경 이전에 ⓢ의 상황인 "네 지금 청츈이라 니가 홀아비니 쥭지말고 나고살자ᄒᆞ고 손목을 잡아 단이는" 회유가 있었다. 그러나 뿌로카인 그는 하룻밤 정을 통한 뒤 소식을 들을 수 없었는데, 그는 노름과 사기죄로 경찰에게 잡혀갔던 것이다. 이렇듯 기구한 삶을 살았던 금순이이지만 ⓗ의 '수은장사'로부터 구할 수 있는 '가루분, 물분, 구리무'에도 관심을 갖게 된다.

이외에도 <맹꽁이타령>에 나오는 '오간수, 광통교, 종로, 삼청동, 장원서'와 '포박장이' 등이, 『천변풍경』에서도 '수표교 예배당, 미장이 용서방이 살던 마전다리, 모교다리, 배다리 담배가게, 광교(광천교 · 광통교)' 등으로 나오고 있다. 이는 박태원이 서울 사람이고 또 그가 살았던 곳이 천변이었기에 서울을 중심으로 홍행하던 휘몰이잡가에서 모티프를 원용하는 것에 어려움이 없었을 것으로 보인다.54)

53) 박태원, 『천변풍경』, 깊은샘, 2006, 185-186쪽.

3) 대중적 흥미소의 再素材化

흥미소의 재소재화란 잡가와 관련된 다양한 흥미 요소를 문학 작품에 차용한 것을 말한다. 물론 흥미를 느끼는 주체는 대중이며, 그들이 생각하는 흥미소는 다양할 것이다.[55] 그렇기에 본장에서는 개화와 함께 불어닥친 '자유연애'와 잡가 가창자인 기생만을 대상으로 살피고자 한다.

(1) 자유연애

잡가 <난봉가>는 황해도 지방의 민요에서 발전한 잡가로써, 임을 그리워하는 일반의 보편적 정서에 자유연애에 대한 장난기 섞인 직설적 표현[56]으로 격정적 감정을 완화시킴으로써 웃음을 유발케 하는 노래이다.

김억은 이러한 <난봉가>를 수용하여 비유적으로 표현함으로써 잡가의 비속함을 한층 세련된 문학작품으로 승화시키고 있다.

<燈臺> 其參

붉은등대힌등대/두년의게집애/번가라해적해적/흘리는바람에//
외대배두대박이/貴童子녀석들/夜三更밀려들어/다놀아난다고//

『동아일보』(1928.8.25.)

<아사라 이바람아> 1, 2연

연분홍 삼팔치마 가벼운 몸매/門나서니 봄바람 휘감겨 드네./아사라 이바람아 회롱을 말라/열두폭 이내치마 얼윒고 논다。//
하늘하늘 봄바람 휘도는 통에/갑사당기 멋이라 엉덩춤 추네./아사라 이바람아 휘돌지 말라/아니라도 가는봄 맘이 들뜬다。//

『안서시초』(1941)

---

54) 박태원, 앞의 책, 지도 참조.
종로1가와 남대문로 사이에 청계천이 흐르는데, 이를 잇는 다리가 광교(광천교 또는 광통교)이다. 천변 남쪽의 공애당약방과 공애의원이 박태원이 살던 생가이다.

55) 대중적 흥미소로는 장식(裝飾)에 관한 것-휘몰이잡가 〈비단타령〉과 백석의 〈七月백중〉, 기호품인 담배에 관한 것-잡가 〈가진담바귀타령〉과 김억의 〈담배노래〉, 돈에 관한 것-잡가 〈개타령〉, 〈긴수심가〉, 〈자진배따라기〉 등과 백석의 〈내가생각하는것은〉, 김소월의 〈돈타령〉 등에서 찾을 수 있다.

56) "시화ᄂᆞ 년풍에 님셧겨 노잔다 …난봉이낫ᄂᆡ 난봉이낫ᄂᆡ 남의집외아들이실난봉이낫구ᄂᆞ 에에헤야 어루마 둥둥 ᄂᆡᄉᆞ랑이로구ᄂᆞ"

<春香이와 李道令>

하롯밤에도 萬里城쌋는다고/옛날의 李道令과 成春香아씨。/사랑은商品, 한째의市勢라고/只今의道令들과 春香아씨들。

『중외일보』(1929.3.4)

첫째 작품 <등대>는 등대를 계집애로, 외돛대와 쌍돛대 배를 귀동자로 비유하여 늦은 밤 한적한 바다에서 서로 만나 섞여 노는(난봉) 것으로 표현하고 있으며,[57] <아라사 바람아>는 봄을 맞아 외출한 여인이 자신의 들뜬 마음을 감추고자 바람에게 탓을 돌리는 내용이다. 그리고 <춘향이와 이도령>은 『춘향전』에서 모티프를 가져와 현재의 청춘 남녀가 사랑을 상품과 같이 팔고 사는 세태를 풍자하고 있다. 세 작품 모두 '난봉(자유연애)'에 관한 내용이다.

한편 KAPF 중앙위원회 서기장(1932)을 지낸 임화 또한 이와 유사한 작품 <月下의 對話>(1938)이 있어 주목을 요한다.

<月下의 對話>

몇 時……/[58]두 時……//삐걱! 뱃전이 울었다.//물결이 높지요!/달이 밝습니다.//바다가 설레를 쳤다.(…필자 생략…)//무서워요./바다가?……//靑年은 女子를 끌어 안았다.//아아! 당신을……/나도 당신을……/둘이 함께 '人生도 없읍니다.'//물결이 질겁을 해 물러섰다.//그 다음/女子가 어찌했는지,/靑年이 어찌했는지,//본 이가 없으니, 울 이도 우슬 이도 없고,/나란히 놓인/男女의 구두가 한 쌍.//甲板 위엔 有名한 春畵가 한 幅 남았다.(…필자 생략…)[59]

임화의 시는 택없이 침울하지 않으면 슬프고 울지 않으면 히스테리칼하다. 『현해탄』의 詩가 행동하려고 몸부림치던 그의 怒呼요 絶叫이다.[60] 그런데 이 노래는 그렇지 않다. 그는 시집 후서를 통해 '바다의 讚歌'에 오면 희망을 노래한다'[61]고 했다. 짓눌리고 부조리한 사회비판에서 벗어

57) 박경수,『한국 현대시의 정체성 탐구』, 국학자료원, 2000, 125쪽.
박경수는 〈두대백이〉와 〈방아타령〉을 각각 잡가 〈배따라기〉와 〈방아타령〉과 유사하다고 하였는데, 이 〈두대백이〉와 유사한 〈등대〉의 경우는 오히려 잡가 〈난봉가〉에 접근해 있다고 볼 수 있다.

58) 지면 관계상 행은 '/'로, 연은 '//'로 표기했다.

59) 임화, 〈月下의 對話〉, 『현해탄』, 기민사, 1987, 198-201쪽.

60) 임화, 〈詩와 行動-林和論〉(김동석의 평론) 같은 책, 259-263쪽.

나 이를 해결할 수 있는 희망을 그리고 있는 것이다. 그리고 연대순으로 편집한 과정 중에 '月下의 對話'가 있다. 유일하게 노호하지 않으며 절규하지도 않는 작품이다. 현해탄이라는 공간 배경만 다를 뿐 잡가 <난봉가>에 나타나는 자유연애가 그대로 투영되어 있는 것이다.

(2) 잡가와 기생의 형상화

1894년 관기의 면천과 1905년 여악의 폐지 그리고 또한 1907년 내의원(태의원)의 의녀와 상의원(상의사)의 침선비(針線婢)가 폐지, 1908년 경시청령으로 발포(發布)된 '기생단속령'에 따라 모든 기생들이 조합에 가입해야 영업인가를 받을 수 있게 된다.[62] 그리고 이러한 기생의 활동 환경에 따라 이들은 가무전문가라는 자의식 바탕으로 일반 사회와의 관계를 형성하게 되며, 국가와 관기의 공연이 국가의 전례 참여는 물론극장무대에서의 흥행 혹은 명분을 통해 일반에게까지 확장되었고, 관기 신분의 엄격한 제한이 해소되기 시작한다.[63]

당시 기생에 대한 대중의 관심은 『매일신보』 지면을 통해 연재된 「예단일백인(藝檀一百人)」(1914)이나 앞서 언급한 『조선미인보감』(1918)을 통해서도 확인할 수 있다.

이러한 대중의 관심은 휘몰이잡가 <기생타령> 창작으로 나타나며, 근현대 문학작품의 경우 기생의 삶과 그들이 부른 노래(잡가), 그리고 그들을 바라보는 사회의 시선으로 형상화된다.

---

61) 임화, 앞의 자료.
임화의 『현해탄』 後書에는 "‥단지 「네거리의 順伊」로부터 「세월」에 이르는 동안 내 作品 傾向 發展上 한 개 새 時代였다고 볼 수 있는 몇 作品이 들지 않았다. 그 밖에도 「네거리의 順伊」 한 篇으로 그 때 내 精神과 感情生活의 全部를 理解해 달라 함은 좀 유감되나 할 수 없는 일이고, 「세월」에서 「闇黑의 精神」 그러고 「주리라 네 탐내는 모든 것을」에 이르는 한 時期로부터, 그 뒤의 한 두 번 變한 내 作品 傾向을 이해하기엔 充分한 作品이 거의 全部 모혀 있다. 맨 끝에 실린 「바다의 讚歌」는 이로부터 내가 作品을 쓰는 새 領域의 出發點으로써 특히 넣었다고 할 수 있다."라고 하여 詩作에 있어 이전과는 다른 지향을 시도하고 있음을 알 수 있다.

62) 이경민, 『기생은 어떻게 만들어졌는가』, 아카이브북스, 2006.

63) 권도희, 「19세기말 20세기 초 도상과 음악·공연예술사」, 『근현대 한국음악 풍경』, 국립국악원, 2007, 246-247쪽.

내가 소리 한 마디를 할 것이니…(필자 생략)『놀세 젊어서 놀세。이팔청춘에 주야장천(晝夜長天) 임 섞여 놉시다。늙고도 초김치 되면 못 노나니, 꽃이라도 낙화되면 오던 나비 돌쳐서고, 나무라도 고목되면 눈먼 새도 아니 온다。인생 한번 늙어지면 어느 정든 님이 또 찾아오나。이애 금선아, 내 소리 어떠하냐? 잡가(雜歌) 고만두고 시조(時調) 한 마디 하랴?(밑줄 필자, 이하 동일) 이러니저러니해도 나더러는 말을 마소。나 죽은 무덤 위에 논을 풀지 밭을 갈지。주부도 유령 분상토라。아니 취고 위엄은 상설같고, 절개는 허사로다。가자니 가기 싫고 아니 가든 못하리라。차라리‥‥』하더니 시조를 뚝 그치며…(필자 생략)

(벽)『이처럼 사시니 변변치 아니한 소리나마 합지요。약산동대 야지러진 바위……』한 사람이 손짓을 홰홰 하며, 『주인댁, 소리는 잘하네만 나는 무식한 놈이 되어 저런 조(調) 있는 소리 듣기 싫어。고만두고 잡가를 하게。』…(생략 필자)『이 사람들, 시비하러 왔나? 술 먹으로 왔지。파탈한 자리에 권주가를 청하면 어떻고, 잡가를 청하면 어떻고, 자리에 뜽을 싸면 관계가 있나? 주인댁 하고 싶으대로 아무것이나 여럿이 듣기 좋은 것으로만 하게。』벽도가 가졌던 술을 도로 따랐다 다시 권하며, 『그리면 잡가나 몇 마디 하겠습니다. 책망 말으십시오。일하기 싫고요 흐응, 잠자기 좋거든 흥, 날만 따라서 인천을 가보세 흐응, 오날도 놀구요 흐응, 내일도 놀아서 흥, 주야나 장천에놀고나 보세요 흐응。무정도 세월이 흐응, 살같이 가는데 흥, 아니 놀며는 무엇을 하려나, 흐응。』.64)

위 작품은 이해조(1869~1927)의 『牧丹屛』(1911)이다. 처음 부분은 색주가로 팔려온 금선을 회유하는 장면이며, 두 번째는 색주가의 광경을 보여주고 있다. 금선이는 인천 색주가로 팔려 오기 전 당시 일패기생을 관리하던 사처소 오입쟁이65) 최별감이 고용한 소리선생에게 기생 교습을 받기도 한다.

최가의 급한 마음은 논배미에 가 밥 찾을 만하여 어서어서 며칠 내로 평조지름 · 엮음 · 편 · 농 · 춘면곡(春眠曲) · 어부사(漁父詞) · 백구사(白鷗詞) · 황계사(黃鷄詞) 등, 가사(歌詞)로는 한가지 빠지지 말고, 대무 · 승무 · 포고낙가인전 ·

---

64) 전광용 · 송민호 · 백순재 편, 〈모란병〉, 『한국신소설전집-이해조 편』상, 을유문화사, 1968, 188-190쪽.

65) 이능화 저/이재곤 옮김, 『조선해어화사』, 동문선, 1992, 438-439쪽.
각 전(殿)의 별감 · 포도군관 · 궁가의 청지기 및 무사(武士)는 항간(巷間)에서 이르는 바 사처소(四處所)의 외입장(外入匠, 외입장을 외엽장外獵匠이라고도 하니, 즉 집 밖에서 여색(女色)을 사냥함을 말하는 것이다. 장(匠)의 의미는 기능(技能)을 1종장(宗匠)이라는 뜻이다)이라는 것이다. 이들은 혹 지방에서 뽑아올리는 기생을 데려오기도 하고, 혹 자신이 지방으로 가서 기생을 골라 도성으로 데리고 와 가축한다.

목단시가무(牧丹詩歌舞)·항장무(項莊舞)·남무(男舞)·검무(劍舞) 등 춤이란 것은 가지각색으로 모두 가르치고 싶어서 잡도리를 마른 나무 꺾듯 하여….66)

일패기생의 교방(敎坊) 교습 과목을 배우도록 지시한 것이라든가, 자살을 시도한 금선을 회유하여 색주가에 정을 붙이도록 벽도(碧桃)가 애쓰는 장면, 영업을 하며 소리를 하는 것 등을 통해 당시의 사정을 짐작케 한다. 더구나 이 작품이 『신구잡가』(1914)가 대중에 선보이기 이전에 출간된 것으로 <숙천난봉가>와 <흥타령>, 십이가사인 <권주가> 그리고 시조창 "이러니저러니해도 나더러는 말을 마소" 등의 노랫말이 작품에 삽입된 것이어서 잡가의 흥행이 이전부터 이루어졌음도 확인케 한다.

이렇게 잡가의 편린을 형상화한 이해조는 판소리계 소설의 산정과 박춘재 구술본 가집인 『정선조선가곡』(1914)67) 편찬으로 이어지는 여정을 통해 문화예술계에 기여를 하게 된다. 이러한 문화예술 전반에 대한 이해는 제국신문, 매일신보 기자로 활동했던 경험에 기인한 것으로 보인다.68)

이렇듯 음률과 연행환경에 해박한 이해조는 시조와 십이가사를 제외한 노래를 '잡가'로 보고 있으며, 이러한 노래가 가창되는 공간이 색주가로 지정된 점, 굳이 잡가를 듣고자 하여 채근하는 손님을 "나는 무식한 놈이 되어 저런 조(調) 있는 소리 듣기 싫어"로 설정한 점을 통해 잡가를 무식한 탕자요음(蕩子妖淫)이 향유하는 하층문화로 인식한 것을 알 수 있다.

이렇듯 잡가 연습 및 연행과정과 함께 언급되던 기생은 사회적 악폐로 지목되면서,69) 잡가와는 무관한 가십거리로 전락하게 된다. 그리하여 현

---

66) 전광용·송민호·백순재 편, 앞의 책, 183쪽.

67) 『정선조선가곡』에는 가곡 362수, 시조창 15수, 가사 10수, 십이가사 7수, 회심곡 1수, 시창 1수 등이 수록되어 있다. 물론 박춘재 구술이기는 하지만 가집명에 맞게 잡가를 제외하고 있다는 점 역시 그의 잡가 인식에 대한 단서로 볼 수 있을 것이다.

68) 이용남, 『이해조와 그의 작품세계-신소설의 갈등양상연구-』, 동성사, 1986, 19-21쪽.
한편 이해조와 동시대 인물인 이인직 또한 〈은세계〉(1908)에 9편의 민요 사설을 싣고 있어 주목을 요한다. 다만 이들 노래는 잡가와의 관련성이 적어 논외로 했다. 최원식, 「『銀世界』硏究」, 『創作과批評』통권48호, 창작과비평사, 1978, 271-297쪽. 참조.

69) 이경민, 『기생은 어떻게 만들어졌는가』, 아카이브북스, 2006, pp.71~72. 재인용.
1931년 『동광』지에서 실시한 '성에 관한 문제의 토론'에서 당시의 사회 지도층과 지식인 14명 모두 기생제도 철폐에 찬성하고 있다. 이들의 앙케트 결과는 그 뒤에 게재된 한청산의 논설('기생철폐론', 『동광』(제28호), 1931. 12. 57쪽.)을 통해 정리되었는데, 그는 기생을 철폐해야 할 세 가지 이유로 '첫째 그것이 노예매매제의 유물이며, 둘째 가정의 파괴자이며, 셋째 국민원력의 소모자'이기 때문이라고 적고 있다. 그러나 그들은 기생제도를 가능케 한 사회의 구조적 문제를 규명하

진건의 경우 실제 기생이었던 康明花 사건에서 모티프를 가져와 <새빨간 웃음>을 창작하기도 한다.70)

4) 패러디를 통한 민중 계몽

본장에서 언급하는 민중은 일제강점기 치하에서 억압 받으며 살아온 농민, 노동자들이다. 이들은 힘없는 우리 민족을 제유(提喩)한 것으로 생각할 수 있다. 과거 그들은 봉건적 악폐인 계급제의 굴레에서 벗어나지 못했으며, 사회·정치·문화적 대격변 이후에도 여전히 소외받는 부류로서 가난하고 무지했다.

이러한 민중들을 계몽하기 위해 그들이 수용했던 잡가의 노랫말을 가져와 패러디하는데, 대표적 작가로 김동환을 꼽을 수 있다. 김동환의 시는 대개 네 유형으로 구분되는데, 잡가 관련 패러디 작품 다수는 그가 프로연맹에 가입하여 활동했던 1920년대와 1930년대 초기71)에 발표된 것들이다.

<농부가(타령)> 1, 2연

흙을 쑤지니 농부라든가, 오곡을 지으니 농군이랄까, 무덤에 들 째까지 파고 또 파도 쌀 한말 안생기네 내 손으로 된 몇천섬 쌀섬다어듸 갓나, 내 입엔 한일평생 거미줄 만 치네。

바테 철안을 심으면 속 시원할까 추수 때 짜작돌 거더 들이면 덜잉나 원통할까, 우리것 아닐 바에 웨 피땀흘리나, 그래도 흘려야 하는 신세, 아서라 다실당 농군 되지 말자

『동광』(1927)

<농부가>는 천하지대본인 농사를 지어야 하는 당위성과 그런 당위를 위해 아침 일찍부터 밤늦도록 사시사철 농사에 매달려 노력하는 농민의

거나 기생철폐에 대한 구체적인 대안없이 사회적 약자인 기생을 가정파괴자, 위생의 유독물로 매도해 버리는 '내(조선) 안의 파시즘'이 무의식적으로 자행되고 있다. 이러한 담론 속에서 기생은 세균처럼 박멸되어야 할 존재가 되었다.

70) 〈새빨간 웃음〉 기생 康明花의 사건에서 힌트를 받은 것이 사실이지만 "온전히 作者의 想像力으로 비저 내인 創作品인 것을 言明해 둔다" (『개벽』, 1925.11. 45쪽.)

71) 김용직, 『한국근대시사』제1부, 새문사, 1983, 383-384쪽.

모습을 그리고 있는 노래이다.

그런데 김동환은 죽을 때까지 일만해도 쌀 한말 얻지 못하고 수확한 곡물은 모두 빼앗기는 현실을 비판하고 있다. 그리하여 다시는 농군이 되지 말자는 말로 마무리 하고 있다. 특히 마지막 부분의 경우 <배따라기>의 "삼슌구식을 못홀망뎡 다실낭은 슈상장ᄉ 닷감아둡시다"과 유사한 표현법을 통해 현재 생활의 극난함을 토로하고 있다.

주요한 역시 <늙은 농부의 한탄>(『詩歌集』(1929))을 통해 농부의 비참한 생활을 노래하고 있다. 철로길 노역은 했으나 정작 일한 사람은 타지 못하는 부조리, 개혁을 부르짖던 젊은 아들은 수인(囚人) 상태이다. 그리하여 서해바다에 지는 해를 동해바다에도 진다는 표현을 통해 세상이 기울어 감을 한탄하고 있다.

<경복궁 打令> 1, 2, 3, 5연

짓는다, 짓는다, 경복궁짓는다。 몃천년사자구 경복궁짓나 못살면 거미가 줄안치고 살리 랄랄라, 랄랄라, 경복궁짓네

썩는다, 썩는다, 곡식단 썩는다。 부모처자먹일 곡식단 썩는다 썩어두백성게라 내모른다네 랄랄라, 랄랄라, 경복궁짓네

사람이 못나서 백성질하나 사람이 조하서 이대역 치루나몸에밧는매 돌이라도 울리라, 랄랄라, 랄랄라, 랄랄라 매못이겨짓네。

헐린다 헐린다, 경복궁헐린다 짓밟히든 자최가 헐려를간다。 지은지 몃해에 이터가 헐리나 한오백년간것두 긔적이랄가 랄랄라 랄랄라 이궁궐헐리네

『시가집』(1929)

<경복궁타령>은 서울 지방의 민요로 1865년 경복궁을 중수할 무렵부터 불리기 시작한 노래다. 이 노래는 두 가지 성격으로 나뉘는데, 하나는 경복궁 중건을 찬양을, 다른 하나는 중건의 부당함을 노래했다. 잡가 <경복궁타령>은 전자에 해당한다. 그런데 김동환은 후자의 입장을 견지했으며, 이를 <경복궁 타령>으로 형상화한다.

위의 시를 보면 백성들은 굶어 지내는데, 경복궁 짓는 것은 곡식을 썩히는 것이라고 노래하고 있으며, 역(役)을 행하는 자들은 자발적인 참여가 아니라 매질에 못이겨 그러노라고 언급하고 있다. 그리하여 경복궁이

헐리는 것을 상징함으로써 지배자의 억압에 대한 분풀이를 노래로 풀어내고 있다. 이외에도 <배사공의 안해>(『시가집』(1929))에서는 잡가 <배따라기>의 노랫말에 계몽사상을 주입하는 식의 변화를 통해 개인적·소극적·애상적 정서를 사회적·적극적·염원적 정서로 환치시켜 개작함으로써 일제강점기 하의 한민족이 겪는 현실적 압제를 비판하고 있다. 특히 3연에서 바닷가에 이르러 아버지를 빼앗은 것은 바다이니, 꼭 아버지의 원수를 갚으라는 당부를 통해 빼앗긴 자의 분발을 촉구하고 있다. 한편 <영변가>의 노랫말을 변용하여 조국 산하에 대한 사랑과 '꼿'의 강직한 성품과 절개를 배워 단호한 의지를 지닌 민족으로 거듭나자고 촉구하고 있다. 우리 민족이 단호한 의지를 촉구하고 있다.

<藥山東臺歌> 1연, 3연

寧邊에도 藥山東臺는 진달내꼿밧이라/꼿이조터냐 臺가조터냐 둘이다 내조흘네라/臺에오르자니 꼿을밟고 꼿안밟자니 못오르네/대야대야 약산동대야 꼿앗가워 못오르겟네

봄이면 와자작피엇다가 가을이면 뚝뚝뚝떨어진다/녕변의 약산동대에 피는꼿은 하로사라도 빗잇게사네/여보아라 동포들아 이모양으로 몃백년사단말가/아서라 아서라 단사흘이라도 제세상서 제살고십네.

『조선일보』(1927.10.28.)

현진건은 소설 <고향(故鄕)>(1926)을 통해, 우리 민요인 <아리랑>을 가져와 일제 강점기 사회적 부조리에 대해 피력하고 있다.

나는 그 눈물 가운데 음산하고 비참한 조선의 얼굴을 똑똑히 본 듯싶었다.… (필자 생략) 「자, 우리 술이나 마자 먹읍시다」하고 우리는 주거니 받거니 한 되 병을 다 말리고 말았다. 그는 취흥에 겨워서 우리가 어릴 때 멋모르고 부르던 노래를 읊조렸다.

볏섬이나 나는 전토는/신작로가 되고요–/말 마디나 하는 친구는/감옥소로 가고요–/담뱃대나 떠는 노인은/공동 묘지 가고요–/인물이나 좋은 계집은/유곽으로 가고요–/[72]

72) 현진건, 〈고향(故鄕)〉, 『조선의 얼굴-현진건전집』4(단편소설), 문학과비평사, 1988, 234-236쪽.

기차에서 만난 세 사람은 동양척식주식회사에 농토를 빼앗긴 것, 고향이 폐농된 것, 유곽에 팔린 궐녀에 대해 이야기를 하다가, 결말 부분에 이르러 어릴 때 부르던 노래인 <아리랑타령>을 부른다. 소설이 절정을 지나 결말로 진행되는 지점에서 민족의 아픔이 절절하게 배어있는 노래를 삽입함으로써 극적 긴장을 지속적으로 유지시키는 장치로 작용되고 있다.

4 결론

본고는 잡가가 20세기 전반기 대중적으로 흥행했다는 실증적 사실에 입각하여, 1920년대 서도출신 민요조 시인의 작품뿐만 아니라 思潮가 다른 프로문인인 김동환과 임화, 그리고 장르를 뛰어넘어 소설 작품까지 논의를 확장해 검토하였다.

이들 문인들이 잡가를 수용하게 된 배경으로는 1894년 계급제의 붕괴와 1907년 기생제도의 철폐, 그리고 경성의 도시화에 따른 상업화를 꼽을 수 있을 것이다. 부수적으로 서구식 극장의 출현과 잡가집, 유성기 음반의 영향도 고려해야 한다. 또한 잡가 연행자인 기생들의 활약과 '민족혼', '조선심'을 민요에서 찾은 문인들의 인식도 생각할 여지가 있다. 한편 문인들의 경제적 궁핍도 잡가 수용의 한 이유였을 가능성도 언급하였다.

이에 근현대 작가들의 작품 통독을 통해 그들의 잡가 수용 양상을 장소 이미지의 수용, 세태의 구체적 묘사, 대중적 흥미소의 再素材化, 패러디를 통한 민중 계몽 등으로 파악할 수 있었다.

고전문학 전공자인 필자가 현대문학 작품을 잡가와 관련하여 살핀 것이 허물이 될 수도 있지만, 잡가에 대한 공부를 하면서, 우리나라 근현대 문학에 영향을 주었을 것이라는 소박한 관심에서 본고를 기획하게 되었다. 비록 성기고 거친 글이지만 새로운 논쟁거리를 만드는 것 역시 좋은 공부 방법이라 생각하여 '試論'으로 여기고 논의를 개진하였다. 잡가와 관련된 개별 작가에 대한 논의는 더 많은 공부가 이루어진 이후에 再考하고자 한다.

Ⅲ. <장대장타령> 攷

1 서론

재담소리는 재치 있게 하는 재미있거나 우스운 노래이다.[1)] 본 논문은 그러한 재담소리 가운데 한 편인 <장대장타령>을 대상으로 하여 작품의 의미와 변화양상을 고찰하고, 이를 토대로 20세기 초 <장대장타령>이 당대 문화에 어떤 영향을 미쳤는지에 대해 알아보는 것을 목적으로 한다.

본고에서 참조한 <장대장타령> 관련 주요 자료로는 첫째, 가장 완성된 형태의 서사구조를 갖춘 홍경산 구술본 <장대장타령>,[2)] 둘째, <장대장타령> 서사에 어느 정도 영향을 준 황해도 해주에서 전승되던 굿의 연희본인 <장대장네굿>,[3)] 셋째, <장대장타령>을 재담소리로 구성하여 1907년 이후 1950년 이전까지 지속적으로 재담소리 공연을 주도한 경기

1) 손태도, 「전통 사회 재담소리의 존재와 그 공연 예술사적 의의」, 『판소리연구』(판소리학회, 2008), 243면.

2) 이창배 편저, 『한국가창대계』(홍인문화사, 1976), 231~238면.
〈장대장타령〉은 배뱅이굿에도 일가견이 있는 이순일이 박춘재로부터 장대장타령을 배우고 또 홍경산, 정득만 등과 함께 부른 창본으로, 정득만은 사설 전부를 기억하지 못하나 홍경산이 이를 기억해 1960년대에 이창배에게 전한 것으로 기록되어 있다.

3) 심우성 편 / 최선묵 구술, 〈3. 해주 장대장네굿〉, 『마당굿 연희본』 1(깊은샘, 1988), 68~75면.

명창 박춘재(1883~1950)의 당시 음반(SP음반 복각),[4] 넷째, 백영춘에 의해 복원되어 2007년 11월 CD로 제작・발매된 ≪경기명창 백영춘의 서울재담소리-장대장타령・장님타령≫[5] 등이다. 그 외에 황용주[6]의 자료도 있으나 이는 홍경산 구술본과 대동소이하기에 본고에서 생략하기로 한다.

그동안 <장대장타령>에 관련된 연구는 미비한 형편이다. 그 이유는 장소팔의 진술[7]을 통해 살필 수 있다. 곧 문학 자료인 홍경산 구술본만으로는 <장대장타령>의 연희성과 음악적 특성을 포함한 재담소리 전반에 걸친 복합적인 재구가 어려웠기 때문이다. 다행히 1996년에 음반 <경기명창 박춘재>가 발매되어 연구에 활력을 얻기 시작하였다. 이에 본고에서 살펴본 주요 논문은 다음과 같다.

손태도는 박춘재의 삶과 예술세계[8]를 살핀 이후, 박춘재의 재담소리가 경기 이북의 광대 집단인 재인촌 출신들의 특기였다는 점을 들어 박춘재가 광대 출신임을 제시하기도 한다.[9] 최근에는 서사형 재담소리에 해당하는 극놀이적 재담소리와 서사시적 재담소리에 대한 연구가 진행되었다. 특히 극놀이적 재담소리의 경우 이의 주요한 원천으로 무당 굿놀이를 소개했다.[10]

---

4) 한국고음반연구회, CD ≪경기명창 박춘재≫, 지구레코드, 1996.

5) 백영춘, CD ≪경기명창 백영춘의 서울재담소리 장대장타령, 장님타령≫ (미산음반, 2007)

6) 황용주, 〈장대장타령〉, 『한국 경・서도 가창 대계 下』(선소리 산타령 보존회, 1992), 359~371면. 황용주는 홍경산 구술본 〈장대장타령(張大將打令)〉을 저본으로 하여 기술한 것으로 전체적 내용은 네 군데 정도 부분을 빼고는 동일하다. 해당 부분은 첫째, 질병과 통증을 '질', '통'자로 나열하는 부분, 둘째는 허봉사가 산통을 들고 육효점을 하는 부분, 셋째, 장대장네 무굿하는 윗당에서 허봉사가 경 읽는 대목, 넷째, 홍경산 구술본 중 '소리'라고 표기된 부분에 늙은 무당이 노랫가락 '산간데 그늘이가고……'를 부르는 대목 등이다.

7) 손태도, 「경기명창 박춘재 論」, 『한국음반학』Vol.- No.7(한국고음반연구회, 1997), 177면. 재인용. "장소팔의 진술을 따르면 박춘재는 만담가들처럼 말로만 하는 경우는 없었으며, 항상 여러 노래를 동원하고 그러한 과정에서 사람을 웃기는 재담을 했다는 것이다. 그러므로 그의 재담은 여전히 소리꾼으로서 재담이었던 것이다."
한편 이창배(1976) 역시 〈장대장타령〉에 대해 "〈장대장 타령(張大將打令)〉은 서울 지방에 유일무이(唯一無二)한 재담(才談)의 사설과 창(唱)으로 엮어진 노래로 노래보다 익살스런 재담이 멋스럽다."고 소개했다. 237면.

8) 손태도, 앞의 논문. 131~194면.

9) 손태도, 「광대 집단의 가창 문화 연구」(서울대학교 대학원 박사학위논문, 2001)

10) 손태도, 「전통 사회 재담소리의 존재와 그 공연 예술사적 의의」, 『판소리연구』(판소리학회, 2008), 241~280면.

사진실은 박춘재가 이전 시기 배우의 전통을 이었다는 가설에서 출발하여 그의 위상을 확인하고 재담의 전승 양상을 밝히기 위해 소학지희 및 재담 공연의 기록과 박춘재의 재담을 분석하여 그 지속성의 문제를 살펴보았다.[11)]

이외에도 박춘재의 특기인 발탈을 연구한 성과[12)]와 20세기 초에 제작된 음반에 대한 연구 성과[13)]가 있다.

이상의 연구 성과를 살펴보면 박춘재論과 재담소리의 유래와 전승, 재담소리의 갈래, 그리고 재담소리에 나타난 웃음에 대한 것이었다.

이에 본고에서는 기왕의 연구 성과를 토대로 하여 <장대장타령> 개별 작품을 대상으로 하여 관련 자료와의 서사구조 분석·비교를 통해 문학적 특징을 추출하고 그것이 소리(시가)와 어울리는 과정과 청중에게 파급되는 경로를 살필 것이다.

특기할 것은 2007년 11월 재담소리 <장대장타령> 원래의 모습에 가깝게 복원된 ≪경기명창 백영춘의 서울재담소리 장대장타령, 장님타령≫을 들으면서 그간 궁금했었던 <장대장타령> 전반의 모습을 살필 수 있게 됨으로써 본고의 주제를 정할 수 있었음을 감사하게 생각한다.

2 구성상의 특성

재담에서 다루는 이야기의 기본은 인물과 사건을 풀어나가는 敍事라고 할 수 있다. 박춘재의 레파토리 가운데 <장대장타령>은 이러한 '서사형' 재담이라고 할 수 있다.[14)] 본장에서는 홍경산 구술본 <장대장타

11) 사진실, 「배우의 전통과 재담의 전승-朴春載의 재담을 중심으로」, 『한국음반학』 10(한국고음반연구회, 2000), 299~333면.

12) 허용호, 「〈발탈〉 연구」, 『서강어문』제14집(서강어문학회, 1998), 315~353면.

13) 이보형, 「京畿소리 留聲機音盤 槪說」, 『한국음반학 3호』(한국 고음반연구회, 1993), 5~14면.

14) 사진실, 앞의 논문. 309~310면.

령>[15]과 최선묵 구술본 <해주 장대장네 굿>을 중심으로 구성상의 특성을 살펴보도록 하겠다.

1) 〈장대장타령〉

<장대장타령>의 경계는 다음과 같다.

① 서울 사는 장보령은 슬하에 일점혈육이 없자 명산대찰을 찾아가 불공을 드린 효험으로 옥동자(玉童子)를 낳았다.

② 이 아이가 신동이라 대감이 생각하기를 '이리 영특하다가 잘못하면 그릇될까' 염려하여 장안에 일등 별감(別監)을 불러 속을 틔어 달라 부탁한다.

③ 그날부터 장안 기생집을 모두 돌아다니며 외입을 하였으니, 그때 장대장 나이 열 살 남짓했다.

④ 부모들이 좋은 혼처를 구하여 성례를 시킨 후 3년 내에 양친이 별세하니 가세가 기운다.

⑤ 가난에 부인이 심사(心思)가 나서 장대장을 조롱하자 어느 재상집 사랑을 찾아가 같이 놀던 친구들에게 부탁하여 만포첨사(滿浦僉使)를 얻는다.

⑥ 만포진 부임길에 떡집으로 들어가 희롱을 하다가 곰보 떡장수 모습에 깜짝 놀라 줄행랑을 친다.

⑦ 장단일경(長端一境)을 당도한 후 '소굿'[16]이 벌어진 곳을 찾아 만신과 수작한다.[17]

---

15) 앞서 살폈듯이 장대장타령 관련 자료를 감안할 때 서사구조 분석은 당연히 완성도가 높은 홍경산 구술본 〈장대장타령〉을 저본으로 했다. 그리고 백영춘 명창의 자료는 음반을 들으면서 전사(轉寫)하여 살펴보았다. 그 결과 백영춘 소리는 삽입가요를 제외하면 홍경산 구술본과 대동소이 했다. 한편 박춘재 소리의 경우 실질적 서사로 보여지는 부분인 〈만포첨사〉 대목과 〈장님무당〉 대목으로 한정했다.

16) 국립문화재연구소, 『황해도 평산(黃海道 平山) 소놀음굿』(국립문화재연구소, 1998), 6~7면. 소놀이굿은 황해도 평산 지역에서 전승되던 굿이다. 굿이라고 하는 이유는 놀이 자체가 무당이 펼치는 굿판에서 연희되어지는 까닭도 있겠으나 놀이 형식이 우리나라 전통적인 판별림의 연희, 즉 굿으로 행해지기 때문이다

17) CD 〈장대장타령(닛뽀노홍 K220A(6059) 장님무당타령(1911))〉 장 만포첨사가 구경을 가서 신이 나자 박수의 장구를 빼앗아 노랫가락을 서울 장단으로 치며 실력을 뽐내는 대목이 있다.

⑧ 만신은 주막집을 찾아가 하루 저녁을 지낸 후 만포첨사를 쫓아가 살다가 아들을 낳았다.

⑨ 장대장은 부인에게 무당행색을 금하라는 당부와 함께 서울에 돌아와 다방골에 살림을 차린다.

⑩ 아들 치병(治病)을 위해 허봉사에게 문복(問卜)하나 허봉사 허튼 수작에 수모를 주고 나온다.

⑪ 무당 곱단이를 찾아 할미당에 굿당을 차리는데, 그때 윗당에서 장님들이 경판을 벌였다.

⑫ 굿 구경하던 사람들이 노랫가락 청하는 소리에 옥신각신 할 때 장대장네가 갑자기 춤을 추고 푸념을 한다.

⑬ 장대장네의 무당소리를 들은 허봉사가 이를 빌미로 겁박(劫迫)한다.

⑭ 겁박하는 허봉사를 달래기 위해 굿 하고 남은 것, 은자보물과 금자보물, 개똥밭에다 돈 천냥을 준다며 권유(홍정)하나 허봉사는 완강히 거부한다.

⑮ 홍정 끝에 어쩌고 저쩌고 하여 새끼 장님을 낳아준다는 말에 "장대장 보거든 시치미 뗍세"라며 조건을 받아들인다.[18]

위의 내용을 보면 <장대장타령>은 15개의 화소(話素)와 2개의 서사단락으로 이루어졌다. 즉 장대장이 주동인물로 나오는 ①~⑨의 '장대장 이야기'와 만신(장대장네)이 주동인물로, 허봉사가 반동인물로 나타나는 ⑩~⑮의 '장대장네와 허봉사'의 이야기로 구분된다.

이를 추출하면 전반부는 '출생-소년기와 결혼-고난(경제적 위기)-극복(만포첨사)-부임길-만신과의 만남-아들의 출생'으로, 후반부는 '이주(서울)-아들(나머지)의 치병(治病)-허봉사와의 악연(惡緣)-타협'으로 이루어진 병렬형식[19]의 서사구조가 나타난다.

---

18) 백영춘(2007), CD 자료
백영춘 소리의 경우 ⑮ 이후에 신분과 직업 인식에 대한 불합리 개선 권고와 허봉사의 개안(開眼) 내용이 부가되어 있다.

19) 김천혜, 『소설 구조의 이론』(문학과 지성사, 1999), 165면.
둘 이상의 행동(行動)이 평행으로 서로 진행되면서 얽혀 있는 '병렬 형식'이다. 병렬의 경우는 흔히 주행동과 부행동으로 분류될 수 있지만 이 둘을 구별할 수 없을 만큼 행동 하나하나가 비중이 크고 주체적인 경우도 있다.

전반부(만포첨사 대목)의 경우 패로디의 수법에 의하여 영웅의 삶이 외입장이 풍류객의 삶으로 철저하게 변신한다고 전제할 때 영웅서사 구조와 유사하게 볼 수도 있지만,[20] '장대장네'와 허봉사의 이야기, 곧 아이를 대하는 어미의 사랑, 그리고 자신의 결점을 감추기 위해 입막음으로 더한 치부(恥部)를 쌓는 어처구니없는 상황의 연출이 후반부 중심에 위치하고 있음에 주목해야만 한다. 곧 <장대장타령> 전반부의 주인공인 장대장의 역할과 비중이 낮아지면서 또 다른 개별 사건이 진행되고 있는 것이다. 더구나 허봉사가 장대장네의 약점을 어떻게 알았는지에 대한 암시나 설명이 없으며, 작품의 결말부분에서는 장대장의 이야기와는 관련성이 미미한 내용으로 결말짓고 있다.

인물 설정에 있어서도 장대장을 주동인물로 보았을 때 장대장네를 반동인물로 볼 수 없으며, 허봉사 역시 장대장네에게 반동인물은 되지만 장대장과는 직접적 관련성이 없다. 다만 장대장이 한양으로 돌아오면서 장대장네에게 명령조의 "만약에 한양 가서 무당의 행색이 나타나면 우리 가문에 망신이니 그리 알고 만약에 행색이 드러나면 너하고는 초록(草綠)이 되느니라"라는 말을 통해, 장대장네의 사건 진행에 인과관계를 형성했다고 보더라도 허봉사와 관련된 단위사건들은 앞선 행동에서 온전하게 영향을 받았다고 보기에는 직접적인 연속성이 결여되어 있다.

결국 <장대장타령>은 '장대장이야기'와 '장대장네와 허봉사 이야기' 두 개의 서사단락으로 이루어졌음을 알 수 있다.

2) 〈해주 장대장네굿〉

본 절에서는 앞서 논의한 홍경산 구술본 <장대장타령>에 영향을 준 <해주 장대장네굿>[21]과의 관련성을 살펴보기로 하겠다. <해주 장대장

---

20) 사진실, 앞의 논문, 321~323면.
사진실은 〈장대장타령〉의 서사구조를 영웅의 일생 구조로 파악하면서, 영웅(외입장이)의 일생을 패로디한 이유는 웃음과 풍자를 동시에 전달하기 위해 수법이라고 했다. 그러나 후반부의 서사를 고려한다면 '신이한 잉태과정의 생략과 棄兒(부인의 조롱), 고난 극복(만포첨사), 명예(무당의 첩으로 취함)' 등을 영웅서사로 설정한 것은 무리가 따른다.

21) 손태도(2001), 앞의 논문, 165면.
〈해주 장대장네굿〉과 관련한 연구 논문이 전무한 형편이다. 다만 서사구조를 살폈을 때 장대장네와 박수와의 이야기가 두 작품 사이에 밀접한 개연성이 있었으며, 위 논문에서 "(박춘재)가 부른

네굿>의 화소(話素)를 살펴보면 장대장과 관련된 내용이 거의 없다. 물론 해설 형식으로 '대장장이 장대장'을 소개하기는 하지만, 이는 작품의 구성과 비중을 살폈을 때 매우 적은 분량으로 작품에서의 차지하는 인물의 비중은 매우 낮은 편이다. <해주 장대장네굿>의 경계는 다음과 같다.

① 개에게 주위를 살피라는 명을 내리고 외설한 짓을 하던 장님은 장대장네가 들어오자 고의춤도 못 올린 채 버선발로 나가 반갑게 맞이한다.
② 선심을 쓰며 장대장네를 관심을 사려들고 장대장네는 짐짓 고의춤 이야기로 운을 뗀 후 허부자집 큰 굿 이야기를 한다.
③ 사장과 장대장네가 수수밭 좁은 길로 허부자의 집을 향하여 가는 도중 이야기를 주고 받던 중 장대장네가 사라진다.
④ 장대장네를 찾다가 급기야 산통을 꺼내 단소를 치니 다른 사람과 해괴한 짓을 하는 점괘가 나오자 화가 잔뜩 난다.
⑤ 장대장네는 딴 짓을 하다가 돌아온다.(이 때에 장대장네는 딴 놈팡이와 눈을 맞추어 가지고 얘기만 했는지 뭣을 했는지는 모르되 어언간 장시간이 걸렸것다. 극에서는 구경꾼 중에 한 사람을 골라 손을 붙들고 딴전을 피는 것으로 처리)
⑥ 장대장네는 개똥어미 핑계를 대고 장님은 화가 나서 혼자 앞서 달아나니 장대장네 처지가 난감하다.
⑦ 허부자 집에 당도하여 굿을 하는데 장님이 장구장단을 고의로 자꾸 삔다.
⑧ 이에 장대장네는 장님을 달래기 위해 조건을 제시한다.
⑨ 계속된 장님의 거절에 결국은 일신을 바친다고 제안하자 드디어 화를 풀어 굿을 무사히 마치고 퇴장한다.

위의 내용을 참고하면 <해주 장대장네굿>은 하나의 서사단락만으로 구성되어 있으며 서사구조는 '인물소개-동업-외도/질투-겁박-타협'으로 <장대장타령>의 후반부와 유사하나 사건의 내용은 <장대장타령>과 전

대표적 재담 소리인 〈장대장 타령〉도 서도의 재담 소리인 〈장대장네굿〉을 조금 변개해서 부른 것이다."라고 한 부분에 힘입어 영향관계를 언급했다.

혀 다르다.

구성요소를 살펴보면 인물의 경우 장대장은 대장장이이며, 장님(사장)과 장대장네는 이전부터 친하게 지내던 사이로 나온다. 공간적 배경 설정에서도 '장님의 집, 수수밭, 허부자 집'과 <장대장타령>에서의 '한양-만포진-한양' 등 많은 차이가 나타난다. 사건에서도 장님이 장대장네를 겁박(刦迫)하는 이유가 그녀의 "무당의 행색"이 아닌 '윤리적 일탈'에 기인한다는 차이점이 나타난다.

이상의 내용을 통해 살펴보면, <장대장타령>은 <장대장네굿>을 모티브로 창작되었다 하더라도 전반적인 서사구조와 내용은 전혀 다름을 알 수 있다. 다만 장님이 장대장네에 대한 애욕(愛慾)을 중심 사건으로 놓고 있는 것은 <장대장타령>의 후반부의 행동과 유사하다는 점에서 두 작품 간의 관련성을 유추할 수 있다.

이러한 내용을 근간으로 다음과 같은 가설 설정이 가능하리라 본다.

첫째, <장대장타령>의 창작과 관련된 내용으로, 박춘재의 특기 중에 하나인 <장대장타령>은 <장대장네굿>에서 하나의 이야기를 원용하고, 또 하나의 이야기는 자신의 삶에서 모티브를 얻지 않았었나 하는 것이다. 당시 유흥공간에는 가무와 성적 향락을 제공하는 기생이 있었으며, 이들이 활동하는 유흥공간의 운영 및 이들의 매니저 겸 패트론 역할은 주로 별감을 비롯한 무반층에서 담당했었다.[22] 곧 첫 번째 서사단락에서 장보령이 장대장의 액막이를 하기 위해 별감에게 맡기는 대목이라든가 장안 기생들 외입을 열 살부터 시작했다든가 하는 따위의 내용은 소리꾼 박춘재의 삶의 모습과 직접적인 관련성이 있음에 주목해야 할 것이다.[23]

---

22) 박애경, 「20세기 초 대중문화의 위상과 시가-시가의 지속과 변용 양상을 중심으로」, 『민족문학사연구』 Vol-No.31(민족문학사학회, 2004), 199면.

23) 이서구, 『세시기』(배영사, 1969), 58~62면.
"고종 황제는 서울 소리꾼 박춘재(朴春載)를 대전별감(大殿別監)으로 특채하여 색차지(色次知)로 임명했다. 박별감은 목청이 곱고 신수가 깨끗하고, 말 재주가 멋드러져 그 거드럭거리는 맵시는 천하 명물이었다."
손태도(2001), 앞의 논문, 138면. 재인용.
"유치흔 시대브터 신문의 풍류랑을 좃ᄎᆞ단이며 노릐와 음률을 억기넘어로 ᄇᆡ온 것이 일취월장ᄒᆞ여 그 형셰를 막지능어로다. 십오셰가 되던 ᄒᆡ에 젼한국 졍무시ᄃᆡ에 가무별감 즁에 일등으로 한참 호강을 ᄒᆞ얏을쎈 안이라 〈매일신보〉(1914. 5. 17)"

둘째, <장대장타령>의 광무대 공연과 관련하여 당시의 상황과 연관시킬 때 연희에서의 흥행적 요소로써의 개작 문제이다. 이는 두 번째 서사단락의 내용과 관련지을 수 있다. 분량상의 차이는 있지만, 아들인 '나머지'에 대한 치병(治病)과 이로 인한 '허봉사와 장대장네'의 사건에서 개연성을 찾을 수 있다. 우선 아들의 병을 고치기 위해 애를 쓰는 어미의 사랑이라는 내용은 남성보다는 여성의 입장에서 보다 진지하게 받아들여질 수 있는 대목이다. 1910년대 당시 극장 관객의 다수가 여성이었음을 감안하면 그들의 심금을 울리기에 자식에 대한 사랑만큼 강한 것도 없을 터였다.[24)]

다음에 나타나는 사건인 '장대장네와 허봉사'와의 윤리적 일탈의 경우, <장대장네굿>에서 그 이야기의 모티브를 가져왔을 개연성과 더불어 당시 청중들, 특히 신여성들의 성(性)에 대한 개방적 성향[25)]과 사적 욕망, 그리고 '쾌락의 요구'[26)]에 대해, 일면 옹호하는, 또는 책임을 회피할 수 있는 간접적인 변명의 여지를 제공하는 역할도 했을 것으로 보인다.[27)]

3 삽입가요의 존재양상

본장에서는 재담소리의 한 축을 담당하고 있는 <장대장타령> 관련 삽입가요를 살펴 문학이면서 동시에 음악적 공능을 갖는 재담소리의 시가

24) 정충권, 「1910년대 ≪매일신보≫ 독자란에 나타난 극장과 관객에 대한 인식」, 『공연문화』제13집(한국공연문화학회, 2006), 404면. 재인용.
"요식 연극장에는 ᄉᆞ나희보다, 녀편네 구경군이, 엇더케 만흔지, 밤이면 테를 메이게 된다나요 에구 참. 「觀劇生」(≪매일신보≫ 1914. 2. 8. 「독자긔별」)

25) 정충권, 앞의 논문, 398면. 재인용.
"요사이 각 연극장 부인셕에 츌몰ᄒᆞᄂᆞᆫ 하이카라 녀편네들은 엇지 그리 치사ᄒᆞ고 츅흔지 그럴쓧ᄒᆞᆫ 사나희가 눈짓만 슬젹ᄒᆞ야도 곳줄 〃〃짜라온다나 셔방을 삼ᄃᆡ나 굴멋ᄂᆞᆫ지 그만ᄒᆞ고 좀 뎡죠를 직히ᄂᆞᆫ 것이 엇ᄃᆡ. 「謹告生」(≪매일신보≫ 1919. 9. 18. 「독자긔별」)

26) 권보드래, 「1910년대의 새로운 주체와 문화-『매일신보』가 만든, 『매일신보』에 나타난 대중」, 『민족문학사연구』(민족문학사연구회, 2008), 159면.
권보드래는 당시 『매일신보』 지상의 자료를 제시하면서 "1910대를 '쾌락'은 추천되었을 뿐 아니라 강요"된 시대라고 하였다.

27) 이 내용은 사료를 통해 구체적으로 언급된 바가 없기에 단정 지을 수는 없음을 밝힌다. 자세한 내용은 차후에 논하고자 한다.

사적 의의를 살펴보고, 방각본 잡가집과 SP음반 유행 사이의 영향관계를 고찰하고자 한다.

<장대장타령> 관련 자료는 음반자료와 기록 자료로 나눌 수 있다. 다른 자료들은 이미 학계에 많이 알려진 바가 있으나 2007년 11월에 발매된 백영춘 명창의 음반은 지면에 소개되지 않은 관계로 백영춘 명창과 그 동안의 복원 과정을 간략하게 소개하고자 한다.

백영춘 명창은 1946년 서울 출생으로 17살 때부터 경서도창을 익혔고, 故 이창배 선생께 민요·선소리·산타령을 사사해 1977년 이수자로 인정받았다. 1999년부터 '재담소리' 복원 작업을 시작해 장대장타령을 꾸준히 공연해 왔다. 2002년 서울재담소리보존회를 설립해 회장으로 활동하고 있다. 2007년 11월 재담소리 <장대장타령>을 복원한 CD 음반을 만들었으며, 이를 계기로 2008년 3월 서울시로부터 무형문화재 38호 재담소리 예능 보유자로 지정받았다.

그러한 과정에서 자신이 <장대장타령>을 복원하게 된 과정과 난관을 이야기했다.

> …그래서 초창기엔 그런 고음반이 있다는 것도 잘 몰랐습니다. 선생님이 일러주신 걸 기억해서 저 나름대로 노래를 붙여서 곡도 붙이고 사설도, 사설은 이창배 선생님의 가요집성이라는 데 다 실려 있어요, 원본이. 그 사설을 기본으로 해서 무대에 올렸고 그 후로 몇 년 지나가니까 그 음반이 좀 뭐라고 합니까? 새로 CD를 다시 나오는 것. 디지털로, 그렇게 된 게 나왔어요. 그때 그걸 들어보니까…저희들이 한 거랑 흡사하더라구요. 선생님이 옳게 가르쳐 주셔서 그런 톤이. 저희들은 서울경기소리를 항상 하니까 항상 그 토리를 노래하니까, 맥락은 똑같으니까…장대장 타령은 소리도 쭉 엮어가면서 소리도 많이 들었고 판소리모냥 아니리, 사설 자체가 노래로 만들었어요. 곡을 붙여서 대화를 하면서 가서 이건 한 50분 정도 소요됩니다.[28]

백영춘은 1997년부터 재담소리 연구를 시작하고 공연을 시도하면서 박해일 선생의 지도를 되새기게 되었다고 한다. 이때 <장대장타령>의

---

28) 백영춘 명창에 대한 자료는 아래 인터넷 사이트를 참조했다.
http://h21.hani.co.kr/section-021015000/2006/12/021015000200612200640064.html
http://www.pressian.com/scripts/section/article.asp?article_num=40080522160020

저본은 홍경산 구술본으로 삼았다고 했다. 이러한 과정에서 1996년 한국고음반연구회에서 발매한 음반을 듣고 자신감을 얻게 되었으며, 자신이 연구하고 재구한 <장대장타령>이 원래의 그것에서 크게 벗어나지 않았다는 것을 알게 되었다는 것이 그의 증언이다.

이에 본장에서는 홍경산 구술본 <장대장타령> 만으로는 찾기 어려웠었던 '소리' 부분을 살펴봄으로써 장대장타령을 문학과 음악이 어우러진 완성체로 살피는 것에 목적을 둔다.

다만 삽입가요를 살핌에 있어 다음의 두 가지 의문을 제시할 수 있을 것이다. 첫째는 기록 자료가 아닌 음반 자료라는 점, 둘째, 20세기 초의 흥행작품을 2007년에 복원함에 있어 일부분만 남아있는 원본과의 차이를 어떻게 극복할 것인가이다.

물론 유성기 음반을 '가집'이라는 관점에서 바라보는 것은 낯설다. 하지만 20세기 초반의 신문과 유성기 음반의 문학 콘텐츠 중 많은 비중을 차지하고 있는 것이 고전 시가 장르였다는 점에 주목한다면, 이러한 낯설음은 어느 정도 극복될 수 있을 것이며,[29] 여기에서 한 걸음 더 나아간다면 비록 2007년 제작 발매된 음반이지만 이것이 20세기 초 흥행했었던 박춘재의 <장대장타령>의 원본에 가깝게 복구한 것이라면[30] 이 또한 가치의 중요성에 있어 궤를 같이 한다고 할 수 있다.

박춘재와 관련된 음반,[31] 곧 일본 축음기 상회 1차(1911년, 일본 본사, 동경)·2차(1913년, 일본 동경)·4차(1925년) 녹음과 일동축음기(1925~1928년) 녹음, 일축과 콜롬비아 합작(1925~1945년) 녹음, 그리고 그 외 6곡을 정리하여 동일곡목을 제외하면 57곡이다.[32]

---

29) 고은지, 「20세기 초 시가의 새로운 소통 매체 출현과 그 의미」, 『어문논집』55(민족어문학회, 2007), 35~36면.
고은지는 "잡가집을 포함한 20세기 초반 문학사의 현장에서 고전 시가 텍스트를 기록하고 소통시키는 데 활용되었던 유성기 음반과 신문을 '20세기 형' 가집이라는 전제 하"에 논의를 전개했다.

30) 〈장대장타령〉의 복원과 관련해서는 해당 당사자인 백영춘의 증언을 비롯하여 서울특별시 무형문화재 제38호 재담소리 지정기념 공연인 "뿌리에 핀 꽃"(2008년 7월 9일 예악당) 공연 때 이영희(한국국악협회 이사장), 이보형(한국 고음반연구회 회장), 양종승(서울시 문화재위원), 유영대(국립창극단 예술감독), 서한범(단국대), 사진실(중앙대) 등의 사계 전문가들의 축사에 입각할 때 작품의 완성도를 높이 평가하고 있음을 알 수 있다.

31) 손태도(1997), 앞의 논문, 186~190면.
박춘재 관련 음반의 곡목 수는 배연형과 이보형이 연구한 것에 의거해 손태도가 정리한 것을 참고했다.

이를 근간으로 하여 복각 음반인 ≪경기명창 박춘재(1996)≫와 복원 음반인 경기명창 백영춘의 ≪서울재담소리 장대장타령, 장님타령(2007)≫에 수록된 곡을 서사에 따른 순서로 살피면 아래와 같다.

첫째, 박춘재 소리에 나오는 대표적 노래로는 자진모리로 부르는 '만포첨사대목'[33]과 굿거리 장단에 경토리로 무당과 장대장이 수작하는 것을 만수받이로 소리하는 '장님무당대목'[34]이 있다. 그리고 이들 대목에 사이사이에 노래가락(산 간데 그늘이요, 용에 집에는 소이로구오)과 장님과 장대장네 간의 대화를 창부타령 조로 부르는 노래가 있다.

둘째, 백영춘 소리는 8대목으로 나누어 살필 수 있다. ① '장대장타령 문여는 소리'에서는 <사설난봉가>가, ② '옛날에 장지영 대장의 아버지가 살았는데'에는 '노랫가락조'의 "때마침 어느 때뇨 춘삼월은 호시절에…"가 나오며, '비나리'와 민요 <강원도 아리랑>에서 변형된 <한오백년>의 한 부분이 섞여 불린다. ③ '지성이면 감천이라' 대목에서는 남・여 주인공이 '타령조'의 노래를 번갈아 부르며, ④ '장대장이 이리 한참 놀적에' 대목에서는 <회심곡>과 <輓歌>가 삽입되었다. ⑤ '이렇게 장대장은 부모님을 떠나보내고 세상물정'에서는 "서대문 밖을 넌짓 지나 무악재 슬쩍 넘어 홍제원에 당도하니 가는 날이 장날이라"를 마치 '휘모리잡가'처럼 부른다. ⑥ '마침 건너마을에서 굿판이 벌어졌는지라' 대목에는 <굿타령>과 '창부타령조'의 <만수받이>가 나타난다. 만수받이가 끝나면 바로 남・여 주인공이 함께 <어랑타령>을 부른다. 또한 이 대목은 <박춘재 소리>의 경우 '만포첨사 대목'에 해당된다. ⑦ '이렇게 굿하는 척하고 두 남녀가 정담을 나누는데' 대목에서는 '뱃노래'가, ⑧ '이렇게 한양에 돌아와서 두 남녀가 살림을 차리게 되었는데'와 ⑨ '이렇게 경판이 끝나

32) 가세타령(遊去打領), 각색 장사치 흉내, 개넋두리, 개타령, 경산타령(京山打領), 계변유주가(溪邊有酒歌), 곰보타령, 급속거규, 자진권주가(急速勸酒歌), 자진평양가(急速平壤歌), 긴수심가, 긴난봉가, 낭군가, 노랫가락, 농담 경복궁타령, 달거리, 뒷산타령, 맹꽁이타령, 무녀 덕담(가), 무당 노랫가락, 무당흉내, 방아타령, 배따라기, 병신난봉가, 사립쓰고, 사설난봉가, 산염불, 산천초목, 선유가, 성주풀이, 세월타령, 소춘향가, 수심가, 신조각인무녀유가, 양산도, 오조가(烏鳥歌), 유산가, 이별가, 이팔청춘가, 장님흉내, 장대장타령, 잦은 난봉가, 장기타령, 잦은 방아타령, 잦은배따라기, 적벽가, 제비가, 제석거리, 제석풀이, 제석타령, 집장가, 창부승타령, 청산중가(靑山中歌), 팔도 산타령, 평안도 상하창 영변가, 화류가, 홍타령 등

33) 닛보노홍 K220B(6089) 만포첨사타령 朴春載(1911년)

34) 닛보노홍 K220A(6059) 장님무당타령 朴春載(1911년)

고' 대목에서는 <무당노래가락>, <비나리>, <무경>, <굿타령>, <무당공수>, <안택경>, <파경> 등이 연이어 나온다. 이후 마무리 부분에서 다시 '창부타령조'의 민요로 마무리를 하고 있다.

이상을 살펴보면 <장대장타령>과 관련된 삽입가요를 거칠게나마 추출할 수 있는데, 그 노래들은 아래와 같이 나타난다.

> **<사설난봉가>, <장대장 타령>, <만포첨사 타령>, <노래가락>, <창부타령>, <신조어랑타령>, <회심곡>, <만가(輓歌)>, <곰보타령>, <무당노래가락>, <비나리>, <무경>, <굿타령>, <무당 공수>, <안택경>, <파경>[35] 등**

위 노래들을 살피면 그간 홍경산 구술본 <장대장타령>으로는 찾을 수 없었던 재담과 소리, 곧 재담소리의 완전한 형태를 유추 가능하게 해준다. 다시 말하면 <장대장타령>은 재담에 노래가 삽입된 특수한 형태를 갖춘 작품이며, 여기에는 근래 본격적 연구가 진행 중인 잡가와 관련된 여러 노래가 삽입되었고, 그 내용에서는 하위 장르의 다양성도 확보하고 있다.

곧 <장대장타령> 문 여는 대목에 사용된 <사설난봉가>를 비롯하여, 신세 한탄하는 대목에서의 타령조와 노래가락, 민요조(한 많은~), 불교계 노래인 <회심곡>을 비롯하여, 상례(喪禮) 시 사용되는 만가(輓歌), 휘모리잡가 중 <맹꽁이타령>의 일부분, 떡집 안주인을 놀리는 대목에서는 <곰보타령>의 한 대목이 생각나게 한다. 또한 평산소놀음굿의 굿판과, 노래가락에 이은 제석거리 막불겹이, 공수, 안택경 등 무악의 다양한 레파토리가 두루 등장한다. 그리고 사설조로 대화하는 대목이나 설명하는 대목에서는 마치 <추풍감별곡>을 읊조리듯 사설 내용을 읊어내고 있다. 결국 <장대장타령>은 서사적 요소와 극적인 요소, 그리고 당시 서울에서 유행하던 다양한 레파토리인 휘몰이잡가, 선소리, 노래가락, 만가, 민

35) 〈파경〉은 〈장대장네굿〉에 실려 있다. 음악적 관련성이 있다고 판단되기에 삽입하였다. 파경(罷經)으로 서도창의 한 곡명이다. 일명 장님타령이라고 한다. '경(經)을 끝낸다'는 뜻의 노래로 나쁜 귀신을 쫓는 옥추경(玉樞經), 신장경(神將經) 같은 경문을 주워 섬기다가 끝을 〈수심가〉 식으로 여미는 소리이다. 〈파경〉은 덕담만을 담은 안택경 다음에 반드시 연주되는데, 이 경문은 처녀, 총각, 홀아비, 과부의 귀신과 가뭄에 죽은 귀신, 장마에 죽은 귀신을 쫓아내는 내용이 실려 있다.

요, 무가(악) 등의 음악이 작품에 녹아 흐르고 있음을 알 수 있다.

이러한 연희형태는 박춘재의 특기인 재담과 경토리, 서도소리의 창조적 어울림으로 볼 수 있으며, 여기에는 당시 흥행에 성공한 창극(唱劇)의 영향을 받아 시세를 좇으려는 상업적 맥락에서의 관견(管見)도 가능하다.[36] 곧 작년(2007)에 복원된 음반[37]을 대상으로 가정할 때, 이 작품의 전체 공연 시간은 50분 남짓으로 이는 판소리 완창(8시간 이상)과 비교했을 때 충분히 전체 공연을 할 수 있는 시간임을 알 수 있다. 또한 막간극 형태가 1920년대 말에 상업적 이유에서 나타난 것을 감안하고, 광무대의 박춘재를 홍보한 내용이라든가 각 신문의 사설을 살핀다면 당시 소리꾼으로 명성이 높던 박춘재의 특기를 고작 한 대목만 부르지는 않았을 것으로 여겨진다. 왜냐하면 박춘재 소리를 듣기 위해 광무대에 와서 고작 4, 5분 그를 만난다는 것은 관객의 입장에서도 이해하기 어려울 것이기 때문이다.

한편 이러한 삽입가요의 흥행은 방각본 잡가집의 출판에도 영향을 끼쳤을 것으로 보인다. 비록 재담소리 <장대장타령> 전반에 걸친 내용을 실은 잡가집은 없지만, 20세기 초 박춘재의 재담소리 <장대장타령>에서 불리어졌을 것으로 추정되는 노래들이 여러 잡가집에 산견된다.[38] 이 노

---

36) 손태도(1997), 앞의 논문, 145. 186~190면.
"시세를 좇는다는 것은 1915년 당시 신파 극단들도 상당한 흥행을 하고 있었기 때문에 구파 공연은 경쟁 의식을 갖고 단합하게 되었다는 것이다."

37) 여기에는 〈경기명창 박춘재(1996)〉 복각 음반과 백영춘 · 최영숙 경창의 〈서울 재담소리-장대장타령 · 장님타령(2007)〉 음반 복원으로 작품의 종합적 분석에 보다 근접해 갈수 있는 기회를 얻게 되었다.

38) 음반 〈경기명창 박춘재〉(1996)에 수록된 노래와 관련된 잡가집 수는 다음과 같다.
〈개넉두리〉(1913) 『대중보무쌍유행신구잡가Ⅵ(Ⅱ)-144』외 1책
〈장님 흉내〉(1911) 장님과 관련하여 〈맹인덕담경〉 『신구시행잡가Ⅰ-234』외 11책
〈걸승덕담가〉(1912) 『조선잡가집Ⅲ-412』(걸승타령)
〈제비가〉(1911) 『신구시행잡가Ⅰ-203』 외 15책
〈유산가〉(1911) 『신구시행잡가Ⅰ-201』 외 16책
〈집장가〉(1911) 『신구시행잡가Ⅰ-205』 외 12책
〈달거리〉(1911) 『정선조선가요집Ⅴ-467』 외 1책
〈무녀덕담가〉(1913) 〈무당덕담〉(1926)
〈무당덕담〉 『대중보무쌍유행신구잡가Ⅵ(Ⅱ)-152』
〈제석타령〉(1913) 〈제석거리〉(1926) 『대중보무쌍유행신구잡가Ⅵ(Ⅱ)-152』
〈신제이팔청춘가〉 『무쌍신구잡가Ⅱ-482』
〈사설난봉가〉(1911) 『정정증보신구잡가Ⅰ-613』 외 8책
〈노래가락〉(1925~1928년경) 『가곡보감Ⅴ-302』 외 3책

래들 대부분은 광무대 시절 이전[39]부터 불리기 시작한 것이 대부분으로 SP음반이 제작된 시기(1911년)나 잡가집이 본격적으로 출간된 시기(『무쌍신구잡가』(1915) 이후)보다 앞서는 것이 이를 방증한다.

4 결론

본 논문은 서울의 속가 가운데 한 편인 재담소리 '<장대장타령>'과 관련된 문학 자료와 음반 자료를 대상으로 하여 구성상의 특성과 이본관계, 삽입가요의 존재양상 고찰을 통해 문학사적 의의를 살피고자 하였다.

이에 앞의 논의를 정리하여 문학사적 의의를 정의하고 본 논문의 문제점을 살펴보는 것으로 결론을 대신하고자 한다.

본 논문에서는 <장대장타령>의 구성방법과 내용의 분석을 통해 '장대장 이야기'와 '장대장네와 허봉사 이야기' 두 개의 서사단락으로 구성되었음을 알 수 있었으며, 이 과정을 통해 첫 번째 서사단락은 <해주 장대장네굿>에서 모티브를 가져왔고, 두 번째 서사단락은 박춘재 자신의 삶을 투영한 창작 가능성을 시사했다.

한편 <장대장타령>은 서사적 내용의 회자(膾炙)는 물론, 작품에 삽입된 노래, 즉 민요, 잡가, 노랫가락, 무당소리, 타령 등이 서울을 중심으로 빠르고 광범하게 유행되었음을 어렵지 않게 추정할 수 있다. 이는 1910년 이후 급격한 발전을 보이는 방각본 잡가집의 발간과 SP음반 제작과도 많은 개연성을 갖고 있음을 살펴보았다.

이상의 논의를 정리하면 <장대장타령>의 문학사적 의의는 크게 두 가지 측면에서 살펴볼 수 있다. 첫째는 재담과 소리(고전시가)가 결합한 독특한 양식이라는 점이고, 둘째는 이 작품의 흥행이 방각본 잡가집 출판에 어느 정도의 영향을 주었을 것이라는 점이다.

앞서 언급했듯이 박춘재의 <장대장타령> 역시 재담과 노래가 같이 어

39) 손태도(1997), 앞의 논문, 137~145면.

우러진 재담소리였음이 분명하다. 그럼에도 불구하고 아직까지 <장대장타령>의 전모를 살필 수 없었는데, 그 이유는 당시 음반의 주류였던 SP 음반의 기술적 문제[40]와 함께 당시 음반사들이 상업적 이유로 박춘재의 인기 레파토리였던 '만포첨사' 대목과 '장님무당' 대목[41]만을 실었던 것에 기인한다. 다행히 백영춘 명창의 각고의 노력 끝에 <장대장타령>이 복원되어 주요한 단서를 찾을 수 있게 되었다.

한편 재담소리의 형성은 당시의 창무극의 흥행과도 개연성이 있다. 곧 신극의 흥행에 자극됨은 물론 판소리도 새로운 형태의 공연이 대성공을 거두어 가자 재담소리도 상업적 측면에서 새로운 시도를 하게 된 것으로 보인다.[42] 곧 상대역의 필요성, 시류에 맞는 서사구조의 참신성, 그리고 음악적 요소의 삽입의 극대화 등이다. 이런 이유로 인하여 경토리에 이어 수심가조가 유행하기 시작된 배경이 될 수 있다. 이러한 재담소리의 흥행은 1910년대 중반 이후 잡가집의 발간에 영향을 미쳤을 것으로 추정된다.

지금까지 <장대장타령>과 관련된 문학적·음악적 자료를 통해 <장대장타령>의 특징을 살펴보았다. 그럼에도 아직 풀어야 할 문제들이 산재해 있다. 특히 박춘재의 <장대장타령> 초기 공연(1907)으로부터 100여년이 지난 후에 복원된 음반에 힘입어 본 논문이 진행되었다는 것을 염두에 둔다면, 오히려 논문 진행의 단서가 가장 큰 맹점으로 작용할 수 있다. 논문에서 논의된 연구자료의 많은 부분이 20세기 초 그 당시 <장대장타령>의 원본이 아니기 때문이다.

이에 앞으로의 연구과제로 다음과 같은 점들을 고려하여야 할 것이다.

---

40) SP레코드(standard playing record) : 에밀 페르리너가 1887년 발명한 평원반 레코드로 연주시간은 25cm판 한쪽 면이 약 3분 정도이고 회전수는 78회전이다.

41) 사진실(2000), 앞의 논문, 311면.

42) 백대웅, 「18·19세기 서울의 도시문화 변천에 따른 음악문화의 변화 양상」, 『민족문화연구』(고려대학교 인문과학연구소, 1998), 165면.
1900년 이전의 광무(光武) 초부터 서울 동대문 안에 협률사(協律社)가 자리를 잡고 일반 흥행을 하고 있었는데, 그후 그 자리에 광무대(光武臺)가 세워지면서 이를 속칭 광무대협률사라고 부르게 되었다.…그 당시 고종(高宗)의 총애를 받아 의관(議官) 감찰직을 제수받은 김창환·송만갑 국창(國唱)도 여기에 출연하였고, 허금파·강소향 등 여류 명창이 이 협률사에 참가하게 되면서 그때까지 혼자서 부르던 판소리 〈춘향가〉는 극중 인물의 대화창(對話唱)으로 일보 전진하게 되었다. 이렇게 하여 혼자만이 부르던 판소리는 대화창으로 발전하였고, 그것이 1900년 초의 원각사(圓覺社) 시절에 비로소 창극화되어 무대 예술로서 그 첫발을 내딛게 되었다.

우선 당시 서울 광무대 공연과 관계된 자료는 물론, 서울의 문화와 흐름과 특징을 살필 수 있는 자료의 채취가 우선해야 할 것이다. 이후 이를 토대로 <장대장타령>의 작품의 분석과 해석을 통해 20세기 초 한국인들이 갖고 있던 미의식을 살펴야 할 것이다. 특히 재담소리라는 말에서 드러나는 웃음의 미학을 밝히고 재담소리에 삽입된 속가의 기능과 역할을 살핌으로써 재담소리 <장대장타령>의 지향은 무엇인가까지를 통틀어야 유의미한 작업이 될 것이다.

Ⅳ. 〈장대장타령〉에 나타난 웃음의 양상과 의미

1 서론

재담소리(재담)는 재치 있게 하는 재미있거나 우스운 노래이다.[1] 연원이 오래된 만큼 재담과 관련된 인물들의 일화가 많이 전해지고 있으며, 이러한 재담의 전통을 경기명창 박춘재(朴春載, 1883~1950)가 이어 받았다.[2]

본고에서 논의할 <장대장타령>은 박춘재에 의해 창작된 재담(才談)을 큰 줄기로 하고, 19세기 말~20세기 초에 걸쳐 홍행하던 <사설난봉가>, <수심가>, <회심곡>, <맹꽁이타령>, <창부타령> 등의 통속민요와 <제석타령>, <파경>, <소굿> 등의 무가(巫歌)가 사설의 흐름에 알맞게 삽

1) 손태도, 「전통 사회 재담소리의 존재와 그 공연 예술사적 의의」, 『판소리연구』25집, 판소리학회, 2008, p.243.

2) 사진실, 「배우의 전통과 재담의 전승-朴春載의 재담을 중심으로」, 『한국음반학』 10, 한국고음반연구회, 2000, pp.299~333.
사진실은 세조 때 安孝禮, 인조 때 전라도 기제 출신 예능인 朴男, 연산군 때의 배우 孔吉, 최을송, 귀석의 일화와 '오물음', '광문', '외무릅'의 이야기가 저자에 회자된 것을 볼 때, 재담과 관계된 골계-풍자, 해학 · 古談 · 德談 · 익살 · 虛言, 신소리 등이 지역과 신분 지위고하를 막론하고 도처에서 많이 유행했으며, 이러한 전통을 박춘재가 이어받았다고 했다.

입된 새로운 형태의 재담소리이다. 1907년 광무대 공연 이후 활판본 가집과 유성기 음반을 통해서 널리 알려졌으며, 이로부터 1세기가 지난 2007년에는 백영춘에 의해 음반으로 재구된 바도 있다.[3)]

이러한 <장대장타령>은 20세기 초 연행환경의 변화에 따라 재담과 통속민요를 결합한 새로운 형태의 연희물이라는 점과 당대 관객(독자)들에게 지대한 영향을 끼친 작품임에도 불구하고 이를 대상으로 고찰한 연구물은 손에 꼽힐 정도로 미비한 형편이다.

<장대장타령>에 관한 초기 논의는 박춘재의 삶과 예술 활동을 두루 살핀 손태도와[4)] 소학지희(笑謔之戲)의 연장선상에서 재담소리를 고찰한 사진실에 의해 언급되었다.[5)] 이후 졸고(拙稿)를 통해 구성상의 특성과 이본관계, 삽입가요의 존재양상 등이 개진되었으며,[6)] 이는 다시 두 편의 석사학위 논문을 통해 구체적으로 논의된다. 신지대는 박춘재가 왕십리에 거주했던 전력을 근거로 <장대장타령>, <개넋두리>, <장님흉내> 등을 선소리 산타령과 무당소리의 학습 결과로 보았으며,[7)] 김혜영은 <장대장타령>에 삽입된 노래를 채보하고 백영춘의 공연 관련 사진 자료를 제시하여 음악극적 구조를 언급하였다.[8)]

그러나 위에서 다룬 내용들은 대체로 작품 해석을 위한 전(前) 단계에 머물고 있음을 부인할 수 없다.

이에 본고는 기존의 연구 성과를 토대하여, 재담소리 <장대장타령>에 내재된 웃음의 미학을 밝히는 것을 목적으로 기술되었다. 이는 20세기 초 한국인들이 향유하던 웃음의 양상과 의미를 파악하는 것은 물론, 우리 문학작품 속에 면면히 이어지는 해학의 전통을 포착하는 것이기도 하다. 특히 광무대 공연과 활판본 가집 수록, 음반 발매 등 열린 공간을 통

---

3) 박춘재의 〈장대장타령〉 관련 가집, 음반, 이본간 사설 비교 등은 졸고(「장대장타령 攷」, 『한국시가연구』25집, 한국시가학회, 2008, pp.235~257.)를 통해 언급하였기에 본문에서는 생략하였다. 한편 본고는 앞의 논문에서 미처 다루지 못했던 내용을 다룸으로써 보완의 성격을 띠고 있음을 밝힌다.

4) 손태도, 「경기명창 박춘재 論」, 『한국음반학』Vol.- No.7, 한국고음반연구회, 1997, pp.131~194.

5) 사진실(2000), 앞의 논문.

6) 전계영, 「장대장타령 攷」, 『한국시가연구』25집, 한국시가학회, 2008, pp.235~257.

7) 신지대, 「박춘재의 활동상과 재담소리의 작품세계」, 고려대학교 대학원 석사학위논문, 2010.

8) 김혜영, 「재담소리 '장대장타령'의 전승과정과 음악극적 구조 연구」, 중앙대학교 대학원 석사학위논문, 2011.

해 해학과 풍자로 시대를 통찰하고, 이를 관객(또는 독자)의 의식과 공유했다는 점을 감안할 때 박춘재의 재담소리 <장대장타령>을 논의하는 것은 매우 유의미한 작업이 될 것으로 판단된다.

본고의 분석 대상은 『한국가창대계』에 수록된 홍경산 구술본9)에 한정하였다.

2 박춘재 소리에 대한 당대 인식

우리는 문화 현상을 통해 새로운 의미를 재구성한다. 재구성된 의미는 그 자체만으로도 중요하지만, 그러한 현상이나 의미는 대중(독자)들의 의식에 영향을 줌으로써 모방(부정적 영향) 또는 패러디를 유도하거나

---

9) 이창배 편저, 『한국가창대계』, 홍인문화사, 1976, pp.231~238.
〈장대장타령〉은 배뱅이굿에도 일가견이 있는 이순일이 박춘재로부터 장대장타령을 배우고 또 홍경산, 정득만 등과 함께 부른 창본으로, 홍경산이 1960년대에 이창배에게 전한 것으로 기록되어 있다. 본고의 논지 전개상 필요하다고 판단되어 「장대장타령 攷」에 수록된 작품 경계를 재인용하였다.
① 서울 사는 장보령은 슬하에 일점혈육이 없자 명산대찰을 찾아가 불공을 드린 효험으로 옥동자(玉童子)를 낳았다.
② 이 아이가 신동이라 대감이 생각하기를 '이리 영특하다가 잘못하면 그릇될까' 염려하여 장안에 일등 별감(別監)을 불러 속을 틔어 달라 부탁한다.
③ 그날부터 장안 기생집을 모두 돌아다니며 외입을 하였으니, 그때 장대장 나이 열 살 남짓했다.
④ 부모들이 좋은 혼처를 구하여 성례를 시킨 후 3년 내에 양친이 별세하니 가세가 기운다.
⑤ 가난에 부인이 심사(心思)가 나서 장대장을 조롱하자 어느 재상집 사랑을 찾아가 같이 놀던 친구들에게 부탁하여 만포첨사(滿浦僉使)를 얻는다.
⑥ 만포진 부임길에 떡집으로 들어가 희롱을 하다가 곰보 떡장수 고습에 깜짝 놀라 줄행랑을 친다.
⑦ 장단일경(長端一境)을 당도한 후 '소굿'이 벌어진 곳을 찾아 만신과 수작한다.
⑧ 만신은 주막집을 찾아가 하루 저녁을 지낸 후 만포첨사와 함께 살다가 아들을 낳았다.
⑨ 장대장은 부인에게 무당행색을 금하라는 당부와 함께 서울에 돌아와 다방골에 살림을 차린다.
⑩ 아들 치병(治病)을 위해 허봉사에게 문복(問卜)하나 허봉사 허튼 수작에 수모를 주고 나온다.
⑪ 무당 곱단이를 찾아 할미당에 굿당을 차리는데, 그때 윗당에서 장님들이 경판을 벌였다.
⑫ 굿 구경하던 사람들이 노랫가락 청하는 소리에 옥신각신 할 때 장대장네가 갑자기 춤을 추고 푸념을 한다.
⑬ 장대장네의 무당소리를 들은 허봉사가 이를 빌미로 겁박(劫迫)한다.
⑭ 겁박하는 허봉사를 달래기 위해 굿 하고 남은 것, 은자보물과 금자보물, 개똥밭에다 돈 천냥을 준다며 권유(홍정)하나 허봉사는 완강히 거부한다.
⑮ 홍정 끝에 어쩌고 저쩌고 하여 새끼 장님을 낳아준다는 말에 "장대장 보거든 시치미 뗍세"라며 조건을 받아들인다.

새로운 인식의 장을 열게도 한다.[10]

특히 대중문화의 경우 유희성이 갖는 마력(魔力)[11]으로 인해 파급효과가 크다는 점을 감안할 경우, 대중들에게 인식의 전환을 일으키게 함은 물론 현실에서 느끼는 부조리를 재고(再考)케 했을 것이며, 관객(독자)은 이러한 문제점에 대한 인식을 해소하려는 노력의 일환으로, 긍정적 방향에서 작품이 갖는 지향을 수용하고 요구했을 가능성을 상정할 수 있다.

이렇듯 대중과 함께 호흡하면서 작자(또는 연행층)와 독자(수용층)로 하여금 공통의 보편적 정서를 이끌어 낸 부문을 우리 문학에서 찾고자 할 때, 골계를 해당 범주에 두어도 무리가 없을 듯하다.

우리 문학작품에서 골계의 특성을 강조하거나 문면을 통해 골계미를 드러내는 작품은 시대와 장르를 불문하고 두루 산견된다.

운문의 경우 동양의 고전인 『시경(詩經)』에서 국풍(國風)과 함께 '풍(諷)'을 언급한 것이나,[12] 신라 향가 <헌화가>의 배경설화에 나오는 '衆口鑠金'의 의미를 갈파한 것,[13] 사설시조에 나타난 골계를 사회적 배경과 효용론에 입각해 논의한 것 등이 있으며,[14] 산문의 경우에는 판소리 다섯마당의 사설과 판소리계 소설에서 나타나는 웃음, 『태평한화골계전(太平閑話滑稽傳)』, 『어면순(禦眠楯)』, 『청구야담(靑邱野談)』 등에 수록된 수백 편의 소화(笑話), 풍자성을 앞세운 연암(燕巖) 박지원(朴趾源)의 작품, 그리고 이러한 해학과 풍자의 전통을 이은 김동인(金東仁), 현진건(玄鎭健), 채만식(蔡萬植) 등 근현대 작가들의 작품을 거론할 수 있을 것이다.[15]

---

10) 정여진, 「잡가와 현대대중가요 비교 연구 : 청소년문화에 미치는 영향을 중심으로」, 경희대학교 교육대학원 석사학위논문, 2009.
정여진은 대중가요가 청소년에게 미치는 영향을 주로 부정적으로 파악하고 개선방향을 논의하였으나, 필자는 독자에게 미치는 부정적 영향은 물론 긍정적 영향도 있을 것이라는 판단 아래 논의를 개진하고자 한다.

11) 고정옥, 『조선민요연구 : 원시예술로서의 민요일반과 서민문학으로서의 조선민요』, 수선사, 1949, pp.48~49. 고정옥은 잡가가 갖는 대중적 흡인력을 '민심을 지배하는 魔力'으로 표현한 바 있다.

12) 류재일, 「한국 한시에 나타난 웃음의 양상과 의미」, 『한국문학의 골계 연구』, 태학사, 1993, pp.103~149.

13) 김영수, 『한국문학의 맥락』, 일지사, 1988, pp.326~346.

14) 이익생, 「사설시조의 골계미 연구」, 고려대학교 대학원 석사학위논문, 1980.
이정탁, 「시조문학에 나타난 풍자 연구」, 동국대학교 대학원 석사학위논문, 1968.

15) 김지원, 『해학과 풍자의 문학』, 도서출판 문장, 1983, pp.101~164.

이러한 다양한 웃음에 대해 정병욱은 그로체가 언급한 '눈물 속의 웃음'을 가져와 역설적인 성격을 갖춘 해학을 언급하였고, 이에 부가하여 민중들의 해학적 관조를 강조하였다.[16] 특히 해학적 웃음에 대해서 "비정상적인 것 또는 긴장된 기대에 어긋나는 것과 마주쳤을 때에 터뜨리는 웃음"으로 파악하면서 "우리의 선민들이 풍부한 해학적 생활을 누려왔다는 사실은 곧 우리 사회에 비정상적인 것과 긴장의 해이를 가져다주는 계기가 비교적 많았다는 사실을 의미하는 것이고, 한편으로는 그러한 사실들을 비판하는 가치판단의 능력에 투철한 인물이 많았다는 사실을 증명하여 주는 것으로 해석"했는데,[17] 이는 본고를 기술하는데 시사(示唆)하는 바가 매우 컸다.

<장대장타령>은 1907년 이후 비교적 빠른 시기에 광무대 공연을 시작으로,[18] 1910년대와 1920년대 가창문화 활성화에 크게 기여한 활판본 가집 수록 및 유성기음반 발매, 그리고 라디오 방송 등의 열린 공간을 통해 대중(독자)에게 지속적인 영향을 주게 된다. 특히 박춘재의 재담과 노래는 문화예술계의 메카인 한양(경성)을 중심으로 연행되면서 당대 문화계에 파장을 일으키며 홍행한다.

박춘재의 인기는 여러 매체를 통해 언급되었는데, 이러한 현상을 바라보는 관객(독자)의 시각은 호·불호로 평가가 엇갈린다. 그러나 부정적이든 긍정적이든 간에 이러한 기사들은 그의 인기에 대한 반증이면서 동시에 그의 공연이 갖는 문화적 파급력을 암시하는 것이기도 하다. 대표적인 부정적·긍정적 견해를 제시하면 다음과 같다.

---

16) 정병욱, 「해학의 전통성」, 『국문학산고』, 신구문화사, 1959, pp.238~254. ; 정병욱, 「전통론」, 『한국고전시가론』, 신구문화사, 1977, pp.247~280.

17) 정병욱(1959), 앞의 책, pp.244~245.

18) 1902년 고종 황제 어극 40주년 칭경식을 위해 설립한 협률사(원각사)가 최초의 근대식 옥내극장으로 알려져 있으나 기존의 연행물인 판소리와 가기, 무동의 연행이 있었으며, 3년 6개월 만에 문을 닫는다.

演藝界

登降仙樓ᄒᆞ야 試一評

근일경셩ᄂᆡ의,신구연극을물론ᄒᆞ고,연극열(演劇熱)이,ᄑᆡᆼ창ᄒᆞ니,그중에도혹찬셩ᄒᆞᆯ쟈이업ᄂᆞᆫ것은안이로ᄃᆡ, 대톄로말ᄒᆞ면아직, 죠션인민쳥도에ᄃᆡᄒᆞ야ᄂᆞᆫ, 도뎌히득당ᄒᆞ다고ᄒᆞᆯ수ᄂᆞᆫ업도다. …(필자 생략)졔반음담패셜이곳풍속을괴란ᄒᆞᆫ것은, 소위문영갑(文泳甲)등의, 날탕ᄑᆡ와, 박춘ᄌᆡ(朴春載)의, 셩쥬푸리이니, 졔석타령이니ᄒᆞᄂᆞᆫ 것은, 졔집안ㅅ방에셔, ᄒᆞᆫ쟈라도못ᄒᆞᆯ것이어ᄂᆞᆯ, ᄒᆞᆷ을며, 슈ᄇᆡᆨ명의남녀로유가모힌연극쟝인가, 이것은, 몃낫불학무식한음부탕ᄌᆞᄇᆡ의, 환영은밧을지라도, 졍당직슌슈관람쟈의, 론박이답지ᄒᆞᆯᄲᅮᆫ더러, 당직슌사의엄즁ᄒᆞᆫ취톄도잇셧거니와, 우리보관에셔도, 용서치못ᄒᆞᆯ바이니, 만일샤회의환영을밧고, ᄌᆞ긔의영업을위ᄒᆞᆯ진ᄃᆡ, 어디ᄭᆞ지쥬의ᄒᆞ야, 강션루의명예를온젼히 ᄒᆞᆯ지어다[19]

위 예문은 문영갑(문영수의 오기인 듯-필자)과 박춘재의 공연 내용이 음담패설과 풍속괴란을 일삼고 있어 보관(報館)과 일제 순사에 의해 경고를 받았다는 것과 그럼에도 공연장에 모인 수백 명의 불학무식(不學無識)한 음부탕자배(淫婦湯子輩)에게 환영을 받고 있음을 비판한 내용이다. 이러한 기사문은 두 가지 의미로 해석 가능하다. 즉 소리가 갖는 비속함과 풍기문란을 우려하는 당대보수층의 비판[20]은 물론이고, 새로운 형태의 연희물이 흥행에 성공했다는 양면의 시각을 모두 보여주고 있는 것이다.

藝檀一百人(86) 박춘ᄌᆡ

금부후동(禁府后洞)에셔ᄉᆡᆼ장ᄒᆞ야,유치ᄒᆞᆫ시ᄃᆡ브터,신문의풍류랑을좃ᄎᆞ단이며, 노ᄅᆡ와음률을, 억기넘어로ᄇᆡ온것이일취월장ᄒᆞ여, 그형셰를, 막지능어로다, 십오셰가되던ᄒᆡ에젼한국졍부시ᄃᆡ에, 가무별감즁에, 일등으로, 한참호강을ᄒᆞ얏슬ᄲᅮᆫ안이라, 샹총이지극ᄒᆞ얏스며, 위인이ᄯᅩᄒᆞᆫ, 염결ᄒᆞ고졍직ᄒᆞ여, 음란ᄒᆞᆷ과샤치ᄒᆞᆷ과, 탐욕ᄒᆞᄂᆞᆫ마음이업고, 다만ᄌᆞ긔의쟝기한아를일심으로연구ᄒᆞᄂᆞᆫ결과로, 지금에이르러ᄂᆞᆫ, 죠션에뎨일가ᄂᆞᆫ, 명챵의일홈을듯고, ᄯᅩᄂᆞᆫ경향에모르ᄂᆞᆫ사ᄅᆞᆷ이업스니, 그럼으로인ᄒᆞ야, 류셩긔에죠션악보를누가더너엇ᄂᆞᆫ고, 모다가명창박춘ᄌᆡ목쳥으로, 나온소리이니, 죠션가곡의ᄃᆡ표쟈라ᄒᆞ야도가ᄒᆞ리로다, 죠션ᄂᆡ에가곡이라ᄒᆞᄂᆞᆫ 것은, 못ᄒᆞᄂᆞᆫ것이업ᄂᆞᆫ고로, 이곳에렬거ᄒᆞ기에ᄂᆞᆫ, 지면이좁아못ᄒᆞ겟스나, 위인이절등ᄒᆞ고힝동이단졍ᄒᆞᆷ이, 일즉이화류에게셔, 보지못ᄒᆞᆫ바이라하겟스며,

19) 『매일신보』 1912. 4. 26.
20) 신지대(2010), 앞의 논문, p.15.

지금은삼십이셰츈광에, 명챵기ᄉᆡᆼ연옥이와, 오궁동에셔즐거히지ᄂᆡ인다ᄒᆞ니, 명창남녀가흠씌모히여, 가위젓고틀고, ᄌᆞ미가그속에잇스리라ᄒᆞ노라[21)]

위 예문은『매일신보』지면을 통해 1914년 1월 28일부터 1914년 6월 11일까지 경성 내 유명 연예인에 대한 내용을 연재한「예단일백인(藝檀一百人)」중에서 명창 박춘재에 대한 소개이다. 다른 예인의 경우 발굴과 소개를 함께 하고 있는 것과는 달리, 사계(斯界)에서 이미 명성을 날리던 그였기에 조선의 제일 명창으로서 유성기 음반취입과 가곡의 대표자임을 주로 설명하고 있다.

이상의 두 예문을 통해 박춘재의 인기도를 가늠할 수 있으며, 또한 예인으로서의 박춘재의 영향력이 지대하였음을 가늠할 수 있을 것이다.[22)] 박춘재에 의해 연행된 재담소리 <장대장타령>은 '재미있는 소리'라는 기존의 틀을 넘어서서 당대 관객(독자)들이게 세상을 바라보는 새로운 시각을 제공하고, 그들이게 또 다른 인식의 장을 형성케 하는 요인으로 작용하였을 것이라는 인식의 경도(傾度)를 가능케 한다.

결국 20세기 이전의 골계 문학이나 현상이 계층적, 지엽적, 불연속적으로 이루어졌었다면, 박춘재의 재담소리 <장대장타령>은 대중성을 근간으로 광범하고도 연속적인 공연을 통해 연행층은 물론 수용층이 받아들이는 골계에 대한 인식이 일정한 수준에 미치게 되었다는 점을 추정할 수 있을 것이다. 또한 현실 사회에서 드러내어 웃을 수 있는 골계를 향유한 것 역시 본고에서 <장대장타령>을 주요하게 여기는 주요 사항으로 작용된다.

---

21) 『매일신보』 1914. 5. 17.

22) 손태도의 논문(1997)을 참조할 때, 신문기사 이외에도 이은관이 구술한 "시골 사람들이 박춘재, 그건 아주 대명창이고 그냥 상당히 시골 사람들이 많이 알았습니다."라는 내용과 박춘재 소리임을 내세워 상업적 목적으로 출간한『증보신구잡가』(1916),『신구현행잡가』(1918), 그리고 1911년부터 1945년까지의 음반 수록곡을 살필 경우 그의 명성과 문화계에서의 위치를 충분히 가늠할 수 있다.

3 〈장대장타령〉의 웃음의 양상

재담소리 <장대장타령>의 문예성은 미적범주(美的範疇)[23] 가운데 골계미를 중심으로 드러나는데, 앞서 살폈듯이 골계미(골계)의 중요성을 언급한 논의나 문적(文籍)은 고전문학과 현대문학을 망라한 제문학 분야에서 산견된다.

박춘재의 재담소리 <장대장타령> 역시 이러한 골계가 중심에 있기에 다양한 종류의 웃음이 다기한 방식으로 생성되어 표출된다. 그리하여 그 특징을 '기대에 대한 배반'과 '일탈'로써의 '의외성',[24] '흉내내기(패로디)'와 '점층적인 반복을 통한 사태의 반전' 등을 중요 요소로 보았으며, 웃음을 주는 방식으로 사투리와 욕설, 비속어의 사용, 동음이의어와 문자속 사용, 그리고 性的 담론을 제시했다.[25]

그러나 앞서 언급한 내용은 주로 웃음의 생성 방식에 한정하고 있으며, 이러한 방식을 도출하기 위해 시도한 작품 분석에 있어서도, <장대장타령> 전반을 통해 드러나는 이미지를 주관적 직관에 의해 기술하거나, 박춘재의 재담소리 전반을 대상으로 다루고 있어[26] 대상 작품의 범위를 축소하여 살필 필요가 있다고 여겨진다.

이에 본장에서는 <장대장타령>만을 대상으로 웃음의 양상과 의미를 구체적인 예문 제시를 통해 살피고자 한다. 웃음의 양상은 미적범주의 일반적 분류에 따라 골계미의 하위범주인 해학・풍자・반어와 기지 등을 고려하되 이를 전통적 웃음의 전승과 변용으로 재분류하여 살피고자 한다.

---

23) 학문적으로 골계를 연구 중심에 두고 접근한 것은 1970년 서울에서 '동서문학의 해학'이라는 주제로 P.E.N 대회가 열린 이후로써(전규태, 「한국고대 해학문학논고」, 『인문과학』24・25합집, 연세대학교, 1971.), 그간 미적범주를 다룬 대표적인 국문학자로는 조동일(「미적범주」, 『한국사상대계 I』, 성균관대학교 대동문화연구원, 1973.)과 김학성(『한국 고전시가의 연구』, 원광대학교 출판국, 1980.) 등을 꼽을 수 있다. 이들은 미적범주를 숭고미, 우아미, 비장미(비극미), 골계미(희극미; 해학・풍자・기지・아이러니) 등으로 구분한 후, 각 범주의 개념과 상호 간의 관계를 설명하고 작품을 분류・분석하였다.

24) 신지대, 앞의 논문, pp.92~95.

25) 사진실(2000), 앞의 논문, pp.302~307.

26) 〈장대장타령〉, 〈장님아희회담〉, 〈발탈〉, 〈장님흉내〉, 〈개넋두리〉 등.

1) 전통적 웃음의 전승[27]

전통적 웃음을 전승한 해학(諧謔, humour)은 인간성과 관련된 웃음이다.[28] 그렇기 때문에 해학은 인간의 잘못이나 어리석음을 바라보기 시작하는 반면에, 따뜻한 애정과 동정으로서 대상을 감싸준다. 또한 해학은 동료 인간에 대하여 선의를 가지고 그 약점, 실수, 부족을 같이 즐겁게 是認하는 공감적 태도를 갖는다.[29]

<장대장타령> 역시 이러한 전통적 웃음을 전승한 해학이 다수 나타나며, 그 내용을 살펴보면 아래와 같다.

> **춘삼월 호시절이라 먼산에 아지랑이 끼고 ㉠두꺼비 외손자 보고 강남 갔던 제비 옛집을 찾아들고 초목군생지물이 개유이자락(皆唯而自樂)이라…「너그러운 대감께서는 이 못난 첩만 믿지 마시고 ㉡오늘이라도 취처(娶妻)를 하시와 소생을 보는 것이 좋겠습니다.」…그때부터 태기가 있어 부인이 ㉢아이를 낳되 열흘만에 일개(一介) 옥동자(玉童子)를 낳았겠다.**[30]

위에 인용한 대목은 장대장이 태어나기 이전의 상황을 노래한 부문이다. ㉠은 인물소개 이후 바로 주인공들의 상황을 제시하는 대목이다. "초목군생지물이 개유이자락(皆唯而自樂)"하는 시절에, 자신들은 "우리 두 사람은 전생에 무슨 죄로 싹이 없음"을 안타까워하고 있다. 그러나 이러한 표현은 풍유법을 주로 하는 관용구를 인용함으로써 무자식의 한(恨)을 긍정적 원망(願望)으로 연결시키고 있다. 이는 관객들에게 초반 사건의 제시와 함께 또 다른 긍정적 사건이 일어나리라는 희망적 메시지를 암시함으로써 가벼운 마음으로 공연을 즐길 수 있게 만드는 역할을 하고 있다.

---

27) 앞서 살폈듯이 정병욱(1977)은 해학의 전통성에 나타난 웃음을 정적이면서 평화적인 웃음과 지적이면서 전투적인 웃음으로 구분했으며, 사진실(앞의 논문, 200C, p.329.)은 전통을 계승한 웃음(동질성)과 전통과 다른 웃음(이질성)으로 나눈 바 있다. 특히 사진실은 재담이 웃음과 풍자를 두 축으로 이루어진다고 할 때 웃음이 전통을 계승한 동질성을 유지하고 있다면 풍자는 전통과 다른 이질성을 창출하였다고 보았다. 이러한 관점을 참조하여 해학적 웃음을 전통의 계승으로, 풍자적 웃음을 전통의 변용으로 구분하여 정리하였다.

28) 정병욱(1977), 앞의 책, p.269.

29) 이익생, 앞의 논문, pp.13~23. 이하 풍자, 모순, 기지 등의 개념 정리 역시 이익생의 논문 자료를 참조했다.

30) 예문은 홍경산 구술본 〈장대장타령〉에서 발췌한 것으로 해당 쪽수는 생략했다. 이하 동일하다.

㉡에서 무자식의 부인은 또 다른 출산의 방법인 '취처(娶妻)'를 제시하나, 이는 이미 상투적인 제스처에 불과하다. 물론 그 말을 진심으로 받아들여 동병상련의 아픔을 공유함으로써 애틋한 웃음을 만든 것으로 파악해도 무방하다. 그러나 이 내용의 진의(眞意)는 "「대감께 청을 드릴 말이 있습니다. 다름이 아니라 예로부터 이르기를 무자(無子)한 사람들이 명산대찰을 찾아가 발원을 하면 혹 아이를 얻을 수 있다 하니까…」"로 나타나는데, 이는 남편에 대한 사랑과 자식을 고대하는 원망(願望)은 양보할 수 없는 조건이기 때문이다. 장대장의 부인이 대감을 위로하는 장면에서 이미 눈치가 빠른 관객들은 다음 대사나 사건의 진행 방향을 예측했을 것으로 판단된다.

㉢은 어렵사리 얻은 자식에 대한 염려와 축하를 과장법을 사용함으로써 유쾌하게 표현했다. 열 달을 품어야 출산한다는 자연의 순리를 초월하는 대사를 제시함으로써 상황의 신속한 전개와 함께 흥미를 배가시키고 있다. 또한 "「아- 참, 대감에겐 급하니까 그랬지. 열흘만에 낳았단 말이야」"라고 너스레를 떠는 것으로써 주인공들에 대한 우호적 표현은 물론 관객에게도 긍정적으로 받아들이게 하고 있다.

> 여자 얼굴이 ㉣어찌나 얽었던지 얽은 구멍에 물을 한 종지를 부으면 모자랄 정도였다. 떡 먹을 맛이 없어 임시변통을 하겠다. ㉤「여보, 홍제원 인절미가 눅기가 사발로 퍼먹고 가게 눅다더니 이렇게 단단하여 못 먹겠으니 ㉥내가 다녀올 때까지 푹 물렸다가 주게나」

위에 인용한 부문은 장대장이 만포첨사로 떠나면서 떡집 여인의 외모를 놀리는 대목이다. ㉣~㉥에서는 자신의 기대치에 미치지 못한 여인의 외모를 제시함으로써 장대장의 오입쟁이 경력이 순간 의심받는 지경에 이른다. 또한 당황한 장대장이 '눅은 인절미'로 변명하고 줄행랑치는 모습에서 범부(凡夫)들 공통의 단순함과 순박함, 그리고 헛된 욕심에 대한 어리석음의 단면을 보임으로써 풍자적 조소(嘲笑)로도 볼 수 있으나 주인공인 장대장이 곤란한 지경에서 벗어난다는 설정을 통해 결과적으로 관객들에게 유쾌한 웃음을 제공하고 있다. 한편 '곰보'인 사람들의 외형상의 미추(美醜)를 논하면서도 그 어쩔 수 없는 현실의 받아들임에 애틋한 연민을 느끼게도 한다.

> 「서울서는 시월상달이라 하여 대감놀이, 성주(城主)받이를 하지만 ㉦시골서는 온 일년 내 "소가 애를 썼다"하여 소굿이라 하나이다」…「여보 만신, 노랫가락 한 마디 청 합시다」하였겠다. 한참 정신없이 굿을 하다가 별안간에 노랫가락 청하는 소리에 정신이 번쩍 들어 생각하기를 ㉧(시골 구석에는 노랫가락을 잘 모르는데 내가 서울 큰 굿에 불려 가면 서울서나 들었는데 웬일이야)…㉨무당, 생각하되 노랫가락으로 하다가 시간이 길 듯하여 제석(帝釋)거리 막불겹이로 하겠다.…㉩「첩이나 있소?」/「홀아비일세」「나고나 살까?」/「작히나 좋지」

위에 인용한 부문은 만신을 만나는 대목이다. ㉦에서는 서울의 유명한 굿놀이에 비해 상대적으로 저열한 '소굿'을 명명함으로써, 경향(京鄕) 간의 세태와 인식을 그대로 노출하는데, 이는 삶의 모습을 꾸밈없이 보여주는 시골 사람들의 언행을 통해 소박함을 드러내고 있으며, 대다수 관객이 서울 사람들이라는 점을 감안할 경우 그들로 하여금 상층문화를 향유하고 있다는 자부심을 느끼게 함으로써 모종의 우월감을 갖게 하여 공연에 대한 적극적 반응을 유도하고 있음을 생각할 수 있다.

㉧은 당시 최신의 유행을 향유하는 서울(경성) 사람들에게 문화적 우월감을 느낄 수 있도록 조장하는 동시에, 시류(時流)에 있어 <노랫가락>을 알아야 서울 사람으로 대접 받음을 암시하고 있다. 또한 작품 내용과는 별도로 박춘재 자신의 재담소리와 삽입된 노래를 홍보함으로써 흥행의 일익(一翼)을 공연 그 자체에서 담당하고 있음을 살필 수 있다.

㉨~㉩은 '만수받이조'를 이용한 빠른 사건 전개를 통해 작품의 긴장감을 유지하면서 '불륜'이라는 부정적 상황을 가볍게 처리하고 있다. 곧 음악적 효과와 상황을 간략하게 제시함으로써 '윤리적 일탈'을 유쾌한 일탈로 전환시키고 있는 것이다.

한편 해학적 웃음을 유발하는 방식 가운데 기발한 착상에 의하여 언어의 이중적 의미를 만들어 共鳴의 효과를 얻는 기지(機智, wit)를 꼽을 수 있다. 기지는 독자(관객)의 감각을 예리하게 자극할 수 있는 것이어야 하며 간결하고 요령 있는 재담이 되어야 한다. 이러한 재담은 박춘재가 광무대를 비롯한 열린 공간에서 연행할 때 관객의 시선을 유도하기 위해 삽입한 것으로 보인다.

> 장지영(張志暎) 대장(大將)의 아버지가 어디서 사느냐 하면 저 ㉪농(籠) 속에서 살겠다. 「응, 장안(長安) 말이지?…㉫시골 무당일망정 양화도(楊花渡) 곡식(穀食)이거든, 음 수수하단 말이지 그래…뉘라서 농부라더냐. 만경창파의 사공일다. 광풍에 배를 잃고 오는 바이 네 집이라, 들으매 ㉬네 배가 논다기에 네 배타러 예 왔노라…「만약에 한양 가서 무당의 행색이 나타나면 우리 가문에 망신이니 그리 알고 만약에 행색이 드러나면 너하고는 ㉭초록(草綠)이 되느니라.

기지에 대한 웃음 유발은 대부분 언어유희에 해당한다. ㉪에서는 '농안'-'옷장'- '장안'- '서울에 산다'로 연결되는 동음이의어와 관련된 내용이며, ㉫은 양화도에 많이 심던 수수를 에둘러 언급하여 마치 수수께끼를 내듯 질문을 하여 관객의 호기심을 자극한다. ㉬는 배[舟]와 배[腹]의 동음이의어, ㉭은 동일 음절인 '-질'의 반복을 통한 언어유희를 통해 웃음을 유발하고 있다.

2) 전통적 웃음의 변용

유머가 안정된 사회에서 폭발되는 웃음이라면 풍자(새타이어)는 불안정한 사회에서 솟아나는 웃음으로 현실부정의 태도를 견지한다. 우리 고전시가에서 풍자적 성격이 드러나는 작품으로 고려가요 <쌍화점>, 사설시조 <一身이 사쟈ᄒᆞᆫ이>, 가사 가운데 <용부가> 등을 꼽을 수 있을 것이다.[31] 물론 이러한 풍자는 사회상의 변천, 즉 시대의 상황과 세태의 사정에 따라 달라지기 때문에 웃음의 전통과는 다른 이질성을 토대로 창출된다.[32]

풍자(諷刺, satire)는 본질적으로 사회적 문학형식으로 시대와 사회의 부조리를 공격하고 기괴한 풍습을 꼬집으며 인간의 우행(愚行)과 악덕(惡德)을 비웃는다. 그리하여 보편적인 윤리와 도덕에 어긋난 개인과 사회를 교정하고 개량하는데 문학적 특성을 갖는다.

---

31) 정병욱(1977), 앞의 책, pp.268~280.
32) 사진실(2000), 앞의 논문, p.329.

<장대장타령>에 나타나는 풍자의 경우 앞서 살핀 해학에 비해 상대적으로 적게 나타난다.

> ㉠ 장대장네 집을 짓되 밑에서 올라가자면 맨 끝집이요, 위에서 내려오자면 맨 첫집이었다. 그런데 이 집은 유달리 지었겠다. 다른 집은 한 간에 기둥이 네 개씩인데 이 집은 여덟 개씩이었다.「이층을 짓는 것이겠지」「그런 게 아닐세. 풍우(風雨)가 심하면 쓰러질까 염려하여 예비 기둥이지…하루는 부인이 바느질을 하고 있으려니까 날마다 생쥐란 놈이 밥풀 토막이라도 얻어 먹을까 하여 다니다 못하여 얻었다는 것이 가래톳밖에 못 얻었겠다. 할 수 없이 ㉡생쥐란 놈이나 잡아 잡수 하고 쓰러졌겠다.

위에 인용한 대목은 장대장이 만포첨사로 떠나기 전 가난하게 사는 모습을 보여주고 있다. ㉠, ㉡의 경우는 모두가 경제적 능력에 대한 비판적 비아냥거림으로 볼 수 있다. 물론 이보다 더 큰 문제는 궁핍에서 벗어나려는 노력의 흔적이 보이지 않는다는 것에 있다. 더욱이 '여벌 기둥'이라는 준비(準備)를 빙자한 무용(無用)의 대안을 제시함으로써 그 비웃음의 강도는 극에 달한다. 그러나 이러한 현실 비판의 문제제기도 굶주림에 견디다 못해 쓰러지는 생쥐의 모습을 통해, 풍자의 신랄함을 해학적 웃음도 연결시키고 있다.

> 「아 내가 살기가 궁색하여 등짐이라도 질까 하는데, 아 그렇게 되면은 내 망신보다는 자네들 망신이 더 크니 ㉢자네들 하고남은 초시라도 한자리 주게나 그려」

㉢은 사대부들의 매관매직(賣官賣職)에 대한 우회적 풍자이다. 20세기 초임에도 불구하고 이러한 내용의 웃음이 관객들에게 쓴 웃음을 유발케 했던 것은 아마도 가렴주구를 일삼는 탐관오리배와 무능력의 위정자가 도처에 기생하고 있었음에 기인할 것이다.

> ㉣ 이런 수작을 하였겠다. 남들은 속을 모르고 신나게 굿을 잘한다고 칭찬이 자자했겠다.

㉣은 무지에 대한 조롱이다. 극의 흐름을 유지하는 효과도 있지만 실

제 하층민들이 굿을 대하는 우매함과 무당의 기망(欺罔)을 함께 풍자한 것이다.

한편 대상을 비난하기 위해 상황에 대한 평가를 교묘하게 왜곡함으로써 진의(眞意)와 반대되는 의미를 도출하는 반어 역시 풍자와 통하는 점이 있다.

> ㉤대감이 생각하기를 내가 늦게서야 낳은 자식이 이리 영특하다가 잘못하면 그릇될까 염려하여…그래서 그날부터 삼패(三牌)나 기생집이라 장안 기생집을 빼지 않고 돌아다니며 외입을 하였으니 그때 장대장 나이 열 살 남짓했겠다.

㉤은 만득자의 영특함을 걱정하여 내외적으로 액(厄)을 피하기 위해 선택한 것이 별감(別監)에게 아이를 맡기는 장면이다. 예전에는 귀한 아들의 경우 이름이나 별명을 천하게 지어 부른다거나 칭찬을 자제함으로써 신의 눈과 사람들의 시기의 대상에서 벗어나게 하는 소극적인 대처를 하는 것이 보편적이었다. 그러나 위에 나타난 상황, 즉 '외입장이'로 만든다는 내용의 설정은 일반적 인식에서 심하게 벗어난 것으로써 관객에게 어처구니없는 웃음을 유발시킨다.

이 대목은 가무별감으로 고종의 총애를 받았었던 박춘재의 삶과 관련시켜 살펴볼 여지가 있다. 일반적으로 작가의 습작 기간 동안의 작품은 자신의 일화에서 비롯되는 경우가 다반사이기 때문이다. 또한 작품 내용과 재담소리의 흥행을 고려할 경우 <해주장대장네굿>의 원용과 함께 서사의 전반부에 또다른 이야기를 첨부시키는 과정에서 전대(前代)부터 문화 흐름의 한 축을 담당했었던 별감(別監)을 소재로 선택했을 가능성을 제시할 수 있을 것이다.

> ㉥…들으니 농부라더니 창녀(娼女)의 집이 무삼 일고, 오시긴 오셨지만 주무시고는 못 가리다. 아희야, 신 돌려 놓아라 열사흘 내세」

㉥은 창녀의 집에 놀러온 사람, 그것도 멋진 한양 손님을 돌려보내려 하는 대목이다. 그리하여 정절을 지켜 열사(열녀)를 내고자 한다. 이때 창녀이면서 열사를 표방하는 상황을 통해 모순된 상황을 연출하고 있다.

이상의 골계미의 양상을 살펴보면 풍자보다는 해학적인 웃음이 우세하고, 재담소리의 특성상 언어유희와 반어적 표현이 두드러지게 나타나고 있음을 살필 수 있다. 풍자가 적은 이유는 관객의 신분이나 지적 수준, 그리고 유희의 장으로서의 역할에 충실했음과 관련지을 수 있다.

한편 풍자가 상대적으로 적게 나타나는 또 하나의 이유로 당시 기득권층이나 일제의 검열에 의한 영향을 상정할 수 있을 것이다. 앞서 제시한 매일신보 기사(1912년 4월 26일)에도 실린 "당직슌사의엄즁ᄒᆞᆫ취체도잇셧거니와, 우리우리보관에셔도, 용서치못ᄒᆞᆯ바이니, 만일샤회의환영을밧고, ᄌᆞ귀의영업을 위ᄒᆞᆯ진ᄃᆡ, 어ᄃᆡᄭᆞ지쥬의ᄒᆞ야, 강션루의명예를온젼히ᄒᆞᆯ지어다"라는 부문과 일제(日帝)가 1904년 2월 러일전쟁 직후부터 시작한 인쇄물에 대한 검열로 인해, 열린 공간에서의 연행이나 음반 제작, 활판본 가집의 출간에 있어 당시 세태와 부조리를 비판한 내용은 대체로 감시의 대상이 되었을 것이고, 이러한 영향 아래에서 자유로운 창작 또한 제약이 있었을 것으로 보인다.[33)]

4 〈장대장타령〉의 의미

본고는 한국문학의 특징 가운데 하나인 해학의 전통을 이은 박춘재의 재담소리, 특히 그의 특장이라고 할 수 있는 <장대장타령> 작품에 내재된 웃음의 의미를 찾고자 하였다.

<장대장타령>은 재담의 전통을 이은 박춘재에 의해 창작된 새로운 형태의 연희물이다. 이 작품은 20세기 초 한양(경성)을 무대로 흥행하였는데, 박춘재의 연희와 더불어 그를 지켜보던 당대 관객들의 기대치가 부합하면서 상호간의 공통분모를 형성하게 된다.

---

33) 정진석 편, 『일제시대 민족지 압수 기사모음』 I, LG상남언론재단, 1998, pp.6~30.
시기는 조금 다르지만 1925년 1월 언문신문의 시가에 대한 검열 및 통제 기준은 다음과 같다. '조선의 독립(혁명)을 풍자하여 단결투쟁을 종용하는 것, 총독정치를 저주한 배일적인 것, 빈궁을 노래하고 계급의식을 도발하는 것'.

즉 배우 입장에서는 시대의 부조리를 통찰하여 열린 공간을 통해 관객에게 유희를 제공했으며, 관객들은 내재적 또는 소극적으로만 접근해야 했던 현실적 괴리를 배우의 연행을 동일 시공에서 공유함으로써 인식의 장을 넓힐 수 있는 계기를 마련하였다. 이러한 인식의 확장은 여유를 가지고 세상을 바라볼 수 있는 골계가 있었기에 가능했다.

또한 20세기 이전의 골계 문학이나 현상이 계층적, 지엽적, 불연속적으로 이루어졌었다면 박춘재의 재담소리 <장대장타령>은 대중을 대상으로, 경향(京鄕)을 아우르며, 연속적으로 공연되었다는 점도 간과할 수 없을 것이다. 이러한 여건에 의해 수용층이 받아들이는 골계에 대한 인식이 일정한 수준에 미치게 되었으며, 이는 다시 사실들을 비판하는 가치판단의 능력에 투철한 인물을 양산했을 것이기 때문이다.

골계는 보편적 사회 인식과 현실 속의 삶이 어긋날 때 이를 해소하기 위한 방편으로 생겨난다. 곧 잘못 경화된 인식을 급격히 파괴함으로써 현실의 고통을 긍정적으로 승화시킴과 동시에 삶의 길을 모색해 나가는 것으로 이는 재미를 주면서도 쓴맛을 음미하게 한다. 여기에서 바로 골계가 성립한다. 더 구체적으로 말하면 발화자가 우스운 '말' 우스운 '짓'을 할 수 있는 '미적 심상'을 가질 때 해학이 가능한 것이다.[34)]

<장대장타령>의 문예성은 주로 골계미를 통해 드러난다. 해학과 풍자, 반어와 기지가 모두 내재되어 있으며, 이는 관객에게 재미있는 이야기를 부각시키기 위한 장치로써 의도적으로 삽입된 것으로 볼 수 있다. 이러한 골계미가 갖는 중요성은 작품만을 대상으로 하여 찾을 수도 있겠지만, 이에서 한 단계를 지나 살펴보면 배우와 관객 상호간의 소통을 통해 재생산되는 골계의 기준 형성과 사회 통찰이라는 깨달음에 더 큰 의미를 둘 수 있을 것이다.

34) 이상근, 『해학 형성의 이론』, 경인문화사, 2004, p.116.

5 결론

본고는 박춘재의 재담소리인 <장대장타령>과 관련하여 박춘재의 위상과 작품에 내재된 웃음의 양상과 의미를 살펴보고자 하였다. 이에 이상의 내용을 요약하는 것으로 결론을 대신하고자 한다. 재담의 전통을 경기명창 박춘재의 특장인 <장대장타령>은 그에 의해 창작된 재담에 당시 유행하던 통속민요와 무가 등이 삽입된 새로운 형태의 연희물이다.

고전문학에 나타나는 골계가 대체로 국한문을 습득한 지식인들의 소유물이었다는 점과 폐쇄된 공간에서 불연속적으로 향유되었다고 볼 때, 박춘재의 <장대장타령>은 문화예술계의 메카인 서울(경성)에서 열린 공간을 매개로 홍행하였다. 물론 이러한 홍행의 주요 요인으로 박춘재의 인기도와 함께 그가 지닌 문화적 위상을 인식해야만 한다.

<장대장타령>은 주로 골계를 중심으로 소리가 전개된다. 그의 소리에는 따듯한 애정과 동정으로 대상을 감싸는 전통적 웃음으로서의 해학이나 불안정한 시대 상황과 세태를 비판한 풍자(웃음의 변용) 모두를 함유하고 있다. 다만 그의 작품에서 해학에 비해 풍자가 상대적으로 적게 나타나는데, 그 이유를 기득권층의 압력과 일제 검열에 의한 노랫말 삭제 등을 상정할 수 있을 것이다.

그럼에도 불구하고 박춘재의 재담소리는 작자(배우)와 독자(관객)의 소통을 통해 재생산되는 골계의 기준 형성과 사회를 통찰하는 깨달음을 공유했다는 점에서 문화사적 의의를 찾을 수 있을 것으로 판단된다. 더불어 <장대장타령>의 존재를 통해 기나긴 질곡 속에서도 끊임없이 세상을 살아낸 우리 민족의 내면에 세상을 관조하는 골계가 면면히 이어져 왔음을 또한번 살필 수 있었다.

다만 홍경산 구술본의 경우 완성본으로 볼 수 있을지언정 박춘재의 재담과는 어느 정도 차이가 있음을 고려해야 할 것이다. 다시 말하면 20세기 초의 재담소리와 1960년대에 구술된 자료, 그리고 백영춘의 음반 재구가 어느 정도 일치하는 지를 살필 수 없다는 생태적 한계를 지니고 있는 것이다. 이는 새로운 자료의 수집이 이루어질 때 다시 살피기로 하겠다.

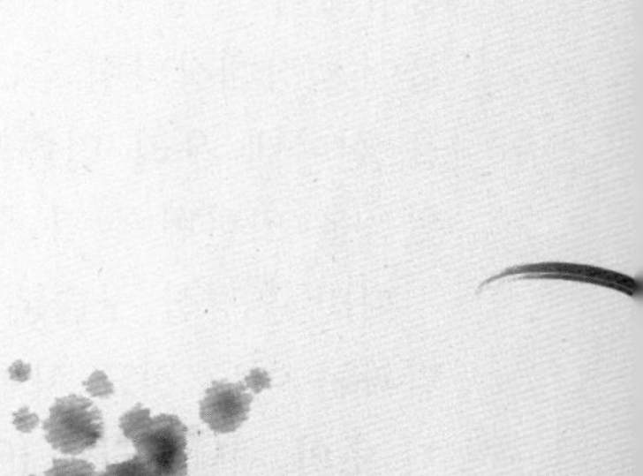

참고자료

1. 자료 및 단행본

강만길, 『이조의 상인』, 한국일보사, 1975.
강명관, 『조선시대 문학예술의 생성공간』, 소명출판, 2002.
______, 『조선의 뒷골목 풍경』, 푸른역사, 2003.
______, 『조선후기 여항문학 연구』, 창작과 비평사, 1997.
고동환, 『조선후기 서울상업발달사연구』, 지식산업사, 1998.
고려대학교 아세아문제연구소 육당전집편찬위원회 편, 『육당최남선전집』9, 1974, 현암사.
고려서림, 『춘향전』1, 도서출판 고려서림, 1987.
고미숙, 『18세기에서 20세기 초 한국시가사의 구도』, 소명, 1998.
고정옥, 『조선민요연구』, 수선사, 1949.
구자균, 『한국평민문학사』, 민족문화사, 1982.
국립문화재연구소, 『황해도 평산(黃海道 平山) 소놀음굿』, 국립문화재연구소, 1998.
국문학 편찬위원회, 『국문학신강』, 새문사, 2003.
국사편찬위원회, 『승정원일기』, 탐구당, 1969.
권도희, 『한국 근대음악 사회사』, 민속원, 2004.
권문해, 『대동운부군옥』1~10, 소명출판, 2003.
김교봉·설성경, 『근대전환기 시가 연구』, 국학자료원, 1996.
김기현, 『한국문학논고』, 일조각, 1972.
김대길, 『시장을 열지 못하게 하라』, 가람기획, 2000.
김동욱, 『개정 국문학개설』, 보성문화사, 1988.
김동욱·임기중, 『(校合) 歌集』, 태학사, 1982.
____________, 『(校合) 樂府』, 태학사, 1982.
____________, 『(校合)雅樂部歌集』, 태학사, 1982.
김동인, 『김동인전집』1(감자 外,) 조선일보사 출판국, 1987.
______, 『김동인전집』16(조선근대소설고 외), 조선일보사 출판국, 1987.
김동환 저·김영식 편, 『파인 김동환 전집』제1권(시), 한국자료원, 1995.
김문기, 『서민가사 연구』, 형설출판사, 1999.
김병국 외, 『장르교섭과 고전시가』, 월인, 1999.
김사엽, 『개고 국문학사』, 정음사, 1956.
김선풍 편, 『조선미인보감』, 민속원, 1984.
김소운, 『언문 조선구전민요집』, 제일서방, 1933.
김수영, 『한국문학의 맥락』, 일지사, 1988.
김순제, 『한국의 뱃노래』, 호악사, 1982.
김영수, 『한국문학의 맥락』, 일지사, 1988.

김영운·김혜리, 『서도소리』, 민속원, 2009.
김영희, 『개화기 대중예술의 꽃, 기생』, 민속원, 2006.
김용석, 『문화적인 것과 인간적인 것』, 푸른숲, 2000.
김용직 편저(1996), 『김소월전집』, 서울대학교출판부.
김용직, 『한국근대시사』제1부, 새문사, 1983.
김종철, 『판소리사 연구』, 역사비평사, 1996.
김주현 주해, 『정본 이상 문학전집』2(소설), 소명출판, 2005.
김지원, 『해학과 풍자의 문학』, 도서출판 문장, 1983.
김진영·김현주, 『화용도』판소리 자료총서5, 박이정, 2000.
김진영·최동현, 『흥보가』판소리 자료총서2, 박이정, 2000.
김천혜, 『소설 구조의 이론』, 문학과 지성사, 1999.
김학동 편저, 『백석전집』, 새문사, 1990.
김학성, 『한국 고전시가의 연구』, 원광대학교 출판국, 1980.
김호성, 『한국의 전통음악』, 국악보급진흥회, 1999.
김흥규, 『한국문학의 이해』, 민음사, 1988.
리차윤, 『조선음악사』, 박이정, 1996.
린다호천, 『패러디 이론』, 문예출판사, 1992.
문화공보부 문화재관리국, 『중요무형문화재해설(음악)』, 문화공보부 문화재관리국, 1985.
바츨라프 세로셰프스키/ 김진영 외 역, 『코레야 1903년 가을』, 개마고원, 2006.
박경수 편, 『안서 김억전집』1(창작시집), 한국문화사, 1987.
________, 『안서 김억전집』6(수필집), 한국문화사, 1987.
박성의, 『국문학통론·국문학사』, 반도출판사, 1974.
______, 『농가월령가·한양가』, 교문사, 1984.
박연호, 『가사문학장르론』, 도서출판 다운샘, 2003.
박을수, 『한국시조대사전』상·하, 아세아문화사, 1992.
박종성, 『백정과 기생-조선 천민사의 두 얼굴-』, 서울대학교출판부, 2004.
박태원, 『천변풍경』, 깊은샘, 2006.
백대웅, 『국악용어 해설집』, 보고사, 2007,
______, 『전통음악의 이면과 공감』, 지식산업사, 2004.
서대석·손태도·정충권, 『전통 구비문학과 근대 공연예술』Ⅰ, 서울대학교출판부, 2006.
서대석, 『한국무가의 연구』, 문학사상사, 1997.
서울특별시, 『서울의 무형문화재』, 서울특별시, 1976,
서원섭, 『가사문학연구』, 형설출판사, 1978.
성경린, 『한국예술개관-민속편-』, 예술원, 1975.
성무경, 『조선후기 시가 문학의 문화담론 탐색』, 보고사, 2004.
손인애, 『향토민요에 수용된 사당패 소리』, 민속원, 2007.
손정목, 『조선시대 도시 사회 연구』, 일지사, 1977.
송방송, 『한국근대음악사연구』, 민속원, 2003.
______, 『한국음악통사』, 일조각, 2004.
심재완, 『교본 역대시조전서』, 세종문화사, 1972.

심재완, 『시조의 문헌적연구』, 세종문화사, 1972.
안자산, 『조선문학사』, 을유문화사, 1984.
안민영 원저, 김신중 역주, 『역주 금옥총부』, 도서출판 박이정, 2003.
요한기념사업회 편, 『새벽』1, 한국능률협회, 1981.
윤광봉, 『고전시가와 예술』, 경인문화사, 2003.
______, 『한국연희시연구』, 이우출판사, 1987.
윤기홍, 『윤기홍 전집』1 · 2, 도서출판 글밭, 1991.
윤중강 해설/정경태 창/강낙승 장고, LP 자료「가사(歌詞)」, 『국악의 향연』20-21, 서울음반, 1976.
이경민, 『기생은 어떻게 만들어졌는가』, 아카이브북스, 2006.
이경재, 『청계천은 살아있다』, 가람기획, 2002.
이광수, 『무정』한국문학전집19, 문학과지성사, 2007.
이기백, 『한국사신론』, 일조각, 1997.
이노형, 『한국 전통 대중가요의 연구』, 울산대학교 출판부, 1994.
이능화, 『조선해어화사』, 동문선, 1992.
이병기, 『국문학개론』, 일지사, 1985.
이병기 · 백철 공저, 『국문학전사』, 신구문화사, 1973.
이상근, 『해학 형성의 이론』, 경인문화사, 2004.
이서구, 『세시기』, 배영사, 1969.
이성천 외, 『알기쉬운 국악개론』, 풍남, 1996.
이영미, 『한국대중가요사』, 시공사, 1998.
이용기 편/정재호 외 주해, 『주해악부』, 고려대학교 정신문화연구소, 1992.
이우성 · 임형택 역편, 『이조한문단편집』, 일조각, 1990.
이윤석, 『남원고사 원전비평』, 보고사, 2009.
이인직 저/권영민 교열 · 해제, 『혈의 누』, 서울대학교출판부, 2001.
이인직 저/권영민 · 김종욱 · 배경열 편, 『「은세계」「모란봉」「빈선랑의 일미인」』, 서울대학교출판부, 2003.
이중환, 『택리지』, 평화출판사, 2005.
이창배, 『증보 가요집성』, 청구고전성악학원, 1961.
______, 『한국가창대계』, 홍인문화사, 1976.
이태극, 『시조의 사적연구』, 이우출판사, 1981.
이태준, 『이태준 전집』1(단편), 깊은샘, 1988.
임기중 역주/ 유만공 원저, 『우리 세시풍속의 노래』, 집문당, 1993
임동권, 국어국문학총서 제2집 『한국민요 연구』, 삼우사, 1976.
______, 『한국민요사』, 집문당, 1965.
임동철, 『판소리와 판소리계 소설 연구』, 민속원, 1997.
임형택, 『옛노래, 옛사람들의 내면풍경』, 소명출판, 2005.
임화, 『현해탄』, 기민사, 1987.
장덕순, 『국문학통론』, 박이정, 1995
______, 『국문학통론』, 신구문화사, 1988.

장덕순, 『한국문학사』, 박이정, 1995.
장덕순 · 조동일 · 서대석 · 조희웅, 『구비문학개설』, 일조각, 2002.
장사훈, 『국악논고』, 서울대출판부, 1988.
______, 『국악대사전』, 세광음악출판사, 1984,
______, 『국악총론』, 정음사, 1976.
______, 『증보 한국음악사』, 세광음악출판사, 1986.
장사훈 · 성경린, 『선소리 산타령』, 문교부, 1966.
전광용 · 송민호 · 백순재 편, 『한국신소설전집-이해조 편』상 · 하, 을유문화사, 1968.
전규태, <춘향전>, 『한국고전문학대전집』1, 중앙도서, 1984.
______, 『한국시가연구』, 고려원, 1986.
전통예술원, 『한국근대음악의 전개양상』, 민속원, 2006.
정노식, 『조선창극사』, 동문선, 1994.
정범태, 『경서도 명인명창』, 깊은샘, 2005.
정병설, 『나는 기생이다』, 문학동네, 2007.
정병욱, 『시조문학사전』, 신구문화사, 1966.
______, 『증보판 한국고전시가론』, 신구문화사, 1983.
______, 『한국 고전 시가론』, 신구문화사, 1980.
______, 『한국 고전의 재인식』, 홍성사, 1979.
______, 『한국의 판소리』, 집문당, 1993.
정재호 편저, 『한국속가전집』 1~6권, 도서출판 다운샘, 2002.
정재호, 『한국잡가전집』1~4권, 계명문화사, 1984.
정창관, CD 《1986년 7월 24일 한민족 최초의 음원, 한국최초의 음원》, 파루코리아, 2007.
정충권, 『흥부전 연구』, 도서출판 월인, 2003.
정한모 저, 『한국 현대시 문학사』, 일지사, 1977.
정현석, 『교방가요』, 보고사, 2002.
조동일, 『한국문학의 갈래 이론』, 집문당, 1992.
______, 『한국문학통사』3, 지식산업사, 1984.
______, 『한국문학통사』4, 지식산업사, 1999.
______, 『한국민요의 전통과 시가율격』, 지식산업사, 1996.
조선연구회 편저/송방송 색인/이진원 해제, 『조선미인보감』, 민속원, 2007.
조윤제, 『국문학사개설』, 을유문화사, 1993.
______, 『국문학사』, 동국문화사, 1956.
______, 『한국문학사』, 탐구당, 1993.
______, 『한국시가사강』, 을유문화사, 1961.
채만식, 『채만식전집』2(장편), 창작사, 1987.
______, 『채만식전집』7(단편), 창작과비평사, 1989.
최강현, 『가사문학론』, 새문사, 1999.
최남선, 『조선상식문답속편』, 삼성문화문고 17, 삼성미술문화재단, 1981.
최은숙, 『민요 담론과 노래 문화』, 보고사, 2009.
최준식, 『한국미, 그 자유분방함의 미학』, 호형출판, 2003.

최준식, 『한국인은 왜 틀을 거부하는가?-난장과 파격의 미학을 찾아서』, 조합공동체 소나무, 2002.
최진원, 『국문학과 자연』, 성균관대학교 출판부, 1986.
최창호, 『민족수난기의 신민요와 대중가요들을 더듬어』, 평양출판사, 1995.
최철 편저, 『한국민요론』, 집문당, 1986.
한국고문서학회, 『조선시대 생활사』2, 역사비평사, 2002.
한국고음반연구회, ≪경기명창 박춘재(김홍도・문영수)≫명인명창선집(9), 지구레코드, 1996.
한국정신문화연구원, 『한국인물대사전』, 중앙일보 출판법인 중앙M&B, 1999.
한명희・송혜진・윤중강, 『우리 국악 100년』, 현암사, 2003.
함화진, 『증보 가곡원류 全』(영인본), 민속원, 2002.
현진건, 『적도』현진건전집1(장편소설), 문학과비평사, 1988.
홍석모 외, 『동국세시기/열양세시기/경도잡지/동경잡기』, 대양문고, 1978.
황용주 편저, 『한국 경・서도 창악대계』(국악교재 상・하권), 선소리 산타령 보존회, 1993.
황준연, 『한국 전통음악의 악조』, 서울대학교출판부, 2005.

2. 논문 및 연속 간행물

강등학, 「19세기 이후 대중가요의 동향과 외래양식 이입의 문제」, 『인문과학』31집, 성균관대학교 인문과학연구소, 2000, pp.241~263.
강명관, 「조선후기 서울 성안의 신분별 거주지」, 『역사비평』33, 역사문제연구소, 1996, pp.324~345.
______, 「조선후기 서울의 중간계층과 유흥의 발달」, 『민족문학사연구』제2호, 1992, pp.181~207.
강연진, 「한국 근대 대중가요 형성 과정 연구」, 이화여자대학교 대학원 석사학위논문, 2002.
고미숙, 「19세기 시조의 전개양상과 그 작품 세계 연구」, 고려대학교 대학원 박사학위논문, 1994.
고은지, 「20세기 전반 소통 매체의 다양화와 잡가의 존재 양상-잡가집과 유성기 음반을 중심으로」, 『고전문학연구』제32집, 한국고전문학연구회, 2007, pp.99~138.
______, 「20세기 유성기 음반에 나타난 대중가요의 장르 분화 양상과 문화적 의미」, 『한국시가연구』제21집, 한국시가학회, 2006, pp.325~354.
______, 「20세기 초 시가의 새로운 소통 매체 출현과 그 의미-신문, 잡가집, 그리고 유성기음반을 중심으로」, 『어문논집』55, 민족어문학회, 2007. pp.31~61.
고정희, 「<영변가>와 <진달래꽃>의 상호텍스트적 양상과 의미」, 『한국시가연구』제30집, 한국시가학회, 2011, pp.284~314.
______, 「'비유기적' 노랫말을 지닌 고전시가의 재해석-잡가 <제비가>를 중심으로」, 『한국시가연구』제24집, 한국시가학회, 2008, pp.353~384.
구인모, 「근대기 시인의 현실과 유행가요 창작의 의미」, 『한국문학연구』42집, 동국대학교 한국문학연구소, 2012, pp.217~244.

권도희, 「1910년대 잡가집과 초기 유성기 음반을 통해 본 조선대중음악의 기반」, 『남도민속연구』 제19집, 남도민속학회, 2009, pp.7~34.

_____, 「19세기말 20세기 초 도상과 음악・공연예술사」, 『근현대 한국음악 풍경』, 국립국악원, 2007, pp.245~254.

권보드래, 「1910년대의 새로운 주체와 문화-『매일신보』가 만든, 『매일신보』에 나타난 대중」, 『민족문학사연구』, 민족문학사연구회. 2008, pp.147~169.

권순회, 「단가의 형성과 변모 양상」, 『한국민속학』 25집, 한국민속학회, 1993.

_____, 「잡가 연구의 현황과 과제」, 『한국가사문학연구』(상산정재호박사 화갑기념논총간행위원회 편), 태학사, 1995.

김경희, 「잡가의 장르 성격에 대한 연구-경기잡가를 중심으로」, 『국악원논문집』 권12집, 국립국악원, 2000.

김동욱, 「만화본 「춘향가」 연구」, 『판소리연구』 제2집, 판소리학회, 1991.

_____, 「이조 기녀사 서설(사대부와 기녀)-이조사대부와 기녀에 대한 풍속사적 접근」, 『아세아여성연구』 제5집, 숙명여대 아세아여성 문제연구소, 1966.

김동욱, 「잡가의 타 장르 수용양상에 관한 연구」, 충북대학교 대학원 석사학위논문, 1992.

_____, 「판소리 발생고」, 『논문집』 vol 2, 서울대학교, 1955.

_____, 「판소리 발생고」, 『논문집』 vol 3, 서울대학교, 1956.

_____, 「판소리 삽입가요를 위한 시론」, 『논문집』 vol 7, 서울대학교, 1958.

김동환, <朝鮮民謠의 特質과 其將來>, 『朝鮮之光』 제82호, 朝鮮之光社, 1929, pp.72~76.

김민정, 「12가사의 파생관계에 관한 연구」, 서울대학교 대학원 석사학위논문, 2004.

김연실, 「잡가의 패러디 연구」, 서강대학교 대학원 석사학위논문, 2008.

김영진, 「가야금 명인 '박팔괘'의 연예활동에 관한 연구」, 『인문과학논집』 제48집, 청주대학교 한국문화연구소, 2014, pp.123~158.

김종진, 「불교가사의 유통 연구」, 동국대학교 대학원 박사학위논문, 1999.

_____, 「잡가 <배따라기>의 유형과 구성 원리」, 『한국시가연구』 제28집, 한국시가학회, 2010.

김학성, 「잡가 사설 특성에 나타난 구비성과 기록성」, 『대동문화연구』 제33집, 성균관대 대동문화연구원, 1998, pp.49~72.

김학성, 「잡가의 생성기반과 사설엮음의 원리」, 『세종학연구』 12-13, 세종대왕기념사업회, 1998, pp.103~125.

김혜영, 「재담소리 「장대장타령」의 전승과정과 음악극적 구조 연구」, 중앙대학교 대학원 석사학위논문, 2011.

김혜정, 「육자백이의 잡가화 과정과 음악적 구조의 변화」, 『한국음반학』 제7호, 한국고전음반연구회, 1997, pp.195~230.

남정희, 「『청구영언』 편찬을 전후 한 18세기 전반 京華士族의 시조 향유 양상」, 『한국고전연구』, 한국고전연구학회, 2002, pp.183~210.

류재일, 「한국 한시에 나타난 웃음의 양상과 의미」, 『한국문학의 골계 연구』, 태학사, 1993, pp.103~149.

류철균, 「1920年代 民謠調 抒情詩 硏究-西道 雜歌와의 比較를 中心으로-」, 서울대학교 대학원 석사학위논문, 1993.

박경수, 「1920년대 민요시론과 그 시사적 성격」, 한국정신문화연구원 한국학대학원 석사학위논문, 1982.

박경수, 「1920년대 민요시의 형성기반과 그 위상」, 『한국 현대시의 정체성 탐구』, 국학자료원, 2000, pp.117~139.

______, 「잡가의 패러디적 성격」, 『국어국문학』119, 국어국문학회, 1997, pp.239~270.

박관수, 「판소리 차용 가요의 성격과 기능 연구」, 한국외국어대학교 대학원 박사학위논문, 1995.

박규홍, 「'時調'란 명칭에 대한 再考察」, 『울산어문논집』제4집, 울산대학교국어국문학과, 1988, pp.77~96.

박복희, 「서도소리 <영변가> 연구」, 단국대학교 대학원 석사학위논문, 2003.

박성의, 「한국시가문학사 중 -시조·가사」, 『한국문화사대계』V, 고대민족문화연구소 출판부, 1978, pp.903~906.

박애경, 「19세기말 20세기초 잡가의 존재양상과 노래 공동체의 변화」, 『한국 고전시가의 근대적 변전과정 연구』, 소명출판, 2008, pp.110~137.

______, 「조선후기 서울지역의 문학과 도시문화사; 서도소리의 서울 유입과 도시문화로의 전환」, 『고전문학연구』35, 한국고전문학회, 2009, pp.33~63.

______, 「19세기 시가사의 전개와 잡가」, 『조선후기 문학의 양상』, 이회, 2002.

______, 「20세기 초 대중문화의 위상과 시가-시가의 지속과 변용 양상을 중심으로」, 『민족문학사연구』Vol-No.31, 민족문학사학회, 2004, pp.194~220.

______, 「기생을 바라보는 근대의 시선-근대 초기 신문매체에 나타난 기생 관련 기사를 중심으로-」, 『한국고전여성문학연구』24, 2012, pp.323~357.

______, 「잡가 연구의 현황과 과제-국문학계의 연구를 중심으로」, 『열상고전연구』vol 17, 2003,

______, 「잡가의 개념과 범주의 문제」, 『한국시가연구』제13집, 한국시가학회, 2003, pp.285~310.

______, 「조선 후기 시조와 잡가의 교섭양상과 그 연행적 기반」, 『한국어문학연구』제41집, 한국어문학연구회, 2003.

______, 「조선후기 서울지역의 문학과 도시문화사; 서도소리의 서울 유입과 도시문화로의 전환」, 『고전문학연구』35, 한국고전문학회, 2009, pp.33~63.

______, 「조선후기 시가 통속화 양상에 대한 연구: 잡가를 중심으로」, 『연세어문학』27, 연세대 국문과, 1993, pp.27~44.

______, 「조선후기 유흥공간과 일탈의 문학-기방(妓房)의 구성과 성격을 중심으로」, 『한국여성문학연구 14』, 한국여성문학회, 2005, pp.33~64.

박연호, 「놀이공간에서의 문학적 금기위반과 그 의미」, 『어문연구』50, 어문연구학회, 2006.

박종섭, 「근대 민요와 근대성에 관한 소고(小考)-노래가락·청춘가의 근대성 문제」, 『한국민요학』vol.7, 한국민요학회, 1999, pp.137~151.

박지애, 「20세기 전반기 잡가의 라디오방송 현황과 특징」, 『어문학』103, 한국어문학회, 2009, pp.143~165.

______, 「20세기 전반기 잡가의 향유방식과 변모 연구」, 경북대학교 대학원 박사학위논문, 2010.

방영기, 「근대시기의 선소리 연구」, 중앙대학교 대학원 석사학위논문, 2002.

배연형, 「잡가집의 장르 분류 체계와 음반 현실」, 『한국음반학』제19호, 한국고음반연구회,

2009, pp.131~148.
백대웅, 「18·19세기 서울의 도시문화 변천에 따른 음악문화의 변화 양상」, 『민족문화연구』, 고려대학교 인문과학연구소, 1998, pp.61~97.
______, 「18세기의 음악환경과 전문예능인들의 음악활동 연구」, 『한국음악사보』, 한국음악사학회, 2001.
______, 「잡가발생의 시대적 당위성과 전개과정: 12잡가에서 판소리까지」, 『예술논문집』 36, 예술원, 1997, pp.307~341.
백영춘, 《경기명창 백영춘의 서울재담소리 장대장타령, 장님타령》 CD, 미산음반, 2007.
사진실, 「배우의 전통과 재담의 전승-朴春載의 재담을 중심으로」, 『한국음반학』 10, 한국고음반연구회, 2000, pp.299~333.
______, 「소학지희의 공연방식과 희곡의 특성」, 서울대학교 대학원 석사학위논문, 1990.
성경린, 「서울의 속가」, 『향토서울』제2호, 1958, pp.52~77.
성무경, 「'가사'와 '잡가'의 접점에 대한 일고찰-<觀燈歌>, <思親歌>, <달거리>를 중심으로」, 『반교어문학지』, 반교어문학회, 1998.
______, 「18-19세기 가창환경의 변화와 가사의 가창전승」, 『한국시가연구』11집, 한국시가학회, 2001, pp.47~74.
______, 「잡가 〈유산가〉 의 형성원리에 대하여」, 『강신항박사 정년기념 국어국문논총』, 태학사, 1995.
______, 「『역대시조전서』 수록 45수의 성격 변증과 잡가」, 『도남학보』, 도남학회, 2000.
소춘(小春), 「네로보고지금으로본 서울中心勢力의 流動」, 『개벽』6월호, 경성 개벽사, 1924.
손명숙, 「임오군란의 성격에 관한 연구」, 상명여자대학교 대학원 석사학위논문, 1989.
손인애, 「사당패의 방아타령 연구」, 『한국민요학』, 15집, 한국민요학회, 2004, pp.177~214.
______, 「서도민요 사설난봉가 연구」, 『한국민요학』16집, 한국민요학회, 2005, pp.153~190.
손태도, 「1910~20년대의 雜歌에 대한 시각」, 『고전문학과 교육』제2집, 태학사, 2000, pp.173~208.
______, 「경기명창 박춘재 論」, 『한국음반학』Vol.- No.7, 한국고음반연구회, 1997, pp.131~194.
______, 「광대 집단의 가창 문화 연구」, 서울대학교 대학원 박사학위논문, 2001.
______, 「전통 사회 재담소리의 존재와 그 공연 예술사적 의의」, 『판소리연구』, 판소리학회, 2008, pp.241~280.
송미경, 「『무쌍신구잡가(無雙新舊雜歌)』의 체재상 특징과 편찬 배경」, 『우리어문연구』36집, 우리어문학회, 2010, pp.33~61.
송여주, 「잡가의 사설 차용 현상에 대한 연구」, 서울대학교 대학원 석사학위논문, 1996.
시가분과, 「고전시가 2012년 연구동향」, 『고전과 해석』15집, 고전문학한문학연구학회, 2013, pp.201~258.
신경숙, 「'사계축 소릿꾼' 발생에서의 지역적 특성」, 『한성어문학』제29집, 한성대학교 한성어문학회, 2010, pp.49~71.
______, 「19세기 가객과 가곡의 추이」, 『한국시가연구』제2집, 한국시가학회, 1997.
______, 「19세기 일급예기의 삶과 섹슈얼리티-의녀 옥소선을 중심으로」, 『사회와 역사』65, 한국사회사학회, 2004, pp.41~75.

신경숙, 「안민영 예인집단의 좌상객 연구」, 『한국시가연구』, 제10집, 한국시가학회, 2001, pp.229~256.

신지대, 「박춘재의 활동상과 재담소리의 작품세계」, 고려대학교 대학원 석사학위논문, 2010.

신현규, 「『조선미인보감』에 수록된 창가 연구」, 『우리어문연구』21, 우리어문학회, 2006, pp.109~137.

______, 「일제강점기 기생의 권번시조 연구-『조선미인보감』(1918년)과 『가곡보감』(1928년)을 중심으로-」, 『시조학논총』39, 한국시조학회, 2013, pp.171~199.

심우성, <해주 장대장네 굿>, 『마당굿 연희본』 1, 깊은샘, 1988, pp.68~75.

양승갑, 「개화기 신문소재 가사 연구」, 충북대학교 대학원 석사학위논문, 1997.

여기현, 「잡가 "소상팔경가"의 형상화 특성」, 『인문사회과학논문집』31집, 광운대학교, 2002, pp.45~56.

오세영, 「자유시 형성에 있어서 辭說時調와 雜歌」, 『한국문화』14, 서울대학교 한국문화연구소, 1993, pp.207~245.

______, 「기호학적 분석으로 본 문학사의 연속성」, 『한국 근대문학론과 근대시』, 민음사, 1997, pp.131~156.

오현화, 「<藝檀一百人>을 통해 본 1910년대 기생집단의 성격」, 『어문논집』vol49, 민족어문학회, 2004, pp.316~349.

우해인, 「수심가 연구」, 『국악과 교육』, 한국국악교육학회, 2002, pp.133~191.

윤기홍, 「잡가의 성격과 민요, 판소리와의 관계」, 『윤기홍 전집』2, 글발, 1992, pp.164~196.

______, 「조선 후기 민요의식과 장르 변천에 관한 연구」, 『윤기홍 전집』1, 글발, 1991, pp.523~546.

윤형덕, 「한국의 잡가에 대한 연구」, 『논문집』26, 충주공전, 1992.

이규호, 「잡가의 정체」, 『한국문학사의 쟁점』, 장덕순 외, 집문당, 1986, pp.401~410.

이기형, 「휘몰이잡가의 사설 구조」, 『한국민속학보』9호, 한국민속학회, 1998.

______, 「휘몰이雜歌의 연구: 존재양식과 시가사적 의의를 중심으로」, 경희대학교 대학원 석사학위논문, 1995.

이노형, 「잡가 〈유산가〉 에 대하여-근대 대중가요의 자생적 전통과 관련하여-」, 『한국고전시가작품론2』백영 정병욱 선생 10주기추모논문집, 집문당, 2000, pp.855~863.

______, 「잡가의 골계 표출의 방식」, 『어문학』제65집, 1997, pp.231~250.

______, 「잡가의 유형과 그 담당층에 대한 연구」, 서울대학교 대학원 석사학위논문, 1987.

______, 「한국근대대중가요의 역사적 전개과정 연구」, 서울대학교 대학원 박사학위논문, 1992.

이병기, 「時調의 發生과 歌曲과의 區分」, 『진단학보』1권, 진단학회, 1934, pp.113~144.

이보형, 「京畿소리 留聲機音盤 概說」, 『한국음반학 3호』, 한국고음반연구회, 1993, pp.5~14.

______, 「휘모리잡가 '사립(斜立) 쓰고'의 음반연구, 『한국음반학』, 한국고전음반연구회, 2005, pp.3~12.

이상주, 「<春眠曲>과 그 작자-<南遊錄>의 기록을 통해서-」, 『又峯 鄭鍾復博士 華甲紀念論文集』, 우봉 정종복박사 화갑기념논문집 간행위원회, 1990.

이상주, 「담헌 이하곤 문학의 연구-기행문학을 중심으로-」, 성균관대학교 대학원 박사학위논문, 1994.

이수곤, 「사설시조의 통속문학적 성격 연구」, 서강대학교 박사학위논문, 2005.

이승복, 「<愁心歌>의 存在樣相과 類型別 性格」, 『한국고전시가작품론2』백영 정병욱 선생 10주기추모논문집, 집문당, 2000, pp.865~876.

이용식, 「수심가(愁心歌)와 서도민요 공연문화」, 『한국민요학』, 한국민요학회, 2003, pp.115~157.

이익생, 「사설시조의 골계미 연구」, 고려대학교 대학원 석사학위논문, 1980.

이정옥, 「자료소개-<장한>」, 『여성문학연구』제5호, 한국여성문학학회, 2001, pp.379~381.

이정탁, 「시조문학에 나타난 풍자 연구」, 동국대학교 대학원 석사학위논문, 1968.

이창배 편저, 『한국가창대계』, 홍인문화사, 1976.

이창헌, 「<곰보타령>의 형성에 대한 일 고찰」, 『한국고전시가작품론2』 백영 정병욱 선생 10주기추모논문집, 집문당, 2000, pp.877~887.

이창헌, 「양주산대에 있어서 염불놀이의 의미와 기능」, 『국어국문학』103, 국어국문학회, 1990, pp.255~276.

이태극, 「가사개념의 재고와 장르고」, 『국어국문학』 27, 국어국문학회, 1964, pp.55~81.

이형대, 「근대 대중가요의 형성과 통속민요의 변주-<난봉가>류의 텍스트 변이를 중심으로」, 『고시가연구』제25집, 한국고시가문학회, 2010, pp.241~269.

______, 「선소리 산타령을 통해 본 잡가의 텍스트 변이와 미적 특질」, 『한국시가연구』19, 한국시가학회, 2005, pp.299~329.

______, 「휘모리잡가의 사설 짜임과 웃음 창출 방식」, 『한국시가연구』13, 한국시가학회, 2003, pp.311~336.

이혜경, 「휘모리잡가의 사설 형성 원리와 향유 양상」, 성균관대학교 대학원 석사학위논문, 2003.

이혜구, 「1930년대의 국악 방송」, 『국악원논문집』권9집, 국립국악원, 1997.

______, 「宋萬載의 觀優戱」, 『판소리 연구』1집, 판소리학회, 1989.

이혜숙, 「일제시대 센서스 지도화를 통한 지역의 이해」, 한국교원대학교 교육대학원 석사논문, 2007.

일기자(一記者), 「京城의 花柳界」, 『개벽』6월호, 경성 개벽사, 1924.

임재욱, 「백석 시에 수용된 한국 고전시가의 전통」, 『고전문학연구』제39집, 한국고전문학회, pp.67-102.

임재욱, 「12가사의 연원 연구」, 서울대학교 대학원 박사학위논문, 2007.

장사훈, 「엇시조와 사설시조의 형태론」, 『백성욱박사송수기념불교학논문집』, 동국대학교 백성욱박사송수기념사업위원회, 1959, pp.781~819.

______, 「엇시조와 사설시조의 형태론」, 『국악논고』, 서울대학교출판부, 1982. pp.335~384.

장유정, 「갈래를 통해 본 20세기 초 한국가요의 전개 양상-유성기음반 수록곡을 중심으로-」, 『근대 대중가요의 지속과 변모』, 소명출판, 2012, pp.103~135.

______, 「대중매체의 출현과 전통가요 텍스트의 변화 양상 고찰-<수심가>를 중심으로-」, 『고전문학연구』, 한국고전문학회, 2006, pp.37~60.

전계영, 「맹꽁이타령 노랫말의 의미」, 『한국민요학』29집, 한국민요학회, 2010, pp.375~404.

전계영, 「잡가의 범주와 계열별 특성에 관한 연구」, 충북대학교 대학원 박사학위논문, 2012.
______, 「장대장타령 攷」, 『한국시가연구』25집, 한국시가학회, 2008. pp.235~257.
______, 「휘모리雜歌 일고찰-<굼보타령>·<바위타령>을 중심으로」, 『개신어문연구』제24집, 개신어문학회, 2006, pp.117~142.
______, 「휘모리잡가의 지향」, 『우리어문연구』41, 우리어문학회, 2011.
전규태, 「한국고대 해학문학논고」, 『인문과학』24·25합집, 연세대학교, 1971, pp.21~32.
전지영, 「가사(歌詞)와 잡가(雜歌)의 발전과정에 대한 재고찰」, 『한국음악연구』, 한국음악학회, 2004, pp.285~304.
______, 「일제강점기 비평가들의 민요의식」, 『국악과 교육』제26집, 한국국악교육학회, 2008, pp.73~90.
정병설, 「기생집에서 노는 법: 외입장이 격식」, 『문헌과 해석』18호, 문헌과해석사, 2002.
정병욱, 「김사엽저, 「이조시대 가요의 연구」를 비판함」, 『국문학산고』, 신구문화사, 1959.
______, 「이조후기시가의 변이과정고」, 『창자과 비평』31호, 창자과 비평사, 1974, pp.138~163.
______, 「판소리의 寫實性과 庶民精神」, 『판소리연구』제1집, 판소리학회, 1989, pp.233~244.
______, 「해학의 전통성」, 『국문학산고』, 신구문화사, 1959, pp.238~254.
정여진, 「잡가와 현대대중가요 비교 연구 ; 청소년문화에 미치는 영향을 중심으로」, 경희대학교 교육대학원 석사학위논문, 2009.
정우봉, 「姜彝天의 <漢京詞>에 대하여-18세기 서울의 시적 형상화-」, 한국학보, 1994, pp.26~51.
정인숙, 「잡가 <맹꽁이타령>을 통해 본 서울의 세태와 도시민의 삶」, 『서울학연구』51집, 서울시립대학교 서울학연구소, 2013, pp.215-237.
정재호, 「잡가고」, 『민족문화연구』제6집, 고려대 민족문화연구소, 1972.
정재호, 「잡가집의 계열구분과 그 특성」, 『고려대사대논집』23, 고려대사범대, 1999.
______, 「잡가집의 특성과 문학사적 의의」, 『한국시가연구』제8집, 한국시가학회, 2000, pp.361~398.
정충권, 「1910년대 ≪매일신보≫ 독자란에 나타난 극장과 관객에 대한 인식」, 『공연문화』제13집, 한국공연문화학회, 2006, pp.389~410.
______, 「20세기초 극장 무대 공연 잡가(雜歌) 고찰」, 『공연문화연구』제9집, 2004, pp.179~200.
______, 「전통 사회 재담소리의 존재와 그 공연 예술사적 의의」, 『판소리연구』25집, 판소리학회, 2008, pp.241~280.
______, 「판소리 삽입가요의 삽입양상연구」, 서울대학교 대학원 석사학위논문, 1989.
______, 「휘모리잡가와 판소리의 공통특질」, 『판소리연구』제18집, 판소리학회, 2004, pp.197~220.
정하영, 「「판소리 발생고」의 의의와 과제」, 『판소리연구』7, 판소리학회, 1996.
정혜원, 「잡가의 서민적 정서와 표출양상」, 『인문과학연구』제3호, 상명대 인문과학연구소, 1995, pp.87~109.

조동일, 「18·19세기 국문학의 장르 체계」, 『고전문학 연구』1, 한국고전문학 연구회, 1971.
______, 「미적범주」, 『한국사상대계 Ⅰ』, 성균관대학교 대동문화연구원, 1973.
최규수, 「「남훈틱평가」를 통해 본 19세기 시조의 변모양상」, 이화여자대학교 대학원 석사학위논문, 1989.
최동안, 「잡가연구」, 가톨릭대학교 대학원 박사학위논문, 2003.
최명걸, 「잡가연구-그 수용현황과 의미」, 고려대학교 대학원 석사학위논문, 1986.
최성수, 「잡가의 장르적 성향과 수용양상」, 성균관대학교 대학원 석사학위논문, 1984.
최성은, 「셰로쉐프스키의 『기생 월선이』와 한국 개화기소설에 나타난 근대 한국 여성상 연구: 안국선의 『기생』 및 『방한림전』과의 비교를 통하여」, 『동서비교문학저널』 vol. 8, 한국동서비교문학회, 2003, pp.117~150.
최 식, 「『조선미인보감(朝鮮美人寶鑑)』의 문화사적 가치」, 『민족무용』제10호, 세계민족무용연구소, 2006, pp.115~135.
______, 「『朝鮮美人寶鑑』의 편자와 서술방식」, 『민족무용』제8호, 세계민족무용연구소, 2005, pp.83~102.
최원오, 「잡가의 교섭갈래적 성격과 그 이론화의 가능성 검토 시론」, 『관악어문연구』제19집, 관악어문학회, 1995, pp.181~212.
최진옥, 「1860년대의 민란에 관한 연구」, 이화여자대학교 대학원 석사학위논문, 1978.
하희정, 「잡가의 장르적 성격-십이잡가를 중심으로」, 이화여자대학교 대학원 석사학위논문, 1987.
한영숙, 「잡가의 역사와 개념규정」, 『한국음악산고』9집, 한양대 정통음악연구회, 2001.
한채영, 「구비시가 사설에서의 말놀이와 골계 생성방식-민요와 잡가를 중심으로」, 『동의어문논집』제7집, 동의대학교 국어국문학과, 1994, pp.251~283.
허용호, 「<발탈> 연구」, 『서강어문』제14집, 서강어문학회, 1998, pp.315~353.
홍정자, 「휘몰이잡가 소고: 사설시조와의 관련양상을 중심으로」, 『태릉어문』4집, 서울여대, 1987, pp.102~118.
홍홍구, 「잡가와 1920년대 낭만주의시」, 『어문학』제53집, 한국어문학회, 1992, pp.367~386.
황정선, 「우리나라 대중가요의 자생적 근원에 대한 고찰: 잡가를 중심으로」, 숙명여자대학교 대학원 석사학위논문, 1996.

• 제2부 논문의 출처는 다음과 같다.

「1910년대 상업화에 따른 대중가요의 길항과 공존」, 『어문연구』167호, 한국어문교육연구회, 2015, pp.73~101.

「근현대 문학작품의 잡가 수용 양상」, 『어문론총』62호, 한국문학언어학회, 2014, pp.265~202.

「<장대장타령> 攷」, 『한국시가연구』25집, 한국시가학회, 2008, pp.235~257.

「<장대장타령>에 나타난 웃음의 양상과 의미」, 『개신어문연구』36집, 개신어문학회, 2012, pp.41~66.

찾아보기

ㅂ

ㅅ

ㅇ

ㅈ

ㅊ

ㅌ

ㅍ

ㅎ

기타

저자 소개

전계영
- 경기 출생(1971)
- 청주대학교 인문대학 국어국문학과 졸업
- 충북대학교 대학원 석사 · 박사 졸업
- 석사논문 「이정보 시조의 연구」(2003)
- 박사논문 「잡가의 범주와 계열별 특성에 관한 연구」(2012)
- 현) 청주대학교, 충북대학교, 한국교통대학교 강사

잡가(雜歌) 연구 -잡가(雜歌)의 의미와 사적(史的) 흐름을 중심으로-

2018년 2월 10일 초판1쇄 인쇄
2018년 2월 15일 초판1쇄 발행

저 자 전 계 영
펴낸이 임 순 재
펴낸곳 **(주)한올출판사**
등록 제11-403호
주 소 서울시 마포구 모래내로 83(성산동, 한올빌딩 3층)
전 화 (02)376-4298(대표)
팩 스 (02)302-8073
홈페이지 www.hanol.co.kr
e-메 일 hanol@hanol.co.kr
ISBN 979-11-5685-655-9